厦门大学人文社会科学
提升计划资助出版

2024年卷（总第十一卷）

妇女/性别研究

Women/Gender Studies

主　　编◎邓朝晖

执行主编◎何丽新

厦门大学出版社　XIAMEN UNIVERSITY PRESS｜国家一级出版社　全国百佳图书出版单位

图书在版编目（CIP）数据

妇女/性别研究. 2024 年卷 ：总第十一卷 / 邓朝晖，何丽新主编. -- 厦门 ：厦门大学出版社，2024. 11.
ISBN 978-7-5615-9534-3

Ⅰ. D669.68 ；D669.1

中国国家版本馆 CIP 数据核字第 2024CX8005 号

责任编辑　高　健
美术编辑　李夏凌
技术编辑　朱　楷

出版发行　厦门大学出版社

社　　址　厦门市软件园二期望海路 39 号
邮政编码　361008
总　　机　0592-2181111　0592-2181406(传真)
营销中心　0592-2184458　0592-2181365
网　　址　http://www.xmupress.com
邮　　箱　xmup@xmupress.com
印　　刷　厦门市金凯龙包装科技有限公司

开本　787 mm×1 092 mm　1/16
印张　17.25
插页　1
字数　410 千字
版次　2024 年 11 月第 1 版
印次　2024 年 11 月第 1 次印刷
定价　89.00 元

本书如有印装质量问题请直接寄承印厂调换

厦门大学出版社
微信二维码

厦门大学出版社
微博二维码

编　委　会

主　　　　编　邓朝晖

执　行　主　编　何丽新

编辑委员会

邓朝晖　高和荣　蒋　月　彭丽芳

王　宇　刘艳杰　洪秋霞　徐延辉

石红梅　潘　越　张　羽

本期学术编辑

何丽新　蒋　月　徐延辉　陈　玲

李美华　陈双燕　阎　语　邱哲昊

郭逸斐

刊首寄语

　　妇女事业始终是党和人民事业的重要组成部分。党的十八大以来,以习近平同志为核心的党中央从党和国家事业发展全局出发,关心关怀妇女全面发展、谋划部署推进妇女工作,激励亿万妇女在实现中华民族伟大复兴的新征程上昂首向前、奋斗逐梦。实践充分证明,妇女是社会进步的推动者,是中国式现代化建设的重要力量。党的二十届三中全会在新的历史起点上,紧紧围绕党的中心任务谋划和推进改革,审议通过了《中共中央关于进一步全面深化改革 推进中国式现代化的决定》,系统擘画了进一步全面深化改革、推进中国式现代化的宏伟蓝图,强调要"健全保障妇女儿童合法权益制度"。在推动党建带妇建、深化巾帼建功等方面深化制度机制创新;在促进妇女高质量充分就业、提升维权专业化水平等方面攻坚克难,以改革创新来推动妇女事业高质量发展。

　　进入新时代,我国社会主要矛盾发生历史性变化,妇女发展的不平衡不充分问题客观存在。为更好地贯彻男女平等基本国策,进一步推动性别平等落到实处、促进妇女走在时代前列,凝聚起新时代巾帼建功的磅礴力量,厦门大学妇女/性别研究与培训基地整合相关研究力量,组建多方合作、取长补短的妇女/性别研究学术平台,积极推动跨学科、学科交叉的交流探索,在中国式现代化视域下深化妇女/性别的基础理论研究、应用研究和综合研究,为妇女事业高质量发展提供智力支持。

　　厦门大学学术集刊《妇女/性别研究》一贯坚持以问题为导向,

直面妇女在就业、教育、人身、财产、婚姻家庭等方面的平等权利的法治保障，妇女事业发展的社会环境优化，城乡、区域和群体之间妇女发展的差距弥合等方面所面临的困境，从多学科、多视角、多层面探讨解决方案，以期更好地为中国式现代化建设凝聚巾帼之力、汇集巾帼之智。

本刊 2024 年卷（总第十一卷）设立"性别与法学""性别与婚姻家庭法学""性别与教育学""性别与社会学""综合研究"五个栏目，刊发 18 篇文章，分别探讨了推动男女平等的法治进路、婚姻家庭中妇女权益保障的制度建设、社会性别视角下的教育公平、社会发展中的性别平等、妇女参与乡村振兴和乡村治理等问题，通过深入的阐述和透彻的分析，为妇女事业发展提供真知灼见。本卷执行主编何丽新是厦门大学法学院教授、博士生导师，厦门大学妇女/性别研究与培训基地学术委员会委员。

本刊坚持以现实为观照，将不断拓展研究的深度与广度，致力寻求解决时代更迭中妇女权益保障问题、促进妇女更快更好地发展的良方，为促进男女平等、推动中国妇女事业发展贡献力量。

邓朝晖

厦门大学副校长

厦门大学妇女/性别研究与培训基地主任

《妇女/性别研究》主编

2024 年 8 月 20 日

目　录

性别与法学

3	李洪祥　曹思雨	论我国反家庭暴力制度的进步、问题与完善
15	阎　语　张云壹	私权构建视角下配偶医疗决定的体系规整与规范阐释
30	谭茜元　齐树洁	性别法学的可能性——以系统论为视角
40	徐　婧	妇女权益保障视域下代孕行为的法律规制

性别与婚姻家庭法学

53	许　莉　金钰婧	社会性别视角下婚内析产制度适用范围分析
68	郑舒涵　何丽新	离婚损害赔偿制度和照顾无过错方原则之协调适用
80	邱哲昊	社会性别视角下婚前财产婚后收益归属的认定
92	张　莉　郭逸斐	论辅助生殖技术下的血缘知情权
109	李　琦	发挥检察职能督促家庭监护的实践理性及创新路径研究——以 F 市检察机关"督促监护令"制度为实例

性别与教育学

121	吴　彬　陈武元	"女孩危机"和"男孩危机"的教育性别公平研究
132	曹剑波　黄　睿	儿童哲学教案如何设计？——以《愚公要移山吗》教案设计为例
151	李明令	教育提升与生育性别偏好：平等观念的中介效应

性别与社会学

167	王　兰	从争权到增权：新生代女工集体维权样态跃迁
177	陈　凌　陈素白	闽南地区报纸广告女性形象变迁研究（1919—1992）
198	刘子曦　马　璐	"制"的技艺：网络相亲的两性交往风险与信任策略——基于良缘相亲平台的田野调查

综合研究

215	蒲新微　吴思齐	乡村振兴中农村妇女参与乡村治理的现实困境与突破路径
226	彭丽芳　吕闻君　张　娜	福建省农业农村发展中的"她力量"研究
247	李　丹　方子涵	人类命运共同体视角下的国际性别规范强度与全球治理成效
260	本刊征文启事	

Contents

Gender and Law

3	Li Hongxiang Cao Siyu	On the Progress, Problems and Improvement of China's Anti Domestic Violence System
15	Yan Yu Zhang Yunyi	Systematization and Normative Interpretation of Spousal Medical Decision-making from the Perspective of Private Rights
30	Tan Xiyuan Qi Shujie	The Possibilities of Gender Jurisprudence — A Perspective of Systems Theory
40	Xu Jing	Legal Regulation of Surrogacy Behavior from the Perspective of Women's Rights Protection

Gender & Marriage and Family Law

53	Xu Li Jin Yujing	On the Application of the System of Division of Marital Community Property from Gender Perspective
68	Zheng Shuhan He Lixin	Coordinated Application of Divorce Damage Compensation System and the Principle of Taking Care of the No-fault Party
80	Qiu Zhehao	Belonging of Post-marital Gains on Pre-marital Property from Gender Perspective
92	Zhang Li Guo Yifei	On the Right to Know Bloodline Under Assisted Reproductive Technology
109	Li Qi	Research on the Practical Rationality and Innovative Path of Giving Full Play to the Procuratorial Function and Urging the Family Guardianship —— Take the "Supervise the Performance of Guardianship Duties" System of F City Procuratorial Organ as an Example

Gender and Pedagogy

121	Wu Bin Chen Wuyuan	The Study on Gender Equity in Education Regarding the "Girl Crisis" and the "Boy Crisis"
132	Cao Jianbo Huang Rui	How to Design a Lesson Plan of Philosophy for Children (P4C): Using the *Yugong Yishan* Story as an Example
151	Li Mingling	Educational Level and Gender Preference in Fertility: The Mediating Effect of Perceptions in Equality

Gender and Sociology

167	Wang Lan	From Rights Struggle to Rights Enhancement: The Transition of New Generation Factory Women's Collective Rights Protection

| 177 | Chen Ling
Chen Subai | A Study of the Changes of Female Images in Newspaper Advertising in Southern Fujian(1919—1992) |
| 198 | Liu Zixi
Ma Lu | The Strategies of "Constraint": Gender Interaction Risks and Trust Strategies in Online Blind Dating
——A Field Study Based on the Liangyuan Dating Platform |

Miscellaneous Research

215	Pu Xinwei Wu Siqi	Breakthrough Paths of Rural Women's Participation in Rural Governance in Rural Revitalisation
226	Peng Lifang Lyu Wenjun Zhang Na	Research on"She-Power" in Agricultural and Rural Development of Fujian Province
247	Li Dan Fang Zihan	International Gender Norm Strength and the Effectiveness of Global Governance from a Community of Human Destiny Perspective
260	**Call for Papers**	

性别与法学

Gender and Law

Women/Gender Studies

论我国反家庭暴力制度的进步、问题与完善

李洪祥　曹思雨[*]

内容摘要：《反家庭暴力法》及各地方条例、办法陆续出台，我国反家庭暴力意识不断提高，法律保障不断完善，且打破长期以来家庭暴力是家庭内部私事的观念，将公权力引入反家庭暴力案件。社会生活中家庭暴力事件仍有发生，家庭暴力受害者求助无门而自残、自杀等新闻时有出现。一方面，我国反家庭暴力事业已经起步，构建了反家庭暴力法律制度，并和其他婚姻家庭制度、侵权责任制度、人权保障制度进行衔接。另一方面，家庭暴力事件涉及的主体具有特殊亲密关系，直接适用一般侵权行为的法律规范不能完全适合，《反家庭暴力法》不能完全应对所有家庭暴力案件反映出来的新问题，必须根据现实问题的产生原因，对反家庭暴力制度作出进一步完善。首先，要明晰家庭暴力的概念；其次，利用基层群众性自治组织特点优势，发挥其在反家庭暴力制度中的特殊作用；再次，设立"首问责任制"，最大程度地保障家暴受害人，使其及时得到帮助；最后，完善反家庭暴力制度中的各项规定，使告诫书、人身安全保护令等制度能发挥其应有的作用。

关键词：反家庭暴力法；首问责任；人身安全保护令

一、司法实践现状

2016 年 3 月 1 日，《中华人民共和国反家庭暴力法》（以下简称"《反家庭暴力法》"）正式施行，截至 2024 年 8 月 10 日，甘肃、黑龙江、江苏、山西、云南、陕西、广东、海南、吉林、内蒙古、新疆、贵州、湖南等 18 个省、自治区已经依据《反家庭暴力法》出台相关条例、办法。以"聚法案例"为检索平台，对"本院认为"的"家庭暴力"案件进行检索，共有 4.86 万个裁判文书。

2016 年前家庭暴力案件数量呈剧增现象，2016 年后又出现急速下降（见表 1），一方面 2016 年施行的《反家庭暴力法》对家庭暴力起到一定震慑作用，家庭暴力案件数量下降，另一方面，又偶见家庭暴力受害者寻求司法救济途径不畅通而自杀的新闻。案件数量的下降存在家庭暴力案件被遏制和当前反家庭暴力制度不能完全解决家庭暴力案件的多种原因。从家庭暴力案件案由（见表 2）看，《反家庭暴力法》仍多为事后保护，家庭暴力受害人以此为依据要求离婚，较少起到事前、事中保护的作用。而《反家庭暴力法》的宗旨是预防和制止家

* 李洪祥，男，法学博士，吉林大学法学院教授，博士生导师，主要研究方向为民法、婚姻家庭继承法学；曹思雨，女，法学博士，盐城师范学院法学院讲师，主要研究方向为婚姻家庭继承法学。

庭暴力,如果能从事前或事中对家庭暴力进行干预,其保护效果必然优于事后救济。

表 1　2016—2024 年家庭暴力案件数量

年份	2016	2017	2018	2019	2020	2021	2022	2023	2024
数量	10671	2716	1831	1806	1829	1378	568	393	66

注:表格为作者自制,数据来源于"聚法案例"检索平台。

表 2　家庭暴力案件案由

案由	离婚纠纷	申请人身安全保护令	离婚后财产纠纷	婚约财产纠纷	故意杀人罪
数量	41780	2801	356	299	283

注:表格为作者自制,数据来源于"聚法案例"检索平台。

从《反家庭暴力法》具体条款被引用情况看,第 26、27、28、29 条,引用案例篇数分别为 3577、4178、3028、3090 篇,其他条款引用篇数极少,一方面人身安全保护令的设置在制止家庭暴力方面起到重要作用;另一方面《反家庭暴力法》的其他条款在司法中实用性不强,发挥社会各方力量投入反家庭暴力工作,尤其是发挥基层群众性自治组织的能动性,做好反家庭暴力工作更能在事前、事中对家庭暴力进行及时有效干预。

综上所述,反家庭暴力制度仍存在诸多问题:其一,制度本身的实用性仍有欠缺,妇联、用人单位与基层群众组织等单位在反家庭暴力中的具体责任不明确,难以开展具体工作;其二,家庭暴力受害人寻求帮助的救济途径不明,许多家庭暴力受害人寻求诉讼离婚途径解决家庭暴力问题效果未必能够全面实现,并且不知道如何通过其他救济途径免于受侵害得到庇护;其三,反家庭暴力制度中所涉及的机构、单位对自己的责任范围也不明确,容易导致各单位之间的推诿;其四,离婚并非解决一切家庭暴力的有效途径,离婚后家庭暴力受害者往往仍受身体、精神暴力侵害,反家庭暴力制度应以家庭暴力不发生为目的,离婚并不能一劳永逸解决家庭暴力问题,反家庭暴力制度应对离婚后的暴力事件予以规制。故反家庭暴力制度仍需继续完善,各地方人民代表大会及其常务委员会进行地方立法时,应在上述方面着力,完善反家庭暴力制度。

二、反家庭暴力制度的进步

(一)将家庭暴力纳入公权力调整范围

1. 家庭暴力是全世界共同面临的问题

联合国自 1945 年《联合国宪章》就注重人权保护,1967 年通过《消除对妇女歧视宣言》明确妇女权利就是人权,强调妇女的法律地位,将妇女权利从抽象的平等原则中具体化。1993 年《消除针对妇女的暴力宣言》明确界定家庭暴力的概念①,将家庭暴力纳入公权力调整范围,推动各国重视家庭暴力问题。

---

① 郭夏娟,郑熹.性别平权发展与反家庭暴力政策框架变迁:联合国经验的启示[J].国外社会科学,2017(4):64-73.

美国最先设置保护令制度,只要配偶有家庭暴力行为,受害人就可以到法院申请一定时限的保护。① 澳大利亚、法国都设有类似的保护令制度。英国设立"家庭暴力注册簿",将因家庭暴力被处 6 个月以上刑期的罪犯名字连续七年登记在册,刑期两年半以上的罪犯终生在册。②

在封建观念影响下,家庭暴力通常在造成严重后果时才得到关注,在社会观念与法律法规中都没能给予家庭暴力充分的重视,婚姻家庭内部的所有问题都被视为法外之地,甚至现在仍普遍存在父母打孩子不是家庭暴力的认知,《反家庭暴力法》禁止任何形式的家庭暴力,明确了国家对家庭暴力的态度,不论何种形式、何种程度的家庭暴力都是对家庭成员权利的侵害。

2. 公权力干预家庭暴力的正当性

(1)私权无法有效抑制家庭暴力。家庭暴力中施暴方在婚姻家庭关系中具有绝对的控制权,与受害人处于绝对的不平等地位,施暴方的私权过度膨胀,受害方的权利受损,并且这种平衡并非能通过双方意思自治进行调整,双方的私权处于平等地位,一方权利滥用另一方权利受损,受害方无法寻找到另一有效的私权能对施暴方的权利滥用进行遏制,在私权范畴内没有对应绝对权力可以对这种不平衡进行有效调整。

(2)家庭暴力亦属于侵权。家庭暴力与侵权并无本质区别,只是发生领域有所限定,法律保护所有人的合法权益,并不因暴力发生领域为婚姻家庭内部就有所区别,婚姻家庭内部的伦理关系不能成为侵犯他人合法权益的正当性理由,法律应将家庭暴力纳入公权力调整范围。由于家庭环境的封闭性,家庭暴力的后果常常比一般侵权行为更为严重,其影响也不仅仅局限于施暴方与受害方,家庭其他成员都有可能受到精神伤害,这种畸形的婚姻家庭关系并非法律所保护的婚姻家庭关系。③

(二)促进建立平等的男女关系、家庭关系

1. 平等的男女关系

《反家庭暴力法》是建立在人权保护和男女平等观念基础上的,保护包括妇女儿童在内的所有家庭成员和共同生活之人。家庭暴力的核心是权力控制,家庭暴力的受害人常为女性,家庭暴力本身也是一种性别歧视的极端表现。反家庭暴力虽然不是特指对女性的暴力,但从性别视角看,客观上是一部反性别歧视的立法,它体现的也是平等男女关系的文化内涵。《反家庭暴力法》第 1 条明确其目的是要维护平等的家庭关系。第 3 条明确家庭成员须互相帮助、关爱,共同履行家庭义务。在家庭成员的地位上,没有对男女做出特殊规定,没有把女性放在弱势一方予以特殊保护,本身是体现了男女在地位上是平等的。我国立法常常将女性作为弱势一方予以倾斜保护,造成大众认知上女性为弱势一方的观念加深,而社会大众并不能够区分女性法律地位平等与女性生理特点决定女性需要特殊保护有何区别,导致社会观念实际上认为女性就是弱势一方,也即男女实质上不平等。实现男女平等必须明确女性的法律定位,对女性进行有限度的倾斜保护,从而实现女性程序权利与实体权利的双重保护。

①　刘文.我国应借鉴保护令制度防治家庭暴力[J].中国青年政治学院学报,2002(1):135-138.
②　罗杰.家庭暴力立法与实践研究:以民事法律规制为中心[D].重庆:西南政法大学,2012:61-62.
③　李洪祥.国家干预家庭暴力的限度研究[J].法学论坛,2020,35(2):141-152.

2. 平等的家庭关系

在家庭成员的平等上,男女共同履行家庭义务,男性也应参与到家事劳动之中,有利于和谐家庭建设。北京大学佟新基于第三期中国妇女地位调查数据对中国夫妻合作式家务劳动模式及影响因素进行了分析,发现夫妻合作式家务劳动模式已成规模,约占 33%。促进夫妻合作型家务劳动模式产生的因素除了家庭生命周期外,还有赖于两性在公共领域的资源平等和性别平等观念的变革,男性进入家务劳动领域仍是一场持续的革命。但是男性参与家务劳动影响亲密关系的建构,决定着男性对家庭事务的参与程度、父职角色的实践强度以及家庭暴力的发生情况等。男女关系均衡的家庭又容易产生和谐氛围,应通过公共政策、舆论倡导、学校教育、社会服务等多种方式倡导非权力支配性男性气质在和谐家庭建设中的积极作用。《反家庭暴力法》的内涵正是反对权力支配性的家庭关系。

三、反家庭暴力制度存在的问题及发展完善

(一)明晰家庭暴力概念

《反家庭暴力法》明确禁止任何形式的家庭暴力,但受传统观念影响,社会生活甚至司法实践中仍存在对家庭暴力内涵不明确的情况。第 2 条明确身体、精神侵害行为均为家暴行为,仍存在对一些暴力行为界定不明的情况,如经济暴力、冷暴力,《内蒙古自治区反家庭暴力条例》第 3 条明确"过度支配或者剥夺家庭成员的财物"为家庭暴力。所称"经济暴力"实质是为通过控制财产达到控制配偶的目的,施暴方对受害方往往会采取扣留工资,限制生活消费,限制生活必需品的使用,禁止求医等方式侵害受害方的合法权益,这些手段侵犯了受害方的财产自由权与所有权[①],这与精神侵害的本质相同,都是通过非身体伤害进行胁迫或恐吓使配偶心生恐惧,达成控制配偶的目的。所以"经济暴力"本身即为精神暴力,即使未以条款单独说明也是精神侵害行为的应有之义。《吉林省反家庭暴力条例》将"冷淡、漠视"作为家庭暴力方式明确下来,"冷暴力"的本质也是一种精神暴力,在婚姻家庭的亲密关系中,冷淡和漠视本身就对配偶产生极大伤害,受害人在婚姻家庭内部不能得到应有的关怀与情感慰藉,甚至婚姻家庭关系不如普通人际关系亲密,受害人的精神在婚姻家庭内受到侵害。施暴方通过实施"冷暴力"从而达到控制被害人的目的。

家庭暴力行为是否存在可以因存在"正当理由"而被排除,也尚未得到明确规定。在"张某与杨某离婚纠纷案"[②]中,在被告承认双方曾发生肢体冲突的情况下,法院将原告提供的诊断报告认定为无关证明材料,并在"本院认为"部分表示"被告因故致原告受伤,不足以认定为被告对原告故意实施家庭暴力"。本案的处理,似乎是以肢体冲突产生的原因否定了家庭暴力行为的成立。而根据本案被告的陈述可知,此案中的"原因"是"给孩子治疗眼睛期间,因原告摔了被告的手机,两人发生争执,双方都动手打了对方"。由此可以得出,本案处

---

① 《妇女研究论丛》编辑部.聚焦《反家庭暴力法》亮点进一步推动贯彻落实:《反家庭暴力法》专家座谈会笔谈[J].妇女研究论丛,2016(1):5-20.

② 山东省郯城县人民法院(2018)鲁 1322 民初 7637 号民事判决书。

理中法院将互相殴打作为排除家庭暴力行为的理由之一。

《反家庭暴力法》中仅列举了家庭暴力的形式,而没有规定家庭暴力的判断标准。《最高人民法院关于适用〈中华人民共和国民法典〉婚姻家庭编的解释(一)》(以下简称"《婚姻家庭编解释(一)》")中,规定了家庭暴力与虐待之间的关系,指出持续性、经常性的家庭暴力可以认定为虐待。由此可以解释出,家庭暴力在"持续性、经常性"方面的成立要求低于虐待,但是否完全无须具有持续性、经常性,根据上述规定仍然无法确定。司法实践中,"造成严重后果""频繁发生"等因素常常成为法院认定家庭暴力的维度。尽管家庭暴力行为往往具有频繁性,也极易导致严重后果,但这种认定维度并无立法支持,"频繁性""严重后果"这些行为特征不应该当然地成为行为的认定标准。

《反家庭暴力法》第 33 条规定"加害人实施家庭暴力,构成违反治安管理行为的,依法给予治安管理处罚",以及第 16 条"家庭暴力情节较轻,依法不给予治安管理处罚的",可以得知,存在实施家庭暴力而不构成违反治安管理的情形,因此,构成家庭暴力的行为的成立条件,应当低于或等于构成违反《中华人民共和国治安管理处罚法》(以下简称"《治安管理处罚法》")的侵犯人身权利行为的成立条件。但《治安管理处罚法》单独规定了"虐待家庭成员"这一违法行为,而殴打、多次恐吓等行为也被规定为与"虐待家庭成员"并列的违法行为。但这些行为本身在《反家庭暴力法》中被规定为家庭暴力的表现形式,在《婚姻家庭编解释(一)》中,又体现了家庭暴力与虐待之间在持续性、经常性上存在的递进关系,再加上《反家庭暴力法》中与《治安管理处罚法》相衔接的规定,将上述规定进行体系解释,则会发现:不具有持续性、经常性的家庭暴力行为中的殴打同被定义为"持续性、经常性的家庭暴力行为"的虐待,这两种存在频率差异的行为在《治安管理处罚法》中反而成了并列关系,并且无频率要求的前者处罚还要重于后者。

把《治安管理处罚法》中有关"虐待家庭成员"的规定看作是侵犯人身权利的行为中的特殊规定,则可以维持《治安管理处罚法》内部法条之间逻辑上的合理性,但这无疑使家庭暴力行为的实施者凭借家庭关系而获得了不合理的宽恕,即加害者因与受害者具有特殊的亲密关系,而导致其行为构成违法的门槛被提高且惩罚的力度被降低。此种解释并不利于家庭中弱势一方利益的保护,同时也有违公平,加害人家庭成员的人身健康权并没有得到与其他人同等的保护,尽管这与普通暴力行为并没有本质区别。[①] 此外,《治安管理处罚法》中还将"被虐待人要求"列为处理虐待行为的条件之一,削弱了执法机关的职责行使的强制性,这进一步给受害人的救济带来了困难。或者,可以将有关虐待的规定解释为未在上述条文中体现的其他家庭暴力行为方式的补充性规定,即对于殴打、非法限制人身自由、侮辱诽谤等行为是否构成违反《治安管理处罚法》的家庭暴力,根据《治安管理处罚法》的具体规定加以确定,而《治安管理处罚法》中未加以列举的家庭暴力行为方式,则根据虐待的要求确定是否构成违法,即明确要求具有"持续性、经常性"。此解释与《反家庭暴力法》中特意对"谩骂、恐吓"冠以"经常性"的修饰的表达方式也相吻合。

综上可以得出,对于殴打、捆绑、残害、限制人身自由的方式实施的家庭暴力并不需要具有"经常性"。而这一基于现行立法依据得出的结论与司法实践却并不一致。

至于家庭暴力行为认定是否造成严重后果,也一样可以依照"举重以明轻"的方式进行

---

① 李洪祥.国家干预家庭暴力的限度研究[J].法学论坛,2020,35(2):141-152.

解释。如殴打行为，在《治安管理处罚法》中，并没有规定需造成一定的严重后果，而对于不构成违法的一般家庭暴力行为，如以殴打的方式实施，则也应认为并不需要造成严重后果。

另外，从提高可操作性的角度看，对于家庭暴力这种特殊的侵害行为来说，评估其造成的危害结果本身就存在困难。尽管物质性伤害可以用伤情鉴定报告来确定，与之相关的精神损害却是难以估量的，因此也不应将"严重后果"纳入家庭暴力的认定标准。[①]

通过对现行相关立法进行体系性解释可以得出，家庭暴力的认定标准，随其实施形式不同而存在差异，如殴打、捆绑、残害、限制人身自由等类型应不要求"经常性"，殴打型家庭暴力应不要求导致严重后果。但对于其他大多数类型家庭暴力的认定标准，仍无法从规范上获得答案，这就进一步导致了司法实践中对家庭暴力行为认定标准的不确定性。而这种认定标准的不确定性几乎必然地导致了家庭暴力认定结果的可预期性降低，难以做到同案同判。这在给受害者寻求救济带来障碍的同时，一定程度上也给施暴行为形成心理助力，使其从国家公权力的认定中获得了"清白"，而减轻了继续实施暴力的顾虑，反而使受害者的境地更为窘迫。

《反家庭暴力法》禁止任何形式的家庭暴力也包括任何程度的家庭暴力，家庭暴力造成的身体或精神损害并非一定要达到某种伤残程度。身体损害包括身体疼痛、器官功能降低或丧失；精神损害包括精神痛苦，产生焦虑、恐惧、屈辱等情绪。家庭暴力损害后果较轻微是否成立家庭暴力，在社会生活和司法实践中长期存在疑问。在社会认知中，父母对子女的教育有时会通过体罚的形式，在传统观念中父母体罚孩子的动机是"爱之深责之切"，是为了让孩子变得更好，但是意思表示与动机并不一样，不论动机为何，意思表示都是打骂孩子，即实施家暴行为，即使其动机是积极的，也不能使其家庭暴力行为正当化。家庭暴力的程度若以伤害后果衡量，会出现精神暴力案件难以认定为家庭暴力的案件的现象，实际上家庭暴力所指是一种权力压制，表现为胁迫行为，只要实施这种行为就构成家庭暴力，故不论家暴行为损害后果程度，不论家暴行为动机为何，都不影响家庭暴力概念的定义[②]，任何形式的家庭暴力都属于《反家庭暴力法》的禁止范畴。

（二）发挥基层群众性自治组织的作用

1. 基层群众性自治组织能更好地在事前、事中对家庭暴力进行干预

社会组织是中国反家庭暴力政策制定中的重要力量，社会组织能够有效处理市场无法处理和政府处理效率不高的众多社会议题。《吉林省反家庭暴力条例》第8条规定："居（村）民委员会应当引导居民、村民在居民公约、村规民约中规定反家庭暴力内容。居（村）民委员会应当依法排查家庭暴力隐患，对存在家庭暴力隐患的当事人进行帮助、教育，并做好登记、调解工作。协助有关单位做好家庭暴力的处置工作。"基层群众性自治组织更容易接触到家庭成员，具备事前了解社区家庭成员情况的能力，能够通过走访调查排查家庭暴力，这在家庭暴力的预防方面起到至关重要作用。基层群众性自治组织是基层治理的重要环节，基层组织包括居民委员会、村民委员会、街道办事处等，常处理与人们日常生活相关的具体事务，在处理家庭暴力问题上，基层组织可以向家庭成员宣传反家庭暴力政策，通过对社区的走访

① 张洪林.反家庭暴力法的立法整合与趋势[J].法学，2012(2)：43-52.
② 李洪祥."家庭暴力"之法律概念解析[J].吉林大学社会科学学报，2007(4)：79-83.

调查对家庭暴力进行事前预防。

2. 基层群众性自治组织处理家庭暴力时更能尊重家庭成员意愿

基层组织生发于社会领域,其民间表达性可确保它能够敏锐发现弱势群体或特定人群的具体需求。[①] 由于基层组织的参与,社会政策的制定有可能关注具体的个体生活困境,直接面向需要解决困难的社会成员,从而促进社会公平、提高社会福祉。基层组织针对特定区域的家庭暴力可以提供更具专业性、针对性的服务。基层群众性自治组织能够更敏锐地了解受虐妇女的现实状况以及真实需求,能够代表受虐妇女发声,凭借专业知识参与到政策制定过程中,基层组织在反家庭暴力政策制定中具有相当重要的作用。[②] 基层组织处理家庭暴力事件的具体方式与司法系统不同,司法系统不论是公安还是法院必须依法开展工作,不能让公权力过多介入婚姻家庭生活等私人领域,所以在处理家庭暴力事件上往往只能进行事后救济以及预防家庭暴力事件再次发生。基层组织对婚姻家庭状况的走访调查并非公权力介入,处理家庭暴力的方式也不应与公权力机构相同,基层群众性自治组织更应尊重家庭成员意志,不同于公权力的强制性预防与处置,更应该通过自治组织对伦理道德进行宣传,重建婚姻家庭内部伦理秩序来遏制家庭暴力。虽然家庭暴力已经影响到社会秩序,需要公权力介入,但婚姻家庭本身有其运行规则和独特的家庭伦理关系,公权力的介入不能强行破坏婚姻家庭关系,一些家庭暴力可以在家庭内部伦理道德范围内得到妥善解决,此时基层群众性自治组织的介入有助于保护家庭成员中弱势一方,帮助家庭成员重塑伦理道德,贯彻《反家庭暴力法》的原则但不以公权力进行强制,采用宣传、疏导、劝说等方式,对可以通过道德伦理就解决的在家庭自治范围内解决,不是每个家庭暴力案件都必须以公权力介入的方式解决。群众自治组织可以防止公权力在私权领域的过分扩张,充分尊重婚姻家庭成员的意思自治。

3. 基层群众性自治组织的救助方式

基层群众性自治组织应明确自身的工作范围与职责。其一,居民委员会、村民委员会应当对辖区范围内的家庭进行走访调查,了解社区家庭的基本情况并进行登记。其二,应当及时处理受害人的举报,并告知受害人可以寻求救济的方式,对受害人进行基本的反家庭暴力知识普及。其三,如果家庭暴力事件非基层群众性自治组织可以受理的范围,应根据受害人意愿,及时向其他责任单位移送受害人,并且告知其应有权利。其四,尊重受害人意愿,不能主观臆断以保护受害人名义做出违背受害人意愿的处理。其五,制止正在发生的家庭暴力事件,必要时寻求其他公权力机关的介入。[③]

(三)强化首问单位责任

家庭暴力案件常见问题就是各单位之间推诿责任,家庭暴力受害人求助救济途径不畅通。多主体的职责体系导致了主体之间的相互推诿。《反家庭暴力法》家庭暴力的预防一章中规定了多个负有预防家庭暴力职责的主体,包括县级以上人民政府的有关部门、司法机关、乡镇人民政府、街道办事处、社会团体、用人单位等。从中可以体现,立法者希望通过将

---

① 杨柯.反家暴政策制定中的社会组织参与模式研究[D].兰州:兰州大学,2015.
② 何英.社会政策[M].北京:中国人民大学出版社,2012:29.
③ 罗杰.家庭暴力立法与实践研究:以民事法律规制为中心[D].重庆:西南政法大学,2012:186.

反家庭暴力确定为国家、社会和每个家庭的共同责任的方式来加强对家庭暴力问题的控制，但这种"人人有责"的职责分配方式，往往会导致相互推诿的不利局面。

《反家庭暴力法》中针对家庭暴力的预防和处置为政府部门、司法机关、人民团体等设置了大量的职责，其多表现为宣示性规范，如应"做好反家庭暴力工作""开展家庭暴力预防功能工作""做好家庭暴力受害人的诊疗记录"，但关于开展何种工作、如何开展工作、如何算"好"皆没有给出明确的规定。因此，规定预防和处置家庭暴力的具体手段的任务再次落到了地方立法。虽然形式上家庭暴力问题得到了统一立法的规范，在具体的实践中，仍需诉诸地方立法来明确具体的责任内容，这使得《反家庭暴力法》出台前存在的地方立法分散、效力位阶低等问题无法得到实质性解决。[①] 而对于不具有相关细化立法规定的地区，《反家庭暴力法》中赋予国家机关和社会组织的各项职责则往往落空。

《反家庭暴力法》第 35 条中医疗机构、居民委员会等非国家机构主体，仅在违反报案义务，造成严重后果的情况下，规定应予以处分。而这一法律责任的实现则需要受害者在经历了家庭暴力严重后果后，向有关部门举证非国家机构主体与严重后果之间存在因果关系。这样的举证内容对于处于弱势的受害者来说难免严苛，保护程度反而不如人身安全保护令，造成受害人既无主张此权利的动力，也往往没有主张此权利的能力。

明确一个职能部门对受害人提供帮助并负责是必要且重要的，以受害人需求为出发点，提高办事效率，《吉林省反家庭暴力条例》第 16 条明确规定"首问责任制"，第一个接到家庭暴力报案、举报、求助的单位是首问单位，首问单位应当处理即使无权处理也必须告知救济途径或者移送，不能推卸责任。家庭暴力受害者在遭遇侵害时除了报警或诉讼一般很难找到其他有效途径，"首问责任制"解决了家庭暴力受害者不清楚求助对象的问题。第一，"首问责任制"中的首问单位没有做出限制，任何接到举报的单位都可以成为首问单位，都必须对受害人进行妥善处理，降低受害人求助无门的风险。第二，明确首问单位责任，避免首问单位在无权或越权的条件下处理家庭暴力事件。首问单位主体广泛，一些单位并不具备处理家庭暴力的经验和能力，在不明方法、不明责任的情况下容易出现，单位之间的相互推诿和处理事件拖沓，所以必须明确首问单位的责任范围，不论何单位成为首问单位，都能及时对家庭暴力事件做出应对。第三，防止首问单位滥用权利对家庭暴力施暴者处以"私刑"，家庭暴力施暴者仍享有其应有的权利，该权利不能被随意侵犯。在首问单位主体广泛的条件下，首问单位的责任不能过大，如首问单位为受害人的用人单位，用人单位不能对施暴者做出任何处理，在法律范围内，只能对受害人加以保护，制止家庭暴力发生，并报警等，所以在制度设计上也不能赋予首问单位过大权力，以免造成权力滥用。

（四）完善家暴损害赔偿规则

《反家庭暴力法》以及各地方出台的相关条例都没有关于家庭暴力受害人的经济补偿规则，婚内经济损害赔偿方面，已失效的《婚姻法解释（一）》第 29 条明确规定，当事人不起诉离婚单独提出损害赔偿的，人民法院不予受理，此规定否定了受害人寻求婚内损害赔偿的可能。由于家庭暴力的侵权行为与一般侵权行为本质上并无差异，主张不规定家庭暴力婚内经济补偿和离婚损害赔偿的观点认为：夫妻同居期间、离婚后出现的家庭暴力可以适用一般

---

① 张洪林.反家庭暴力法的立法整合与趋势[J].法学,2012(2):43-52.

侵权损害赔偿,不需要在《民法典》"婚姻家庭编"或其他法律法规中进行特殊规定。① 认为婚姻存续期间财产为共同所有,婚内侵权损害赔偿实际不能实现或不具有现实意义。但现在夫妻财产可选择分别所有制,婚内财产也可以进行有条件的分割,夫妻财产共同所有制也并非夫妻所有财产都共有,共同财产制之下也要区分个人财产与共同财产,所以婚内损害赔偿并非全无现实意义,也具备实现条件。但是对家庭暴力婚内损害赔偿的限制实际上限制了家暴受害人损害赔偿请求权的行使,损害赔偿必须与离婚诉讼一同提出。但是家庭暴力实际上与婚姻存续没有必然联系,同居期间、婚姻存续期间、离婚后,家庭暴力行为均有可能发生,并且家庭暴力损害赔偿请求权不应该被限缩,其行使应与一般侵权损害赔偿请求权相同。婚内损害赔偿请求权的限制使婚姻关系成为受害者寻求家庭暴力损害赔偿的枷锁。②

离婚损害赔偿方面,《民法典》第 1091 条对离婚损害赔偿的法定情形增加了一项兜底性规定,除四项法定过错行为之外又增设了"有其他重大过错"这一规定,拓宽了离婚损害赔偿制度的适用范围,对此值得肯定。司法实践中,家庭暴力受害人要求经济损害赔偿的请求,极少得到法院支持。《民法典》第 1091 条实际上是将"重大过错"作为离婚损害赔偿责任的构成要件之一。然而离婚损害赔偿中的"过错"不能等同于侵权责任法上的"过错",该过错并非指对损害结果的发生具有过错,而是指对离婚的原因即感情破裂存在过错。③ 从这一点看离婚损害赔偿与侵权损害赔偿责任的逻辑不同,在家庭暴力案件多采用《民法典》"婚姻家庭编"及《反家庭暴力法》的前提下,离婚损害赔偿相较于一般侵权损害赔偿的保护力度不足并且诉权受限,但离婚损害赔偿与一般侵权损害赔偿一般不能同时诉请,家庭暴力受害人不能因家暴行为在离婚财产分割与侵权赔偿中同时受益。但由于离婚财产分割与侵权损害赔偿的逻辑不同,也不是同一法律关系,为使家庭暴力受害人能够获得最大限度的赔偿,可以通过调整离婚财产分割与侵权损害赔偿的顺序达到既不重复赔偿又能最大限度保护受害人权益的目的。④ 但家庭暴力的范围并不只限于夫妻之间,与其他家庭成员之间的暴力行为也构成家庭暴力,如对非配偶的其他家庭成员实施暴力则构成离婚损害赔偿但不构成夫妻间的侵权,如果对配偶实施家庭暴力则既构成离婚损害赔偿又构成一般侵权责任,所以离婚损害赔偿与一般侵权损害赔偿并非一定不能同时适用。

(五)完善告诫书、人身安全保护令制度

1. 完善告诫书制度

《反家庭暴力法》设置了告诫书与人身安全保护令制度,各地方出台的相关条例也都对这两个制度进行了补充规定。《吉林省反家庭暴力条例》第 20 条明确:"家庭暴力情节较轻,依法不给予治安管理处罚的,公安机关对加害人给予批评教育或者出具告诫书。具有下列情形之一的,公安机关应当自接到报案之日起三日内或者当场出具告诫书:(一)受害人要求出具告诫书的;(二)对未成年人、老年人、残疾人、重病患者以及孕期、哺乳期、中止妊娠六个

---

① 邓丽.身体与身份:家暴受害者在离婚诉讼中的法律困境[J].妇女研究论丛,2017(6):106-115.
② 李瀚琰.家庭暴力婚内损害赔偿制度入典再分析:基于人格权保护的理论视角[J].山东社会科学,2020(12):91-95.
③ 田韶华,史艳春.民法典离婚损害赔偿制度法律适用的疑难问题[J].河北法学,2021,39(1):74-87.
④ 邓丽.身体与身份:家暴受害者在离婚诉讼中的法律困境[J].妇女研究论丛,2017(6):106-115.

月内的妇女实施家庭暴力的;(三)有证据证明六个月内实施过家庭暴力的;公安机关应当保存告诫书以及相关档案信息并依法向有关部门提供。"该条规定明确了告诫书出具的时间、情形,符合告诫书制度的目的,告诫书出具的要求较低,主要起到警示、劝诫、记录作用,吉林省的规定体现了对特殊人群的保护以及对反复性家庭暴力问题的重视,在特定情形下,公安机关必须出具告诫书,以起到警示作用。并且吉林省的规定还明确告诫书的记录作用,如果再发生家庭暴力,法院等机构都可以向公安机关调取告诫书作为家庭暴力证据。第21、22条明确告诫书的警示作用,对告诫书进行公开宣读,再次实施家庭暴力则抄送施暴人单位,通过外界监督来避免施暴人再次实施家庭暴力。

调研发现,吉林省长春市出具告诫书的情形极少,必须对告诫书制度加以完善才能使告诫书制度发挥其应有的作用。从《反家庭暴力法》的规定来看,没有明确告诫书制度与批评教育的区别,在家庭暴力情节不严重的情形下,从工作效率与担责角度考虑,公安机关会选择批评教育而不会主动选择出具告诫书。且公安机关的基层执法人员未接受过关于如何适用告诫书制度的系统性培训,本身就不能明白告诫书与批评教育的区别,这导致了迄今为止在长春市的执法实践中,公安机关针对家庭暴力案件还是一如既往采用批评教育、治安处罚的措施,而没有适用告诫书制度,执法人员用口头批评替代出具告诫书的现象在实践中普遍存在。并且由于告诫书性质不明,其是否需要撤销也未有定论。公安机关出具告诫书后,受害人要求撤销告诫书应该如何处理没有作出相应规定。虽然告诫书本身没有处罚功能,但是由于其公开宣读的送达方式,告诫书必然会在一定范围内产生影响,该影响是否需要公开消除都没有详细规定,如果公安机关在出具告诫书后,受害人又要求撤销的情况时有发生,那么公安机关在出具告诫书和批评教育的处理方式之间必然倾向选择批评教育,告诫书制度的作用就不能发挥。

2. 完善人身安全保护令制度

人身安全保护令制度是《反家庭暴力法》最重要的规定,也是最具有实践性的。在"法信"平台以"人身安全保护令"为关键词在"本院认为"部分进行检索,截至2024年8月10日共6927件案例,其中"准予申请"2673件、"撤回申请"的419件、"驳回申请"的117件。总结其驳回原因,主要有证据不足和申请主体不适格。《反家庭暴力法》中规定人身安全保护令的申请条件是"遭受家庭暴力或面临家庭暴力现实危险",但如何定义家庭暴力的现实危险却更多依靠法官的心证。上海市松江区人民法院在"彭某与张某某离婚纠纷一审民事裁定书"中认为双方发生口角及身体冲突并且被申请人当庭承诺不再接触、骚扰申请人就不具备申请人身安全保护令的条件。[①] 聊城市东昌府区人民法院在"路普茂、董振清一审民事裁定书"中认为:已经离婚的夫妻不再是家庭成员关系,也不属于家庭成员以外共同生活的人,故不能申请人身安全保护令。[②] 一些人身安全保护令的裁定书没有给出驳回申请的理由。[③]

司法实践中的案例充分说明人身安全保护令仍存在问题有待完善。其一,申请主体范围不清晰。司法实践中前配偶、前同居关系排除在申请主体之外,这与现实生活不符。前配

---

① 参见上海市松江区人民法院(2019)沪0117民初9904号民事裁定书。

② 参见聊城市东昌府区人民法院(2018)鲁1502民初4436号之一民事裁定书。

③ 参见郴州市苏仙区人民法院(2018)湘1003民保令2号民事裁定书和济南市历城区人民法院(2019)鲁0112民保令1号民事裁定书。

偶之间多发生家庭暴力,离婚并不能解决夫妻之间的暴力事件,人身安全保护令不能仅以婚姻关系是否存在判断人身安全保护令的主体是否适格。前配偶、前同居关系普遍存在,也普遍存在家庭暴力事件延续的状况,婚姻关系的结束并不能说明双方完全没有情感联系,也不能说明暴力事件的结束,人身安全保护令的保护范围有待进一步调整。其二,申请标准不明确。如何定义家庭暴力的现实危险,是否被申请人当庭承诺就可以判断没有家庭暴力危险,当事人对家庭暴力行为的举证是否因为没有报警记录就可以直接判断未发生过家暴行为。在"贺彩丽与郝炜平人身安全保护令一审民事裁定书"中,神木市人民法院认为,法院与派出所未调查出相关出警记录或受理过家暴案件,申请人提交的伤情照片及报警记录不足以证明长期遭受家庭暴力或面临家庭暴力现实危险。[①] 可以看出,法院对于何为家庭暴力及家庭暴力现实危险的判断标准并不明确。其三,缺乏对未成年人的针对性保护。父母对未成年人的家庭暴力也是家庭暴力的常见情形,并且受传统观念影响,父母打骂孩子是一种教育手段,无可厚非,导致未成年人长期遭受家庭暴力。在保护未成年人方面,《反家庭暴力法》将近亲属、公安机关、居委会等公权力机关和救助管理机构等社会组织纳入代申请人范畴,但从实际情况看,公安机关、妇联、居委会、村委会极少有机会介入当事人家庭生活,也不能经常接触到未成年人,而近亲属又有可能存在包庇施暴人的情况,所以对未成年人遭受家庭暴力的代申请人的范围需要进一步扩大。由于我国社会救助机构、福利机构不够完善,普遍观念认为未成年人跟随父母或近亲属生活仍比在社会救助机构能获得更好的照顾,对实施家庭暴力的父母没有强行剥夺法定监护人资格,这就导致未成年人反复回到施暴的家庭,不能脱身。而每一次的救助都可能成为下一次被虐待得更严重的理由。

On the Progress, Problems and Improvement of China's Anti Domestic Violence System

Li Hongxiang[1]   **Cao Siyu**[2]

(1. Jilin University, Changchun, 130012;

2. Yancheng Teachers University, Yancheng, 224000)

Abstract: The anti-domestic violence laws and local regulations and measures have been introduced one after another, China's anti-domestic violence awareness continues to increase, the legal protection continues to improve, and to break the long-standing concept of domestic violence is a private matter within the family, the introduction of public power into the case of anti-domestic violence. However, domestic violence still occurs in social life, victims of domestic violence have no way to seek help, self-harm, suicide and other news stories appear from time to time. On the one hand, China's anti-domestic violence program has already begun, and has established a legal system for anti-domestic violence that is integrated with other marriage and family systems, tort liability systems, and human rights protection systems. On the other hand, domestic violence involves subjects

---

① 参见神木市人民法院(2018)陕 0881 民保令 4 号民事裁定书。

with special intimate relationships, the direct application of general tort regulations and norms can not be fully suitable, the anti-domestic violence laws can not fully cope with all the cases of domestic violence reflected in the new problems, must be based on the reality of the causes of the problem of the anti-domestic violence system to make further improvements. Firstly, the concept of domestic violence should be clarified; secondly, the use of grass-roots mass self-government organizations to take advantage of the characteristics of its special role in the anti-domestic violence system; thirdly, the establishment of the "first-responsibility system" to maximize the protection of the victims of domestic violence so that they can get help in a timely manner, to improve the system of domestic violence in the provisions of the system, so that the warning letter, personal safety protection order system, etc., can be used to protect the victims of domestic violence. Finally, the provisions of the anti-domestic violence system should be improved, so that such systems as the warning letter and the personal safety protection order can play their due roles.

Key Words: anti-domestic violence laws; responsibility system of first asking; personal safety protection order

私权构建视角下配偶医疗决定的
体系规整与规范阐释[*]

阎　语　张云壹^{**}

内容摘要：配偶医疗决定权是成年患者不能或不宜做出医疗决定的特殊情况下，配偶一方为另一方做出医疗决策的权利，其权源基础来自替代患者自主决策、配偶权的合理延伸及制衡医生诊疗权威。在私权构建视角下，阐释《民法典》第 1219 条与第 1220 条，明确在权利结构上，配偶医疗决定权的固有主体是配偶，其较之于其他近亲属享有权利的优先顺位，而权利的相对主体则应限定为无同意能力或需采取保护性医疗的患者；行为要件上，患者配偶的医疗同意权与由此衍生的拒绝权应依次遵循纯粹自主标准、替代判断标准与最佳利益标准；权利客体指向配偶身份利益与患者人格利益；在纠偏机制上，应区分紧急与非紧急情况，前者由主治医生紧急救治，后者由医疗伦理委员会或司法机关对患者医疗活动进行审查。由此，实现配偶医疗决定权的体系化规整。

关键词：配偶医疗决定权；替代决策；紧急救治

一、问题的提出

以《民法典》第 1219 条与第 1220 条为蓝本，本文所探讨的配偶医疗决定权是指成年患者不能或不宜做出医疗决定的特殊情况下，配偶一方为另一方的医疗健康做出决策的权利。[①] 传统医疗父爱主义理论认为，医方能够以患者利益最大化为价值取向，患者并不完全

* 基金项目：厦门市妇联"反家庭暴力工作制度建设"（HX2023106），主持人：何丽新，厦门大学法学院教授。

** 阎语，女，厦门大学法学院助理教授，主要研究方向为婚姻家庭法、保险法；张云壹，男，厦门大学法学院硕士研究生，主要研究方向为婚姻家庭法。

① 《民法典》第 1219 条："医务人员在诊疗活动中应当向患者说明病情和医疗措施。需要实施手术、特殊检查、特殊治疗的，医务人员应当及时向患者具体说明医疗风险、替代医疗方案等情况，并取得其明确同意；不能或不宜向患者说明的，应当向患者的近亲属说明，并取得其明确同意。医务人员未尽到前款义务，造成患者损害的，医疗机构应当承担赔偿责任。"《民法典》第 1220 条："因抢救生命垂危的患者等紧急情况，不能取得患者或者其近亲属意见的，经医疗机构负责人或者授权的负责人批准，可以立即实施相应的医疗措施。"

享有其医疗活动的自主权,该权利的行使受到限制。① 然而,基于对医疗父爱主义扩张和被滥用之倾向的恐惧,如今患者享有医疗自主决定权已形成共识,患者有权选择医疗服务提供者及医疗服务内容。当患者存在认知能力衰退或心理承受能力差等情形时,需要由与之存在身份亲密关系的主体替代其做出医疗决定,配偶因而成为替代患者进行医疗决定的重要主体。

我国《民法典》第 1219 条从保障患者知情同意权的角度,侧面认可了患者近亲属(包括其配偶)可以在患者不能或不宜做出医疗决定的特定情形下,代替患者进行医疗决定。与之相对,卫健委及原卫生部等行政管理部门发布的一系列实施细则,则对患者医疗活动决定权的实施前提及享有主体存在不同认知。《医疗事故处理条例》第 11 条仅规定患者本人为其医疗健康决策的唯一主体。《医疗机构管理条例实施细则》第 62 条则要求在实施保护性医疗措施且不宜向患者说明这一特定情形下,配偶作为患者家属才享有知情权,但其并不享有医疗决定权。《病历书写基本规范》第 10 条则认为不仅患者本人享有其医疗活动的决定权,在其不具备完全民事行为能力或无法签字时,其法定代理人及其授权人员均可以代替患者本人签字进行医疗决策;在紧急情况以抢救患者为目的时,医疗机构负责人或其授权的负责人也可以签字进行医疗决策。

立法规范上的冲突导致司法实践中患者配偶医疗决定权纠纷时有发生,尤其在患者配偶的医疗决定权与患者个人的身体权、自由权、健康权等一般人格权发生冲突时,如何取舍纠偏以及如何在提升医疗决策效率的同时,兼顾患者个人与夫妻团体共同利益,面临诸多现实困境,这也使得配偶医疗决定权的权利来源及正当性备受质疑。② 既有国内研究从"患者—配偶—近亲属"的组织社群关系视角切入,基于家庭本位观念,探讨配偶及其他近亲属医疗决定权的正当性与合理性问题,或基于近亲属同意规则,在程序上赋予患者配偶对其医疗活动决定的优先顺位,或立足于患者知情同意权,对其配偶及其他近亲属所享有的医疗决定权进行匡正与反思。③ 域外相关研究则更多体现出个体主义的取向,聚焦于尊重患者意愿并多采用患者最佳利益标准,认为患者配偶仅应在紧急状态下替代患者本人进行医疗决定,其决定应遵从患者本人意愿。④

① 约翰·廷格尔,艾伦·克里布.护理法律与伦理[M].王竹,译.北京:北京大学出版社,2023:26-28.

② 在 2007 年的李丽云案与 2017 年马茸茸案中,丈夫拒绝采取剖宫产生孩子,医生没有采取无签字手术,最终导致孕妇因抢救无效而死亡,这突显出配偶所行使的医疗拒绝权可能侵害患者的生命健康权。参见北京市第二中级人民法院(2010)二中民终字 05230 号民事判决书。张雅.陕西产妇坠楼事件陷罗生门梳理其坠亡前的 29 小时[EB/OL].(2017-09-07)[2023-04-14].https://www.chinacourt.org/article/detail/2017/09/id/2991348.shtml.

③ 储殷,谭馨海.病人家属参与医疗决定之法律研究[J].法律科学(西北政法学院学报),2005(4):97-102;陆青,章晓英.《民法典》时代近亲属同意规则的解释论重构[J].浙江大学学报(人文社会科学版),2020(11):116-121;唐蕊,朱苗苗,梁化羽,等.患者知情同意权行使主体的反思与匡正[J].中国卫生法制,2019(3):28-32.

④ TRISTAN S W, et al. End of life, elder abuse, and guardianship: an exploration of New York's surrogate decision-making framework[J]. Touro law review,2022,38(1):45-64; ANTAL S. Paternalism vs. autonomy? substitute and supported decision-making in England and Hungary[J]. Hungarian journal of legal studies,2021,62(1):75-95. LARGENT E A. Supported decision-making in the United States and abroad[J]. Journal of health care law and policy,2021,23(2):271-296.

夫妻团体构成现代婚姻家庭的主轴,但深受现代社会个人主义和形式理性的影响,由利己个人构建的夫妻团体已不再可能臣服于团体主义,从而形成"夫妻团体主义"与"个人主义"的基本矛盾。① 现代意义上的配偶身份权已不再具有绝对的支配性,更多体现为夫妻之间的相互请求权,是夫妻维系婚姻生活圆满及幸福的权利。② 患者配偶的医疗决定权如何在维系夫妻团体伦理及情感关系与保障患者个人人格利益之间做出衡平,亟待进一步厘清。鉴此,本文从私权构建视角出发,对配偶医疗决定权进行体系化的范式凝练,在阐释《民法典》第 1219 条及第 1220 条的私权基础之上,明晰配偶医疗决定的权利主体、行为要件与权利客体,并构建配偶医疗决定损害患者利益时的纠偏机制。

二、配偶医疗决定的权源基础

医疗决定权具有人身专属性。一般而言,患者可以在住院时签署意定授权书,由配偶概括行使医疗决定权,此时的权源基础来自代理制度;在患者配偶欠缺意定授权时,当前法律未明确规定配偶享有医疗决定权,此时亟待厘清其权源基础。

(一)替代患者自主决策

首先,配偶医疗决定权源于其可以替代患者进行决策,进而变相实现患者的自主意志,保护能力存在缺陷患者的自治地位。德沃金将自主决定权区分为"体验权益"与"关键权益",体验权益是自主决定所带来的体验,关键权益是行使权益对重大事项进行判断决策,后者是人类能否享有尊严的关键。③ 依照此种区分,在配偶行使医疗决定权之时,患者未必存在亲自行使医疗决定权的体验权益,但享有关键权益来维护个人尊严。美国奥康纳法官亦认为配偶能够担任患者的代理决策者,为病人说话。④ 因故,配偶代替患者进行医疗决定能够维护患者个人尊严,探求患者本人的真实意愿,间接实现患者的自主决定。

较之其他近亲属而言,患者配偶被认为更能探求患者的真实意愿。其一,患者与其配偶存在深厚的情感纽带,他人不易替代⑤,基于夫妻团体利益的考量,配偶会做出患者利益最大化的决定。其二,医疗活动关乎医疗伦理,触及患者个人价值观、道德取向等个人隐私,更涉及患者人格⑥,患者与其配偶长期共同生活,双方得以深入了解彼此的个人偏好及对医疗决策的期望。其三,患者与其配偶间存在着更高程度的信任,更倾向于信任配偶并依赖其做出决策。伴随家庭规模的少子化及代际居住分离的趋势,配偶已然代替患者的其他近亲属,

① 冉克平.夫妻团体法:法理与规范[M].北京:北京大学出版社,2022:18-20.
② 陈棋炎.亲属、继承法基本问题[M].台北:三民书局,1980:109;王泽鉴.民法总则[M].北京:北京大学出版社,2009:96-97.
③ 罗纳德·德沃金.生命的自主权[M].郭贞伶,陈雅汝,译.北京:中国政法大学出版社,2013:259-265.
④ ORENTLICHER D,Cruzan and surrogate decision-making[J]. SMU law review,2020,73(1):155-162.
⑤ 戴维·波普诺.社会学[M].李强,等译.北京:中国人民大学出版社,2007:194-195.
⑥ 蒋月.婚姻家庭法前沿导论[M].北京:法律出版社,2016:468.

成为在更长时间内相互居住、陪伴患者的主体,双方在亲密关系、信任关系、医疗偏好了解等方面的依赖程度也进一步加深。①

(二)配偶权的合理延伸

配偶权指的是"男女两性依法结为夫妻后,相互之间基于配偶身份所享有的对配偶利益专属支配的基本身份权"。②《民法典》规定了夫妻姓氏权、婚姻住所决定权、职业学习和社会活动的自由权、日常家事代理权、相互抚养扶助权、生育权等配偶权,配偶医疗决定权的权源基础也来自配偶权的合理延伸。

第一,配偶医疗决定权基于《民法典》第 1059 条中所规定的夫妻相互扶养扶助的有关规定。夫妻互相扶养扶助包含当配偶一方陷于危困状态时,另一方负有救助、救援的权利和义务。当患者出现昏迷、恐慌等状态导致意识存在欠缺,可被视为陷于危困状态,配偶此时行使医疗决定权属于对患者救助救援行为,成为夫妻相互扶养扶助权的延伸内容。从实现配偶间扶助抚养的角度出发,配偶医疗决定权系诊疗活动中基于身份关系所享有的权利。

第二,配偶医疗决定权符合夫妻团体法的要求。夫妻团体构成现代家庭的主轴,夫妻是人身、利益上的共同体与结合体,财富在夫妻团体与社会之间形成系统循环,"夫妻团体主义"与"个人主义"的冲突成为夫妻财产纠纷当中的基本矛盾。③ 在配偶扶助权的要求下,配偶需要使用夫妻共同财产承担患者的医疗费用。患者的医疗救治与配偶财产状况存在着密切的关联,当患者医疗支出对配偶基本生存将会产生重大影响且缺乏治愈可能时,完全不考虑配偶的利益显然有悖夫妻利益共同体。当医疗关系牵涉配偶时,应当将配偶与患者视为同一利益整体,平衡"夫妻团体主义"与"个人主义",适当考量配偶的利益需求。

第三,在生育领域,由于生育权需要对女方予以倾斜性保护,其配偶的医疗决定权应受到适当限制。正如学者所言,"一个胎儿的出生,是他或她幸运地逃脱夫妻之间的生育权冲突的结果"④。实践中,配偶医疗决定权冲突与滥用所引发的纠纷大多涉及与生育相关的医疗活动中治疗方式的选择问题。生育权作为配偶权的重要组成部分,虽然原则上应基于性别平等的价值观,由夫妻双方平等享有,但亦需考虑妇女本身的天然生理结构在生育过程中所承受的巨大压力,给予女方更多关照。⑤ 尤其是涉及生育方式选择的问题时,应保护女性的生命健康权,尊重女方意愿。此时,当丈夫行使医疗决定权与妻子生育权发生冲突时,应优先对妻子进行倾斜性保护。

(三)制衡医生诊疗权威

传统医患关系中,患者及其家属时常处于无助和技术无能的状态,没有能力评判医生所作出的医疗决定是否符合自身需求。医生享有诊疗权威,患者及其家属则因缺乏医疗知识

---

① 根据《第七次全国人口普查公报》,2020 年我国平均家庭户规模为 2.62 人,比 2010 年的 3.10 人减少了 0.48 人,家庭户的持续小型化已然展现,三口之家逐渐转变为两口之家。

② 杨立新.婚姻家庭与继承法[M].北京:法律出版社,2021:123.

③ 冉克平.夫妻团体法:法理与规范[M].北京:北京大学出版社,2022:序 1.

④ 徐国栋.民法哲学[M].北京:中国法制出版社,2021:258.

⑤ 陈雅凌.夫妻生育权冲突之对策研究[J].中国社会科学院研究生院学报,2021(1):83.

而处于被动地位,很难对医生决策提出质疑。随着商业管理型医疗、消费主义买卖型医疗及互联网医学知识的普及,医生的诊断权威得以削弱,患方已不再是任人宰割的"木偶"。[①] 患者及其家属开始更加重视自己的权益,在医疗诊断决策中的作用日益凸显。

患者配偶被动地进行医疗活动的知情与同意,难以保障患者的最大利益,需要主动介入。在一例案件中,妻子将医疗决定权授予丈夫,丈夫主张医院介入性手术不当,造成了妻子死亡,并最终获得了侵权损害赔偿。[②] 可见,配偶医疗决定权能够更好地平衡医生的诊断权威,从更多的途径获取医疗手段正确性的判断标准,有助于理解医生给出的诊断建议,进而判断医疗手段是否正确。

由此观之,配偶医疗决定权的权源基础关涉患者、配偶及医生三方,需要综合考量患者自主决定权、配偶决定权及医生决定权。从患者角度而言,配偶医疗决定权的行使能够保护能力缺陷者的自治地位,探求患者最有可能存在的真实意愿。从配偶角度而言,配偶医疗决定权以相互扶助权为基础,受到生育权的限制,符合夫妻团体法的要求。从医生角度而言,配偶医疗决定权可以制衡医生的诊疗权威,避免向医疗父爱主义回归。

三、配偶医疗决定的私权结构

我国《民法典》第 1219 条第 1 款仅从保障患者知情同意权的角度,间接规定了配偶能够行使医疗决定,缺乏对配偶医疗决定权的正面肯认。对该条文进行解释,首先需要在私权分析框架下,明晰配偶医疗决定权的结构。对此,可参照霍兰德所提出的私权分析"四要素",即权利固有主体(权利享有者)、权利相对主体(受权利针对约束的人)、行为要件以及权利客体出发[③],体系化地对现有规范中关于配偶医疗决定的内容进行规整与阐释。

(一)权利固有主体为配偶

《民法典》第 1219 条第 1 款仅规定近亲属能够替代患者行使医疗决定权,结合《民法典》第 1045 条有关近亲属范围的划定,可将患者配偶理解为患者医疗决定的固有主体。即便如此,患者配偶相较于父母、子女、兄弟姐妹等其他近亲属的主体顺位规则并不明晰。

目前,国外替代行使医疗决定权顺位存在法定顺位制、意定顺位制及并列顺位制三种立法模式。[④] 法定顺位制是指按照法定亲等顺序排列,通过法律规定明确优先顺位。意定顺位制是指不通过立法明文规定顺位,而是由近亲属共同推选一名成员来担任医疗代理人。并列顺位制指的是通过法律确立近亲属范围,任何近亲属都可以不分先后地行使医疗决定权。但意定顺位制需要花费大量时间成本,难以满足医疗决策注重效率的价值取向,更难以契合医疗救治的紧急性要求。并列顺位制则没有考虑近亲属中亲密关系的远近,关系较远

---

① 姚泽麟.病人角色:概念根植性与基于家本位文化的反思[J].社会科学,2023(10):153-154.

② 吉林省四平市铁西区人民法院(2021)吉 0302 民初 2636 号民事判决书.

③ 王涌.私权的分析与建构:民法的分析法学基础[M].北京:北京大学出版社,2020:122.

④ 徐喜荣,陈化.论紧急救治中患者近亲属意见的取得:评《医疗损害责任司法解释》第 18 条[J].河北法学,2018(8):41-42.

的近亲属通常难以了解患者意愿,将所有亲属均列为同一顺位较为不妥。因此,应明确替代患者进行医疗决定的先后顺序,以更好地保障患者合法权益,法定顺位制由此更具合理性。

对于法定顺位制下具体顺序的确立,有学者认为可以借鉴继承制度,将替代患者进行医疗决定的顺位设定为以下顺序:优先顺位是配偶、成年子女、父母;次之为成年兄弟姐妹、祖父母、外祖父母;最后为成年孙子女、成年外孙子女。[①] 有学者则认为可以参照监护制度:第一顺位是配偶;第二顺位是父母、子女;第三顺位是其他近亲属。[②] 还有学者融合上述两种观点,设立柔性规则:在治疗措施可能产生死亡危险时应适用继承制度确定顺位;在治疗措施不会产生死亡危险时,应适用监护制度确定顺位。[③] 继承制度侧重于保护继承人私有财产继承权,监护制度目的在于保障被监护人利益最大化,配偶医疗决定更侧重于患者的利益最大化,从顺位制度的设置目的观之,配偶医疗决定权与监护制度更为类似。此外,继承制度假定被继承人死亡才能发生继承的效果,在医疗救治环节做出如此假定亦不符合医疗救治理念。因此,借鉴监护制度确定替代患者进行医疗决定的顺位,有利于实现患者利益的最大化,更具合理性。

法定顺位制度下配偶医疗决定权具有优先顺位。《荷兰民法典》第 7:465 条第 3 款肯定了配偶医疗决定权优先于父母、子女、兄弟姐妹。[④] 我国司法实践中也有法院以配偶系患者最亲密关系的主体为由,确认其可以优先行使医疗决定权。[⑤] 因故,配偶在近亲属医疗决定权顺位中具有优先顺位,不仅符合配偶之间亲密关系、信任关系、医疗偏好了解、家庭结构代际分离,而且符合立法目的与司法实践的需求,能较好地替代患者做出决策。

(二)权利相对主体为无同意能力或需采取保护性医疗的患者

配偶医疗决定权应当理解为绝对权,从权利相对主体来看,患者、医生、其他近亲属以及相关人都负有不得侵犯该项权利的义务,但患者依旧是受到配偶医疗决定权影响最大的权利相对主体。《民法典》第 1219 条第 1 款仅规定在"不能或者不宜向患者说明"的情况下,配偶享有医疗决定权,这构成对权利相对主体范围的限制。

1. "不能向患者说明":不具有同意能力的患者

有关"不能向患者说明"的理解,存在行为能力说和同意能力说两种观点。行为能力说认为,"不能向患者说明"属于民事行为能力的判断,只有当患者不具备完全民事行为能力

---

① 王竹.解释论视野下的侵害患者知情同意权侵权责任[J].法学,2011(11):97.

② 徐喜荣,陈化.论紧急救治中患者近亲属意见的取得:评《医疗损害责任司法解释》第 18 条[J].河北法学,2018(8):44.

③ 陆青,章晓英.民法典时代近亲属同意规则的解释论重构[J].浙江大学学报(人文社会科学版),2020(11):116-121.

④ 《荷兰民法典》第 7:465 条第 3 款:"如果患者已经成年,但是不能理性地判断医疗活动中的个人利益,且未为患者设定成年监护或者保佐,医疗服务提供者应向获得患者书面授权之人履行就其根据本节对患者所负的义务。如果没有获得患者书面授权之人或者此类主体不作为,医疗服务提供者应当向患者的配偶、注册伴侣或者其他生活伴侣履行义务,若无此类主体或者此类主体不愿意,则应当向患者的父母、子女、兄弟姐妹履行义务,除非此类主体不愿意。"

⑤ 上海市第一中级人民法院(2023)沪 01 民终 2371 号民事判决书。

时,才能由他人替代行使医疗决定权。① 但该学说采用民事行为能力全有全无的判断标准,医疗领域却存在着突发情况,需要具体情形具体分析,完全民事行为能力标准过于僵化。同意能力说则单独设立"同意能力"概念,主张对于相应的诊疗行为的风险、结果拥有必要的分析理解能力。② 此种观点较为合理,只要患者具有相应的分析、理解、辨识能力,就认定为具有同意能力,无须具有承担相应后果的能力。只有患者不具有同意能力且医疗事项具有必要性和紧迫性,才属于"不能向患者说明"。

第一,对患者缺乏同意能力的辨别,应重点考察患者的意识判断能力,如是否存在昏迷状态、意识表达能力缺失、因缺乏必要知识不能正确判断等情形③,而非将患者出现重大疾病僵化等同于患者缺乏同意能力。为了进一步量化患者的意识判断能力,可参考格拉斯哥量表对患者的意识水平进行客观评估。目前,格拉斯哥量表通常用于判断患者颅脑创伤意识障碍,并逐步推广适用于其他意识障碍类疾病。④ 可以参考此方法,考察患者的睁眼反映、语言反映与运动反映,并兼顾医疗活动中患者同意能力的特殊性,将其同意能力的辨别重点集中于语言反映,用以客观化地评估患者是否存在言语不能理解、用词错乱、定力障碍、无法正常交谈等意识能力障碍。

第二,除需要进一步辨别患者是否缺乏同意能力之外,"不能向患者说明"还需满足医疗事项具有必要性和紧迫性的前提要件。必要性是指治疗措施对于患者健康状况的改善或病情缓解具有不可或缺的作用,紧迫性则是指必须立即采取行动进行治疗以避免患者病情恶化。如在一起案件中,丈夫在妻子昏迷时决定对其实施双侧输卵管结扎手术,法院认为该手术可以避免患者因再次妊娠而出现危及生命的情况,具备必要性与紧迫性。⑤ 基于此,在配偶行使医疗决定权时,必须考量治疗措施的必要性和紧迫性,二者缺一不可。如果治疗并非必须立即进行,即便患者处于昏迷状态,也应该等待其恢复同意能力后再由其自行决定。

2."不宜向患者说明":需采取保护性医疗的患者

"不宜向患者说明"指代的是需采取保护性医疗的情形,即为避免患者得知患病后出现抗拒医疗之情形,医方向患者隐瞒病情,由其他人替代行使医疗决定权。⑥ 此种医疗方式可以视为医疗父爱主义在重症领域的特别遗存,其主要目的是避免患者不配合治疗。但保护性医疗也会造成患者无法了解病情及无法掌握治疗情况,可能侵犯患者的知情同意权,故而需要对于保护性医疗的适用情形进行严格限制。

首先,应明确保护性医疗的适用位序。尊重患者知情权是医疗伦理的基本要求,保护性医疗因而不能成为主导,应在尊重患者知情权的基础上,作为辅助手段加以运用。如在一宗案件中,法院就明确指出保护性医疗在治疗手段中处于辅助地位,医疗机构应当在尊重患者

---

① 杨丽珍."告知后同意":《民法典》第 1219 条第 1 款的解释论展开[J].西北大学学报(哲学社会科学版),2020(6):51-57.

② 叶欣.患者知情同意能力研判[J].法学评论,2022(2):173-174.

③ 益阳市中级人民法院(2011)益法民一终字 445 号民事判决书。

④ 季云,卢丽华,姜新娣.全面无反应性量表和格拉斯哥昏迷评分量表对神经重症监护病房患者意识障碍和短期预后的评估价值比较[J].解放军护理杂志,2019(9):19-21.

⑤ 广东省高级人民法院(2020)粤民申 9342 号民事判决书。

⑥ 徐梓硕,曲巍.我国患者知情同意权代为行使问题及完善措施[J].锦州医科大学学报,2022(2):11.

知情权的基础上,兼顾保护性医疗,综合患方的意愿、经济能力和疾病特点,选择并设计最佳方案治疗。①

其次,应限制保护性医疗的病症范围。对于保护性医疗的病症范围,有学者认为不需要对于病症范围予以明文规定,病症范围的判定应因人而异。② 本文认为,有必要在对个体病人具体分析的基础之上,进行一定的病症指引性规定。在司法实践中,法院时常将直肠癌、乳腺癌、急性心肌梗死等重大疾病认定为需要采用保护性医疗的病症。③ 此种观念存在一定误区,重大疾病并非均需要强制性地适用保护性医疗。一方面,需要对重大疾病的范围进行明确界定。对此,可以在总结实践中常见重疾病症的基础之上,结合现有规范中有关重大疾病的界定,如参照中国医师协会与中国保险行业协会联合发布的《重大疾病保险的疾病定义使用规范》(2020 年修订版)第 3.1.1 条的规定,采用"正面解释+反向排除"的方式,对重大疾病的概念与主要类型进行界定。④ 另一方面,对于推荐适用保护性医疗的疾病,更宜综合患者的年龄、性格特点、心理素质等情形进行具体判断。

最后,还应禁止对保护性医疗进行类推解释。保护性医疗的适用条件之一是患者对自身所患病症不知情,只要患者对于自身所患病症知情,就不符合保护性医疗的前提。如在一起案件中,法院认为即使患者知情明确表示拒绝,若其医疗决定不利于自身健康安全,则应否定其决定权,转而将医疗决定权交由其配偶行使。⑤ 此种认定虽将保障患者自身健康权置于优先地位,却忽视了患者个人的诊疗意愿。在之后发生的另一起相似案件中,法院就没有再做出类推适用保护性医疗的认定,具有一定合理性。⑥

(三)行为要件需依循合理行使标准

1.“明确同意”的内涵

从行为要件而言,《民法典》第 1219 条第 1 款要求医方不能或者不宜向患者说明的病情或医疗措施,应取得患者近亲属“明确同意”后,才能采取相应的治疗。该规定蕴含了较为严格的同意权行使标准,患者近亲属需做出明确的同意表示,不能仅是表示知情。《病历书写基本规范》第 10 条第 2 款则进一步将明确同意的形式限定为签署书面的知情同意书。但此规定与《民法典》有关“明确同意”的做出方式相冲突,存在一定不妥。《民法典》项下,“明确同意”的形式已变得更加灵活,可以采取纸质知情同意书、口头同意、录音、录像等同

---

① 广东省广州市中级人民法院(2009)穗中法审监民再字 266 号民事判决书。
② 杨会.患者近亲属代为行使知情同意权的法定情形[J].政法论丛,2023(6):90-93.
③ 辽宁省丹东市中级人民法院(2022)辽 06 民终 234 号民事判决书。
④ 《重大疾病保险的疾病定义使用规范》第 3.1.1 条:重度疾病:重度恶性肿瘤、较重急性心肌梗死、严重脑中风后遗症、重大器官移植术或造血干细胞移植术、冠状动脉搭桥术、严重慢性肾衰竭、多个肢体缺失、急性重症肝炎或亚急性重症肝炎、严重非恶性颅内肿瘤、严重慢性肝衰竭、严重脑炎后遗症或严重脑膜炎后遗症、深度昏迷、双耳失聪、双目失明、瘫痪、心脏瓣膜手术、严重阿尔茨海默病、严重脑损伤、严重原发性帕金森病、严重Ⅲ度烧伤、严重特发性肺动脉高压、严重运动神经元病、语言能力丧失、重型再生障碍性贫血、主动脉手术、严重慢性呼吸衰竭、严重克罗恩病、严重溃疡性结肠炎。
⑤ 上海市虹口区人民法院(2015)虹民四初字 638 号民事判决书。
⑥ 广西壮族自治区来宾市中级人民法院(2017)桂 13 民终 720 号民事判决书。

意形式。①

在"明确同意"的限定之下,配偶医疗决定权包含同意权自不待言。同意权的行使标准要求明确,明确拒绝固然能够产生拒绝的法律后果,但当患者配偶沉默或意思表示含糊不清的情况下,其行为应推定为隐含拒绝效果。因故,配偶医疗决定权包含同意权与拒绝权,同意权要求明确做出同意的意思表示,拒绝权的行使则包含明确拒绝、表达不清、沉默等行为方式。

2."明确同意"的合理遵循

配偶行使同意权或拒绝权时,应当遵循纯粹自主标准、替代判断标准与最佳利益标准,首先考虑医疗预嘱,其次依靠患者意愿进行替代判断,最后以保障患者身体健康权作为兜底。②

第一,遵循纯粹自主标准,优先考虑患者的医疗预嘱。纯粹自主标准是指在患者具有认识能力时明确表达过其对医疗活动的意愿。此时,当医方不宜或不能做出医疗决定时,应尊重患者事先做出的自主安排。纯粹自主标准主要体现在医疗预嘱上,患者的医疗预嘱有助于确定患者的主观需求、固定患者的主观偏好、减少医疗纠纷、保障患者自主决定权。比较法上,对于自然人的医疗预嘱存在两种立法模式。如德国倾向于将医疗预嘱行为纳入民法典中进行规定③,而美国的《患者自决法案》(Patient Self-Determination Act)则倾向于通过单行法规对医疗预嘱进行规范。我国《民法典》虽然尚未对医疗预嘱做出明确规定,但地方性法规并不乏探索。例如,《南宁市关于建设老年友善医疗机构的实施方案》第3.5.4条、《湖南省开展建设老年友善医疗机构工作方案》第3.2.4条将医疗预嘱设定为舒缓治疗与临终关怀服务的重要手段,但仅将设定主体局限于老年人且不存在细化规定。④《深圳经济特区医疗条例》第87条就明确规定了患者或其近亲属进行患者医疗预嘱的条件,并明确优先尊重患者的医疗预嘱的特定情形。⑤ 医疗预嘱的合法化、制度化已经成为一种趋势,在存在医疗预嘱的情形下,配偶在行使医疗决定权时需要优先尊重患者医疗预嘱的意思表示。

---

① 杨震.中国民法典侵权责任编释论[M].北京:法律出版社,2022:214.

② 汤姆·比彻姆,詹姆士·邱卓思.生命医学伦理原则[M].李伦,等译.北京:北京大学出版社,2014:98.

③ 德国《民法典》第1901条第a款:"有允许能力的成年人已以书面就其允许之不能的情形,确定其是否允许或禁止特定的、在确定之时尚不马上来临的对其健康状况的检查、治疗或医疗手术的,照管人必须审查对患者意愿书的这些确定是否合乎当前的生命情势和治疗情势。情况的确如此,照管人必须使被照管人的意思得以表达和执行。患者意愿书可以随时不要式地予以撤回。"

④ 《南宁市关于建设老年友善医疗机构的实施方案》第3.5.4条:"宣传和引导老年患者建立生前预嘱或医疗预嘱,为临终患者提供舒缓治疗与临终关怀服务。"《湖南省开展建设老年友善医疗机构工作方案》第3.2.4条:"有提供或与其它机构合作提供安宁疗护服务,有开展生前预嘱或医疗预嘱宣传引导工作。"

⑤ 《深圳经济特区医疗条例》第87条:"收到患者或者其近亲属提供具备下列条件的患者生前预嘱的,医疗机构在患者不可治愈的伤病末期或者临终时实施医疗措施,应当尊重患者生前预嘱的意思表示:(一)有采取或者不采取插管、心肺复苏等创伤性抢救措施,使用或者不使用生命支持系统,进行或者不进行原发疾病的延续性治疗等的明确意思表示;(二)经公证或者有两名以上见证人在场见证,且见证人不得为参与救治患者的医疗卫生人员;(三)采用书面或者录音录像的方式,除经公证的外,采用书面方式的,应当由立预嘱人和见证人签名并注明时间;采用录音录像方式的,应当记录立预嘱人和见证人的姓名或者肖像以及时间。"

第二,在不存在医疗预嘱的情况下,替代判断标准成为尊重患者意愿的重要补充参考依据。替代判断标准要求替代患者进行医疗决定者,尽可能还原患者在具备认识能力时可能做出的医疗决定。例如《瑞士民法典》第 378 条即规定了此标准,认为"患者处分未涉及的事项,代表人应依可推知的无判断能力人的意思,并以符合无判断能力人利益之旨,决定之"。[①] 配偶在行使医疗决定权时应当从患者曾经的医疗意愿倾向性表达、生命价值观等角度做出推测,同时观察患者的表情、动作和语气等细微之处,推知患者的真实意愿。在替代决定患者的医疗方案时,不能简单地采用通用的理性标准,更宜结合患者自身特点、信仰和可能存在的意愿做出决策。

第三,遵循最佳利益标准,以保障患者生命健康权作为兜底。当不存在医疗预嘱,现有证据也难以推知患者的真实意愿时,应当遵循患者最佳利益标准。尽管患者最佳利益标准通常被理解为保障患者的生命健康权,但此种理解较为单一且僵化,更宜结合相关因素综合进行判断。[②] 具体而言,应综合考量患者生命健康、情感认知、身体疼痛感、人身尊严、预期寿命、治疗风险等因素,而非仅从延续其生命的单一维度进行判断。换言之,对患者生命健康权保障的理解应较为宽泛,综合考察情感、尊严等内容,以确保患者有尊严、有幸福感地生活为主要标准。

(四)权利客体指向配偶身份利益与患者人格利益

《民法典》对于权利客体的规定时隐时现。杨立新教授认为权利客体包含人格利益、身份利益、物的利益、给付行为、智力成果、遗产、投资利益等内容;人格利益则包含生命、身体、健康、姓名、隐私等内容。[③] 配偶医疗决定权兼具配偶权与医疗决定权双重属性,其权利客体既包含配偶的身份利益,也包含患者的人格利益。

一方面,配偶医疗决定权的权利客体是配偶身份利益,患者配偶替代其行使医疗决定权,有助于维系婚姻生活的稳定状态。基于夫妻团体利益的考量,夫妻一方患病对另一方的婚姻家庭生活势必产生精神与物质上的双重影响。此时,由配偶行使医疗决定权,可以维持配偶的身份利益,达致婚姻家庭生活的稳定状态。此外,如前所述,配偶医疗决定权属于配偶权的合理延伸,这也意味着配偶权属于身份权,是夫妻一方基于配偶身份关系所享有的权利。配偶医疗决定权的行使以配偶关系的存续为前提,一旦配偶关系消灭,该项权利也随之消灭。另一方面,配偶医疗决定权的权利客体是患者人格利益,其行使关乎患者生命、身体、健康、尊严等人格利益,更关涉患者身体及自主决定的尊严价值。

四、配偶医疗决定损害患者利益的差别化纠偏机制

配偶间亲密关系可能呈现动态,配偶一方的医疗决定若违反另一方的医疗预嘱,违背其意愿,损害其生命健康权,应当如何纠偏,面临不确定性。此时,主要涉及《民法典》第 1220

---

① 戴永盛.瑞士民法典[M].北京:中国政法大学出版社,2016:137.

② 丁磊.患者知情同意权行使主体的司法认定[J].东北大学学报(社会科学版),2020(3):79.

③ 杨立新.民事权利客体:民法典规定的时隐时现与理论完善[J].清华法学,2022(3):37-38.

条的适用问题。但应注意到,配偶行使医疗同意权将会在配偶与医生之间达成采取医疗措施的合意,医疗手段将得到实施,此时已经难以纠偏,只能依靠事后赔偿救济。配偶行使医疗拒绝权会导致配偶与医生诊疗观点的冲突,此时医疗措施尚未开展,存在着纠偏的可能性,因此本部分主要探讨的是配偶行使医疗拒绝权时的纠偏机制。

(一)紧急情况下的医生紧急救治

1.“不能取得近亲属意见”应包含主观不能

《民法典》第 1220 条规定在“不能取得近亲属意见”之时,医生享有紧急救治权,但对此如何理解并不明晰。此时,应参照《最高人民法院关于审理医疗损害责任纠纷案件适用法律若干问题的解释》第 18 条的规定,将“不能取得近亲属意见”进一步解释为当配偶不明、不能及时联系到配偶、配偶拒绝发表意见、配偶与其他近亲属达不成一致意见。① 此等情形下,配偶拒绝发表意见更宜理解为仅包含沉默情形,而排除配偶明确拒绝医疗措施之情形。这是因为根据全国人大常委会法工委所做解释,近亲属明确表示拒绝采取医疗措施的情形,需要总结实践经验并对比域外法规,待条件成熟时再做明确规定。② 这就意味着《民法典》第1220 条当前仅认可客观不能,将无法取得配偶意见可以适用医生紧急救治的发生原因限于客观因素。但此等规定基本否认了主观不能的适用,除沉默情形外,配偶拒绝医疗并不能适用医生紧急救治,导致了我国目前实际上是一种不纠偏模式,存在一定问题。

域外立法则常采用纠偏模式。《保加利亚卫生法》第 90 条第(4)款认为配偶拒绝治疗且患者生命又面临危险时,医方可以采取的紧急救治。③ 美国路易斯安那州的《合格病人法规》(Qualified Patient Statutes)第 14 条第 2 款(B)项则进一步否定患者配偶在出现家庭暴力情形时(如被证实曾违反家庭安全保护令或存在家庭暴力的犯罪记录),对患者所做的医疗决定。此时,患者配偶的医疗决定被认为不值得信任,以此来实现对“无能患者”的保护。④

上述比较法上的纠偏模式值得我国借鉴。2007 年李丽云案、2017 年马茸茸案,均是在不纠偏情况下患者配偶不当行使医疗决定权导致患者身亡的实例。为避免此等悲剧再次发生,我国有必要采取纠偏路径,对《民法典》第1220 条中的“不能取得近亲属意见”的理解应结合主客观因素进行阐释。有观点主张“不能”不仅包含客观不能,也应包含主观不能,具有合理性。⑤ 医师的职业伦理义务要求他们在医疗决策中保持高度的责任感和独立性,其不应仅是执行者,更应积极参与医疗决策的制定,充分利用自己的专业知识和技能,为患者提供最佳的治疗方案。在患者配偶做出重大且明显损害患者利益的决定之时,医生不宜再主

---

① 《最高人民法院关于审理医疗损害责任纠纷案件适用法律若干问题的解释》第 18 条:“不能取得近亲属意见”包含“(一)近亲属不明的;(二)不能及时联系到近亲属的;(三)近亲属拒绝发表意见的;(四)近亲属达不成一致意见的;(五)法律、法规规定的其他情形”。

② 黄薇.中华人民共和国民法典释义[M].北京:法律出版社,2020:2365-2366.

③ 《保加利亚卫生法》第 90 条第(4)款:“父母、照管人或监护人拒绝治疗,而患者生命又面临危险的,医疗机构首长得决定施治,以挽救患者生命。”

④ CARTER E. A good death: personal autonomy and medical decision making in Louisiana[J]. Louisiana law review, 2023,83(4):1336-1337.

⑤ 杨立新.侵权责任法[M].北京:法律出版社,2021:515-517.

张自身并不负有紧急救治义务,而选择不采取相应的医疗措施,此种主张并不是有效的违法阻却事由。为了避免近亲属明确拒绝采取医疗措施导致患者陷入危困状态,应对"不能取得近亲属意见"做扩充解释,将主观不能纳入其中,明确包含配偶拒绝之情形。

2. 紧急情况的细化标准

在明确"不能取得近亲属意见"应包含主观不能后,配偶所做决定是否侵害患者利益目前通常交由医方进行判断,较易引发医生专断的风险。医方的过度介入,不仅会对配偶医疗决定权造成影响,还会导致医疗活动倒退回医疗父爱主义,因而需要对于紧急情况进行限制性解释。

首先,应明确医生采取紧急救治的重要前提是患者处于紧急情况。《民法典》第1220条虽然简要列举"抢救生命垂危的患者"属于紧急情况,并用"等"字进行了兜底性规定,但"等"字指代的紧急情况还包含哪些并不明晰。有学者主张,紧急情况可以解释为严重侵害患者的生命权、健康权,可能导致患者生命垂危或生命面临重大危险的情形。[①] 可参照此观点,对《民法典》第1220条中的紧急情形做进一步解释,将可能导致生命面临重大危险的情形纳入其中,明确"等"字指代的情形主要为患者存在病情危重的情形。

其次,《医疗质量安全核心制度要点》第7.2条将病情危重界定为"不立即处置可能存在危及生命或出现重要脏器功能严重损害,生命体征不稳定并有恶化倾向等"。可以借鉴此生命体征指标来对病情危重进行细化解释。此外,国家卫生健康委员会2022年发布的《基层医疗卫生机构急重患者判断及转诊技术标准》第5条将患者病情严重程度按照生命体征数值进行分层,重点考察心率、收缩压、呼吸、体温、意识等指标,划分为极高危、高危与平诊。该行业标准第5.1.2.1条进一步指出,当患者出现极高危或高危生命体征时,包括急性起病或急性加重导致的昏迷、存在气道梗阻表现、心电图提示急性ST段抬高型心肌梗死、急性肺栓塞、恶性心律失常等情形,属于病情危急,就应当认定为紧急情况。[②] 综合上述规定,应明确《民法典》第1220条项下的紧急情况主要指代的是患者达到病情危重的生命指标,此时可以由主治医生紧急救治。

(二)非紧急情况下的伦理与司法审查

非紧急情况之下,配偶所做的医疗决定亦有可能损害患者利益,应明确此时无法适用《民法典》第1220条由主治医生进行救治。但现有文献的论述主要集中于紧急情况下的配偶医疗决定损害患者利益的纠偏机制,较少讨论非紧急情况下如何纠偏的问题。[③] 究其原因,或是默认非紧急情况下患者有能力做出决定防止自身权益受损,或是推定非紧急情况所

---

① 杨震.中国民法典侵权责任编释论[M].北京:法律出版社,2022:216.

② 《基层医疗卫生机构急重患者判断及转诊技术标准》第5.1.2.1条:"极高危出现下列任何一项,包括:急性起病或急性加重的昏迷;存在气道梗阻表现或呼吸节律异常,RR≥30次/min或RR≤10次/min;SBP<90mmHg且合并组织灌注不足表现;腋温<35℃或>40℃;心电图提示急性ST段抬高型心肌梗死、急性肺栓塞、恶性心律失常;血压提示SBP≥210mmHg或DBP≥120mmHg;任何不能控制的外出血或内出血,伴有P≥110次/min或BP下降;儿童出现面色苍灰、精神萎靡、嗜睡或烦躁、无尿;肢端凉、皮肤花斑、低血压、外周动脉搏动减弱或消失;心率减慢<60次/min并伴有上述低灌注表现;儿童出现无反应;只对疼痛刺激有反应;抽搐持续>5min。"

③ 王利明.侵权责任法研究:下卷[M].北京:中国人民大学出版社,2011:433-436.

做的医疗决定,难以对患者造成严重损害。这导致普遍忽视了平诊状态下部分医疗决定对患者利益的不利影响。在特丽·夏沃案中,已成为植物人的患者长达15年都陷于稳定昏迷之中,其身体各项指标近乎正常,理论上应属于平诊的非紧急情况,但此案件中,患者配偶却做出医疗决定,要求医院撤销患者的生命维持措施,引发极大争议。① 由此可见,即便在非紧急情况下,也需要对于配偶所做的医疗决定进行纠偏。

本文认为,非紧急情况主要指的是医疗平诊状态下,对患者身体健康影响重大但是不必立即采取的医疗措施,包括植物人状态、安宁缓和医疗、治疗性实验等。② 对于非紧急情况,寻求独立评审机构进行判断,能够纠偏配偶所做损害患者利益的医疗决定,同时更好地防止医生擅断。正如学者所言,"如果医生反对代理人的决定,并且坚持反对意见,那么他们将需要一个独立的评审机构,如医院伦理委员会或司法系统"③。因此,在非紧急情况下,医疗伦理委员会和法院能够作为独立评审机构在相应情形发挥纠偏作用。

具体而言,应首先明确医疗伦理委员会能够对涉及治疗性实验的配偶医疗决策进行纠偏。2023年《涉及人的生命科学和医学研究伦理审查办法》为医疗伦理委员会进行纠偏提供了法律依据。该办法第5条认为,伦理审查委员会主要为开展涉及人的生命科学和医学研究进行伦理审查,审查范围涵盖非紧急情况中的治疗性实验;第8条进一步要求,医疗伦理委员会由生命科学、医学、生命伦理学、法学等领域的专家和非本机构的社会人士组成,此种做法能够保证审查的专业性与独立性。④ 医疗伦理委员会的主要职责是审查科学实验,通常关注的是实验的科学性、伦理性和安全性,确保研究过程符合伦理标准,保护受试者的权益和安全。对于纠偏机制进行合理设置,在涉及治疗性实验的配偶医疗决策中,如果配偶的决策可能损害患者利益,医疗伦理委员会可以主动介入并进行伦理审查;若医生认为配偶做出治疗性实验的决策将会损害患者利益,可以向医疗伦理委员会提请伦理审查;医疗伦理委员在否认配偶所做医疗决定后,可以由下一顺位的近亲属重新做出医疗决定。

其次,医疗伦理委员会的纠偏范围仅限于治疗性实验,其他的医疗措施应采取司法审查进行纠偏。德国《民法典》第1904条第1款规定:"存在被照管人因该项措施而死亡或遭受严重和长期的健康损害之有根据的危险的,照管人对健康状况检查、治疗或医疗手术的允许,必须得到照管法院的批准。仅在延缓会引起危险时,该项措施始得不经批准而予以实

---

① 尤晋泽,赵明杰.从特丽·夏沃案浅析患者医疗决定权的预先指示[J].医学与哲学,2018(12):53-56.

② 处于植物人状态者无意识和思维能力,不能与外界沟通,又称之为社会死。安宁缓和医疗是为无法耐受高强度治疗的患者解决身体、心理、社会、灵性等层面的痛苦,追求临终的安详与尊严。治疗性实验是指在人体进行的研究,用于回答与研究药物预防、治疗或诊断疾病相关的特定问题。

③ 汤姆·比彻姆,詹姆士·邱卓思.生命医学伦理原则[M].李伦,等译.北京:北京大学出版社,2014:156.

④ 《涉及人的生命科学和医学研究伦理审查办法》第5条:"开展涉及人的生命科学和医学研究的二级以上医疗机构和设区的市级以上卫生机构、高等学校、科研院所等机构是伦理审查工作的管理责任主体,应当设立伦理审查委员会,开展涉及人的生命科学和医学研究伦理审查,定期对从事涉及人的生命科学和医学研究的科研人员、学生、科研管理人员等相关人员进行生命伦理教育和培训。"第8条:"伦理审查委员会的委员应当从生命科学、医学、生命伦理学、法学等领域的专家和非本机构的社会人士中遴选产生,人数不得少于7人,并且应当有不同性别的委员,民族地区应当考虑少数民族委员。"

施."该条文限制了患者照管人的医疗决定权,明确表明照管人在非紧急情况下所决定的治疗措施若有证据表明可能造成患者死亡,或造成严重和长期的健康损害,则须由法院进行批准。借鉴此规定,应明确若在非紧急情况下医方与配偶所做医疗决定相冲突,前者并无认定配偶医疗决定违法的权利。此时,配偶是否构成权利滥用,更宜由司法机关进行判断。让司法审查成为医疗决定的最终审查机制,既能规范配偶医疗决定权的合理行使,又有利于保障患者权益。此外,应明确赋予配偶或者医疗机构审查请求权,司法机关主要应审查医疗决定是否符合法律法规、疾病种类与医疗决定之间的医学病理学上的因果关系、医疗决定的必要性与合理性等内容。在未得到法院确认前,医方或患者配偶均不能采取相应医疗措施,但医方应对于患者采取基本生命维持措施。

五、结语

在分秒必争的医疗救治环节,一个明智的决策可能拯救一个生命,点亮一个家庭的希望。一个错误的决策却可能让生命之树凋零枯萎,幸福之径荆棘丛生,尊严之塔土崩瓦解。为了保护患者尤其是生育等医疗活动中处于弱势地位的女性主体,有必要从私权构建视角,对《民法典》第 1219 条及第 1220 条进行规范阐释,以实现配偶医疗决定权的体系化规整。

在私权构建视角下,《民法典》第 1219 条第 1 款中规定的"近亲属"包含配偶,配偶作为权利固有主体享有相对于其他近亲属替代患者医疗决定的优先顺位;"不能或不宜向患者说明的"使得权利相对主体应限定为无同意能力或需采取保护性医疗的患者。此外,应明确该条文中的"明确同意"包含患者配偶的医疗同意权与由此衍生的拒绝权,权利的行使应依次遵循纯粹自主标准、替代判断标准与最佳利益标准。在纠偏机制上,《民法典》第 1220 条中规定的"不能取得近亲属意见"应解释为既包含客观不能,又包含主观不能,将配偶明确拒绝医疗纳入其中。"紧急情况"应当阐释为患者达到病情危重的生命体征指标,此时由主治医生紧急救治。非紧急情况由医疗伦理委员会对治疗性实验进行伦理审查,由法院对于其他医疗决定进行司法审查。

引入配偶医疗决定权的明确概念或许时机还不够成熟,但对《民法典》进行体系规整,对其中有关医疗机构说明义务和紧急救治的规定进行规范阐释,确实可以推证出配偶医疗决定权的相关内容。因此,即便是我国婚姻家庭法上并无配偶权的明确概念,也缺少配偶权所指涉的具体内容,《民法典》第 1219 条及第 1220 条仍有在配偶医疗决定权框架下进行解释的空间。在个人主义婚姻家庭观念日趋加强的背景下,婚姻共同体观念将逐渐让位于强调个人自主决定的价值观。因此,严格限制配偶医疗决定权的行使范围,完善配偶决策损害患者利益时的纠偏机制,扩大以人格尊严和自由发展为基础的配偶间行为自由领域,将成为毋庸置疑的趋势。

Systematization and Normative Interpretation of Spousal Medical Decision-making from the Perspective of Private Rights

Yan Yu　Zhang Yunyi

（Xiamen University, Xiamen, 361005）

Abstract： Spousal medical decision-making right is the right of one spouse to make medical decisions for the other spouse in special circumstances where the adult patient is unable or unfit to do so independently. The foundation of its right lies in substituting for the patient in decision-making, reasonably extending spousal right, and balancing medical authority. It is imperative to explicate Articles 1219 and 1220 of the Civil Code within the framework of private right to elucidate that spousal medical decision-making right. The person entitled of the spousal medical decision-making right is spouse, who has priority over other close relatives. The person obliged of the right is patient who lacking consent capacity or requiring protective medical care. Regarding the act or forbearance, spouse's right to medical consent and the expanded right of refusal should adhere sequentially to pure autonomy standards, substitute judgment criteria, and best interests' principles. The object of the right is the identity interest of the spouse and the personality interest of the patient. In terms of corrective mechanisms for right, a distinction should be made between emergency and non-emergency situations, the former is treated by the doctor, while the latter is involved by the medical ethics committee or judicial organ in the medical activities. This results in the systematic regulation of spousal medical decision-making right.

Key Words: spousal medical decision-making right; substitute decision-making; emergency treatment

性别法学的可能性

——以系统论为视角

谭茜元　齐树洁*

内容摘要：多年来我国性别法学研究进步甚微，这根源于研究范式存在问题。话语体系的差异导致女性主义理论难以指导法学研究进路。系统论法学融贯内部视角与外部视角，强调系统间的沟通及社会系统的自我指涉，能够为性别法学走出范式危机提供帮助。性别系统属于准系统，具备部分稳定预期的功能。法律系统与性别系统存在的耦合关联具有强复杂性，法律系统仅能够根据自身符码影响社会对性别的预期。职是之故，性别法学研究既要引入法律系统自观察视角，也要警惕对系统间复杂性的简单化，从而使性别系统过度法律化或使法律系统陷入功能性瘫痪。

关键词：女性主义；系统论法学；法教义学；性别分析

一、引言

世界范围内，法学是女性主义研究的主战场。20 世纪 80 年代西方经由对女性差别对待的立法与判决的批判形成了性别法学的嚆矢。[①] 性别法学在以消解基于性别为理由的差别为目的的女性主义运动中发展、精细化。[②] 性别法学是以性别的视角分析法律现象的学问，认为以往法学的研究将现实中存在的性别差别为理所当然，从而构建起的是"男性中心主义"的法律。在我国，性别法学的发展面临危机。我国性别法学的研究自 1995 年联合国第四次世界妇女大会在北京召开以来，已走过近 30 年历史，但是相关研究进步甚微。[③] 截

---

* 谭茜元，女，澳门科技大学法学院博士研究生，主要研究方向为民事诉讼法基础理论；齐树洁，男，法学博士，厦门大学法学院教授，澳门科技大学兼职博士生导师，主要研究方向为民事诉讼法。

① 浅倉むつ子.ジェンダー労働法学[J].日本労働研究雑誌,2012(621):80.

② 国内相关研究更多采用女性主义法学的表达。但本文则倾向于采用性别法学的表达，其理由在于性别法学是一种更广泛的研究领域，它研究性别如何影响法律的制定、执行和解释。性别法学的目标是分析法律如何对待不同性别的人，并探讨这种差异是否合理，是否符合社会公平和正义的原则。在这一意义上，女性主义法学仅是性别法学的一个分支。同时，范式的问题并非限于女性主义法学，而是在性别法学领域内具有共通性。

③ 於兴中.女性主义法学在中国:现状与前景[M]//辛西娅•格兰特•鲍曼、於兴中.女性主义法学:美国和亚洲跨太平洋对话,北京:中国民主法制出版社,2018:94.

至 2024 年 7 月 10 日,以"性别""女性"为关键词在"北大法宝法学期刊数据库"检索,共可搜得 258 篇、490 篇文章,且这些文章集中发表于 2008 年以后,这反映出我国性别法学发展较晚、发展较慢、发展较少的特点。我国性别法学研究的领域是广泛的,包括性别法学本体的研究①、女性主义公司法的研究②、女性主义劳动法③、家事法的性别分析④、生育权⑤等领域,甚至还有学者从性别分析的视角研究海商法。⑥ 但是,性别法学的大量研究影响力有限,难以指引我国的立法、司法实践。究其根源,性别法学作为法学交叉领域,其研究范式面临较大问题。

女性主义的核心是关注性现象的社会性,其着眼于以基于性别的社会格差、差别,这有时在一定程度表现为将劣后于"男性"的人类的特性作为女性加以整理。性别分析可以揭示女性在现代社会面临的系统性困局,但女性主义理论本体能否直接揭示社会变革模型则是存疑的。其一,性别法学的一般方法包括询问女性问题、采用实际推理、质疑或挑战主宰范式等。⑦ 这些范式往往是社会学式的,而非法学式的。马克斯·韦伯认为,社会学基于经验的考察方法与法学基于解释学的考察方法是对立的,存在不能推出当为。⑧ 性别分析之于法律是外部视角,如果单纯地从法律外部探寻法律的合理性依据,很可能会导致放弃法律的自律性。⑨ 正如有学者指出的,虽然法社会学企图通过"社会科学化"方式实现法律与外部环境之间的信息交换,但是此种"输入—输出"模式无法实现法律的自省功能。⑩ 其二,社会

① 李勇.中国女性法学教育的发展、问题及反思[M]//杨宗科.法学教育研究:第 31 卷.北京:法律出版社,2020:25-47;刘茜芸.性别二元结构的解体与超越:破解差异与平等的"法律两难"[J].研究生法学,2019(1):55-67.

② 薛前强.女性主义公司法的底生性缔造:研究与教学的视角[M]//杨宗科.法学教育研究:第 34 卷.北京:法律出版社,2021:67-92;丁颖君.性别多元化视角下的公司治理:董事会女性构成完善的选择与路径构建[J].金融法苑,2023(2):45-64;薛前强.董事性别结构多样化的法律规制[J].重庆大学学报(社会科学版),2023(3):237-249.

③ 项焱,隋欣鸿.就业性别歧视劳动监察机制的完善路径[J].中南民族大学学报(人文社会科学版),2024(2):115-123,186;陆海娜.工作权国际标准的女性主义反思[J].法律科学(西北政法大学学报),2021(6):31-42;胡萧力.算法决策场景中就业性别歧视判定的挑战及应对[J].现代法学,2023(4):59-74.

④ 王也.农村中老年女性的照料劳动及其权利困境[J].法学评论,2024(2):53-64;邹小琴.性别关怀视角下夫妻财产法的反思与完善[J].政法论丛,2020(3):59-68.

⑤ 王新宇.异源妊娠是女性生育权吗[J].清华法学,2024(3):5-20;于晶.单身女性生育权问题探讨[J].中国政法大学学报,2021(1):25-36.

⑥ 陈静颖.海商法的社会性别浅析[M]//麻昌华.私法研究:第 23 卷.北京:法律出版社,2018:184-197.

⑦ 薛前强.女性主义公司法的底生性缔造:研究与教学的视角[M]//杨宗科.法学教育研究:第 34 卷.北京:法律出版社,2021:89.

⑧ トーマス・ライザー.法社会学の基礎理論[M].東京:法律文化社,2012:110.

⑨ 例如,有学者基于女性在航运中的缺失提出构建性别平等的海商法之主张。可以商榷的是女性在海商领域的缺失并不能指向海商法由性别中立转向性别平等的理据。相关论据更需要在法律领域加以建构。参见陈静颖.海商法的社会性别浅析[M]//麻昌华.私法研究:第 23 卷.北京:法律出版社,2018:185.

⑩ 顾祝轩.民法系统论思维:从法律体系转向法律系统[M].北京:法律出版社,2012:1-314.

学、性别分析、女性主义与法学的话语体系存在较大差异[1],因而无论是用前者的观点观察后者,还是反之,均存在较大隔膜。这源于社会学、性别分析、女性主义不能消除法律与社会间的区别。法社会学的基本认识是,从可借助观察得来的经验中,即可得知人类共同生活的自然法则。其三,性别法学强调立法论,着眼宏观的立法模式的探讨[2],而一定程度忽视了作为法学基础的解释论,从而较少考量法律的体系性与逻辑性。性别法学的部分研究尚未意识到大量性别差别问题介于"家事"与"国事"间的模糊地带,因而立法对这些问题的调整与介入存在界限。性别差别问题很多往往是多元因素造成的,因而国家政策的介入而非法律的惩前毖后更具有针对性。

针对上述性别法学在范式上的问题,本文拟引入系统论法学的视角,基于性别系统(准系统)与法律系统之耦合关联,分析社会系统中性别的定位、法律系统对性别的处理,探索系统论法学下性别法学范式的可能性。

二、系统论性别法学的可能性

性别法学范式的危机提出了如下诉求:如何在保持法律自律性的同时,使法律能够应对法律外部的诸多不确定性因素。卢曼(Niklas Luhmann)的社会系统论对法律系统与外在环境关系的观察视角和分析方法,为这一难题的解决提供了思路。

(一)系统论性别法学的先期研究情况

在本文检索范围内,仅有日本学者小宫友根做了相关先期研究,他于 2011 年在新曜社出版专著《实践中的性别论:社会系统的社会学记述》(実践の中のジェンダー:法システムの社会学的記述)。[3] 该书就是如何打破性别法学研究中性别理论与法学间隔膜的尝试。其方式是二阶观察,即先对性别系统、法律系统做自观察,然后再以其他系统的视角作为理论形成再观察,即"将性别实践作为法律实践理解的可能性"。[4] 该书共分为四个部分:前言、第一部分"社会秩序的记述"(第 1—3 章)、第二部分"法律实践中的性别"(第 4—7 章)、结语。该书第一部分以社会性别差异为研究对象,从社会性与规范关联性视角,探讨了男/女身份类别在社会实践中如何被记述。该书第二部分基于法学领域是女性主义理论的主战场的认识,就"法律是公平正义之术"与法律实践中对女性的压抑之间的矛盾进行讨论。

有学者认为,该书结合了女性主义关于性自由的言论以及与之对应的法学言论,通过具

---

① 有学者指出,社学、性别分析、女性主义等都有着自己的话语体系。其共同要素是"男性"要素代表着控制、强制、压迫、力量、命令,"女性"要素代表服从、柔性、关怀、利他、非经济等。参见薛前强.女性主义公司法的底生性缔造:研究与教学的视角[M]//杨宗科.法学教育研究:第 34 卷.北京:法律出版社,2021:70.

② 立法的性别模式包括性别中立、性别平等对待、积极差别对待、社会性别意识等。参见陈静颖.海商法的社会性别浅析[M]//麻昌华.私法研究:第 23 卷.北京:法律出版社,2018:188.

③ 除该书外,织田元子的《系统论与女性主义》一书虽结合了女性主义与一般系统论,但并未涉及卢曼的社会系统论。参见織田元子.システム論とフェミニズム[M].東京:勁草書房,1999:1-205.

④ 小宮友根.実践の中のジェンダー:法システムの社会学的記述[M].東京:新曜社,2011:141.

有野心且慎重的分析,而得出了具有一定预测性的见解。就此,该书确立了法律规范、道德规范的社会学方法论,并活用了自由主义法学与女性视点来分析实践中的社会学问题。①对此,本文认为该书的重要工作在于对性别法学研究范式的探讨,既包括性别论基础议题的理解、性别论在社会系统论项下的展开,也包括基础上述分析的具体法学问题的探讨。后者上,该书主要讨论了强奸罪与淫秽作品的法律规制,这可以看作是以点带面地对性别问题的系统论法学进路的尝试。正如该书前言所提及的,要点是形成针对变化的现实的理解模型,这是思考任何变革的基础。

(二)系统论法学指引性别法学范式的可能性

该书引入了德国社会学家卢曼的社会相互行为理论以分析性别现象。社会相互行为理论探讨了社会系统如何通过沟通来产生和维持自身,特别强调了社会系统的自我组织、自我参照和自我再生产的特性。系统观认为事物是由许多部分(子系统)构成的一个整体,系统内部各子系统的相互联系形成了系统的内部结构;系统和环境的联系方式表现为系统的行为或系统的外部表现。任何系统都具有"内部"(结构)、"外部"(行为)二重性。② 这源于系统与系统间的沟通存在着双重偶然性。简言之,其沟通过程类似于黑箱,具备高度复杂性。我们能够一定程度把握法律系统是如何运作的,也能看到社会中的性别现象,但很难排除主观性地给予性别问题以答案,遑论性别问题本身作为规范问题就立基于价值判断上。社会系统论的做法是认知到复杂性的基础上,在认知到社会系统运作的复杂性上,以对子系统的简单化应对环境的复杂性。

法律社会学家通常的认知是,法律是一个既形成其社会环境又被后者形成的开放的系统。③ 卢曼综合了一般系统论、控制论、信息论、生物学、神经心理学、社会学、社会演化理论等,提出了社会系统论。自此,系统论与法学的连接点被打通。社会系统论有着以下三个基本命题:第一,社会的基本单元是沟通,社会沟通是告知、信息和理解三个阶段选择的综合过程。第二,社会系统是自我再制的,自我制造、自我制作,不假借外部力量,而只是从系统内部结构及其互动循环。第三,现代社会是功能分化的。在社会系统论范式下,法律被作为内部封闭、认知开放的系统,法律问题则又必须通过观察者进行二阶观察(second-order observation)方得以考察。④ 卢曼所揭示的封闭体系与外部环境相互耦合的路径实际上确立了一种升级版体系即"系统"。⑤ 一方面,法律系统的运作封闭明确了法教义学在法律论

---

① 樫村志郎.小宫友根著『実践の中のジェンダー:法システムの社会学的記述』[J].法社会学,2013(79):229.

② 魏宏森,曾国屏.系统论[M].北京:世界图书出版公司,2009:33.

③ 托依布纳.法律:一个自创生系统[M].张骐,译.北京:北京大学出版社,2004:40.

④ 规则的正当/不正当只有在二阶观察层面上,也就是说只有通过对观察者的观察才能把握。参见卢曼.社会的法律[M].郑伊倩,译.北京:人民出版社,2009:34.一阶观察即对"合法/非法"二元符码的观察,二阶观察则是将围绕"合法/非法"之沟通,完全彻底地转换为法律系统内部的二阶观察。所以二阶观察被称为"观察到观察"。当一阶观察出现争议时,当事人才会去观察立法者法院,甚至学者如何看待事态,这就是所谓的观察的观察。典型的法律系统的二阶观察,采用法教义学、法律学说及判例等方式。

⑤ 顾祝轩.体系概念史:欧陆民法典编纂何以可能[M].北京:法律出版社,2019:5.

证的核心地位;①另一方面,系统论法学为法社会学研究提供了新视角,也为系统理论与传统法学方法论的结合带来了新的可能性。②

在小宫看来,卢曼所做的是将"意义"概念从"主观"概念中分离。③否则,行为的意义将完全取决于行为者的主观判断,导致其意义只能被行为者本人所理解。换句话说,同一行为可能会有无数种不同的解释。在社会交流中,尽管表面上看似是基于理解进行,实际上却存在着双重偶然性,因为行为往往只是对他人行为的纯主观反应。举例来说,当我们早上遇到朋友打招呼说"早安"时,我们回应"早安",这种回应是基于我们对朋友招呼的主观理解所做出的反应。在这一意义上,系统论法学对于性别现象具有更好的处理能力,即将性别现象具体化为社会群体内的性别规范。举例来说,在劳动法领域,不仅需要基于"男性作为劳动者主力"的传统经验,还需要根据"如果劳动者是女性"的经验进行考量。这就需要更多地关注女性劳动者的生物和社会属性,例如妊娠、生产、育儿、照护等,以及女性在劳动中可能遇到的情境,比如性暴力、性偏见等。在认识到这些问题之后,就需要思考如何在法律框架内予以应对。

三、性别的社会定位

人类是有性生殖、繁衍的动物。性别现象有其生物学根源,但更多反映为社会层面的性别差异,这也成为性别分析、女性主义研究的基础。即便在卢曼的社会系统论项下,作为坐标的性别现象亦没有例外,但区别在于将之放在社会系统框架下作经验记述。

(一)身份概念下的性别

性别被涵盖在身份之下,属于人类参加社会生活的范畴之一。个体的身份是通过社会系统内的沟通和互动构建的,而不是预先给定的。以年龄为基准,可以划分为"大人/孩子";以学校为基准,可以划分为"老师/学生";以商店为基准,可以划分为"卖方/买方"。人类总是在各种各样的身份之下进行着各种各样的活动。身份是个体在社会系统中的自我描述,这种描述是动态的,随着沟通的过程和社会参与的变化而变化。个体的身份是通过参与社会系统中的不同角色和功能来实现和维持的,这些角色和功能是通过社会的结构和期望来定义的。身份具有流动性和多样性,认为身份不是固定不变的,而是在不断的社会互动中形

---

① 翁壮壮.后果主义论证取代法教义学论证?:基于系统论法学和新 Toulmin 论证模式的考察[J].研究生法学,2020(1):13.

② 法教义学的本质特征体现为论据源头的不可否定性,对此,卢曼认为在否定不可能性命题背后,正好隐藏着抽象化处理和解释的自由的契机。他进一步分析指出,与其限制教义学的适用领域,不如关注法律教义学自身所具有的高度抽象性及其在解释层面的高度可能性法律,教义学的实证化作用在于借着对这些消极性命令的安排,使文字及经验的解释获得必要的弹性。参见顾祝轩.民法系统论思维:从法律体系转向法律系统[M].北京:法律出版社,2012:66.

③ 小宫友根.実践の中のジェンダー:法システムの社会学的记述[M].東京:新曜社,2011:69.

成和重塑的。① 这种观点与社会建构主义的观点相呼应,后者认为身份是在具体的社会和文化语境中通过语言和符号互动建构出来的。② 申言之,身份的建构还涉及权力关系和社会规范的影响。某些身份可能在特定的社会背景下被赋予更多的权利和资源,而其他身份则可能面临歧视和边缘化。性别身份在许多社会中受到严格的规范和期望,女性和男性可能因为性别差异而经历不同的社会待遇和机会。这种权力关系不仅影响个体的自我认知和社会地位,而且影响社会的整体运作和公平性。

(二)作为"准系统"的性别

性别本身划分出了二元符码,即"女性/男性",但这一划分并未直接带来程式,因而性别系统属于社会系统论项下的"准系统"。即性别系统是不完全封闭或不完全自我参照的结构,它在某些方面表现出系统的特征,但可能不具备一个完整系统所需的所有特性。它可能依赖于外部元素来维持其结构,而不是完全通过内部沟通来自我维持。第一,不完全自我维持:准系统不像完全系统那样能够完全通过自身的内部沟通和互动来维持其结构与功能。它们需要依赖外部系统的输入或支持。性别系统作为准系统,虽然有其内部的互动和规范,但它的维持和运作强烈依赖于社会文化、法律、经济等外部因素。第二,不完全封闭性。准系统不是完全封闭的,它们的边界是相对模糊和开放的。这意味着准系统在运作过程中会与外部系统进行频繁的交互和影响。性别系统不仅通过内部的性别规范和角色来运行,而且与教育系统、家庭系统、经济系统等外部系统紧密相连和互动。第三,外部依赖性。系统的维持需要外部输入,这些输入可以是资源、信息、规范等。例如,法律系统中的某些次级系统(如家庭法系统、劳动法系统)虽然在一定程度上具有独立性,但它们的运作需要依赖于整个法律系统的支持以及社会其他系统(如经济系统、政治系统)的输入。第四,动态演变性。准系统具有动态演变的特性,它们的结构和功能会随着外部环境和内部互动的变化而不断调整与重塑。性别系统在不同历史时期和文化背景下的表现形式和规范可能会有很大的不同。综合来看,性别系统的运行强烈地受到人类社会文化的影响。社会现象是通过符号、交流和互动来构建的,性别也是一种社会建构,通过文化、语言、习惯和社会规范来形成。因此,社会意义上的性别不是固定不变的,而是随着时间和文化的变化而演变的。

(三)性别系统的功能

性别系统本身能够一定程度上起到稳定预期的功能。在极其复杂的社会系统运作中,面对系统与环境之间的各种可能状况,行动者始终都只能以期待的心态和态度从事其实际的行动过程,包括选择和决定其行动过程的程序策略和方式,在期待的心态和态度面前,一切行动及其相关的问题都只能是可能的。③ 此种预期并非规范预期,而是在违背预期的情况下,预期者从中实施学习并使自己的行为与变化了的情况相适应。④ 个体在沟通中通过

① 宋雪坤.语言学身份研究的理念转变[EB/OL].(2020-09-02)[2024-08-25].http://www.nopss.gov.cn/n1/2020/0902/c219544-31845951.html.
② 吕付华.系统视角中的社会分化与整合:卢曼社会分化思想研究[J].社会理论,2008(5):39.
③ 高宣扬.鲁曼社会系统理论与现代性[M].北京:中国人民大学出版社,2016:14.
④ 顾祝轩.民法系统论思维:从法律体系转向法律系统[M].北京:法律出版社,2012:19.

实现欲求来满足自己,人们通过"像女性一样/像男性一样"来稳定预期。"女性/男性"是一种事实评价,而"像女性一样/像男性一样"或"女性应当这样做/男性应当这样做"则是一种规范评价。① 这种规范评价并非来自先天的性别差异,而是来自后天的社会建构,因而社会性别的差异是可变的,其本身就存在着违背预期的风险。在社会系统中,个体通过与他人互动,寻求实现自身的欲望和目标。他们将会与其他同样寻求自我满足的行动者相互对垒,展开协商。这就在社会系统中产生一种特定的趋向,朝向一致性。行动者不断地努力达成秩序和可预期性,他们将寻求和他人一起共享理解,因为这将会确立一种期待的交互性,从而稳定情境。② 当代社会功能分化的高度复杂性,使社会中各个行动者,无论是单个的还是集体的,都面临着极端复杂的双重偶然性。双重偶然性指的是每个行动者不仅要面对他人行动的不确定性,而且要面对他人对自己行动预期的不确定性。在这种复杂的互动环境中,性别系统提供了一种稳定预期的机制,通过社会建构的性别规范和角色,行动者能够在一定程度上预测和理解他人的行为,从而降低互动的不确定性。

四、法律对性别的处置进路

性别与法律系统关系之要点是,法律系统如何看待人类身份行为的记述、法律系统如何与性别系统接合。社会学家从外部观察法律,而法学家则从内部观察法律。社会学家只遵循他自己系统的约束,例如这个系统可能要求他作"经验性的研究",法学家也只遵循他自己系统的约束,这一系统也就是法律系统本身。因此,社会学法律理论归根结底是对法律系统的一种外部描写,但是只有当它把法律系统作为一个自我描述型系统来描述时,它才是一种符合事实的理论。③

(一)法律系统与性别系统关系的模式

法律系统为社会系统的运行提供规范预期,对性别差别的规范预期也不例外。法律系统为人们提供行动的前提,人们以规范预期为行动前提进行活动。这使得社会系统能够平稳运作。卢曼认为,法是"将规范的行动预期以整合性一般化的社会系统构造"。④ 托依布纳指出,通过法律的社会调整是由两种多样化的机制的结合来完成的:信息与干涉。他们把法律的运行闭合与对环境的认知开放结合起来。这种调整的特点就是通过自我调整来调析生成规范植入法律系统,法律系统经由其对性别系统的认知开放而在其内部自发形成规范。

性别差别在法律上的反应实则是性别差别作为法律系统运行环境之一体的产物。法律系统的结构不是先验设计的结果,也不是直接由外部条件所决定的。它是系统与其环境之间相互作用的结果,法律系统的内部结构可以动态地适应外部环境的变化,随着外部环境复杂性增加,自创生系统内部的复杂性也随之增大。因为法律系统可以从经验中实施"学习",

① 事实评价可以通过实证方法来检验,而规范评价则涉及主观的价值选择和道德判断。
② 马尔科姆·沃特斯.现代社会学理论[M].杨善华,等译.北京:华夏出版社,2000:153-158.
③ 卢曼.社会的法律[M].郑伊倩,译.北京:人民出版社,2009:5.
④ BECHTLER T W. Der soziologische rechtsbegriff[M].Berlin:Duncker & Humblot,1977:25.

能够记忆先前所遭遇过的情形并将之与新的情形进行比较。①　社会系统论下,法律在规范意义上是封闭的,而在认知意义上却是开放的。具体地说,在法律自创生系统理论中,信息与介入这两种机制把法律的运行闭合与对外部环境的认知开放结合起来。换句话说,法律系统通过内在生产的信息生产外部世界的内部模式,它代表了运行闭合的法律系统对外部的认知开放。法律系统依靠这个模型调整自己的运行方向。②

性别法学在领域上的限定性实则源于性别系统与法律系统形成的是耦合关联。"耦合"不是"融合",而是一种选择性的关联关系。③　在结构耦合中,某个社会子系统的运作可能或多或少地通过某种机制指向另一个系统的运作。④　即两个系统最初就将构成自身的复杂性提供给其他系统,这成为两个系统互为对象的可能条件。⑤　换言之,基于特定的社会系统,采用特别的装置与其他社会系统相结合,由此可以应对单一系统无法应对的复杂性。系统相互利用对方的构造形成了结构耦合,正是在这种耦合互动下,随着社会对性别多样性和性别流动性的认知不断深化,法律系统也在逐步调整其对性别问题的规范和处理方式,以更好地回应和保护性别多样性。

(二)系统论法学下性别法学的命题

传统的性别法学的命题是"社会领域存在什么样的性别问题""法律造成了什么样的社会性别问题""社会性别分析得出的规范结论如何进入法律领域",而系统论性别法学的命题则是考察"法律系统与性别系统如何耦合运作""性别系统如何通过自身运行影响法律系统""法律系统如何认知性别系统""法律系统内部生成性别规范的体制机制"等。由此,系统论法学可以弥补传统性别法学既有范式的不足。

一方面,系统论法学着眼于外部视角与内部视角,这扩大了法教义学中心下理论考察的广度与深度。传统法教义学因强调规则取向性、安定性及可预见性而一向被认为是一种法律系统的内部分析视角。由于法律教义学通常采用规范的"条件程式"(如果 A,那么 B),"条件程式"本身构成了法律决定的正当性。⑥　法律体系越来越单纯地追求由抽象概念所构成的象征价值体系,逐步远离了社会存在的经验事实,这导致法律体系进路存在忽略社会(事件)复杂性之倾向。一味朝着强化规范的自律性和闭合性方向迈进的现代法解释学及法律实务,导致法律系统回应社会现实能力的显著降低,进而使法律功能陷入瘫痪状态。

另一方面,就内部运行而言,系统论法学项下"二元代码""整他者"⑦。法律通过内在生产的信息生产外部世界的内在模式,倚靠这个模式调整自己的运行方向。系统间耦合的过程就是干涉的过程。⑧　在这一意义上,法律对于性别系统的调整方式并非经由性别分偶联

①　顾祝轩.民法系统论思维:从法律体系转向法律系统[M].北京:法律出版社,2012:288.
②　顾祝轩.民法系统论思维:从法律体系转向法律系统[M].北京:法律出版社,2012:10.
③　陆宇峰.系统论宪法学新思维的七个命题[J].中国法学,2019(1):89.
④　周维明.系统论刑法学的基本命题[J].政法论坛,2021(3):125.
⑤　福井康太.法理論のルーマン[M].東京:勁草書房,2001:36.
⑥　顾祝轩.民法系统论思维:从法律体系转向法律系统[M].北京:法律出版社,2012:11.
⑦　TEUBNER G.Law as an autopoietic system[M].Oxford:Blackwell publishers,1993:65.
⑧　张骐.直面生活,打破禁忌:一个反身法的思路:法律自创生理论述评[J].法制与社会发展,2003(1):26.

性公式等原理,能够结合法教义学对规范运行做出更好阐释。法学理论归根结底是法律系统的自我描述,但是这种描述必须考虑到,自我观察和自我描述只有在与其他东西相区分中才能把握其对象。① 如果将法律系统的基本单位看作是法律沟通,而法律沟通的核心内容就是合法/非法的二元区分。次级法的沟通涉及合法/非法问题时,就是属于法律系统的;其不涉及合法/非法问题时,就不属于法律系统。② 这一划分标准对性别法学命题的厘清具有指导意义。

(三)性别分析范式需要警惕的问题

系统论法学提供了思考性别系统与法律系统关系的进路,但同时也需要警惕性别系统与法律系统有其界限。卢曼在强调系统的周在环境的复杂性时,使用了过度复杂性(ubermaessigkomplex)、无法概括性(unuberblickbar)和无法控制(unkontrollierbar)的词语,在这里卢曼实际上已经显露出要把环境仅作为系统的自我参考点或自我指示点的意图,环境的复杂性固然影响了系统的复杂性,增强了系统的不确定性,但是环境的复杂性并不是起着负面性的作用,而是反过来积极地促进了系统的自律性和自我区分性。③ 任何组织的运作过程和任何系统的适应性,归根结底,都依赖于其环境中各种难以预见和无法控制的偶然性因素的活动以及该系统对于这些偶然性因素的"简单化"程序。面对这些复杂状况,系统本身所主要考量的,是其自身的继续维持及其自我更新的可能性。④ 若无法有效把握法律系统与性别系统间的关系,则可能出现三种问题。⑤ 第一,作为法律规制对象的其他社会系统具有高度的自律性,法律系统如果过度干预其他系统,有可能因此陷入自身功能的瘫痪状态;第二,法律系统即使被启动运行,也有可能破坏规制对象的其他社会系统内部的基本要素;第三,如果将作为规制对象的其他社会系统的基本要素导入法律系统内部,同样可能会产生法律的过于社会化现象。

五、结语

性别法学遇到的范式危机的实质并非囿于法教义学之规范分析的故步自封,而是在法学在应对社会性别差别问题时与社会学的冲突,这与早年间法教义学与社科法学之争具有近似性。对此,本文认为社会系统论对性别法学走出范式危机具有引领作用。社会系统论下,性别是社会运行的准系统,与法律系统发生耦合关联。因而,性别法学范式需要遵循法律系统内部封闭认知开放之特点,妥善处理好法律系统与性别系统运作的边界性问题,从而从法律系统内部出发不断调整、完整法律系统应对社会性别差别问题的能力。在这个意义

① 卢曼.社会的法律[M].郑伊倩,译.北京:人民出版社,2009:5.
② 泮伟江.探寻法律的界限:论卢曼晚期系统论法学思想[J].北京航空航天大学学报(社会科学版),2021(1):24.
③ 高宣扬.当代社会理论[M].北京:中国人民大学出版社,2017:628.
④ 高宣扬.鲁曼社会系统理论与现代性[M].北京:中国人民大学出版社,2016:6-7.
⑤ 顾祝轩.民法系统论思维:从法律体系转向法律系统[M].北京:法律出版社,2012:176.

上,社会系统论与性别法学结合的研究具有广阔的空间,相信能够为性别法学这一广阔领域涂上独特的"色彩"。

The Possibilities of Gender Jurisprudence
——A Perspective of Systems Theory

Tan Xiyuan　Qi Shujie

（Macao University of Science and Technology, Macao, 999078）

Abstract： The development of gender jurisprudence in China has spanned nearly 30 years, yet progress in relevant research has been minimal. This issue stems from problems in the research paradigm of gender jurisprudence in China. Differences in discourse systems have made it difficult for feminist theory to guide legal research, resulting in an over-reliance on sociological research paradigms and a lack of integration with legal theory. Autopoietic legal systems theory integrates internal and external perspectives, emphasizing communication between social systems and the self-reference of social systems. It can provide guidance for gender jurisprudence to overcome its research paradigm crisis. Within social systems, the gender system functions as a quasi-system, with the role of stabilizing expectations. The relationship between the legal system and the gender system is a coupled relationship characterized by high complexity. Thus, the legal system can only influence social expectations of the gender system through its own codes. Therefore, research in gender jurisprudence must incorporate the self-observation perspective of the legal system while also being cautious of the oversimplification of system complexity by gender analysis theory, which could lead to the over-legalization of the gender system or the functional paralysis of the legal system.

Key Words: feminism；autopoietic legal systems theory；legal dogmatics；gender analysis

妇女权益保障视域下代孕行为的法律规制

徐 婧[*]

内容摘要:代孕合法化问题一直存在争议。从妇女生育权的角度看,"代孕合法化系尊重生育权自由"这一命题可以通过生育劳动"利他性"与"资本化"之间的本质冲突、共同体主义下社会公义的优先性、新自由主义引发的性别压迫进行证伪。从妇女人格权的角度看,"人是目的不是手段",代孕制度侵害了妇女的人格尊严和包含生命权、身体权、健康权在内的物质性人格权。然而,我国现行的有关代孕行为的法律规制并不完善,从"法律家长主义"的理论渊源、立法尝试和制度发展、妇女权益保障的价值观念三重维度出发,"禁止代孕"条款纳入我国《妇女权益保障法》具有必要性和可行性。

关键词:妇女权益保障;代孕行为;"禁止代孕"条款;生育权;人格权

一、问题的提出

随着我国夫妻不孕不育率升高、生育率逐年下降等问题所引发的社会关注,代孕成为社会各界所关注的现代生物手段。代孕依照实际操作的方式方法分为两种类型:仅借用代孕母亲子宫移植夫妻受精卵的"妊娠型代孕"(gestationnal surrogacy)和采用丈夫的精子与代孕母亲的卵子在体外形成受精卵后移植代孕母亲体内的"基因型代孕"(genetic surrogacy)。根据《人民日报》在 2017 年发起的题为"调查:代孕合法化,你支持吗?"的网络投票中,13％的网民选择"支持,不育家庭权利应该优先被考虑",81.5％的网民选择"不支持,会带来社会伦理问题,细思极恐",5.5％的网民选择"不好说,还没有切身体会"。[①]

我国仅有原卫生部分别于 2001 年、2006 年颁布的两部法令作出了相应的规定。[②] 然

---

* 徐婧,女,福州大学法学院副教授,主要研究方向为婚姻家庭法。

① 妇女之友.中国开放代孕合法化? 我反对! ［EB/OL］(2017-02-09)［2023-12-29］.https://mp.weixin.qq.com/s? __ biz＝MjM5MTMwOTU4MA＝＝&mid＝2654748923&idx＝1&sn＝4a260d89410ffeb25501466b4441e9e9&chksm＝bd7f6a988a08e38ebd438bcaa50a137d580143aa85dc1ef1ec89fff1e4ed377e3bff44cae570&scene＝27.

② 2001 年颁布实施的《人类辅助生殖技术管理办法(卫生部令第 14 号)》第 3 条第 2 款:"禁止以任何形式买卖配子、合子、胚胎。医疗机构和医务人员不得实施任何形式的代孕技术。"2006 年颁布实施的《卫生部关于印发人类辅助生殖技术与人类精子库校验实施细则的通知(卫科教发〔2006〕44 号)》第 2 条第 5款第 3 项:"二、校验依据、方式与结论……(五)校验结论分为三类:……3.校验不合格。……存在买卖配子、合子、胚胎,实施代孕技术、进行非医学指征的性别筛选、使用不具有《人类精子库批准证书》的机构提供的精子的行为。"

而,上述两份规范文件存在如下症结:其一,这两个法律规范属于部门规章,立法效力层次较低;其二,缺乏专门章节进行规定,对非法代孕行为的处罚手段较弱,使得违法者的违法成本明显偏低;其三,规制的对象仅针对医疗机构及其工作人员,然而对非医疗机构及其工作人员参与代孕活动却未做出明确的规定。因此,上述两部法律文件并未遏制代孕产业在我国的发展,尤其是对非医疗机构与医务人员的私人代孕协议以及中介机构的立法真空,反而使得代孕行业在高额利润、低风险的诱惑之下更加甚嚣尘上。

我国关于代孕问题的立法踌躇不前,社会各界对于代孕究竟是应当采取全面开放、适度开放抑或是全面禁止仍然存在很大的分歧。有的学者主张"全面支持说"①:代孕母亲从事代孕是身体自主权的体现,代孕生育的技术概念仅仅是技术方面的存在事实,并不能由此推出代孕实践操作方面的正当或不正当。有的学者主张"部分开放说"②:禁止商业性代孕,对代孕母亲是以志愿者身份的不存在商业交换的利他性代孕持支持意见。持该观点的学者同时认为禁止代孕并不会消除代孕现象,只会将其逼入地下市场进而导致更为严重的社会问题,适当放开存在一定合理性和必要性的代孕要求,以满足某些家庭传承后代的愿望。

代孕制度的支持者多基于主张代孕母亲的身体自主权和交易自由的观点,将代孕视为一种不可阻挡的、合理正当的趋势,从而主张代孕的合法化或是"代孕规制二分法"。然而,学者大多只关注代孕生育技术这把"达摩克利斯之剑"在解决人类生育难题的同时所引发的对代孕亲子法律关系(包括关系确定、监护权、财产继承、跨国承认等)、商品物化代孕婴儿有损婴儿人格尊严、非法代孕下如何坚持未成年人最大利益原则等问题,却少有学者从妇女权益保障的角度大篇幅着墨于探讨"禁止代孕"的必要性。对于妇女权益而言,代孕制度的合法化如同打开了道德与法律的"潘多拉魔盒",在我国女性力量崛起和注重女性权益保护的今天,无论是从生育权自由的角度出发,还是从人格权保护的角度思考,均应当坚持反对代孕合法化。

二、代孕合法化系尊重生育权自由之反驳

代孕支持者提出,代孕行为是代孕者在社会大分工背景下的真实、自愿的经济理性,具有合法正当性。③ 生育自由是人的基本权利,其先于宪法而存在,而代孕契合有关生育权的基本要求,可视为实现生育权利这一基本人权的重要手段,应当纳入生育自由保障范围。

诚然,物质性人格权的积极利用是科学技术与社会条件的结晶,是人的主体价值受到重视的标志,是现代社会不可逆转的趋势。然而生命科学技术具有两面性,既可能开发人的生

---

①　孔德猛,常春,左金磊.从子宫工具化的视角对国外代孕生育的研究[J].自然辩证法通讯,2018(7):81-91;李雅男.代孕背景下亲子关系的确定[J].法律科学(西北政法大学学报),2020(38):133-145.

②　杨立新.适当放开代孕禁止与满足合法代孕正当要求:对"全国首例人体冷冻胚胎权属纠纷案"后续法律问题的探讨[J].法律适用,2016(7):38-42;时永才.超越个案:全国首例人体冷冻胚胎权属纠纷案裁判展示与问题展望[M].北京:法律出版社,2015:186.

③　庄绪龙.对"有限开放代孕"之批判观点的思考与回应[J].法治研究,2017(6):102-116;张燕玲.生育自由及其保障范围:兼论人工生殖的理论基础[J].中南民族大学学报(人文社会科学版),2007(5):114-117.

物性潜能,也可能危害人的生命、健康、尊严。① 以市场化的方式利用物质性人格权以期缓解人口资源的短缺,终将导致资本运作下个体生育权利的实质不平衡和利益倾斜,亦会通过无形的价值引导致使性别歧视和妇女生育功能工具化的悲剧。

(一)反驳一:生育劳动"利他性"与"资本化"之间的本质冲突

在主张代孕"部分开放说"的观点中,将利他性代孕区别于商业性代孕,使得利他性代孕因其非营利性获得合法的外衣。然而,区分利他性代孕和商业性代孕所考核的均为受术夫妻的主客观条件,对于代孕母亲而言,任何形式条件下的代孕行为的性质均应被定义为将其剩余劳动的资本化行为:其一,女性固有的母性关怀情结注定了将由自己十月怀胎的婴孩转与他人是不符合自然规律的,换言之,一个有着正常的逻辑思维与情感理性的女性不太可能会出于完全"利他性"的原因,自愿为他人怀孕生子。绝大部分代孕母亲只有在商业利益回报或经济性对价利益的驱使下,才会愿意承受巨大的风险为他人代孕。其二,如果仅凭借利他性代孕的实施,是无法缓解我国日益严峻的生育率问题和生育需求,广泛的利他性代孕在我国不存在实践的可能性。商业化、体系化运作的商业性代孕为代孕产业的规范运行和成功率提供保障,可能出现利他性代孕的情形仅为少数,只有资本进入后的商业化代孕产业的发展才能从根本上对当下的生育问题起到一定的缓解作用。

我国《妇女权益保障法》充分保障妇女的生育权自由,代孕行为将生育劳动资本化,是对女性生育权自由的剥夺。从本质上来说,代孕技术将作为代孕者的女性的身体和生育能力等自然资源属性赋予了资本的属性,换言之,代孕行为可以被看作是资本对自然的"实际吸纳"。而资本的介入,能够控制和改造生物的繁殖规律,并将其塑造为用于创造新的市场和新的资本积累的资源。许多学者认为,在代孕行为中,妇女被视为代孕契约的商品,其中包括了著名的女性主义哲学家安德森(Anderson)认为:"代孕母亲和女性的商品化交织在一起的观点依赖于义务论,不符合人性的本质。"②代孕母亲的生育功能被视作可开发的自然资源而被有效地转化成为复杂的生物技术流程中的一环,以及资本主义价值循环中的一部分。因此,无论是利他性代孕还是商业性代孕,都是将代孕者的生育劳动完全资本化,被资本裹挟着的制度发展决定了女性个体发展的不自由。

(二)反驳二:共同体主义下社会公义的优先性

在共同体主义下,社会公义应当优先于个人权利行使。社群主义的代表学者桑德尔(Sandel)曾提出的"权利的正当性依赖于它们所服务的那些目的的道德重要性"③。权利的界定必须建立在普遍的善观念之上,个体作为能够实现权利的社会性主体,需要基于个体作为社会这个共同体成员,与整个社会、社会中的其他个体以及社会中的其他重要因素的关系进行综合考虑。安德森将"爱、敬仰、荣誉、尊重、爱慕以及敬畏"④等视为人类在行使权利时

①　孟勤国,牛彬彬.论物质性人格权的性质与立法原则[J].法学家,2020(5):1.

②　ANDERSON E.Is women's labor a commodity? [J].Philosophy and public affairs,1990,19(1):71-92.

③　迈克尔·桑德尔.自由主义与正义的局限[M].万俊人,译.南京:译林出版社,2011:2-4.

④　ANDERSON E.Value in ethics and economics[M].Massachusetts:Harvard university press,1995:43-57.

对价值选择的回应,将此种社会公义引用至对代孕生育权自由主义的反思亦存在衡量标准的价值。共同体主义亦是我国所主张的社会价值基础之一,中华民族共同体意识是"精神力量之魂"。证成代孕行为系生育权自由的进路失败在于混淆了生育自主权利与一般自主性的概念,忽略了生育权的独特性:女性的生育权利在社会公义中的地位与价值。

基于伦理角度进行分析,在代孕行为的过程中代孕者承担了巨大的胚胎移植、怀孕分娩的风险,并且代孕者需要将由自己生产的婴儿拱手相让,违背自然天性,亦有违公序良俗。我国《妇女权益保障法》通过法条的形式鼓励妇女"自尊、自信、自立、自强"[①],而自由主义下的代孕制度忽略了对女性作为生育劳动主体的尊严,不能契合生育自由权利自身的终极伦理关怀,使得"代孕合法化系尊重生育权自由"成为不符合法律逻辑的伪命题:其一,代孕行为中的权利互斥。代孕委托人生育权的实现在建立在对代孕母亲生育权的限制与剥夺之上[②],代孕委托人基于代孕儿童的亲属关系上的利益与代孕母亲的利益相互排斥。其二,道德缺失引发的利益失衡。自由主义下的道德约束呈现碎片化和个人主义,行为方式均基于道德主体的自由选择。而代孕制度的发展冲破了传统、习俗等已被认定为公序良俗的道德价值,失去了普世性的道德标准的制约,容易陷入道德死角,无度发展将导致混沌状态下的无序。

(三)反驳三:新自由主义引发的性别压迫

近现代时期,新自由主义在经济领域迅速兴起,导致女性作为家庭护理提供者的传统角色发生了巨大的变化。我们已经可以看到,过去女性在家中所从事的照护方面的能力和优势现在正逐渐转化为有偿服务,所谓的"全球照护链"(global care chain)的形成和被贩卖女性数量的增长已经构成了这种发展的性别效应。若家庭照护等服务是由女性的温柔细致等性别优势而导致该就业市场的女性占比居多,那么代孕服务合法化更将基于女性生育能力的无可替代性而引发一系列的教育理念和价值导向。贫穷家庭的女儿可能会被进一步剥夺受教育和选择不同工作种类的机会,被原生家庭赋予"代孕致富"的要求。在此情况下,代孕母亲所受的教育和社会环境可能就将其未来发展局限在狭小的生育能力工具化的定位,这种"自由"是被间接剥夺自由思考意志的"自由",亦是迫于生存压力下合法选择营生途径的"自由"。

因此,女性的生育劳动将被内部化于资本市场之中,并作为生产劳动被加以利用,代孕制度可能会演变成为对妇女的新的变相压迫或剥削。代孕可能产生道德上的负面影响,将妇女的生育能力转化为了某种由他人控制和使用的东西,因而强化了一些不利于两性平等的性别偏见。[③] 代孕的人为操作可能会使贫困、处于社会底层的妇女沦为"生育机器",从而使剥削从传统的对财产和劳动的剥削发展为对人身的剥削。在利益诱导下,女性代孕能够

---

① 《妇女权益保障法》第7条规定:"国家鼓励妇女自尊、自信、自立、自强,运用法律维护自身合法权益。"

② 陈健,吴惠芳.连片特困地区农村妇女生计发展的要素测度及政策支持研究[J].人口与发展,2020(2):99-107.

③ SATZ D.Markets in women's reproductive labor[J].Philosophy and public affairs,1992,21(2):107-131.

带来的直接的经济效应将会被要求为整个家庭做出牺牲和风险,进一步被剥夺《妇女权益保障法》当中所赋予女性的行使政治权利、文化教育权益、劳动和社会保障权益等自主性权利的可能性。一切基于性别特征的利用均是对性别差异的偏见,代孕合法性所带来的利益驱使会决定部分女性成为代孕母亲的命运,引发性别压迫。

三、禁止代孕系尊重妇女人格权之证成

自 2021 年中国进入了《民法典》时代后,人格权由于在《民法典》中独立成编而愈发受到了人们的关注和重视。我国《民法典》对人格权赋予了"基于人身自由、人格尊严"的基调,并列明了九种具体的人格权权利。① "代孕合法化系尊重生育权自由"是资本主义下带有性别压迫色彩的伪命题,与我国《妇女权益保障法》中所定义的女性权利自由看似文义一致,却存在本质上的冲突。刺破自由主义的面纱,代孕制度对女性的不良影响体现在对妇女人格权的侵害上。

(一)禁止代孕的价值基础:"人是目的不是手段"

康德(Kant)的著名观点"人是目的不是手段"指出:"从公正的角度出发,应当充分保障和尊重具有理性能力的人权。"② 因此,人在任何时候只能作为满足自己自由发展的目标,可作为手段的只能是外在对象,即"外在于我的或你的东西"③,包括拥有具象性特征的、外在于个人的物品,以及通过个体基于自由意志履行不损害人身权益所产生的劳动价值和社会关系。"目的公式"通过一系列的对比和复杂的证成,剖析道德、自由和理性的统一和对立,证成自主性是为普遍人权的基础,使得"人格权是防御性权利"之说有了哲学的庄严。在我国《民法典》编纂期间,不少学者援引"人是目的不是手段"用以考量《民法典》中有关人格权规定的法益正当性。学者们主张,人格权不存在权利变动的可能,也无法对其进行使用、收益和处分,人格权是一种与生俱来的权利,只要别人不加侵害便自然享有人格利益,不存在权利的取得和权利的行使问题,其存在本身即为目的。④ 人格权是一种防御性的权利,不可以积极利用。

代孕行为之所以受到不少民法学者的抨击,主要原因在于代孕制度将妇女生育能力工具化,将商业规范应用于父母关系,用市场规则替代了天然的父母准则。女性因其特殊的生

---

① 《民法典》第 990 条规定:"人格权是民事主体享有的生命权、身体权、健康权、姓名权、名称权、肖像权、名誉权、荣誉权、隐私权等权利。除前款规定的人格权外,自然人享有基于人身自由、人格尊严产生的其他人格权益。"

② 迈克尔·桑德尔.公正[M].朱慧玲,译.北京:中信出版社,2012:137.

③ 康德.法的形而上学原理[M].沈叔平,译.北京:商务印书馆,2017:58.

④ 梁慧星.民法典编纂中的重大争论:兼评全国人大常委会法工委两个民法典人格权编草案[J].甘肃政法学院学报,2018(3):10;中国社会科学院民法典工作项目组.民法典分则编纂中的人格权立法争议问题[J].法治研究,2018(3):20-30.

理构造和生殖属性被标以价格[①],从根本上违反了"人是目的不是手段"的道德标尺和人格权基准。在代孕的交易当中,代孕目前作为人的个体,成了"实现代孕"的手段,用以达成代孕委托者"实现代孕"的目的。代孕行为从某种程度上可以说是人格性权利的让渡,用代孕母亲一方人格性权益的牺牲换取另一方即代孕委托者人格性权益的实现。此种权利置换本质上有违法益正当性,代孕女性的"自愿"实非"自主",将生育能力视为劳动要素打破了"人非手段"的准则,违背了"意志遵守赋予了自主行为道德法则的效力"。[②]

(二)禁止代孕的首要标准:维护妇女人格尊严

在"人是目的不是手段"的基点之上,人格尊严具有至高无上性。如果说人格尊严是行使民事权利所要达到的目的,那么在自知利于或者否定人格尊严时,应当通过人格尊严限制民事权利的行使。换言之,当其他民事法律权利与人格尊严发生冲突时,应当将人格尊严作为衡量人格权保护的首要标准。该理论运用于代孕制度中的妇女人格权保障亦是如此,禁止代孕是维护妇女人格尊严的必然要求。

其一,妇女人格尊严优先于代孕私法自治。穆勒(Mill)在《论自由》中将个人利益应受的限制概括为两个维度:一是个人的行为应当以他人的利益为边界,二是个人应当为社会免于外侵及内乱做出牺牲。[③] 近代民法针对私法自治,不断增加了法律上的干预和限制,以防止过度的私法自治导致与公共利益的冲突和矛盾。人格尊严维护事实上划定了私法自治的边界,代孕协议这一基于意思自治的结果,如果法律对此类私法自治没有任何限制,由此会带来不利于维护人格尊严的结果,将有违公序良俗的社会认同。[④] 其二,妇女人格尊严优先于财产利益保护。尽管黑格尔(Hegel)将财产定义为"自由最初的定在"[⑤],但这并不意味着财产是人格尊严的必备条件或者要素。近代大陆法曾在一段时间有"泛财产化"倾向[⑥],然而随着社会的发展和人文关怀的强调,法律关注的重心从财产法向人身法转移,其中具有典型性的就是在我国《民法典》"先人后物"的体例编排,将人格尊严作为重要的价值取向,具有很强的先进性和时代意义。在人格权的框架下,若财产利益的获得要以损害代孕母亲的人身利益为前提,那么代孕制度将因此不具备正当性和合法性。

(三)禁止代孕的基本要求:保障妇女的人身健康

人格尊严被视为我国《民法典》中人格权独立成编的核心要义和根本目的,也是贯穿于人格权全编规定的价值基础。[⑦] 通说认为,对人格权利益应当进行物质性和非物质性的区分,其中,物质性人格权是人格尊严的核心部分,包含了生命权、身体权、健康权等,任何通过

---

① 姚溪,向天渊.女权主义·女性主义·"田园女权":"Feminism"中文译名的百年演变与衍生[J].重庆社会科学,2021(3):117-128.

② 兰登·温纳.自主性技术:作为政治思想主题的失控技术[M].杨海燕,译.北京:北京大学出版社,2014:13.

③ 约翰·穆勒.论自由[M].孟凡礼,译.上海:上海三联书店出版社,2019:85.

④ 王利明.人格尊严:民法典人格权编的首要价值[J].当代法学,2021(1):3-14.

⑤ 黑格尔.法哲学原理[M].范扬,张企泰,译.北京:商务印书馆,1961:61.

⑥ 薛军.人的保护:中国民法典编撰的价值基础[J].中国社会科学,2006(4):117.

⑦ 王利明.人格尊严:民法典人格权编的首要价值[J].当代法学,2021(1):3-14.

合同的约束都是不应被允许的;只有对非物质性人格权的特定的人格权益,如姓名、肖像等,才能依法进行一定经济效益下的许可和使用。①

因此,代孕行为除了造成对女性人格尊严的侵害之外,更是直接威胁到了女性的包括生命权、身体权以及健康权在内的物质性人格权。代孕母亲除了要承担一般生育过程的风险,还需要额外承担胚胎移植手术中注射孕激素以及身体排异的风险。代孕母亲当中的一些供卵者经过长期频繁地注射促排卵针,导致激素紊乱,重要身体脏器损伤或身体功能衰竭。此外,女性在供卵之后导致不孕不育的概率升高,并且面临患包括卵巢刺激综合征(Ovarian Hyperstimulation Syndrome)等疾病的危险,更严重的将会导致癌症,甚至直接死亡。因此,无论"妊娠型代孕"还是"基因型代孕",均会给代孕母亲造成身体上和心理上的创伤。

四、"禁止代孕"条款纳入《妇女权益保障法》的三重维度

无论从伦理的角度还是从法理的角度,无论利他性代孕还是商业性代孕,在我国正式进入人格权保护的《民法典》时代下,对妇女人格权的保护是"人格至上"理念的应有之义,当面对代孕制度下的权利冲突和面临价值取舍时,妇女人格权的保护应当优先于意思自治的理论,亦应当优先于经济效益的取得。② 从全面保障妇女权益的原则出发,旗帜鲜明地主张"禁止代孕",应当成为我国有关法律规定的立法基点。"禁止代孕"不能只停留在道德呼吁或者行政规章的水平,必须以法律条款的形式做出来自公权力的最有力的确认,对于我国构建妇女权益保障制度体系而言,做出"禁止代孕"的相关法律规定势在必行。

(一)理论渊源维度:"法律家长主义"的要求

"法律家长主义"背后蕴含的是"国家监管原则",是国家从公民的利益和社会的长久稳定性出发,以法律规定的形式,对公民自我损害或者通过权力让渡的行为进行强行性的干预或者限制。③ 对于夹杂道德评判的争议与法律规定疑难症结的问题,学界一般都将"法律家长主义"作为重要的理论渊源。④ 同理可证,"禁止代孕"条款同样存在着自由主义和人口危机下代孕需求增长与妇女权益保障的伦理正义之间的龃龉。"法律家长主义"下,"禁止代孕"的道德立场被证成为"禁止代孕"条款的法律立场,彰显了国家对代孕母亲的弱者保护,体现了立法机关的存在价值和责任担当。"禁止代孕"条款能在一定程度上把控妇女的多元化发展的社会价值导向,亦是立法机关担负的重要角色的反思性力量,回应了共同体主义下社会公义的优先性,使得公民个体性的繁荣发展与国家"以人为本"政治性的基本宗旨之间建立了有机统一的实质关联。

---

① 孟勤国,牛彬彬.论物质性人格权的性质与立法原则[J].法学家,2020(5):1;梁慧星.民法典编纂中的重大争论:兼评全国人大常委会法工委两个民法典人格权编草案[J].甘肃政法学院学报,2018(3):1-19;尹田.论人格权独立成编的理论漏洞[J].法学杂志,2007(5):7-11.
② 于晶.代孕技术合理使用之探究[J].河北法学,2013(1):125-130.
③ 郑玉双.自我损害行为的惩罚:基于法律家长主义的辩护与实践[J].法制与社会发展,2016(3):73.
④ 车浩.自我决定权与法律家长主义[J].中国法学,2012(1):22-25.

"禁止代孕"对"法律家长主义"提出了更深层次的要求。随着现代社会中社会个体自由意志的崛起,作为一种"善意"和"强制"的外化,"法律家长主义"由最初的对经济的不断干预且进一步保驾护航所采取的"硬性"举措,逐步转向兼顾尊重社会个体的意思自治、追求实际上保护和提升自治的"软性"举措。"软性"的"法律家长主义"能够保护权利个体不受到"不真实反映其意志的选择"的危害[①],其以尊重真实的内心意思为核心,即确认行为主体在参与社会关系中并未存在认知上和意志上的欠缺。因此,在"法律家长主义"软化的今天,立法者在条款设计时应当探究在市场经济下代孕母亲的真实本意,抛开经济问题的挟制,女性面对代孕时所体现的不得已和不自决,更能有效地证立设置"禁止代孕"条款的妥当性。

(二)制度发展维度:《人口与计划生育法》的立法尝试

从比较法的视野来看,国际社会上各个国家对于代孕持不一样的态度,包括:禁止所有形式的代孕行为,例如法国;接受一定限制下的特定类型的代孕,如美国。无论采取何种立法态度,包含上述国家在内的许多国家均基于本国的思想理念、法理基础和司法实践对代孕行为及代孕合同做出了法律层面的规定。

在我国的法律制度体系当中,并非没有对于设定"禁止代孕"条款的立法尝试。2015年底提起的修订《人口与计划生育法》的草案当中,第一次从法律的层面明确规定了"禁止以任何形式实施代孕"。令人惋惜的是,在最终正式通过的《人口与计划生育法》中,"禁止以任何形式实施代孕"的条款被删除。社会各界在惊诧之余不禁提出疑虑:"禁止代孕"条款的删除是否意味着我国间接承认了代孕的合法性,彻底放弃了"禁止代孕"条款设立的构想?[②] 此种观点明显是失之偏颇的,在当时修改《人口与计划生育法》的环境下,删除"禁止代孕"条款只是立法机关在综合多方因素后做出的利益考量:其一,此次修法的时间紧迫。尽快修订《人口与计划生育法》是党的十八届五中全会通过的"全面二孩"政策于法有据的必然选择。对我国是否采取"禁止代孕"的统一立法理念标准争议过大,难以在短时间内统一,急于解决这一争议将导致修法进程的全面拖延。其二,鉴于此次修法的主要目的是应对"全面二孩"政策的实施,"禁止代孕"条款与"全面二孩"政策并无直接关联,甚至可能会造成民众对"全面二孩"政策中的"放"和"禁止代孕"条款中的"收"的价值冲突产生一定的误解,因此不宜在此次修法过程中做出修订。

由此可知,此次修订《人口与计划生育法》的过程中删除"禁止代孕"条款并非等同于默认了代孕行为的合法性,仅是基于时机不宜。而这一立法尝试,也为后续《妇女权益保障法》的修改提供了参考和借鉴意义。

(三)价值观念维度:中国对妇女权益保障的重视

中国一直以来都在为"促进性别平等,推动全球妇女事业发展"方面做出不懈的努力,在妇女权利保障体系建设上充分体现了大国担当,为加强和促进全球妇女权利保障的合作机

---

① 乔尔·范伯格.刑法的道德界限:第3卷 对自己的损害[M].方泉,译.北京:商务印书馆,2015:27.
② 王广州,周玉娇,张楠.低生育陷阱:中国当前的低生育风险及未来人口形势判断[J].青年探索,2018(5):15-27.

制提供了强大的支持力和推动力。根据习近平总书记在国际会议上所阐明的立场和观点①,中国将携手世界各国,致力于妇女权益保障和性别平等制度的构建。而性别平等意味着对性别压迫的坚决抵制,若代孕制度合法化,女性自由平等的权利在经济压力和社会价值的驱使压迫下将成为伪命题,这与我国的基本政治人权主张是相违背的。2021年8月,科技部等十三部门印发《关于支持女性科技人才在科技创新中发挥更大作用的若干措施》,将激发妇女潜能、尊重妇女在人才市场的地位提升到了新的高度,全面保障女性权益是我国全面建设社会主义现代化国家进程中的重要环节。

从理论上来说,"禁止代孕"条款可以增设于《民法典》等基础性的民事法律规范单中,亦可增设于对于胚胎移植、人口计划等单行法律当中。然而,从现实的角度来看,我国《民法典》刚刚颁布并实施,短期内修法、改法的可能性低,在其余单行法当中列入"禁止代孕"条款,由于缺乏"妇女权益保障"的基础性原则的指导,可能受到的立法阻力大。而我国《妇女权益保障法》自1992年颁布实施以来,以其系统化、制度化、全面化的规定,充分保障了法律规定妇女所享有的权利能够落到实处,为国际社会树立了典范。尽管2023年修订实施的新版《妇女权益保障法》并未明确"禁止代孕"的内容,然而鉴于代孕制度完全建立在女性的生育功能之上,其后背后蕴含的法律判断与道德判断均与女性权益之间密不可分。在我国妇女权利意识觉醒和注重权益保障的今天,"禁止代孕"条款符合《妇女权益保障法》的开宗立意,在《妇女权益保障法》的修订过程中考虑增加"禁止代孕"条款的有关规定势在必行。

五、结论

代孕制度是对女性不可让渡的生育能力的一种经济性利用,导致对代孕制度合法化的争论有了一抹性别主义的色彩。回归到文章最初所提及的《人民日报》有关代孕是否应当合法化的问卷调查,暂无数据显示这一投票数据背后的性别比例几何。但是在代孕这一关乎女性专属的生育能力的制度面前,应当进一步关注女性的发声,从更深层次切实保障女性群体的权益。在生物科学技术还未实现完全突破和彻底完善之前,将"禁止代孕"条款纳入《妇女权益保障法》,是对当下代孕市场事故频发的法律规制,是对代孕母亲弱势群体的法律家长式的关怀,是对《民法典》下妇女人格权保护的回应,是对《人口与计划生育法》删除"禁止代孕"条款遗憾的填补,最为重要的,是对新时代下中国主张妇女权益保护、促进性别平等的态度的重申。

---

① 2020年10月1日,习近平总书记在联合国大会纪念北京世界妇女大会25周年高级别会议上发表讲话强调:"妇女是人类文明的开创者、社会进步的推动者,在各行各业书写着不平凡的成就。……性别平等和妇女赋权已成为《联合国2030年可持续发展议程》的重要目标。……要消除针对妇女的偏见、歧视、暴力,让性别平等真正成为全社会共同遵循的行为规范和价值标准。"

Legal Regulation of Surrogacy Behavior from the Perspective of Women's Rights Protection

Xu Jing

（Fuzhou University, Fuzhou, 350108）

Abstract： The legalization of surrogacy has always been a controversial issue. From the perspective of women's reproductive rights, the proposition that "the legalization of surrogacy respects the freedom of reproductive rights" can be falsified through the inherent conflict between the "altruism" and "capitalization" of reproductive labor, the priority of social justice under collectivism, and gender oppression caused by neoliberalism. From the perspective of women's personality rights, the surrogacy system violates women's personal dignity and material personality rights, including the rights to life, body, and health, by stating that "human beings are ends, not means". However, the current legal regulation of surrogacy in China is not perfect. Starting from the theoretical origins of "legal paternalism", legislative attempts and institutional development, and the values of women's rights protection, it is necessary and feasible to include the "prohibition of surrogacy" clause in China's "Law on the Protection of Women's Rights and Interests".

Key Words： protection of women's rights and interests；surrogacy behavior；prohibition of surrogacy clause；reproductive rights；personal right

性别与婚姻家庭法学

Gender & Marriage and Family Law

Women/Gender Studies

社会性别视角下婚内析产制度适用范围分析

许　莉　金钰婧*

内容摘要：我国婚内析产制度旨在保障婚后所得共同制中的夫妻对共同财产的平等处理权。从社会性别视角分析，夫妻双方的经济能力存在现实差异，通常男性对共同财产更具支配优势、有更强的磋商能力；当强势一方（通常为男性）控制共同财产进而排除对方支配使用时，弱势一方（通常为女性）有可能被迫陷入接受经济控制或者离婚的两难选择之中，甚至人身权的行使也受到限制。《民法典》出于维护婚姻关系稳定的目的，对婚内析产事由采取了"封闭模式"，导致违背平等处理权中的"控制共同财产并限制对方处分"之情形缺乏救济路径，有必要予以适当扩张。对《民法典》第1066条第2项的适用可遵循"举轻以明重"原则，将"夫妻一方患有重病、对方控制夫妻共同财产拒绝支付相关医疗费"情形纳入析产事由，在立法层面，建议针对"一方限制对方处分"情形增设析产事由的"兜底条款"。

关键词：婚内析产；平等处理权；性别平等；经济控制；扶养费请求权

婚内析产制度的规范目的是保障夫妻对共同财产的平等处理权。《中华人民共和国民法典》（以下简称"《民法典》"）第1062条第2款明确了夫妻对共同财产享有平等的处理权，但并未规定平等处理权的具体行使方式。一般情况下，夫妻平等财产权表现为通过协商对共同财产进行管理和处分；即使因协商不成而引发纠纷，也由夫妻内部自我调适解决，并不能通过诉讼方式由法院裁决。但男女法律地位的平等不等于现实地位的平等。现实生活中，夫妻经济状况客观上存在差异，经济强势一方（通常为男性）对共有财产往往更有话语权，而弱势一方（通常为女性）对共有财产的支配力有限；当婚姻关系出现问题、协商机制失灵时，弱势一方的意愿更容易被忽视，平等处理权的实现受到阻碍。如果不能通过司法路径解决，个案中弱势一方有可能被迫陷入接受经济控制或者离婚的两难选择之中，这显然与婚姻家庭法的保护功能不符，甚至可能影响弱势一方人身权利的实现。基于此，《民法典》吸收了原《最高人民法院关于适用〈中华人民共和国婚姻法〉若干问题的解释（三）》（以下简称"《婚姻法司法解释三》"）中的婚内析产条款，为平等财产处理权受到侵害的一方提供了救济路径。

无法回避的是，婚内析产制度在保护平等财产处理权的同时，也会对婚姻关系稳定造成冲击，因而立法须对婚内析产的范围加以限制。婚姻稳定与平等处理权保护之间的平衡实

---

* 许莉，女，华东政法大学法律学院教授，主要研究方向为婚姻家庭与继承法、特殊人群保护法；金钰婧，女，华东政法大学民商法硕士研究生，主要研究方向为民商法。

为婚内析产制度设计之关键。本文尝试从社会性别视角分析《民法典》相关规定下婚内析产的范围,探讨析产制度适用中的问题。

一、"封闭模式"婚内析产制度的立法背景与现状分析

我国以婚后所得共同制作为法定夫妻财产制。"夫妻共同财产制有利于保障夫妻中经济能力较弱一方的权益,有利于实现真正的夫妻地位平等,符合我国文化传统和当前绝大多数人对夫妻财产制的要求,有利于维系更加平等、和睦的家庭关系。"①夫妻共同财产是家庭生活的物质保障,出于对婚姻家庭稳定的保护,《民法典》遵循"在婚姻关系存续期间,夫妻共同财产,应以不允许分割为原则,允许分割为例外"②的原则,对于婚内析产事由采取"封闭模式"。

(一)从禁止婚内诉讼析产到限制婚内诉讼析产之转变

是否允许以及何种情况下允许夫妻婚内通过诉讼分割夫妻共同财产,取决于立法者在维护婚姻稳定和保障夫妻对共同财产的平等处理权之间的价值选择。《民法典》第1062条第2款规定了夫妻对于共同财产享有平等的处理权。原《最高人民法院关于适用〈中华人民共和国婚姻法〉若干问题的解释(一)》第17条对共同财产平等处理权曾有解释③,《民法典》实施后该解释虽未保留,但其确立的"日常家事可以单方决定,重大事项应当平等协商"的平等处理权行使原则延续至今。最高人民法院民法典贯彻实施工作领导小组认为:"除了日常家事范围内的事务以及构成表见代理的情形外,一方擅自处分共同财产的,对另一方不发生法律效力。"④

一般情形下,协商一致是平等处理权实现的最常见也是最佳路径,但在不能协商一致的情况下,夫妻平等处理权将会陷入僵局。此时可能呈现出三种情形:第一,由于夫妻不能协商一致而不能为相关财产的管理或者处分行为;第二,夫妻双方各自管理自己名下财产及自己的收入,形成客观上的分别管理模式;第三,强势一方单方控制共同财产、单方行使处分权或者限制甚至排除对方的处分权。由于平等处理权并不是要求夫妻必须达成一致,其核心要义是对于重大事项不能达成一致就不能为管理或者处分,前两种情形并不违背平等处理权的本旨,是家庭内部自治的结果,法律不予干预;第三种情形则违背了平等处理权的要求。

---

① 黄薇.中华人民共和国民法典婚姻家庭编释义[M].北京:法律出版社,2020:101.

② 最高人民法院民法典贯彻实施工作领导小组.中华人民共和国民法典婚姻家庭编继承编理解与适用[M].北京:人民法院出版社,2020:180.

③ 《最高人民法院关于适用〈中华人民共和国婚姻法〉若干问题的解释(一)》第17条规定:"婚姻法第十七条关于'夫或妻对夫妻共同所有的财产,有平等的处理权'的规定,应当理解为:(一)夫或妻在处理夫妻共同财产上的权利是平等的。因日常生活需要而处理夫妻共同财产的,任何一方均有权决定。(二)夫或妻非因日常生活需要对夫妻共同财产做重要处理决定,夫妻双方应当平等协商,取得一致意见。他人有理由相信其为夫妻双方共同意思表示的,另一方不得以不同意或不知道为由对抗善意第三人。"

④ 最高人民法院民法典贯彻实施工作领导小组.中华人民共和国民法典婚姻家庭编继承编理解与适用[M].北京:人民法院出版社,2020:152.

在夫妻一方违背平等处理权的要求、擅自处分共同财产或者限制对方处分财产时,维护婚姻稳定和保障平等处理权之间产生了冲突。受到传统的"夫妻一体主义"的影响,人们普遍认为,男女既已结为夫妻,财产就不应再分你我,将是否在财产上分彼此与对婚姻是否忠贞不贰作简单对等理解。① 一旦夫妻一方通过诉讼打破法定财产制,请求对共同财产进行分割,其婚姻往往难以维系,这也是婚内析产制度对婚姻稳定具有强烈冲击力的原因,反对婚内诉讼析产的理由即"如果我们支持在婚姻关系存续期间分割夫妻共同财产,不利于家庭和睦"。因此,2011 年《婚姻法司法解释三》实施之前,夫妻一方在婚姻关系存续期间并不能诉请分割夫妻共同财产。

立法态度的转变是基于个人权利保护之要求,即保障夫妻平等财产处理权的实现。"法律不仅要保证夫妻财产的存续,而且还要保障夫妻财产的安全,使夫妻财产真正成为婚姻家庭生活得以正常运转的物质保障,权利义务得以实现和履行的物质基础。"夫妻共同财产制的保障作用不仅体现为共同财产对共同生活的支撑,而且体现为夫妻双方能够平等支配共同财产;仅考虑作为共同生活基础的共同财产的完整性,忽略夫妻对共有财产平等支配权的行使,会导致弱势一方的共有权在婚姻存续期间实质落空。这种情形下,有必要通过析产方式保障一方对共有财产的平等处理权。因此,立法对于婚内诉讼析产的态度从一律不支持转向有条件允许。《婚姻法司法解释三》第 4 条首次规定了婚内析产的两种法定事由:其一是"一方有隐藏、转移、变卖、毁损、挥霍夫妻共同财产或者伪造夫妻共同债务等严重损害夫妻共同财产利益的行为";其二是"一方负有法定扶养义务的人患重大疾病需要医治,另一方不同意支付相关医疗费用"。

《民法典》第 1066 条吸收了《婚姻法司法解释三》第 4 条的规定,对婚内诉讼析产同样持谨慎态度。《婚姻法司法解释三》第 4 条首先明确"婚姻关系存续期间,夫妻一方请求分割共同财产的,人民法院不予支持",进而才列出两种可以析产的情形。《民法典》第 1066 条虽然删除了《婚姻法司法解释三》第 4 条中"不予支持"的表述,但是依然继受了《婚姻法司法解释三》中的两种法定析产事由,且并未增设其他析产事由或兜底条款,因此婚内析产的适用范围并无实质性扩张。《最高人民法院关于适用〈中华人民共和国民法典〉婚姻家庭编的解释(一)》第 38 条规定:"婚姻关系存续期间,除民法典第一千零六十六条规定情形以外,夫妻一方请求分割共同财产的,人民法院不予支持。"明确不允许以两种法定事由之外的其他事由诉请婚内析产,可以认为立法就析产事由采取了严格的"封闭模式"。限制婚内析产适用范围主要是避免因析产诉讼而动摇婚姻关系。"将允许分割的情形仅限定在本条规定的两种情形内,不能类推适用,亦不能扩大解释,避免婚姻关系存续期间随意分割夫妻共同财产,损害家庭稳定,影响夫妻共同财产的保障功能。"②

(二)《民法典》第 1066 条中析产事由之分析

《民法典》第 1066 条所列两项婚内析产的法定事由都是对平等处理权的违反,但是两项事由之间也存在着差异。婚内析产的第一种法定事由——"一方有隐藏、转移、变卖、毁损、

---

① 蒋月.夫妻财产制若干重大问题思考[J].现代法学,2000(6):104.

② 最高人民法院民法典贯彻实施工作领导小组.中华人民共和国民法典婚姻家庭编继承编理解与适用[M].北京:人民法院出版社,2020:181.

挥霍夫妻共同财产或者伪造夫妻共同债务等严重损害夫妻共同财产利益的行为",针对的是夫妻一方直接损害夫妻共同财产本身的行为,这类行为具有直接损害夫妻共有财产的共性。第二种事由——"一方负有法定扶养义务的人患重大疾病需要医治,另一方不同意支付相关医疗费用",针对的是夫妻一方限制另一方处分的行为,这类行为虽然并不损害夫妻共同财产本身,实则排除了另一方对共同财产的平等处理权,导致另一方的共有权无法实现。正是基于行为性质的差别,法律对两类行为的规制方式也不相同。

《民法典》第 1066 条第 1 项采取"例示加兜底模式",所列举的擅自处分行为几乎涵摄了可能出现的各种情形,还通过开放式的其他"严重损害夫妻共同财产利益的行为"为法官自由裁量留下空间,"该情形是个'兜底性条款',方便司法根据实际情况酌定,以适应社会生活的复杂性"[1],只要是擅自处分行为达到严重损害夫妻共同财产程度,均可作为析产事由。第一项规定本身并无歧义,在适用中主要涉及举证问题,本文不做分析。

《民法典》第 1066 条第 2 项仅列出"一方负有法定扶养义务的人患重大疾病需要医治,另一方不同意支付相关医疗费用"一种情形。如负有法定扶养义务的一方既无个人财产,又无法支配夫妻共同财产,则可能导致其无法履行法定扶养义务。将此类情形列入析产事由,是为了避免家庭保障功能的丧失;而对于其他限制处分情形,法律不予救济,由当事人内部调整。第二项在适用中的主要争议是,如果夫妻一方患有重大疾病,对方拒绝支付相关医疗费用,是否属于本条款涵摄范围?依据《民法典》中相关规定,配偶是当然的扶养义务人(权利人)[2],但仅从法条文义看,其中的"一方"和"另一方"应该是指互为夫妻的双方,故"一方负有法定义务的人"不可能是夫妻中的任何一方,而是指除了配偶之外的其他需要扶养的人,即"夫妻一方患有重大疾病",不属于本条款所涵摄的范围。依此解释,夫妻一方的近亲属患重大疾病需要相关医疗费用,另一方拒付,负有扶养义务的一方可以诉请析产;而夫妻一方本人患病,对方拒绝支付相关医疗费用,患病方不能诉请析产。如此似不符"举轻以明重"的一般法理,也与民众的认知相悖。此外,限制一方行使权利的情形肯定不止所列这一种,其他情形是否一律不得析产,亦有斟酌余地。

对两种情形采取不同的规制方式,体现了法律在保障家庭稳定和保障平等处理权之间的价值平衡。一方擅自处分共同财产,既损害家庭财产利益又侵害平等处理权,不仅是婚内析产的法定事由,也是《民法典》第 1092 条规定的离婚财产分割中可以少分或者不分财产的事由。此外,夫妻一方擅自处分共同财产时,受损一方除了诉请婚内析产还可以援用财产法的规定予以救济。例如,当夫妻一方擅自处分共同财产时,另一方或可以采取诉请追回财产、赔偿损失等救济方式。[3] 而一方限制另一方处分则是夫妻内部共有财产管理权之争,夫妻就共有财产管理而产生的争议种类繁多、严重程度各不相同,既有一方禁止对方处分共有财产而导致对方基本生存需求无法实现的极端严重情形,也有双方因消费观念和生活习惯

---

① 蒋月.论婚内分割夫妻共同财产制及其完善[J].云南师范大学学报(哲学社会科学版),2021(1):118.

② 《民法典》第 1059 条规定:"夫妻有相互扶养的义务。需要扶养的一方,在另一方不履行扶养义务时,有要求其给付扶养费的权利。"

③ 《最高人民法院关于适用〈中华人民共和国民法典〉婚姻家庭编的解释(二)(征求意见稿)》第 6 条:"夫妻一方因重婚、与他人同居等违背公序良俗情形,将夫妻共同财产赠与或者以明显不合理低价转让他人,另一方主张合同无效请求返还的,人民法院应依法予以支持。"

不同而就具体支出意见不合所造成的一般家庭矛盾。管理权之争原则上不允许当事人通过婚内析产路径解决,理由是"有的无需通过分割夫妻共同财产解决,有的实践中可操作性不强"[①],且夫妻一方平等处理权受到另一方限制并不损害共有财产本身,仅影响弱势一方的利益。在婚姻关系存续期间,法律更重视维系婚姻家庭的稳定,因而对调整此类夫妻纠纷持极为谨慎、谦抑的态度;当事人在财产权利受限时只能进行内部磋商和博弈,即使不能达成一致意见,通常也不能寻求司法救济,只能选择离婚。

二、性别差异导致的经济控制与磋商能力欠缺问题

对于一方限制另一方处分情形,立法持原则上不允许诉讼析产的态度,主要原因是法律预设夫妻之间具有平等磋商能力。一方面,当事人在婚内可以通过内部协商和博弈解决共有财产处理的纠纷;另一方面,夫妻享有离婚自由,在磋商不成、婚姻无法维系时,可以选择离婚,因而不需要通过婚内析产予以救济。

从社会性别视角来看,夫妻双方并不一定具备平等磋商的能力。现实生活中夫妻之间的经济能力可能存在强弱差异,相应的对共同财产的话语权和支配能力也不相同。一般情形下,相比于丈夫,妻子更多处于经济弱势一方,部分妻子可能因此欠缺磋商能力,尤其是当妻子成为家庭主妇、没有独立经济来源的时候,夫妻共同财产处于丈夫的掌控之下,此时的家庭可能会呈现出传统的男性主导模式,"一般重大家庭事务仍以丈夫决策为主,妻一方没有决策权,共同财产所有权无法真正行使,法律上规定的独立人格也难以落到实处"[②]。司法实践中,"从当事人起诉到人民法院受理此类案件的情况看,请求在婚姻关系存续期间分割夫妻共同财产的一方,多为经济上的弱者,因共同财产全部被另一方掌握,基本生活费及子女抚养费均难以得到保障"。因此,在男女双方经济地位客观上仍存在差异的情形下,完全依赖磋商博弈方式解决夫妻之间的经济控制与限制问题似有不妥,处于弱势的女性容易陷入离婚与接受经济控制的两难选择之中。

(一)夫妻间经济状况的现实差异与经济控制的形成

当今社会男女平等观念深入人心,然而现实中由于各种原因,夫妻双方的经济状况存在差异。一方面,受到传统的"向上择偶"模式的影响,男女双方缔结婚姻时的经济状况存在着差异。第三期中国妇女地位调查上海地区的调查结果显示,总体而言,男性单身人口显著多于女性单身人口,但受教育程度越低的人口中男性择偶越难,而受教育程度高的群体中女性单身者明显增多[③]。受到传统的"男强女弱"婚姻观念的影响,女性倾向于选择比自身条件更优越的配偶,因而通常男方的初始经济状况相较于女方更为优越。另一方面,夫妻初始经

①　黄薇.中华人民共和国民法典婚姻家庭编释义[M].北京:法律出版社,2020:106.

②　李洪祥.我国夫妻财产制度的社会性别分析[M]//黄列.性别平等与法律改革.北京:中国社会科学出版社,2009:78.

③　上海市妇女联合会.上海妇女社会地位研究(2000—2010年)[M].上海:上海人民出版社,2013:226.

济状况的差异很可能随着婚姻持续而进一步增大。受到"男主外、女主内"的传统性别分工观念的影响,当今已婚女性依然承担着主要的家务劳动责任。第四期中国妇女社会地位调查结果显示,女性承担家庭照料主要责任,0～17岁孩子的日常生活照料、辅导作业和接送主要由母亲承担的分别占76.1％、67.5％和63.6％;女性平均每天用于照料/辅导/接送孩子和照料老人/病人等家人的时间为136分钟。已婚女性平均每天家务劳动时间为120分钟。①已婚女性对于家务劳动的投入有可能导致其放弃外出工作而成为家庭主妇,即使外出工作也要承担来自家庭内外的双重责任。以社会性别的视角来看,传统的社会性别分工模式导致了大多数妇女不仅要外出工作,还要承担起沉重繁杂的家务,如此的经济收入显然不能与男性相比,由此导致了妇女的社会地位也在男性之下,并形成一种恶性循环。②

夫妻之间经济状况的差距会导致处于经济优势的男方相较于女方对于夫妻共同财产更有控制的能力和便利。第四期中国妇女社会地位调查结果显示,已婚女性自己名下有房产的占18.8％,与配偶联名拥有房产的占39.9％。③尽管名下拥有房产的已婚女性数量不断增加,仍有近四成已婚女性名下无房产。当然,有可能一部分夫妻将共有房屋登记在男方一人名下,但是房屋登记簿上的权利人更方便控制和擅自处分房屋,由此可见夫妻双方对共同财产的实际控制能力存有性别差异,这种控制能力的差异深刻影响了夫妻对于共同财产的管理模式。现实生活中,多数家庭对重大财产的处理都是由夫妻协商决定,但不容忽视的是,夫妻之间磋商能力的差距客观存在。上海地区的调查数据显示,2000—2010年,"在家庭重大事务决策上虽然妻子参与买房/盖房决策比例略有提高,但在投资/贷款和从事生产/经营上,夫妻共同商量或者以妻子意见为主的比例均有所下降"④。这一数据的背后隐含的事实是,作为经济强势一方的丈夫对重大财产的处分更有话语权。"在广大农村地区及开发度不高的城镇地区,夫单独管理夫妻共同财产仍较为普遍。"⑤由于征地补偿款、拆迁补偿款等特殊款项直接发放给作为户主的男方,男方容易借此机会控制财产而不与女方分享,排除女方使用。⑥

由于处于经济优势地位的多是男性,实施经济控制的也多为男性。笔者在中国裁判文书网上以"婚内夫妻财产分割"为关键词、裁判年份选择"2023年"进行检索,共检索到判决书35份。除去债权人代位析产和其他类型的纠纷,当事人诉请婚内析产的判决书共计22份。这22份判决书中有15份判决的原告为女方(含一例女方反诉案件),占比约68％;有7份判决书中法官认为原告提供的证据不足以证明存在婚内析产的法定情形,而这7份判决

---

①　第四期中国妇女社会地位调查主要数据情况[N].中国妇女报,2021-12-27(4).

②　李霞.中国婚姻家庭法的社会性别分析[M]//薛宁兰.亚洲地区性别与法律研讨会论文集.北京:中国社会科学出版社,2008:206.

③　第四期中国妇女社会地位调查主要数据情况[N].中国妇女报,2021-12-27(4).

④　上海市妇女联合会.上海妇女社会地位研究(2000—2010年)[M].上海:上海人民出版社,2013:22.

⑤　熊金才,纪米.夫妻共同财产管理纠纷及其调处[J].中华女子学院学报,2019(1):8.

⑥　黑龙江省安达市人民法院(2023)黑1281民初3200号民事判决书;江苏省南京市栖霞区人民法院(2020)苏0113民初254号民事判决书;湖南省株洲市中级人民法院(2020)湘02民终336号民事判决书。

的原告均为女方。① 由此可见,实施经济控制的多为丈夫,而举证困难也表明在经济控制的情况下妻子连最基本的共同财产知情权都无法得到保障。

(二)弱势女性的选择困境

通常情况下,不愿忍受经济控制的一方会选择离婚,在解除身份关系的同时,取得共有财产中属于自己的部分,彻底摆脱另一方的控制。但这一路径对部分弱势女性而言同样困难重重。

首先,基于很多现实因素的考虑,处于弱势一方的女性未必能选择离婚。影响女性离婚最常见的因素是子女抚养问题。调查数据显示,女性生育情况与其离婚意愿呈现负相关,"在'70 后'中,已育与未育女性累积离婚比例的差距被进一步拉大;对于已生育的女性,仅有不到 5% 的婚姻在 20 年内解体,但未生育的女性婚姻在 10 年内解体的比例已超过 20%,20 年内解体比例接近 1/3。在'80 后'群体中可以观察到类似的趋势,虽然已生育的离婚风险比之前的出生队列有所增加,但相比于未生育子女的女性,仍处于较低水平"②。至于处于患病状态的女性,可能因健康原因无力启动复杂的离婚程序,也可能因担心失去依靠而不敢离婚,更难做出离婚的选择。

其次,即使女性不愿意继续妥协而主动提出离婚也未必能顺利摆脱婚姻。《民法典》第 1079 条第 3 款明文规定的应当准予离婚的法定事由中并不包括夫妻财产权利的失衡;由于受到经济控制一方通常难以与另一方分居,也很难适用"因感情不和分居满二年"的情形;即使是适用"其他导致夫妻感情破裂的情形"这一兜底条款,在夫妻仅就共同财产处理发生争议而无法证明有其他导致感情破裂的事由时,司法实践中通常不会支持原告的离婚诉求。③ 故在男方不同意离婚的情况下,女方即使起诉离婚也未必能获准离婚,只能继续忍受经济控制。

综上所述,从社会性别视角看,夫妻间对共同财产控制能力的差异可能会对女性产生不利影响,让其陷入离婚与接受控制的两难之中。因此,"在制度设置上,立法不应以追求离婚作为实现权利的途径,即不应将离婚作为实现夫妻财产平等权的前置条件。这种做法无异于'因噎废食',是不可取的,立法应着眼于为婚姻当事人在婚内实现平等权提供路径"④。全国妇联在《婚姻法司法解释三》起草过程中提到,"现实生活中,夫妻即使在婚姻关系存续、尚未分居情况下,也有分割共同财产的客观需要。如,掌握家庭主要财产的一方虐待遗弃家庭成员,有病不给医治,或者为了离婚提早转移财产等"。《民法典》中虽然确立了婚内析产

---

① 吉林省白山市中级人民法院(2023)吉 06 民终 630 号民事判决书;北京市第三中级人民法院(2023)京 03 民终 436 号民事判决书;上海市浦东新区人民法院(2023)沪 0115 民初 95101 号民事判决书;上海市浦东新区人民法院(2023)沪 0115 民初 10032 号民事判决书;黑龙江省宝清县人民法院(2023)黑 0523 民初 68 号民事判决书;重庆市渝北区人民法院(2022)渝 0112 民初 36633 号民事判决书;浙江省金华市婺城区人民法院(2022)浙 0702 民初 8986 号民事判决书。

② 於嘉.何以为家:第二次人口转变下中国人的婚姻与生育[J].妇女研究论丛,2022(5):63.其中分析数据来源于北京大学中国社会科学调查中心实施的"中国家庭追踪调查"2018 年调查结果。

③ 河南省济源中级人民法院(2024)豫 96 民终 263 号民事判决书。

④ 张秀玲.我国夫妻财产制度有关问题探析:兼评最高人民法院有关司法解释[J].西北师大学报(社会科学版),2011(6):131.

制度,但对析产事由的限制较为严格,未能充分发挥保障弱势一方平等处理权的制度功能,有必要适度放宽。

三、"一方患有重病对方拒付相关医疗费用"属于析产事由

司法实践中争议最多的问题是"夫妻一方患病而另一方拒绝支付医疗费"情形下可否诉请婚内析产。对此,最高人民法院民法典贯彻实施工作领导小组持否定态度,其理由:"夫妻有相互扶养的义务,其中扶养义务既包括生活上的扶助,更包括一方患病时的扶持,因此在一方患病时,另一方应当以支付医疗费用等方式保障患病方受到医治。其不履行该义务的,患病方有权要求其支付医疗费、履行法定扶养义务,另一方不自动履行已生效判决书的,可通过强制执行程序实现对其个人财产和夫妻共同财产的处置,不需要通过本条规定的方式来实现救济。"[①]本文认为,扶养请求权不能替代婚内析产制度,"夫妻一方患病而另一方拒绝支付医疗费"的情形应属于析产事由。

(一)扶养费请求权不能替代婚内析产

在《婚姻法司法解释三》制定过程中,即有观点反对设置婚内析产制度,认为:"夫妻一方的权利受到侵害的情况,法律已规定了其他救济途径,如婚姻法第十七条规定:'夫妻对共同所有的财产,有平等的处理权。'婚姻法第二十条规定:'夫妻有相互扶养的义务,一方不履行扶养义务时,需要扶养的一方,有要求对方给付扶养费的权利。'因此,权利受到侵害的一方完全可以通过其他途径主张权利。"婚内析产制度确立后,在适用中仍然常被视为其他婚内救济制度的补充,只有其他救济路径无法实现时才可以启动婚内析产请求权。就夫妻一方患病的情形而言,因为存在扶养费请求权,患病一方诉请婚内析产往往难以获得法院支持。如在"梁某与蔡某1婚内夫妻财产分割纠纷"案中,患重大疾病的梁某以丈夫蔡某1不支付医疗费为由诉请分割夫妻共同财产,法院认为,"夫妻有互相扶养的义务,一方患病而另一方不予以扶持的,该一方有权要求其给付医疗费用,因此,如梁某认为蔡某1据有家庭财产并在其患病时拒不扶持,可直接要求其支付医疗费用,而不是要求将101房判归其个人所有"[②],驳回了原告的诉讼请求。

从实践角度而言,仅允许患病一方行使扶养费请求权未必能够满足其需求。对于存在多个扶养义务人时应如何履行扶养义务有两种不同的观点:一种观点认为,"从我国现行法律,尤其是《民法典》第1127条所规定的继承顺序所反映的立法预设亲疏远近关系来看,父母、子女和配偶应当处于同一扶养义务人顺位。在上述扶养义务人间,应当形成按份之债,而非连带之债"[③]。另一种观点认为,"婚姻关系存续期间,配偶对不能独立生活的另一方应

① 最高人民法院民法典贯彻实施工作领导小组.中华人民共和国民法典婚姻家庭编继承编理解与适用[M].北京:人民法院出版社,2020:183.
② 广东省广州市中级人民法院(2022)粤01民终22313号民事判决书。
③ 薛宁兰,谢鸿飞.民法典评注·婚姻家庭编[M].北京:中国法制出版社,2020:140-141.

承担扶养责任。配偶怠于履行义务的,父母代为履行后有权向义务方追偿"①。

按照第一种观点,当夫妻一方患病而请求对方扶养时,若该方还有其他扶养义务人,法院通常会降低配偶另一方应支付的扶养费费用。例如,在"程玲与吴国此扶养费纠纷"案中,法院认为"考虑程玲与其前夫有一女已成年,也应承担程玲的部分生活费用,故本院酌定,吴国此每月向程玲支付扶养费 300 元"②。然而,扶养费请求权的适用前提必须是扶养人有扶养能力及被扶养人无生活来源且无劳动能力,因此当被扶养人有足够的夫妻共同财产时,在法律意义上属于"有经济来源"者,对配偶之外的扶养义务人的扶养费请求不能被支持。此时被扶养人将陷入法律保护的"真空地带":有共同财产而无法支配,有配偶之外的扶养义务人而无法请求扶养费,而配偶所给付的扶养费可能无法满足其需求。

按照第二种观点,夫妻中患病一方可以向另一方请求承担全部医疗费用,其扶养需求可以满足,但也不能据此认为扶养请求权可以替代婚内析产制度。扶养请求权与婚内析产请求权的法理基础和法律效果存在本质区别。扶养请求权的法理依据是夫妻基于身份所产生的相互扶养义务,性质为债权请求权,因此需要扶养一方可以取得的扶养费一般以维持生活需求为限。婚内析产制度的法理基础是夫妻对于共同财产享有平等处理权,是婚后所得共同制的应有之义,当事人享有的是物权性质的共有权。《民法典》第 1066 条第 2 项中的"相关医疗费用"是强调配偶不履行扶养义务的行为必须达到影响生命健康的严重程度才可以婚内析产,并非限定了患病一方通过婚内析产所获得的财产仅限于"相关医疗费用",即析产对象可以是夫妻共同财产的部分或者全部,而不以需求为限。如果认为患病一方只能行使债权性质的扶养请求权而不能实现物权性质的共有权,则实施经济控制的一方就可以在支付必要扶养费之后继续实施经济控制。一方患有重病时,有可能丧失了与对方磋商的能力,也可能无力启动复杂的离婚程序,无法选择之下只能接受另一方的经济控制;若不能通过婚内析产实现个人财产权利,其生命健康权将无法保障。因此,"在弱势方因夫妻共同财产的权益受到限制,进而威胁到自身生命健康的情况下,应当通过对其平等财产权益的保护进而保障其生命健康权"③。

综上,婚内析产和扶养费请求权均可以作为夫妻一方不履行扶养义务时的救济路径,应允许患病一方根据具体情况自主选择。

(二)夫妻共有财产具有保障医疗自主决定权之功能

在夫妻一方患病而另一方拒绝支付医疗费的情况下,如果只允许患病一方行使扶养请求权而不允许婚内析产,患病一方的医疗自主决定权可能难以得到保障。

"人都有求生的本能,以及自主决定生活道路的愿望,从这个意义上来说,诊疗机会可以理解为一种具有客观性和普遍性的利益。"④对于不同人来说,生命的价值与意义不同,为了

---

① 母亲给女儿治病,可向女婿追偿医疗费吗? [EB/OL].(2024-07-15)[2024-08-19].https://mp.weixin.qq.com/s/SyRz76A3S1-l6-3qzEx4cQ.

② 安徽省利辛县人民法院(2020)皖 1623 民初 796 号民事判决书。

③ 胡小敏.婚内分割夫妻共同财产裁判现状浅析:兼议《民法典》第 1066 条的理解与适用[M]//夏吟兰,龙翼飞.家事法实务(2021 年卷).北京:法律出版社,2022:142.

④ 满洪杰.医疗损害机会丧失赔偿规则研究[J].法学家,2019(4):76.

追求生存机会愿意付出的成本也不同。有的人在患有重大疾病后只接受必要的治疗,有的人为了追求可能的生存机会而穷尽各种医疗方案,并愿意承担"人财两空"的风险。对于医疗方案的选择是患者的自主决定权的体现,"自我决定权是自然人享有的意志以发展人格为目的,对于生命、身体、健康、姓名等具体外在人格要素的控制与塑造的抽象人格权。……患者是自己身体的决定权人,对于采用何种医疗方案享有自我决定权,权利人可以按照其内在人格特质去决定自己的身体特征"①。正是因为自主决定权的人格权属性,医疗方案的选择应尊重患者本人,配偶不能代为决定。

在患病配偶一方需要以夫妻共同财产支付其所选择的医疗方案的相关费用时,其自主决定权可能会受到另一方的不当干预或者限制。司法实务中,已有患病一方为实现医疗自主决定权而诉请婚内析产的案件,只是析产诉请未能得到法院支持。在"朱永昇与陈英婚内夫妻财产分割纠纷"一案中,原告获知了一种新式疗法需要花费 120 万元,于是主张出卖共有房屋换医疗费,遭到被告拒绝后诉请婚内析产。法院认为:"原告所患急性髓系白血病应属重大疾病,但治疗该疾病所需的医疗费用应结合原告的实际病情及医院出具的诊断证明等进行综合判断,目前原告疾病在治疗过程中,被告亦同意支付相关医疗费,暂不需要出售房屋支付医疗费用,而原告主张的护理费、营养费、交通费均不属于医疗费范畴,故本院对原告要求分割 6×3 号房屋和 6×4 号房屋的诉讼请求不予支持。"②该案中当事人是希望通过婚内析产获得自己享有的夫妻共同财产的份额,进而实现对于医疗方案的自主决定权,而法院则严格遵循《民法典》第 1066 条第 2 项的文义解释,以其自主选择的医疗方案所需的费用不属于"相关医疗费用"驳回其诉求。显然,判决未考虑到夫妻共有财产所具备的自主决定权保障之功能。

婚后所得共同制通过聚合夫妻双方的婚后所得形成夫妻共同财产,实现夫妻之间的收益共享,夫妻在积累家庭财富的过程中也包含了未来以共有财产保障个人自主决定权的期待。若不允许夫妻一方患病时以共有财产自主选择医疗方案,夫妻积累共同财产时的期待将会落空,反而可能导致夫妻双方隐藏收入、保全个人利益,显然背离了法定财产制激励夫妻双方通力协作、创造家庭财富的初衷。同时,夫妻共同财产的保障功能使得夫妻之间实现风险共担,这也是法律对于婚姻关系的保护强于非婚姻关系的体现。夫妻因身份而处于共生关系之中,即使夫妻中患病一方以共同财产选择医疗方案、造成配偶及其他家庭成员的生活水平下降,另一方也应做出一定程度上的利益牺牲,这是夫妻双方共担风险的应有之义。如果不允许夫妻中患病一方诉请婚内析产方式实现对医疗方案的自主决定权,在患病一方没有足够的个人财产时,只要夫妻双方不能就医疗方案达成一致意见,患病一方就无法行使自主决定权,自主决定权的人格权属性可能被架空。此时,强势一方很可能迫使弱势一方放弃自主决定权,名为"维护家庭利益",实则维护个人利益,与《民法典》第 1043 条所倡导的家庭成员之间"互相帮助,维护平等、和睦、文明的婚姻家庭关系"理念相悖。

综上,在夫妻一方患有重病而对方拒绝支付相关医疗费的情况下,应当允许患病一方诉请析产,以保障其医疗自主决定权。

---

① 杨立新,刘召成.论作为抽象人格权的自我决定权[J].学海,2010(5):183-186.
② 北京市朝阳区人民法院(2021)京 0105 民初 57707 号民事判决书。

四、婚内析产事由适度扩张的必要性及其实现路径

我国以婚后所得共同制作为法定财产制,意在保证夫妻之间的实质平等。但财产共同共有并不意味着夫妻能真正平等控制并支配共有财产,婚姻期间不区分份额的共有也为强势一方配偶实施经济控制提供了便利条件。如果处于弱势一方的女性在婚内只能行使扶养请求权,在离婚时才能获得独立的财产权,则意味着女性在婚内实现财产权仍需要取决于丈夫,有悖于男女平等原则。

婚内析产制度旨在矫正夫妻对于共同财产平等处理权的严重失衡,是经济弱势一方实现共有财产权的重要路径。通过婚内析产,夫妻共同财产中相应的部分成为一方的个人财产,弱势一方可以自主支配该部分财产而不再受另一方干涉。如前文所述,在夫妻一方患病而对方拒付医疗费用时,不允许析产会导致其人身权受到侵害或者医疗自主决定权无法实现,因此婚内析产制度蕴含着对夫妻人格独立和个人自主决定权的保障。如果一方限制对方处分财产,对其人格独立及涉人身事项的自主决定权产生重大影响,则应支持受限制方的析产诉请。对第 1066 条第 2 项的解释不宜拘泥于文义,而应基于规范目的作适度的扩张;立法层面,可增设"兜底条款",以弥补"限制对方处分"情形下的法律救济之不足。

(一)"封闭模式"析产事由难以真正实现家庭稳定

我国婚内析产制度采取严格的"封闭模式",尤其是对于"一方限制对方处分"情形采取原则上不予救济的态度,背后的深层原因是立法者对于维护婚姻家庭稳定的重视。当今社会民众对于"一方擅自处分共同财产"情形下的婚内析产接受度较高,原因在于"一方擅自处分"常与重婚、违反忠实义务等悖俗行为伴生,往往会受到社会舆论的负面评价和谴责。而"一方限制对方处分"情形是夫妻一方主张实现其个人的财产权利,受到传统家庭"同居共财"模式的影响,一般观念仍将"财产共同"与"婚姻家庭稳定"简单等同,将婚内财产处理权的纠纷视为"家务事",认为在婚姻存续期间就财产问题发生争议并诉诸法律分割财产有违家庭伦理。

事实上,在传统的"同居共财"模式之下,"家庭财产或部分家庭财产并不因为'同居'关系而归属于'同居'人。并且,'共财'只是发生在'同居'期间,'同居'关系的终止或解除将可能导致'同居'人不能继续使用或收益家产"①。所以,并非"共财"促进了"同居"的和谐,而是一般家庭成员尤其是妇女对于家产根本没有所有权或管理权,只能凭借婚姻关系使用家产满足基本生活需求,自无所谓"平等处理权"之纠纷。随着社会的进步,夫妻成为家庭的核心,女性地位提升,妻子对婚姻财产享有与丈夫相同的权利,夫妻之间因共同财产管理处分意见不一而引发的纠纷十分常见,如何保障平等处理权的实现,尤其是女性财产处理权的实现愈发重要。

保障女性财产权利是实现男女平等的重要标志。纵观男女平等的发展历程,女性财产

---

① 俞江.论分家习惯与家的整体性:对滋贺秀三《中国家族法原理》的批评[J].政法论坛(中国政法大学学报),2006(1):34.

权利受保护的程度与女性的地位呈正相关。在"男尊女卑"的时代,妻子没有独立的财产权利,其获得生活供养的前提是对丈夫的服从。例如,家庭法改革前的《意大利民法典》提出"为丈夫施加了一项供养妻子(mantenimento della moglie)的个人义务,根据一种相互机制,与此对应的是一项个人服从义务"①。此时,妻子的各项经济需求看似可以得到满足和保障,但此时妻子在本质上是一项如财产一样的客体而非可以支配财产的主体,"女性被置换成了法律的客体,并作为男性监护的对象而存在"②。正是意识到了女性财产权利受限对实现男女平等的阻碍,在推进男女平等的过程中,女性的财产权利逐步被法律认可并保护,保障妇女财产权利的法律制度逐渐完善。2022年修订后的《中华人民共和国妇女权益保障法》第66条规定了妇女有权要求在夫妻共同财产的权属证书上与配偶联名登记,这一规定有助于促使夫妻共有财产"名实相符",进而达到防范配偶擅自处分夫妻共有财产、保护妇女婚姻财产权的目的。从上述发展历程中可以看出,女性地位提升的标志不是女性在法律意义上拥有足以保障生活的财产,而是女性可以自由行使对财产的支配权而不受配偶的不正当限制。

现行婚内析产制度忽略了共有财产处理决定权对于多处于婚姻关系中弱势一方的女性的重要性,也低估了平等处理权受限对于弱势女性的危害。女性的财产权利不仅关乎物质生活水平,更关乎女性的人格独立和人身权益。"财产权利是自我保存的自然权利的必然延伸与必然结果,并作为生命权的工具而成为人为自我保全而要求一切权利的前提。正因为妇女财产权利的缺失,妇女自我保全的能力也就阙如,从而也就注定了女人在经济上与人格上从属于男人的命运。"③正如前文所述的"一方患病而另一方拒绝支付医疗费"情形,夫妻一方对患病配偶实施的经济控制行为,足以造成患病一方人格权甚至是生命健康权受损的结果。而且,相较于擅自处分共同财产所带来的对共同财产的一时性损害,经济控制对受控制方的损害可能是持续性的,受到经济控制的女性可能长期处于丧失人格独立性的被动状态下。对夫妻一方平等处理权受损原则上不予救济的态度所实现的"家庭稳定",未必是因为夫妻间的矛盾通过内部协商而自愈,更可能是弱势一方因长期受到经济控制而丧失独立生活的能力,以至于不敢摆脱婚姻。因此,封闭模式的婚内析产制度未必能实现真正的婚姻家庭和谐稳定,反而容易导致弱势女性的人身权利受损,影响男女实质平等的实现。

(二)"限制对方处分"情形下的析产事由应有"兜底条款"规定

婚内析产的规制模式主要有"事由控制"和"程度控制"两种,前者列举允许婚内析产的具体事由,后者划定法律规制夫妻婚内财产纠纷的程度。

在比较法中,通常并不区分违背平等处理权的行为类型,而是对于婚内终结夫妻共同财产制的法定事由统一采取"事由控制"与"程度控制"相结合的方式予以规定。例如,《法国民法典》第1443条第1款规定:"如因夫妻一方理财混乱、管理不善或者行为不端,继续维持共

---

① 费尔南多·博奇尼.夫妻意思自治和家庭财产制度[M]//越思雨,译.中德私法研究.北京:北京大学出版社,2023:203.

② 周安平.性别与法律[M].北京:法律出版社,2007:61.

③ 周安平.性别与法律[M].北京:法律出版社,2007:194.

同财产制将使配偶另一方的利益受到危害时,该另一方得诉请法院分别财产。"①《意大利民法典》规定夫妻共同财产可以经裁判而分离,第193条第2款规定:"分离,于配偶的一方的事务无秩序,或者由配偶所为的财物的管理的运营有使配偶他方或共有或者家族的利益陷于危险时,或者配偶的一方不按自己的资产及劳动能力供给家族的需要时,亦得宣告。"②我国《民法典》第1066条第1项也是采取了"事由控制"与"程度控制"相结合的模式,既具体列举了"隐藏、转移、变卖、毁损"等具体的行为模式,也指出了此情形下可以适用婚内析产必须达到"严重损害夫妻共同财产利益"的程度才可诉请婚内析产,对于严重程度的判断"需要结合行为的性质、夫妻共同财产的数额、造成的影响程度等因素进行"③。但作为规制"一方限制另一方处分"情形的第2项则采取了"事由控制"模式,将"拒绝支付配偶法定扶养权利人所需医药费"作为析产的唯一事由,呈现严格封闭状态,未能为司法实务留出个案调整的空间,难免有保护不周之嫌,有必要通过立法路径予以适当扩展。

对于"一方限制对方处分"情形不宜设置过于宽泛的析产事由,否则容易引发不能达成共识即"冲动析产"的后果,导致家庭矛盾激化,冲击婚姻关系的稳定性。扩张"一方限制对方处分"情形下的析产事由,理应遵循性质和程度上与第1066条第2项规定相当甚至更为严格的原则。现实中,"限制处分共同财产"行为的表现形式更为多样化,事由列举实属不能,立法层面上可以采取增设兜底条款的方式,将"事由控制"转为"程度控制",由法官在个案中结合限制程度及已经或可能造成的危害进行裁量。夫妻"一方负有法定扶养义务的人患病而另一方拒绝支付医疗费"的情形之所以被纳入析产范围,是因为此时的经济控制对于另一方或者他人的生命健康权产生了威胁。基于相当原则,如限制行为导致配偶另一方丧失磋商和选择的可能性,无法行使人身权利(义务),且可能造成严重后果时,即应该允许受限制方诉请析产。

由于家事纠纷的个案差异性和案情复杂性,家庭法的规则设计很难为各方的权利划定清晰的边界,只能是在各方利益之间进行价值权衡。无论通过立法路径还是解释路径对婚内析产事由予以扩张,都宜采取一般标准与个案调整相结合的原则,尽可能在保障平等处理权与维护婚姻家庭稳定之间达成平衡。

我国夫妻财产制度呈现出"重归属而轻管理"④的特点,夫妻共同财产权的行使规则过于抽象化,对于夫妻管理共同财产的权限范围和违反管理权限行为的效力问题一直存在争议。例如,对于夫妻一方擅自处分共有财产的问题,《婚姻家庭编司法解释二(征求意见稿)》第6条规定夫妻一方擅自处分共同财产违反公序良俗时,另一方可以诉请返还。其实,该条款只是对违反公序良俗则合同无效的一般原理的重申,对于不违反公序良俗时的单方处分效力并未做出回应。近年来有学者提出夫妻共同财产"潜在共有"理论⑤、对夫妻共有权区分物权与债权两个维度的方案⑥,本质上都是从归属的角度解决管理的问题。

① 法国民法典[M].罗结珍,译.北京:北京大学出版社,2010:370.

② 意大利民法典[M].陈国柱,译.北京:中国人民大学出版社,2010:42-43.

③ 最高人民法院民法典贯彻实施工作领导小组.中华人民共和国民法典婚姻家庭编继承编理解与适用[M].北京:人民法院出版社,2020:181.

④ 王战涛.夫妻共同财产平等处理权释论[J].甘肃政法大学学报,2023(3):83.

⑤ 龙俊.夫妻共同财产的潜在共有[J].法学研究,2017(4):28-32.

⑥ 汪洋.泾渭分明:婚姻财产的内外归属方案与内外效应[J].中国法律评论,2024(1):158-173.

婚内析产制度是夫妻共同财产管理规则的实现路径。当夫妻双方对于共有财产的管理发生争议甚至一方的权益受损时,夫妻共同财产的管理规则方可体现其作用。长期以来,"婚内无请求"的观念在我国盛行,婚内夫妻间利益失衡的问题被掩盖于"家庭隐私"的面纱之下,这是传统家庭观念与现代社会发展碰撞而产生的龃龉。中国传统家庭呈现"重纵轻横"的格局,夫妻关系轻于代际关系,"它的主轴是在父子之间,在婆媳之间,是纵的,不是横的。夫妇成了配轴"①。传统家庭中夫妻一体,妻子的法律地位和人格为丈夫所吸收,因而传统家庭并无真正意义上的横向关系,更不会有夫妻之间的管理权冲突。现代社会夫妻别体、各有独立人格,夫妻之间地位平等。"平等原则排除了男方在家庭中的家长地位,从而在逻辑上亦是必然增加了夫妻间的法律冲突。"②受到传统观念的影响,一部分处于经济优势地位的男性依然扮演着"家庭经济供养者"和"家庭事务话事人"的传统家庭角色,甚至可能借助此优势地位对女性实施人身和财产方面的限制。而现代男女平等观念使女性的权利意识增强,不愿意接受单方支配,因而夫妻之间就财产管理权的争议增加。现代婚姻家庭法用了主要篇幅调整夫妻人身关系与夫妻财产关系,恰恰说明了蕴含传统性别分工色彩的社会习俗对于平等夫妻关系的调整规则缺位,需要法律予以规定。因此,面对夫妻之间财产权利的严重失衡甚至经济控制,法律应当提供救济路径而不应完全寄希望于家庭内部的自治与自愈。通过对于婚内析产制度的合理扩张,为夫妻间内部利益失衡提供救济的选项,是现行法下完善夫妻共同财产管理规则的最佳路径,也是促进夫妻之间实质平等的必要选择。

On the Application of the System of Division of Marital Community Property from Gender Perspective

Xu Li　Jin Yujing

(East China University of Political Science and Law, Shanghai, 201620)

Abstract: The system of division of marital community property is aimed at ensuring that husband and wife enjoy equal rights in the disposition of their community property, which is based on our statutory conjugal property system. From gender analysis perspective, husbands are more likely to have preponderance than wives on controlling marital community property and domestic negotiation, attributing to the discrepancy of economic powers between both spouses. When the advantaged one manipulates marital community property and resists to share with another one, the disadvantaged one (usually woman) might be trapped in the dilemma between submission and divorce. Under the extreme circumstances, the personal right of disadvantaged woman might be offended. *Civil Code of the People's Republic of China* sets up a closed scale for the application of division of marital community property system because of the emphasis on stability of marriage. However, when one spouse controls marital community property and limits the

---

① 费孝通.乡土中国[M].青岛:青岛出版社,2019:68.
② 迪特尔·施瓦布.德国家庭法[M].王葆莳,译.北京:法律出版社,2022:中文版序言(2008 版)3.

disposition of another spouse, violating the equal disposition rights of the marital community property, the corresponding legal measures are deficient. Therefore, the application scale of division of marital community property should be moderately extended. When a spouse who suffers from a serious illness and needs medical treatment shall make a request to the people's court for the division of their community property, when the other spouse refuses to pay the relevant medical expenses. This phenomenon should be included in Article 1066 Term 2 of *Civil Code of the People's Republic of China* according to the "argumentum a maiore ad minus" principle. We also suggest that a "general application rule" should be added to the current rules of division of marital community property, in order to regulate the misbehavior of "one spouse controlling community property and limiting the disposition right of another spouse".

Key Words: division of marital community property; equal rights of the marital community property; equality among both genders; financial control; the right to demand spousal support

离婚损害赔偿制度和照顾无过错方
原则之协调适用

郑舒涵　何丽新 *

内容摘要:离婚损害指离异损害,责任性质属于一种特殊的民事责任。其与照顾无过错方原则仅在功能上有所重叠,但由于性质不同、过错范围不同,且分属不同的权利类型,两者兼用并不构成对过错方的双重惩罚。在司法实践中,虽然主张离婚损害赔偿和主张适用照顾无过错方原则的绝大多数当事人都得到法院支持,分别占比约七成和九成,但是主张离婚损害赔偿的当事人实际获赔金额普遍较低,无过错方适用照顾原则多分得的财产比例参差不齐,法院对二者适用关系的理解也存在分歧。因此必须协调二者的适用,以离婚损害赔偿为主,照顾无过错方为辅。同时从举证责任和过错范围入手,放宽照顾无过错原则的适用条件,限制过错方少分财产的份额最高为 20%,提高离婚损害赔偿金,切实保障无过错方的权益。

关键词:离婚损害赔偿;照顾无过错方;双重惩罚;司法适用;协调

一、问题的提出

"照顾无过错方"作为夫妻共同财产分割的原则之一,早在 1993 年《最高人民法院关于人民法院审理离婚案件处理财产分割问题的若干具体意见》中就提出了,2001 年修正《中华人民共和国婚姻法》(下称《婚姻法》)时,引入了离婚损害赔偿制度,有学者认为这是意在替代照顾无过错方原则的适用,但也有学者认为照顾无过错方原则没有被明文规定废止,也不因离婚损害赔偿制度的适用而在事实上被默示废止。[①] 随着《中华人民共和国民法典》(以下简称"《民法典》")的颁布,这一问题得以明确。《民法典》第 1087 条确立的夫妻共同财产分割原则为"照顾子女、女方和无过错方权益的原则",新增了照顾无过错方原则,第 1091 条也对离婚损害赔偿制度进行了修改,在原《婚姻法》第 46 条的基础上将"有其他重大过错"作为兜底条款。由此看,根据现行法律规定,离婚损害赔偿制度与照顾无过错方原则并行适用。

---

*　郑舒涵,女,厦门大学法学院博士研究生,主要研究方向为民商法;何丽新,女,厦门大学法学院教授、博士生导师,主要研究方向为民商法。

①　杨云芝.离婚损害赔偿制度与照顾无过错方原则之思考[J].渤海大学学报(哲学社会科学版),2005(6):68.

关于离婚损害赔偿制度或夫妻共同财产制的研究成果不胜枚举,但是对离婚损害赔偿制度与照顾无过错方原则进行比较分析的文献并不多,都是在研究前述两大制度下作为一个小问题有所提及,集中见于照顾无过错方原则的存废探讨中,该问题争议较大。

有学者从时间轴上区分,认为离婚损害赔偿制度处于夫妻财产的权属确认、财产分割之后,具有制度的独立性,是离婚的财产法后果的次第产生、互为考量的法律话题。[①] 蒋月教授认为,对夫妻感情破裂有过错的一方通过离婚损害赔偿制度承担了不法行为的责任,因此,分割共同财产时就不再考虑过错。[②] 马忆南教授提出了更进一步的论证,她认为在理论上,财产共有是一项独立的权利,这项权利不因与它无直接关系的原因而丧失,不宜将因其他过错而应承担的赔偿责任与共有财产的分割混淆,应通过离婚损害赔偿责任制度来追究过错方。[③] 当然,也有学者持不同观点,认为照顾无过错方原则有必要保留。持该观点的学者认为,"照顾"不是一种民事责任,性质与离婚损害赔偿责任不同。[④] 离婚损害赔偿与照顾无过错方原则的功能也不同。[⑤] 也有学者认为,二者分属不同的权利类型。[⑥]

在当前法律并行规定的情况下,辨明二者的关系尤为重要。照顾无过错方原则中的"过错"应该如何理解,与离婚损害赔偿中的"重大过错"是什么关系?在构成重大过错时,"无过错方"既通过离婚损害赔偿制度获得赔偿,又通过适用照顾无过错方原则多分财产,是否构成对过错方的双重惩罚,二者是否矛盾?如果肯定二者的独立性,二者的适用关系如何?通过照顾无过错方原则少分的财产数量与适用离婚损害赔偿制度支付的赔偿金怎么协调?这都是尚待立法或司法解释予以明确的问题。本文重点解决上述问题,围绕离婚损害赔偿制度和照顾无过错方原则的异同进行理论阐释,立足于两个制度在司法适用中的问题与争议,提出具体建议。

二、离婚损害赔偿制度和照顾无过错方原则之理论阐释

阐释离婚损害赔偿制度和照顾无过错方原则,不能孤立地分析二者的性质或功能,应当进行比较分析,明确二者是否可以相互替代,或是互为补充,或是相互独立,阐明二者之间的异同。

(一)离婚损害赔偿责任之性质

我国离婚损害赔偿制度规定在《民法典》第 1091 条,过去规定在《婚姻法》第 46 条,无论是哪一种,其表述都是"有下列情形之一,导致离婚的,无过错方有权请求损害赔偿",关于这一表述下离婚损害赔偿的含义,主要有两种观点:一种是离因损害,即无过错方可请求因对方的

① 赵玉.司法视域下夫妻财产制的价值转向[J].中国法学,2016(1):222.
② 蒋月.夫妻的权利与义务[M].北京:法律出版社,2001:265.
③ 马忆南.婚姻法修改中几个争议问题的探讨[J].中国法学,2001(1):142.
④ 陈苇.婚姻家庭继承法[M].北京:法律出版社,2002:357-358;杨大文.婚姻法学[M].北京:北京大学出版社,2001:165.
⑤ 张迎秀.家事法律制度研究[M].北京:中国政法大学出版社,2018:198.
⑥ 于东辉.离婚损害赔偿制度研究[M].北京:人民法院出版社,2006:15.

过错行为所生的损害赔偿。① 例如因杀害、伤害而侵害对方的生命、身体或人格，或因重婚等违反贞操义务而损害对方的配偶身份权等都属于离因损害。另一种是离异损害，即离婚本身给无过错一方带来的损害。② 大多数学者支持第一种观点。③ 笔者认为第二种观点更为合理。

如果认为我国离婚损害赔偿是离因损害赔偿，那么首先法条中将"导致离婚"作为这一损害责任的要件则解释不通。其次，如果是离因损害，那么法条所列的法定情形则属侵权行为，《民法典》侵权责任编并没有做出除外规定，那么理应适用侵权责任编的有关规定，没有必要在婚姻家庭编另行规定，更何况家暴、虐待或遗弃这几种情形，被侵害的人可能不是配偶一方。④ 最后，从比较法来看，我国的离婚损害赔偿制度是借鉴法国和我国台湾地区等相关制度建立的，而这些国家和地区都将其认定为离异损害赔偿。⑤

综上，我国《民法典》第1091条规定的离婚损害赔偿是离异损害赔偿，该条所列举的法定情形，只是配偶一方具体的过错表现，过错行为是其承担离婚损害赔偿责任的主观要件，该过错行为是导致离婚的原因，但离婚本身才是导致离婚损害赔偿的原因。

建立在离异损害的内涵下，讨论离婚损害赔偿责任的性质，就是要讨论婚姻的性质。关于婚姻的性质，大体说来，可以分为契约说和制度说。在"契约说"下，离婚损害赔偿责任则是一种违约责任，但是这一观点不够准确。虽然夫妻关系是以合意为前提的，符合合同的本质特征，但是婚姻是一种身份契约，有团体性、身份性和伦理性等特征。⑥ 夫妻一方如果不履行忠实义务或同居义务，不能构成合同法意义上的不履行，无法进行财产上的估价，是类似债法上的不真正义务。⑦ 而且我国《合同法》采严格责任，如果认为离婚损害赔偿责任是违约责任，则难以体现社会的道德评价，不利于婚姻法目的的实现，难以维系家庭和婚姻的稳定。⑧

在"制度说"下，离婚损害赔偿责任则类似侵权责任，配偶一方的过错行为侵犯了婚姻制度的社会功能，应受到社会的谴责和制裁。⑨ 但是如果将离婚损害赔偿责任理解为侵权责任，则与前述离婚损害为离异损害相违背，因为离婚损害赔偿的内涵是离婚本身带来的损害，非因配偶一方与他人同居或者家暴带来的损害，与侵权责任法的一般原理不同，离婚损害赔偿责任的成立不以民事权益被侵害为基础。如果说配偶的过错行为侵犯的权益是配偶

① 陈苇，张鑫.我国内地离婚损害赔偿制度存废论：以我国内地司法实践实证调查及与台湾地区制度比较为视角[J].河北法学，2015，33(6)：40.

② 林秀雄.婚姻家庭法之研究[M].北京：中国政法大学出版社，2001：114-115；张学军.离婚损害赔偿制度辨析[J].政治与法律，2008(2)：130.

③ 杨大文.亲属法[M].北京：法律出版社，2004：199；杨大文，龙翼飞.婚姻家庭法学[M].北京：中国人民大学出版社，2006：193；张学军.论离婚后的扶养立法[M].北京：法律出版社，2004：42；于东辉.离婚损害赔偿制度研究[M].北京：人民法院出版社，2006：1.

④ 闵卫国，李春景.论离婚损害赔偿责任的性质[J].求索，2013(4)：204.

⑤ 田韶华，史艳春.民法典离婚损害赔偿制度法律适用的疑难问题[J].河北法学，2021，39(1)：77.

⑥ 闵卫国，李春景.论离婚损害赔偿责任的性质[J].求索，2013(4)：204.

⑦ 冉克平.论第三人侵害夫妻身份权的民事责任[J].华中科技大学学报(社会科学版)，2020，34(1)：78.

⑧ 于东辉.离婚损害赔偿制度研究[M].北京：人民法院出版社，2006：24.

⑨ 潘晓宁.论我国离婚损害赔偿制度[J].华东理工大学学报(社会科学版)，2002(4)：98.

权,我国并未明确规定配偶权;如果认为是忠实权和同居权,那这种相对权效力较弱,不足以构成侵权法的保护客体。① 因此应当将离婚损害赔偿责任理解为"为救济因离婚所生之不利益而设之法的保护政策"②,将其视为一种特殊的民事责任。

(二)照顾无过错方原则之阐释

照顾无过错方原则是夫妻共同财产分割的原则,规定在《民法典》第 1087 条,该条限制的适用条件为"离婚时",即不适用于婚内夫妻共同财产分割。离婚时对夫妻共同财产进行分割是原婚姻当事人普遍且共同的愿望,在夫妻分割共同财产的现实需要下,基于双方分割共同财产的请求权,在双方无法达成协议的情况下由法院判决,而夫妻共同财产分割原则正是法院判决之必要规则。照顾无过错方原则作为基本原则之一,要求法官分割夫妻共同财产时倾斜照顾无过失方,使其多分得财产。

照顾无过错方原则在立法中有保留的必要性。首先,分割夫妻共同财产时照顾无过错方,有利于维护婚姻道德与公平原则。③ 夫妻应当相互忠实不应仅停留在倡导层面,落实在离婚损害赔偿上也不够,在财产分割时也应当予以考虑。其次,反对的主要理由之一是认为将照顾无过错方作为分割夫妻财产的基本原则背离破绽主义的离婚原则④,但是二者并不矛盾,应当将离婚本身和离婚后财产分割区别开来,离婚本身是适用婚姻破裂原则的,但在财产分割上考虑过错,并不是否定婚姻破裂主义。⑤ 最后,关于反对的主要理由还有照顾无过错方原则容易造成离婚诉讼中的缠诉现象。但是该观点值得商榷。适用离婚损害赔偿制度也需要证据支持,且一方要举证存在"重大"过错,更易造成缠诉。因此,确立照顾无过错方原则是必要的。

(三)二者兼用非对过错方的双重惩罚

建立在离婚损害赔偿责任的性质认定和准确理解照顾无过错方原则的基础上,可以明晰二者的异同。二者相同的仅是保障的都是无过错方,都是对无过错方的一种救济,并不构成对过错方的双重惩罚。

第一,二者的性质不同。离婚损害赔偿是离异损害,赔偿的是离婚本身对无过错方的损害,过错行为仅是一项主观构成要件,让过错方承担其过错行为导致的离婚给无过错方造成的损害后果,以填补受害人的损害,惩罚过错方。离婚损害赔偿是一种特殊的民事责任,适用于离婚后的责任纠纷。照顾无过错方是分割夫妻共同财产的一项原则,独立于离婚后的责任纠纷,存在于离婚后的财产纠纷中,是为达到公平分割共同财产的较抽象目的下的一项具体原则,夫妻双方对家庭、婚姻经营的贡献,与对获得有关财产的贡献关系紧密,将配偶一方存在的过错行为作为法院判决的参考因素之一,体现出婚姻道德和人道主义的考量。⑥

---

① 冉克平.论第三人侵害夫妻身份权的民事责任[J].华中科技大学学报(社会科学版),2020,34(1):78.

② 林秀雄.婚姻家庭法之研究[M].北京:中国政法大学出版社,2001:116.

③ 徐安琪,叶文振.自由离婚的立法理念及其婚姻法修改操作化[J].东南学术,2001(2):10.

④ 刘春梅.夫妻财产分割中的照顾无过错方原则的缺憾[J].法学杂志,1997(3):23.

⑤ 于东辉.离婚损害赔偿制度研究[M].北京:人民法院出版社,2006:325.

⑥ 孙若军.论离婚损害赔偿制度[J].法学家,2001(5):87-89.

"照顾"一词无涉法律责任,不是适用于过错方的惩罚机制,而是对无过错方的一种抚慰和关照,过错方通常在婚姻关系中占据经济主导地位,无过错方相较之下多为弱势群体,且通常为女性,照顾无过错方原则与照顾子女、女方并列,体现了其补偿功能和人道主义关怀。二者兼用并不构成对过错方的双重惩罚。

第二,范围不同,离婚损害赔偿制度适用的情形限制为"重大过错",虽然《民法典》增加了兜底条款,不限于四种法定情形,仍限于"重大过错"。关于照顾无过错方原则中的过错具体指什么过错,《民法典》及司法解释并未明确规定,1993 年 11 月 3 日的司法解释也未明确规定,而在最高人民法院梁书文等关于《最高人民法院关于人民法院审理离婚案件处理财产分割问题的若干具体意见》诠释中解释为:所谓过错是指有第三者或重婚的行为;因生女孩而制造矛盾导致夫妻感情破裂的行为;对配偶有打骂虐待或遗弃的行为;有赌博、吸毒等恶习,不履行家庭义务……[①]照顾无过错方原则适用的过错情形不限于重大过错,包括一般过错,比如偶发性的出轨、赌博、吸毒等,适用范围较离婚损害赔偿制度更广,某些一般过错比如卖淫、嫖娼、吸毒、赌博,虽然难以认定为重大过错,但给配偶一方造成的损害在某种程度上并不亚于同居等重大过错,如果无过错方不能获得一定的财产补偿,则会显失公平,长此以往必将助长该种过错行为,破坏人们对婚姻的期待且造成不良的社会影响。

第三,二者的权利类型不同,照顾无过错方原则是针对财产分割中的共同财产权,离婚损害赔偿是损害赔偿请求权,各有自身的权利依据、法律规则和运作机理,也各有其不同的权利功能和义务配置,不能也不应相互替代或混淆。[②]

二者重叠的仅是部分功能,它们都是对无过错方的一种保护和抚慰,但由于二者的性质或本质不同,过错范围不同,各自分属不同的权利类型,彼此间相互独立,又能互相补充,二者兼用不构成对过错方的双重惩罚。

三、离婚损害赔偿制度和照顾无过错方原则的司法适用现状

离婚损害赔偿制度与照顾无过错方原则在理论上相互独立,但在司法实践中二者的适用关系是否存在争议,是并行适用还是择一适用,尚待考察。

(一)离婚损害赔偿制度的司法适用现状

本文通过"北大法宝"数据库检索离婚损害赔偿的分析样本,检索方式如下:判决文书引用了《民法典》第 1091 条离婚损害赔偿制度规定,案由为"离婚纠纷",文书类型为"判决书",裁判日期为 2022 年 1 月 1 日至 2024 年 8 月 18 日,共获得 138 份判决书,在获得的原始文书中排除不相关的案件,共得到 99 份判决书。以上述 99 份案件为样本,从当事人诉请离婚损害赔偿的理由、法院判决支持情况、法院不支持的理由、当事人诉请的离婚损害赔偿金额及实际获赔金额这几方面进行统计,得到以下结果。

---

① 杨云芝.离婚损害赔偿制度与照顾无过错方原则之思考[J].渤海大学学报(哲学社会科学版),2005(6):66.

② 于东辉.离婚损害赔偿制度研究[M].北京:人民法院出版社,2006:15-16.

从当事人诉请离婚损害赔偿的理由来看，以《民法典》第1091条列举的四种法定情形为由提起离婚损害赔偿的案件有40个，其中以同居和家暴为由的案件居多，分别为18个和24个，没有虐待、遗弃家庭成员和重婚的案件。以列举的法定情形以外的理由提起诉请的案件共计65个[①]，其中以配偶出轨为由的案件最多，有56个，以欺诈性抚养为由的案件次之，共有6个。由于当事人诉请离婚损害赔偿的事由有多个，所统计的事由在部分案件中存在重复，比如以家暴为由提起离婚损害赔偿的当事人同时又主张配偶存在出轨或同居等情形，部分个数之和与前面所述的案件总数不符。可以看到，过错情形中占比数量高的情形依次是出轨、家暴和同居，可见配偶不忠是最为常见的过错，且过错方多为男性。

表1 当事人诉请离婚损害赔偿的理由

理由	重婚	与他人同居	实施家庭暴力	虐待、遗弃家庭成员	出轨	欺诈性抚养	其他理由	总计
案件数量/件	0	18	24	0	56	6	6	110
所占比例/%	0	16.36	21.82	0	50.91	5.45	5.45	100

从法院判决的情况看，当事人的诉请大多数时候可以得到法院的支持，共有66个案件得到法院支持，占比近七成，另有33个案件未得到法院的支持，其中多数案件是以当事人提供的证据不足以证明为由驳回当事人的诉讼请求，这类理由约占八成。由此可见，难以举证是离婚损害赔偿案件中当事人无法获得法院支持最主要的原因。

比较当事人诉请的离婚损害赔偿金额及实际获赔金额会发现，法院支持的数额普遍较低，有的获赔金额甚至不到其诉请金额的十分之一。其中，法院支持的数额最高为7万元，最低为1000元，其中近一半的案件法官仅支持了1万元以下（含1万元）的赔偿数额。相比，当事人诉请的金额最低为5000元，最高为100万元，大部分案件的当事人索赔5万元，共计有31个，占近四成，有15个案件当事人未提出具体金额。其中仅有4个案件当事人的诉讼请求得到法院的全部支持，有3个案件当事人索赔金额为5万元，均获得法院支持，当事人诉请的金额绝大部分未得到法院支持。具体统计结果如表2、表3所示。

表2 当事人诉请离婚损害赔偿金额统计

请求金额	3万元以下（含3万元）	3万~5万元（含5万元）	5万~10万元（含10万元）	10万元以上	总数
案件数量/件	14	32	20	18	84
所占比例/%	16.67	38.10	23.81	21.43	100

---

① 部分案件当事人诉请离婚损害赔偿的事由有多个的，只要有一个事由为法定情形的则不计入该项。

表 3　当事人实际获赔金额统计

请求金额	1 万元以下 （含 1 万元）	1 万～3 万元 （含 3 万元）	3 万～5 万元 （含 5 万元）	5 万～10 万元 （含 10 万元）	总数
案件数量/件	30	25	9	1	65[a]
所占比例/%	46.15	38.46	13.85	1.54	100

注：a.有个案件判决书表述为"以财产分割、债务承担形式予以支付"离婚损害赔偿款，未明确具体金额，故总数比统计的获得法院支持的样本数少一份，详见法官辽宁省朝阳市中级人民法院（2022）辽 13 民终 912 号民事判决书。

（二）照顾无过错方原则的司法适用现状

为明晰照顾无过错方原则在夫妻共同财产分割中的司法适用情况，本文通过"北大法宝"数据库检索分析样本，限定了适用照顾无过错方原则的案件，检索方式如下：判决文书引用了《民法典》第 1087 条，文书类型为"判决书"，判决书全文出现了关键词"照顾无过错方"，裁判日期为 2022 年 1 月 1 日至 2024 年 8 月 18 日，共获得 36 份原始文书。筛选后排除不相关的案件，比如剔除仅是当事人在主张中笼统地表述为请求依据"男女平等，照顾子女……照顾无过错方……"分割财产，实际上并未明确主张配偶存在哪些过错等案件后，共得到 22 份判决书。以上述案件为样本，从法院是否支持适用照顾无过错方原则、当事人主张对方存在的过错情形、如果适用照顾无过错方原则，较双方均等分割而言，无过错方多分得的金额或份额这几方面进行统计，得到以下结果。

第一，就法院是否支持适用照顾无过错方原则而言，绝大部分案件当事人多分财产的诉求得到法院的支持，约占九成，仅有 2 个案件法院未支持当事人的主张[①]，相较之下，主张照顾无过错方原则更易获得法院支持，这一定程度上也反映了法院适用该原则时所认定的过错情形，其过错严重程度低于离婚损害赔偿制度下的过错。此外，法官驳回当事人诉讼请求的理由都是当事人已根据对方过错获得离婚损害赔偿，表明部分法院存在理论误区，认为离婚损害赔偿制度和照顾无过错方原则可以相互替代。

第二，当事人主张对方存在的过错情形和离婚损害赔偿的法定重大过错情形相同的案件共计 5 个，约占两成，除了四种法定重大过错情形外，还有出轨、赌博、转移财产和受刑事处罚这几种过错情形，案件数共计 18 个，其中出轨情形占绝大多数，有 16 个案件，约占七成。由于部分当事人诉请多分财产依据的过错情形有多个，个数之和大于前面所述的案件总数。虽然统计的个数有限，但适用照顾无过错方原则所认定的过错情形明显多于离婚损害赔偿制度的法定情形，说明照顾无过错方原则在司法适用上，与离婚损害赔偿制度的适用条件并不一致，二者是彼此独立的，且能形成相互补充的关系。

第三，法官适用照顾无过错方原则的形式多样，较双方均等分割而言，有 7 个案件法院是通过给无过错方多分一定的财产份额来照顾无过错方，占比 35%，有 20% 的案件则是通过多分金额来达到这种目的，还有两成案件法官判决房子归无过错方所有，并由其支付相应

---

① 广东省广州市中级人民法院（2023）粤 01 民终 7062 号民事判决书和山东省聊城市东昌府区人民法院（2022）鲁 1502 民初 8349 号民事判决书。

的折价款。无过错方多分得份额的案件中,多分的比例参差不齐,从10%到40%不等,其中无过错方和过错方按照占比60%和40%分割财产的案件数最多。无过错方多分得的金额较多分布在5万元以下。

(三)二者的适用关系存在分歧

理论上,如前述,离婚损害赔偿制度和照顾无过错方原则的适用关系,应理解为无法相互替代,是相互独立又能互为补充的关系,在适用上应当同样贯彻该种协调关系。但是,在司法实践中,二者的适用关系存在分歧,各法院的理解不一,有的法官认为可以并行适用,比如在王某离婚纠纷案中,由于原告在夫妻关系存续期间出轨,所生婚生子女与被告无血缘关系,存在过错,构成"欺诈性抚养",法院判决原告应予少分夫妻共同财产,仅分得30%。同时,根据过错程度,原告需另行支付被告精神损害赔偿1万元。[①] 有的法官则有不同理解,比如在曾某、马某等离婚后财产纠纷案中,法官认为,已依据马某的重婚行为判决其支付损害赔偿金8万元,对马某的过错行为已做出酌情认定处理,故在财产分割时应当均分共同财产。[②] 还有的法官认为分割财产时不应考虑过错,比如在周某与马某离婚后财产纠纷案中,法官则认为:"如果一方存在上述过错,另一方可以提出离婚损害赔偿,也即并没有规定在分割财产时要考虑过错责任。"[③]在前述离婚损害赔偿制度的99个案件中,还有6个案件法院肯认了两种制度可以并行适用,在分割共有财产时也运用了照顾无过错方原则。

由此可以看到,对于二者的适用关系,存在三种理解:一是认为可以并行适用;二是认为夫妻共同财产分割时不应考虑过错,对无过错方的救济应通过离婚损害赔偿制度;三是如果无过错方已通过离婚损害赔偿制度得到赔偿,则在财产分割时不再考虑过错因素。

四、离婚损害赔偿制度和照顾无过错方原则的协调

《民法典》确立了照顾无过错方原则,明确了该原则与离婚损害赔偿制度可以并行适用,如前述,二者兼用不构成对过错方的双重惩罚,但是因为二者功能上存在重叠,所以必须有所协调才能更好地达到两种制度的立法目的,否则可能会削弱离婚损害赔偿制度应有的预防和震慑功能。

(一)以离婚损害赔偿为主,照顾无过错方原则为辅

司法实践对二者适用关系的理解存在较大分歧,因此需要加以明确。有学者在《民法典》出台之前建议废除离婚损害赔偿制度,以夫妻财产分割为主,离婚经济补偿为辅,通过特殊情况下不均等分割财产的方式,一次性地解决家务补偿和照顾无过错方的问题。[④] 实际上这种观点是值得商榷的,二者适用上应以离婚损害赔偿为主,照顾无过错方为辅。

---

① 山东省高青县人民法院(2023)鲁0322民初1918号民事判决书。
② 广东省广州市中级人民法院(2023)粤01民终7062号民事判决书。
③ 江苏省徐州市云龙区人民法院(2020)苏0303民初3981号民事判决书,本案不在统计的案件中。
④ 孙若军.离婚救济制度立法研究[J].法学家,2018(6):172.

首先,离婚损害赔偿责任的性质是一种特殊的民事责任,是对过错方一种明确的惩罚,具有填补精神损害、抚慰受害方、制裁过错方的三重功能。[①] 照顾无过错方原则仅是在分割夫妻共同财产时,给无过错方适当多分一点,只能达到其中的抚慰受害方的目的,难以完全实现其他功能,对过错方的违法行为没有起到警示、遏制的作用。[②] 另外,离婚损害赔偿制度下,过错方既可以用分割后的夫妻共同财产又可以用个人财产承担责任,而照顾无过错方原则仅能以共同财产补偿无过错方,如果没有共同财产或者共同财产不足以补偿无过错方,则无过错方的损害无法得到填补。因为离婚损害赔偿制度有照顾无过错方原则难以完全实现的功能和价值,所以应当以其为主,照顾无过错方为辅。

其次,照顾无过错方原则较之离婚损害赔偿制度在适用上更为灵活,这恰恰使照顾无过错方原则发挥补充作用。照顾无过错方原则可以缓解双方的敌对和冲突,有利于解决举证难的问题,因过错方承担的不是民事责任,可以适当降低举证要求,且由于不受司法解释规定的精神损害赔偿数额的制约,无过错方实际获得的金额更多。[③] 照顾无过错方较离婚损害赔偿制度的优势并不能成为否认或其取代离婚损害赔偿制度的理由,对于离婚损害赔偿制度在司法适用中暴露出的弊端,应完善其具体规则,而非否定其价值或地位,仍应以离婚损害赔偿制度为主。

最后,从司法实践的适用现状验证来看,也是如此。适用照顾无过错方原则中,当事人主张配偶一方的过错情形并非离婚损害赔偿制度的四大法定情形的案件占据绝大部分,约占八成,说明在离婚分割夫妻共同财产时适用照顾无过错方的原则是赔偿之所遗,照顾之所补。[④] 照顾无过错方原则的优势不可忽视,应当肯定其独立价值,有必要予以规定,但是其应当仅是作为一种补充和加强作用,在二者兼用时,应以离婚损害赔偿制度为主,照顾无过错方原则为辅。

(二)放宽照顾无过错方原则的适用条件

照顾无过错方原则作为辅助,多是起到一种倡导的作用,抚慰无过错方,维护婚姻道德和婚姻稳定,而离婚损害赔偿制度才是作为惩罚的手段。因此照顾无过错方原则应能真正做到弥补赔偿之所遗。基于此,应当放低适用照顾无过错方原则的条件,可以从两个方面入手:一是放低举证责任的要求;二是扩大"过错"的范围。

在离婚损害赔偿制度下,虽然有学者建议放低对无过错方举证责任的要求,或者在特定情况下适用举证责任倒置[⑤],但是离婚损害赔偿责任作为一种特殊的民事责任,适用举证责任倒置将与过错责任的性质不相符,也可能会冲破隐私权的底线。虽然由此可以有效缓解举证难的问题,但是可能会带来更大的损害。而照顾无过错方原则不同,不是一种民事责任,仅是财产纠纷中的一种裁判规则,因此可以适度放低举证责任的要求,法院还可以在充

---

① 巫昌祯,夏吟兰.《民法典·婚姻家庭编》之我见[J].政法论坛,2003(1):34.

② 叶道明.我国离婚损害赔偿制度问题评析[J].发展研究,2003(9):55.

③ 孙若军.离婚救济制度立法研究[J].法学家,2018(6):169.

④ 杨云芝.离婚损害赔偿制度与照顾无过错方原则之思考[J].渤海大学学报(哲学社会科学版),2005(6):67.

⑤ 薛宁兰.我国离婚损害赔偿制度的完善[J].法律适用,2004(10):16.

分认识双方利益需求的基础上,安排家事调查员依职权走访、取证。①

在司法实践中,当事人诉请适用照顾无过错方原则主张的情形多为离婚损害赔偿制度法定事由以外的情形,其中有的案件当事人主张的过错情形为赌博或受刑事处罚。照顾无过错方原则作为离婚损害赔偿制度的辅助,应适当放宽"过错"范围。立法应当明确,照顾无过错方中的"过错"指一般过错,包括赌博、吸毒等恶习,偶发性的出轨,不履行家庭义务……

(三)限制过错方少分财产的数量

从前述照顾无过错方原则的司法适用结果看,当事人较均等分割多分得的财产份额或者金额相差较大,多分得的份额最多的达40%,也即无过错方分得70%的财产,过错方仅得30%。而从离婚损害赔偿制度的适用结果来看,法院支持的金额很低,最多的仅为7万元,这与两个制度或规则的性质相矛盾,离婚损害赔偿制度作为一种特殊的民事责任,是对过错方的制裁,填补无过错方的损害,由此看,当事人实际获赔的金额显然过低,而适用照顾无过错方原则,无过错方多得的金额总体来看明显更多,这并不合理,与二者的适用关系相违背,且与照顾无过错方原则的功能不相协调。

照顾无过错方原则作为离婚损害赔偿制度之所补,其少分财产的数量应当加以限制,多分或少分不仅与配偶一方的过错程度相关,也与夫妻共同财产的总数相关,因此以比例限制更为合理。照顾无过错方原则仅是出于对无过错方的抚慰,因此无过错方多分的份额最多仅为20%,即过错方与无过错方分得的财产比例分别为40%与60%,如果折算为金额,也不应当超过这个比例。

(四)提高离婚损害赔偿金

从离婚损害赔偿制度的司法适用结果来看,其未达到该制度学者期望的"填补精神损害、抚慰受害方、制裁过错方"②作用。虽然约有70%的案件得到法院的支持,但从当事人诉请的赔偿金额与实际获赔金额来看,则会发现当事人诉请的金额绝大部分未得到法院的支持,远未达到社会预期。在所统计的案件中,当事人诉请的金额最高为100万,法院支持的最高仅为7万元,近一半的案件法官仅支持了1万元以下(含1万元)的赔偿数额,甚至有的案件法官判定过错方仅赔偿1000元。在二者适用关系上,离婚损害赔偿制度为主,且其性质是为一种特殊的民事责任,担负的制度功能更大,应当切实起到保障无过错方的作用,因此应当提高离婚损害赔偿金。

关于离婚损害赔偿的赔偿范围,根据《最高人民法院关于适用〈中华人民共和国民法典〉婚姻家庭法编的解释(一)》第86条的规定,包括物质损害和精神损害赔偿,其中精神损害赔偿适用《最高人民法院关于确定民事侵权精神损害赔偿责任若干问题的解释》的有关规定。我国学者对此问题有不同见解,有的学者持肯定的态度③,有的学者认为仅包括精神损害。④笔者支持后者的观点,这与司法实践的适用现状也相一致,从所统计的22个案件来看,全部

---

① 孙若军.离婚救济制度立法研究[J].法学家,2018(6):169.
② 巫昌祯,夏吟兰.《民法典·婚姻家庭编》之我见[J].政法论坛,2003(1):34.
③ 王梅霞.我国离婚损害赔偿制度之完善[J].河北法学,2008(7):193.
④ 田韶华,史艳春.民法典离婚损害赔偿制度法律适用的疑难问题[J].河北法学,2021,39(1):74.

案件的当事人诉请的都为精神损害赔偿,财产损害不具有现实的意义。从学理上看,财产损害也不应当包括在内。

对于物质损害的具体内容,学界也有较大分歧。但是总体来看主要是将其分为三类:第一类是信赖利益损失,指无过错方因为主观上预期婚姻会持续而为行为时,因离婚所遭受的物质损失,比如夫妻双方解除婚姻住所的租赁合同而支付的违约金;第二类是履行利益损失,指离婚时无过错方失去了夫妻间的法定请求权,比如继承请求权、扶养请求权、家事代理权等带来的利益;[①]第三类基于一方的过错行为而带来的损失,比如因配偶与他人同居产生的额外费用支出、因遭受家庭暴力造成其人身伤害而产生的医疗费用等。[②] 首先,前两类符合前述对离婚损害赔偿内涵的判断,是离异损害的范围,第三类是离因损害的范围,显然与离婚损害赔偿制度的本质相违背,不应纳入。对于前两类,虽然是属于离婚本身带来的损害,仍不应包括在内。第一类并非离婚通常情形下会导致的结果。[③] 而第二类是基于夫妻身份所享有的利益,必然随着身份的丧失就丧失该项利益,因此并不能称之为损害。且如果这两类损害可以纳入离婚损害赔偿,那么意味着夫妻双方享有终身共同生活带来的利益,但"终身共同生活"仅是一种目的或者愿望,夫妻之间并没有该项义务[④],否则何来离婚一说。

对于精神损害赔偿的范围,不应当根据前述司法解释的有关规定确定,因为司法解释调整的是侵权行为,离婚损害赔偿是离异损害,有其特殊性,赔偿的范围是离婚本身给无过错方带来的精神损害。而婚姻本身的经营情况不同,那么过错行为导致离婚给当事人带来的比如疼痛、恐惧、抑郁、痛苦、悔恨等程度也不同,具体说来,应考虑以下因素:第一,婚姻存续时间,时间越长,婚姻破裂的结果给一方带来的痛苦往往越大。第二,违法行为的过错程度,可以参考行为的反复性,比如偶发性的家暴与持续性的多次家暴,显然后者的过错方应当承担更高的赔偿金。第三,婚姻的状态,如果夫妻双方处于离婚冷静期,较正常情况下的夫妻,配偶一方与他人同居的行为给另一方带来的伤害程度较轻。第四,性别因素。研究显示,离婚对女性造成的心理健康影响更大。对很多女性来说,婚姻关系是构成友谊的基础,通过夫妻关系建立起来的友谊在离婚后往往会减少甚至消失。[⑤] 尤其是在传统社会,离婚女性可能会面临社会排斥或歧视,离婚给女性带来的心理压力通常更大。

因此应当将离婚损害赔偿的范围限于精神损害,并提高该项损害的金额,确定赔偿金时应考虑到婚姻关系的特殊性,结合前述婚姻经营状态加以判断,且不应受限于前述司法解释规定的精神损害赔偿数额的制约。如此才能真正实现离婚损害赔偿制度的三大功能。

离婚损害赔偿制度与照顾无过错方原则仅在功能上有所重叠,但性质、权利类型和适用基础都不同,彼此独立,并非可以相互替代的关系,二者兼用也不构成对过错方的双重惩罚。尽管立法明文规定二者并行适用,但司法实践中法官对二者适用关系的理解存在分歧,应当予以明确:以离婚损害赔偿为主,照顾无过错方为辅加以适用;放宽照顾无过错方的适用条件;限制过错方少分财产的份额最高为 20%;提高离婚损害赔偿金,切实保障无过错方的权

① 张学军.离婚损害赔偿制度辨析[J].政治与法律,2008(2):134.
② 景鑫,杜凤君.离婚损害赔偿制度的司法运用与完善[J].法律适用,2019(16):36.
③ 田韶华,史艳春.民法典离婚损害赔偿制度法律适用的疑难问题[J].河北法学,2021,39(1):83.
④ 张学军.离婚损害赔偿制度辨析[J].政治与法律,2008(2):134.
⑤ 易松国.离婚的后果:离婚女性的定量分析及思考:以深圳市为例[J].江西社会科学,2006(5):165.

益。虽然离婚损害赔偿制度与照顾无过错方原则相互独立,但二者在功能保障和权利救济上可以相互补充,因此在适用上不可顾此失彼,应当相互协调,建立科学合理的适用规则,增加司法实践的可操作性,切实发挥离婚救济制度的功能,实现社会公平与正义。

Coordinated Application of Divorce Damage Compensation System and the Principle of Taking Care of the No-fault Party

Zheng Shuhan　He Lixin

(Xiamen University, Xiamen, 361005)

Abstract: Divorce damage refers to the damage caused by divorce, and the nature of the liability is a special type of civil liability. It only overlaps with the principle of taking care of the no-fault party in function, but because of the different nature, the different scope of fault and the different types of rights, the combination of the two does not constitute a double punishment for the fault party. In judicial practice, although the vast majority of parties claiming divorce damages and applying the principle of taking care of the no-fault party have been supported by the courts, accounting for about 70％ and 90％ respectively, the actual amount of compensation awarded to the parties claiming divorce damages is generally low, the proportion of the extra property distributed to a no-fault party according to the principle of taking care of the no-fault party is uneven, and the courts have divergent understandings of the relationship between the application of the two. Therefore, it is necessary to coordinate the application of the two, giving priority to divorce damage compensation and taking care of the no-fault party as a supplement. Meanwhile, in respect of the burden of proof and the scope of fault, relax the conditions for the application of the principle of taking care of the no-fault party, restrict the share of lesser property distributed to the no-fault party to 20％, increase divorce damages and effectively safeguard the rights and interests of the no-fault party.

Key Words: divorce damage compensation; taking care of the no-fault party; double punishment; judicial application; coordination

社会性别视角下婚前财产婚后收益归属的认定

邱哲昊 *

内容摘要：性别角色是社会建构之产物，亦反映在婚姻家庭财产之中。家庭财产权益平等是两性平等的重要维度，婚前财产婚后收益归属的认定关乎夫妻财产权益的实现。从社会性别视角分析，婚前财产婚后收益归属的认定存在理论依据不明、法律规范的形式平等掩盖性别盲点、个人主义的强化忽略性别差异的问题。对此，认定规则的价值指向应由"个人"回归"家庭"，以协力理论判断婚前财产婚后收益归属。为进一步强化对妇女权益的保护，在未来的立法设计中可探索个人财产转化规则的回归。

关键词：社会性别理论；婚前财产；婚后收益；夫妻协力；转化规则

一、问题的提出

夫妻一方婚前财产婚后收益归属问题争论已久仍未有定论，随着经济的快速发展及收入水平的提高，夫妻一方婚前财产种类和数量日益丰富，使得婚前财产婚后收益归属问题变得更加突出。传统婚姻观念在现代社会中逐渐发生转变，婚姻不再仅是基于经济依赖和共同生活的需求，独立、自主和个性发展受到更多重视。观念的变化使得婚姻当事人更加注重财产权益的保护，对婚前财产婚后收益归属的关注度也随之增加。法律需适应时代变化，在婚前财产婚后收益归属问题上亟须更为清晰的界定规则。

以往对该问题的研究限定于人与人之间的抽象关系，从普通社会主体的角度分析了婚前财产婚后收益归属问题，如有学者围绕具体案例分析个人财产的婚后收益[①]，以广泛的司法实践为中心探讨了夫妻个人财产婚后孳息归属[②]，或从比较法的角度考察个人财产增值归属[③]，但是很少有研究将该问题放在性别视角的框架内进行考察。男女两性的自然结合

---

* 　邱哲昊，男，厦门大学法学院博士研究生，主要研究方向为民商法。

①　程律，吴晓芳.一方个人财产婚后收益问题探析[J].法律适用，2013(12)：113-116.

②　贺剑."理论"在司法实践中的影响：以关于夫妻个人财产婚后孳息归属的司法实践为中心[J].法制与社会发展，2014，20(3)：132-147.

③　胡苷用.婚姻中个人财产增值归属之美国规则及其启示[J].政治与法律，2010(6)：112-119；贺剑.离婚时按揭房屋的增值分配：以瑞士法为中心[J].政治与法律，2014(10)：137-150.

形成了亲属关系,亲属关系拓展而形成了复杂的社会关系,从这个角度而言,性别关系是其他一切社会关系的基础。[①] 婚姻家庭领域具有极强的性别色彩,现有的研究路径难以解释性别对婚前财产的婚后收益归属问题的影响,且研究结果难以实现婚姻家庭中当事人的期望,故而造成该问题久争不决。

财产权益得到公平合理的保障,有助于减少夫妻间的矛盾和冲突,促进家庭关系的稳定与和谐。本文基于社会性别理论分析婚姻家庭中的夫妻财产问题,在此基础上反思性别差异对于婚前财产婚后收益归属认定的重要影响,发现婚前财产婚后收益归属的判定中可能存在的基于性别的不公平待遇,挑战和改变社会中固有的、带有性别歧视的观念,促使人们重新审视和调整婚姻财产关系中相关立法,确保法律制度在处理这一问题时能够充分考虑到性别差异和可能存在的性别偏见,以期实现家庭财产的公平分配,保障男女双方的合法权益,助力实现两性平等。

二、家庭财产关系的性别差异:社会建构之产物

性别关系是人与人之间最自然、最基础的关系,性别关系的讨论重点并非两性之间的生物属性,而是社会属性。性别角色是社会文化建构的结果,此种建构也反映在婚姻家庭财产关系之中。

(一)性别角色由社会文化决定

社会性别是女性主义理论的核心概念,这一概念形成于 20 世纪 60 年代第二次女性主义浪潮时期。[②] 法国存在主义女权作家西蒙娜·德·波伏娃(Simone de Beauvoir)在其著作《第二性》中指出"女人并不是生就的,而宁可说是逐渐形成的"[③]。波伏娃揭示了女人处于"第二性"地位,被视为男人的客体和"他者"是社会文化造成的,这一思想是社会性别理论的基点,而后罗伯特·斯托勒(Robert J. Stroller)、凯特·米利特(Kate Millett)、盖尔·卢宾(Gayle Rubin)等学者进一步推动了社会性别理论的研究。随着社会性别理论的发展,性别(sex)与社会性别(gender)的区分得到广泛认同,性别是生理基础上的男女之别,而社会性别与自然性别相对应,体现出社会文化和社会实践对自然性别的建构,为性别研究提供了新视角。

根据社会性别理论,男女两性在出生之始并无二致,而随其成长,性别特征日益明显,此为社会化之结果。社会化是个人和社会联系的必要环节,其中性别社会化(gender socialization)是人们学习、领悟、效仿和反思性别规范、性别角色和性别期待的过程,包括"性别角色定义""性别角色诠释""性别角色接收""性别角色扮演"的复杂辩证关系。[④] 社会化过程表现为社会控制之形式,性别角色的价值和规范持续塑造着人们的思想和理念,一旦

---

① 周安平.性别与法律[M].北京:法律出版社,2007:24.
② 刘霓.社会性别:西方女性主义理论的中心概念[J].国外社会科学,2001(6):52-57.
③ 西蒙娜·德·波伏娃.第二性[M].陶铁柱,译.北京:中国书籍出版社,1998:309.
④ 佟新.性别社会学[M].北京:北京大学出版社,2022:62.

人们接受性别角色的定义,便会控制自己的行为。[①] 若出现违背性别定位的越轨行为,则会被视为"异类"进行贬低和压制,社会秩序建构的社会性别期待会迫使其遵循规范。[②]

(二)社会建构下家庭财产的性别色彩

1. 传统婚姻家庭中的两性架构

从人类文明的发展史来看,人类经历了从母权制社会到父权制社会的转变。恩格斯在《家庭、私有制和国家的起源》中指出,摩尔根将人类的史前史分为蒙昧时代、野蛮时代和文明时代。蒙昧时代只有粗陋的群婚制,群婚家庭中只能确定孩子的母亲而无法确定其父亲,因此形成了以母亲确认世系和继承关系的母权制社会。由于男性在家庭分工中是获得食物和劳动工具,随着以畜群为代表的财富增长且财富转归家庭私有后,男性在家庭中占据更为重要的地位。从蒙昧时代到野蛮时代,婚姻禁规日渐复杂,群婚制被对偶婚制排挤,使得孩子父亲身份的确认更为清晰,造成的结果就是母权制被推翻,这是"女性的具有世界历史意义的失败"。到了文明时代,专偶制家庭形成了更为牢固的婚姻关系。随着私有制财产的增加,丈夫的优势地位愈发明显,且由于女性私人领域的生殖和家务劳动难以进入公共领域,妻子演变为丈夫的从属者。[③]

以男性为中心的传统父权制,以及与其适应的社会制度和社会结构不可避免地反映到婚姻家庭关系中,深刻影响着婚姻家庭中的两性关系,并塑造了妻子在家庭中的弱势地位。封建传统礼法宣扬"夫为妻纲""男主外,女主内"等思想,古代妇女对丈夫具有人身依附关系,权利不足但约束众多,如"三从四德"之束缚。在社会文化的建构下,"男尊女卑"的性别刻板印象代代相传。

2. 婚姻家庭财产中的性别差异

传统婚姻家庭财产中即具有性别差异。社会文化是构成两性差异的主因,不平等的两性关系也投射到家庭财产关系之中。在婚姻家庭中,妻子的随嫁财产有一定的特殊性,但是滋贺秀三在《中国家族法原理》中指出,由于古代的中国家庭实行同居共财的生活方式,根据夫妻一体原则,妻的人格被夫所吸收(夫死后,夫的人格为妻所代表),妻子的随嫁财产成为夫妇生活的财政基础,即变成了夫之财产,且在此后的子孙关系上随嫁财产的特殊性基本消灭。[④] 而妇女的个人财产,仅为随嫁财产中的装饰品或者纯个人生活用品,以及家务之外的副业报酬。[⑤] 由此可见,婚姻家庭财产关系亦具有明显的性别色彩,两性在财产地位上明显不对等,并且经由法律规定,进一步强化了女性在家庭财产所有权和继承权的弱势地位。

现代婚姻家庭财产中的性别色彩依然浓厚。在现代社会,平等是共同的价值追求,性别平等观念逐渐普及。婚姻制度由社会文化建构而来,在社会性别的视角下,婚姻家庭财产问题仍然难以跳脱两性角色的既有概念。对家庭财产的讨论绕不开家庭成员的角色分工,特

---

① L.达维逊,L.K.果敦.性别社会学[M].程志民,等译.重庆:重庆出版社,1989:5.

② 沈奕斐.被建构的女性:当代社会性别理论[M].上海:上海人民出版社,2005:32.

③ 恩格斯.家庭、私有制和国家的起源[M].中共中央马克思恩格斯列宁斯大林著作编译局,编译.北京:人民出版社,2018:20-81.

④ 滋贺秀三.中国家族法原理[M].张建国,李力,译.北京:商务印书馆,2013:529-531.

⑤ 滋贺秀三.中国家族法原理[M].张建国,李力,译.北京:商务印书馆,2013:544-550.

别是在市场和非市场活动中扮演的性别角色。从家庭经济学的角度而言,分工专业化可以在一定程度上实现家庭产出最大化,即部分家庭成员专业化于市场劳动,部分家庭成员专业化于家务劳动,可以使家庭生产效率更优。① 西方国家的家务分工,由于结构不同大致可以分为传统的女性家务分工和传统的男性家务分工两大类,我国传统的家庭劳动分工模式为"男主内,女主外",此种分工模式经历了奴隶社会、封建社会等漫长的历史而源远流长,已成为人们思维定式和心理习惯。② 随着女性参与市场劳动,"男主外"格局有所打破,而"女主内"的传统观念却难以改变。③ 尽管现代女性的经济收入成为家庭财政的重要部分,但多项实证研究结果证实,家务分配至今仍向女性倾斜,女性在家庭中更多扮演负重者的角色。④ 固有性别角色期待下,家庭分工、职业机会和收入对女性增强自身的经济实力和在家庭财产中的话语权产生了一定影响,进而影响到女性在家庭财产中的权益。

婚前财产婚后收益归属是家庭财产的重要议题,在社会性别视角下,传统观念认为男性是家庭经济的主要支柱,婚后财产收益可能会更倾向认为是男性的贡献,如夫妻共同经营时,若男性在对外拓展业务方面投入更多精力,而女性主要负责内部管理,外界可能会认为收益更多归功于男性。另外,由于家庭分工的不平衡,女性若承担照顾家庭和子女之责难以产生直接收益,男性全力投入工作获取的婚后财产收益可以具体化,但是女性的隐性付出难以在婚后收益中衡量。

三、婚前财产婚后收益归属的性别检视

法学研究中引入社会性别,将促使法学从一个"有性人"的角度去考量法律,从"行动中的法"的角度去考察性别平等的实际生活内容,弥补对妇女权利研究方法的不足。⑤ 从社会性别视角分析,关于婚前财产的婚后收益归属存在以下问题。

(一)婚前财产婚后收益归属的理论依据不明

夫妻一方婚前财产婚后利益归属历来存有争议,主要有三种学说。一是个人财产说,认为夫妻婚前财产在婚后所产生的收益一律认定为夫妻个人财产。个人财产说依据孳息从属原物理论,根据物权法原理,孳息归属于所有权人是所有权的应有权能,在婚姻家庭法领域,这一权能并不折损,一方取得个人财产的婚后收益,符合民法所有权取得的原理。二是共同财产说,认为夫妻婚前财产在婚后所产生的收益一律认定为夫妻共同财产。持共同财产说的观点认为根据婚后所得共同制的理论,婚姻关系存续期间的全部财产和收入都归夫妻共有。有学者基于夫妻命运共同体理论对该学说进行充分论证,由于夫妻在婚姻存续期间休

---

① 王忠.性别经济学[M].北京:科学出版社,2011:39.

② 刘建中,等.社会性别概论[M].上海:复旦大学出版社,2010:163.

③ 王忠.性别经济学[M].北京:科学出版社,2011:40.

④ 王金玲.女性社会学的本土研究与经验[M].上海:上海人民出版社,2002:563.

⑤ 周安平.社会性别与法学研究[J].妇女研究论丛,2006(5):34-37.

戚相关、祸福与共,婚后增值都应当是夫妻共同财产。[①] 三是部分共同所有部分个人所有说,依据的是协力(贡献)理论。确定夫妻一方婚前财产于婚后所生利益归属主要考虑该利益的产生是否体现"夫妻协力",如果夫妻一方婚前财产于婚后利益的产生包含了夫妻另一方的协力,该利益应当作为共同财产。[②]

我国法律并未明确婚前财产婚后收益归属的理论依据,最高人民法院持个人财产说,在《最高人民法院婚姻法司法解释(三)理解与适用》中表述为"本条对孳息类型并未按天然孳息和法定孳息加以区分,一概认定为个人财产"[③]。但有学者指出事实上最高人民法院在此问题上立场反复,在原《最高人民法院关于适用〈中华人民共和国婚姻法〉若干问题的解释(三)》(以下简称"《婚姻法司法解释(三)》")第 5 条的制定和适用过程中,关于夫妻个人财产婚后孳息归属在征求意见稿—正式文本—司法适用过程中分别采用了贡献理论—孳息从原物理论—贡献理论。[④] 反复的立场导致实践中的混乱,可见,婚前财产婚后收益归属的理论依据亟须明确。

(二)法律的形式平等掩盖性别盲点

法律在原初产生之际就排斥了妇女[⑤],公共社会关系中的法律根据男性的标准而建构,法律成为男性的特权宣言并冠冕堂皇地披上了公正的外衣。有学者指出传统法学缺乏性别分析方法,对法律关系的关注主要集中在公共领域,忽视了公共领域的政治关系与私人领域的性别关系的联系,把人与人的法律关系作"无性"的抽象处理,法律的正义与平等价值理念均在"无性"的状态下进行理解,女性独特的心理体验与历史经验在法律理论与法律文本中被遗失,女性的"法律失语"这样一个严重的性别歧视的问题在抽象的法律的公正与平等的价值名义下得以掩盖和强化,并且抽象法律的公正与平等还为此借以了言之凿凿的正当性理由。[⑥] 男性在公共领域把法律作为工具建构社会性别,并且借助性别中立的理论工具,不断掩盖和强化社会性别。[⑦] 有学者指出,法律的中立性、客观性实际是被社会化了的男性利益的表达,法律无论从预期的受益人还是制定者的角度看,都是"男性"的,这是法律的隐蔽性别。[⑧]

事实上,婚姻家庭法律制度对形式平等的追求意味着对社会性别关怀的不足。有学者指出《婚姻法》《物权法》等法律规定披着平等的外衣,淡化或模糊了性别差异问题。[⑨] 有学者分析了最高人民法院婚姻法的三个司法解释出于审判效率和方便的考虑,在夫妻财产权

---

①　贺剑.夫妻个人财产的婚后增值归属:兼论我国婚后所得共同制的精神[J].法学家,2015(4):95-115,179.

②　裴桦.论夫妻一方婚前财产于婚后所生利益的归属[J].当代法学,2008(5):117-122.

③　最高人民法院民事审判第一庭.最高人民法院婚姻法司法解释(三)理解与适用[M].北京:人民法院出版社,2015:98.

④　贺剑."理论"在司法实践中的影响:以关于夫妻个人财产婚后孳息归属的司法实践为中心[J].法制与社会发展,2014,20(3):132-147.

⑤　周安平.性别平等的法律进路之批判[J].法商研究,2004(4):76-83.

⑥　周安平.性别与法律[M].北京:法律出版社,2007:25-27.

⑦　周安平.社会性别的法律建构及其批判[J].中国法学,2004(6):64-73.

⑧　陈明侠,黄列.性别与法律研究概论[M].北京:中国社会科学出版社,2009:39-40.

⑨　李秀华,李傲.性别与法[M].北京:中国政法大学出版社,2012:185.

上强调形式上的平等立场,从社会性别的视角看,性别中立实际是"性别盲从"的表现,对广泛存在的社会性别不平等缺乏认识,具体表现在忽视农村妇女的权益保护、忽视女性家务劳动的价值、忽视女性在社会中的弱势地位三个方面,司法作为权利保障的最后屏障,如果缺乏社会性别的视角,只追求形式上夫妻财产权的平等,就不能有力推进婚姻的价值和实质平等,反而会固化现有社会结构下男女的平等。① 一味地强调法律的中性,有悖于社会性别主流化的国际趋势。② 尤其应当注意到,我国第四期中国妇女社会地位调查数据显示,"0～17岁孩子的日常生活照料、辅导作业和接送主要由母亲承担的分别占 76.1%、67.5% 和63.6%"③,女性在家务劳动中仍然承担主要责任。

从婚前财产婚后收益归属相关的法律规则来看,在家庭财产领域越来越强调男女"一视同仁",把具有亲密情感关系和深厚伦理基础的家庭关系的夫妻等同于陌生人,把夫妻财产纠纷等同于简单的财产关系,进而套用市场规则来处理家庭财产问题,这看似公平,实际上造成了两性之间的实质不平等的结果。比如具体条文的分析中,原《最高人民法院关于适用〈中华人民共和国婚姻法〉若干问题的解释(二)》第 20 条规定双方对夫妻共同财产中的房屋价值及归属无法达成协议时,采用竞价方式,由价高者得房屋所有权并给予另一方相应的补偿,有学者认为市场竞价的方式表明体现公平,实际上是保护了家庭中经济能力较强的一方,这在一定程度上否定了婚姻法保护弱者、保护妇女的价值取向,并确定了保护强者、保护男性的价值取向,原《婚姻法司法解释三》第 10 条规定一方婚前付首付后登记在自己名下,婚后共同按揭,离婚时法院可以判决该不动产归产权登记一方,有学者认为该规定挑起了"性别战争",因为传统的婚姻习惯是男方提供房屋,女方提供嫁妆,这样的规定显然对女性不利。④ 遗憾的是,《最高人民法院关于适用〈中华人民共和国民法典〉婚姻家庭编的解释(一)》第 78 条仍然沿用了《婚姻法司法解释(三)》的规定,让这种性别不平等的争议依然继续。

(三)个人主义的强化忽略性别差异

我国法定夫妻财产制度经历了一个夫妻个人财产范围不断扩大、共同财产范围不断缩小的历程。⑤ 1950 年《婚姻法》规定夫妻财产制度是一般公共制,1980 年《婚姻法》规定夫妻财产制度包括法定和约定两种,法定夫妻财产制从一般共同制改为婚后所得共同制,缩小了共同财产的范围。2001 年《婚姻法》(修正案)第 17 条、第 18 条采用例示的方式明确了夫妻共有财产和夫妻个人财产的类型,不仅对婚前财产和婚后财产加以区分,而且将婚后所得的财产分为共有和个人所有两部分,实际上是确立了"限定的婚后所得共同制"。⑥ 2020 年颁布的《民法典》整体上沿用了 2001 年《婚姻法》(修正案)的思路,仅在具体财产类型上作了补

① 彭艳崇.论夫妻财产权的平等保护:对婚姻法司法解释的社会性别分析[J].妇女研究论丛,2013(3):34-40.

② 冯博.基于社会性别分析下的离婚妇女财产权保护:兼议《〈婚姻法〉司法解释(三)》对离婚妇女财产权保护的不足与完善[J].山东女子学院学报,2012(1):53-56.

③ 第四期中国妇女社会地位调查主要数据情况[N].中国妇女报.2021-12-27(4).

④ 强世功.司法能动下的中国家庭:从最高法院关于《婚姻法》的司法解释谈起[J].文化纵横,2011(1):24-30.

⑤ 何丽新.论婚姻财产权的共有性与私人财产神圣化[J].中州学刊,2013(7):53-58.

⑥ 许莉.婚姻家庭继承法学[M].3 版.北京:北京大学出版社,2019:100.

充和调整。① 在司法解释层面,1993 年《最高人民法院关于人民法院审理离婚案件处理财产分割问题的若干具体意见》规定一方婚前个人所有的财产经过一定期间转化为夫妻共同财产,该规定被 2001 年《最高人民法院关于适用〈中华人民共和国婚姻法〉若干问题的解释(一)》第 19 条的规定废除。2003 年《最高人民法院关于适用〈中华人民共和国婚姻法〉若干问题的解释(二)》进一步强化了夫妻一方个人财产的概念,比如第 22 条规定了婚前父母为子女购买房屋应认定为对自己子女的个人赠与。2011 年《婚姻法司法解释(三)》更是迎合了当今时代个体权利意识高涨的趋势,确立了个人财产优先权的理念,拓宽夫妻个人财产的范围,大大削弱了婚姻财产权的共有性②,《民法典》及相关司法解释依然延续此思路。

从婚姻家庭法的立法沿革来看,亲属法规则呈现财产法化的趋向,家庭中的个人主义得到不断强化,忽略了婚姻家庭团体主义的特性以及男女两性之间的差异。婚姻家庭法与财产法的重要区别在于立法理念的不同,财产法的立法理念是个人本位下的个人主义,婚姻家庭法的立法理念是人格独立下的团体主义,在保障个人利益的同时维护婚姻家庭关系的稳定,实现婚姻家庭的功能。③ 因此,在强调个人主义的同时,应当充分认识到家庭生活中男女两性在现实中的差异,并通过法律手段给予适当的补偿和保障。

个人主义强化一个非常明显的体现就是夫妻个人财产转化规则的废除。夫妻个人转化规则意指夫妻一方婚前财产经过一定的条件和时间转化为夫妻共同财产。转化规则自新中国建立以来就一直存续,通过新中国成立后婚姻法的立法沿革和司法解释中可以找寻到该项制度的演变④,尤其是 1993 年《最高人民法院关于人民法院审理离婚案件处理财产分割问题的若干具体意见》第 6 条规定不同类别的婚前个人所有的财产,经过"8 年"或"4 年"的时限,可视为夫妻共同财产,该条规定在实践中产生了深远的影响。夫妻个人财产转化规则引发了学界的诸多质疑,否定观点认为:转化规则理论层面与物权法规定冲突,不符合所有权取得原理,道德层面担心引发借婚姻敛取财物的危机,价值层面与按劳分配、尊重和保护个人财产所有权的精神不符。⑤ 这场争论以转化规则的废除告终,2001 年颁布的《最高人民法院关于适用〈中华人民共和国婚姻法〉若干问题的解释(一)》更是明确规定转化规则的终结,自此,我国婚姻法再无夫妻个人财产转化规则的相关法律规定。

零和博弈意指双方博弈时,一方得益必然意味着另一方损失。有学者指出"转化规则的

---

① 如将夫妻共同所有财产类型中的"工资、奖金"修改为"工资、奖金、劳务报酬",将"生产、经营的收益"改为"生产、经营、投资的收益";将夫妻一方的个人财产中的"一方因身体受到伤害获得的医疗费、残疾人生活补助费等费用"调整为"一方因受到人身损害获得的赔偿或补偿"。

② 何丽新.论婚姻财产权的共有性与私人财产神圣化[J].中州学刊,2013(7):53-58.

③ 夏吟兰.中华人民共和国婚姻法评注:总则[M].厦门:厦门大学出版社,2016:39.

④ 参见 1950 年《婚姻法》第 23 条;1963 年《最高人民法院关于贯彻执行民事政策几个问题的意见》在"离婚案件中的财产和生活费问题"部分的规定;1980 年《婚姻法》第 13 条;1984 年最高人民法院《关于贯彻执行民事政策法律若干问题的意见》第 12 条;1991 年《最高人民法院关于原属于夫妻一方婚前个人的房产婚后夫妻双方长期共同生活使用的应视为夫妻共同财产的函》;1993 年最高人民法院《关于人民法院审理离婚案件处理财产分割问题的若干具体意见》第 6 条。

⑤ 杨立新.民法判解研究与适用[M].北京:中国检察出版社,1994:415-420;田岚.对夫妻一方不动产所有权转移规定的质疑[J].法学家,1999(4):73-79;韩玫.正确适用婚姻法应注意的几个问题[J].人民司法,2001(6):4-6.

废弃作为对夫妻财产关系的零和调整,有利于一方必然有损于另一方"①。追溯到转化规则制定的社会背景,有学者指出该规定原先主要针对农村婚姻,婚前通常是妇女准备日常用品,男方准备房屋等耐用品,婚后共同生活多年后,女方婚前财产所剩无几,而男方婚前财产价值甚高,为避免妇女离婚"身无分文被扫地出门"而出台此规定。② 必须指出的是,即便随着社会发展,在社会文化的影响之下,男女双方于婚前准备不同种类的财产依旧是传统风俗,主要体现为男方准备较为保值或可增值的房产,女方准备不断贬值的家具电器、汽车等动产,男女方婚前财产在婚后的价值差异巨大。从社会性别视角分析,转化规则自始即具有保护家庭中妇女财产权利之取向,该规则的废止,意味着婚姻家庭中男方财产权益的强化以及女方权益的损害。

四、性别视角下婚前财产婚后收益归属认定规则的完善

对夫妻一方婚前财产的婚后收益归属问题的研究一直持续,有学者指出"夫妻一方婚前财产于婚后所生利益的归属,并不是一个孤立的问题,它与夫妻财产制立法理念及整体上夫妻财产范围的规定相联系"③,因此,为了促进性别平等的实现,对该问题应从价值层面和具体规则设计层面着手。

(一)价值转向:由"个人"回归"家庭"

婚姻家庭法领域盛行个人主义有其缘由,现代民法以罗马法为源,罗马人普遍信仰的社会契约论认为人们的合意建立了城邦或市民社会(civitas),城邦的分子是独立的个人(civis),维持城邦秩序的法是市民法(ius civile)。④ 建立在继受罗马财产法的基础之上的民法,在塑造个人本位观念时,事实上其背后隐藏的法权模型乃是作为平等主体的市场经济中的商人之间的社会关系。⑤ 市民社会的个人均以自己为目的,利己是其根基性理念。随着经济的快速发展和社会分工的进一步细化,个体逐步脱离家庭融入社会化大生产,家庭的经济价值和伦理价值迅速衰落,个体正在或者趋向真正取代家庭成为社会活动的主体,对亲属法的立法影响就是从"整体主义"到"个体主义"。⑥

对于婚姻家庭领域个人主义的张扬,诸多学者持批判态度,并对婚姻家庭中个人主义不断强化的趋势表示担忧。在个人主义理念强大的当下,财产法中大量的制度直接延伸至婚姻法,模糊了家庭生活和商业生活的界限。⑦ 婚姻关系存续期间彰显个人财产神圣化是对婚姻价值的漠视,不利于弱势方利益的保护,降低经济强势方的离婚成本和离婚代价,不利

---

① 贺剑.论夫妻个人财产的转化规则[J].法学,2015(2):50-62.

② 蒋月.夫妻的权利与义务[M].北京:法律出版社,2001:149.

③ 裴桦.夫妻财产制研究[M].北京:法律出版社,2009:166.

④ 徐国栋.民法总论[M].厦门:厦门大学出版社,2018:30.

⑤ 何丽新,谢潇.家庭财产保护法律问题研究[M].厦门:厦门大学出版社,2019:23.

⑥ 李洪祥.论我国民法典立法之亲属法体系构建的价值取向[J].社会科学战线,2012(12):176-183.

⑦ 赵玉.司法视域下夫妻财产制的价值转向[J].中国法学,2016(1):210-227.

于社会秩序稳定。① 现代化婚姻是越来越强调个人本位的"工具式婚姻",驱逐了家庭义务的内容,弱化了婚姻的价值,不能实现婚姻"公共善"的功能,极度工具化甚至会使婚姻和家庭走向灭亡。②

笔者认为,对夫妻一方婚前财产婚后收益归属认定的价值指向应从"个人"回归"家庭"。家庭是由夫妻组成的生活共同体,具有深厚的伦理基础,不仅是情感的归依,而且承载着社会使命。家庭成员的独立、平等、自由是基础,对个人财产的保护也是现代民法的基本取向。然而,"在家庭财产领域,财产的享用、行使与处分不仅是理性力量,更多地饱含着爱、关怀和责任"③。忽视市场伦理和家庭伦理的本质区别,一味地放任财产法规则侵袭婚姻家庭法,造成的是家庭中盛产"极致利己主义者",这将是社会不可承受之重。事实上,强调个体权利与保护婚姻家庭并不矛盾,从"个人"到"家庭"并不意味着回归人身依附的父权统治,而是在尊重个人的基础上,充分认识到男女两性在家庭中的角色差异及特点,强调对弱势方的保护,以互助互爱实现家庭整体利益的维护。

(二)以协力理论判断婚前财产婚后收益归属

如前所述,婚前财产婚后收益归属的判断主要有孳息从原物理论、婚姻命运共同体理论和协力理论。孳息从原物理论是民法理论,完全按照民法原理将婚前财产婚后收益归属为个人财产,忽略了婚姻家庭中男女身份关系的特殊性,在实践中并不可行。婚姻命运共同体理论充分认识到婚姻家庭的特殊性,将婚前财产婚后收益,包括孳息、投资收益、增值等统一定性为夫妻共同财产,清晰的判断尺度有利于减少纠纷,也有助于实践操作。有学者指出这对财富较多的家庭和个人存在较大风险,也可能导致婚姻成为敛财的工具。④ 笔者认为家庭财产问题纷繁复杂,绝不可一概而论,将婚前财产婚后收益一律认定为夫妻个人财产或夫妻共同财产是一种简单而"偷懒"的做法,并不能产生良好的社会效果。

婚前财产婚后收益归属的判断应当以协力理论为依据,台湾地区学者林秀雄研究了日本、英国、瑞典、法国等诸国夫妻财产制的多样性和共通性,得出夫妻财产制的一个重要特征就是"重视夫妻之协力"。⑤ 以协力理论判断财产归属的理由在于:一是符合婚姻的本质,婚姻不仅是法律上的契约,而且是男女双方情感和经济的结合,夫妻在婚姻中相互依存、相互支持,共同为家庭创造财富和价值,协力理论符合婚姻中双方共同努力、共同受益的本质特征。二是激励夫妻共同努力,协力包括直接协助和间接协助,直接协助是指直接参与财产增值或收益的过程,间接协助是指夫妻一方对另一个财产收益的行为提供精神支持和生活照料等。⑥ 根据协力理论,夫妻双方的努力和贡献会在财产分配中得到相应的回报,能够激励夫妻双方在婚姻中积极付出,共同为家庭的发展贡献力量。三是促进家庭和谐,当婚前财产婚后收益的分配能够合理考虑双方的协力贡献时,有助于减少夫妻之间因财产问题产生的

① 何丽新.论婚姻财产权的共有性与私人财产神圣化[J].中州学刊,2013(7):53-58.
② 陈辉.家庭因素在我国婚姻立法中的缺失、问题与解决[J].宁夏社会科学,2018(6):48-56.
③ 赵玉.家庭财产功能主义的法律范式[J].中国社会科学,2022(8):88-108,206.
④ 裴桦.再论夫妻一方婚前财产于婚后所生利益的归属[J].当代法学,2020,34(4):15-26.
⑤ 林秀雄.夫妻财产制之研究[M].北京:中国政法大学出版社,2001:133.
⑥ 张晓远.论夫妻个人财产婚后收益的归属[J].民商法论丛,2020,71(2):160-176.

矛盾和纠纷,增强夫妻之间的信任和感情,促进家庭的和谐稳定。四是体现公平,由于性别差异,男女双方在家庭中扮演着不同的角色,在不同的维度支撑家庭的发展,如男方专注于事业发展,女方承担了更多的家务劳动和子女教育活动,后者的贡献应当在财产分配中得到体现,协力理论能够综合考量双方的付出,更公平地分配财产。

以协力理论为依据,对孳息、投资收益和增值归属的判断,重点考察是否体现了配偶的协力,如婚前购买的房产发生的增值是由于经过了对方的装修、修缮、管理等,则增值部分应当作为共同财产。值得关注的是,协力理论在实践中可能面对操作性难题,比如如何确定一方是否在财产收益中是否作出"协力"?在当事人对财产婚后的收益是否凝聚对方协力产生争议时,笔者认为从维护婚姻共同体的角度出发,应当倾向认定协力之存在,进而认定收益为夫妻共同财产。

必须指出的是,在"协力"的判断中必须进一步强化家务劳动价值。基于人类文明发展的历史和人文环境,家务劳动具有非常明显的性别色彩。在女性主义者看来,性别压迫的首要场所是家庭,女性受压迫的物质基础就在于无偿的家务劳动。[①] 家务劳动的价值是社会性别研究的重要内容,各国都在不同程度上关注家务劳动。在家庭中,传统的社会性别规范将家务劳动划归女性承担,女性在子女抚育、老人照顾、家务劳动等方面花费了更多的精力和时间,以至于减少社会工作时间而影响经济收入,经济上的弱势可能造成女性在家庭中处于仰人鼻息、受人恩惠的境地。在竞争日益激烈的社会转型期,女性承担的社会压力更为严重,角色冲突愈加明显。[②] 因此,女性的家务劳动的价值应该得到重视,有学者指出在国际层面,对家务劳动的认可一般限于道义层面,拒绝通过具体规则对家务劳动进行认定和保护的理由集中在三点:一是家务劳动产生在家庭之中,不具有商品的流通性,对社会无法产生直接经济价值;二是家务劳动基于情感的主动付出,不能使用一般财产法规则;三是家务劳动的具体价值在实践中难以评定。[③] 这些理由并不能否定对家务劳动价值的认可和保护,家务劳动虽然不产生直接经济收益,但是家庭内劳动力价值也是劳动力商品价值的体现。[④] 域外立法中,《瑞士民法典》第164条规定"如果夫妻一方负责料理家务、照顾子女或支持配偶职业或事业,该方有权按期从配偶处获取合理数额的金钱并自主支配",肯定家务劳动的价值。我国《民法典》对家务劳动价值的保护有所重视,但《民法典》第1088条对家务劳动补偿的象征性规定,引发民众和学界对家务劳动价值衡量公正性的质疑。[⑤] 笔者认为在承认家务劳动的经济价值基础上,应认定家务劳动为财产收益之"协力",进一步完善家务劳动的经济补偿制度,促进夫妻地位趋向实质平等。

(三)夫妻个人财产转化规则的合理性探讨

夫妻个人财产转化规则虽已被废弃,但是对转化规则"正名"并提出重拾转化规则的探

---

① 宋建丽.正义与关怀:女性主义的视角[M].厦门:厦门大学出版社,2018:109.

② 夏吟兰.对中国夫妻共同财产范围的社会性别分析:兼论家务劳动的价值[J].法学杂志,2005(2):71-74.

③ 邹小琴.性别关怀视角下夫妻财产法的反思与完善[J].政法论丛,2020(3):59-68.

④ 何丽新.婚姻关系适用合理信赖保护之思考[J].中华女子学院学报,2014,26(2):5-11.

⑤ 赵玉.家庭财产功能主义的法律范式[J].中国社会科学,2022(8):88-108,206.

讨仍未停止。有学者对转化规则的正当性进行分析,认为"当时的理论抨击如今看来都不成立",并指出转化规则在事实层面符合我国最大多数夫妻双方的意愿,在价值层面促进婚姻的稳定,并从解释论和立法论提出转化规则回归我国婚姻法的路径。[①] 也有学者对夫妻财产转化规则导致的借婚敛财、与物权法和时效理论相悖、违背交易安全的三个理由进行辨析,提出夫妻财产转化规则有利于维护婚姻家庭的持续与稳定、在婚姻家庭关系中推行利他主义的观念、弥救离婚救济制度的不足、符合我国的婚姻家庭习俗。[②]

笔者认为从性别视角分析,转化规则具有合理性,不应被"一刀切"地否定。首先,性别角色由社会建构而成,在个人难以对抗的社会风俗和习惯下男女两方婚前财产的种类以及婚后增值属性存在明显差异,忽略此种差异而强调个人财产的神圣有失公允。个人财产转化规则可以关切到此种差异,并通过转化为夫妻共同财产之形式实现财产的公平分配。其次,实现对弱势方的倾斜保护。由于缺乏社会性别视角,现有的法律和司法解释强调男女形式上的平等保护,忽视了女性在社会和家庭中的弱势地位。事实上,在女性投入较多精力和时间照顾家庭的固有观念和现状无法打破的情况下,家庭中严格强调财产收入及分割的男女平等,是对经济能力、社会竞争力更强的男性的保护。而个人财产转化为夫妻共同财产,是婚姻家庭法律规则从形式平等走向实质平等的重要一步,有利于实现对弱势一方的补偿和保护。最后,从婚姻稳定的角度出发,中华民族历来重视家庭建设,家庭和谐稳定是共同的期盼和追求。财产因素在婚姻稳定中扮演重要角色,个人财产转化规则一方面寄托着家庭成员对婚姻关系的信任和长久共同生活的期待,另一方面可以对经济强势一方形成潜在震慑,避免其仗着个人财产"有恃无恐"地破坏婚姻关系,进而促进婚姻稳定。

在对转化规则回归婚姻法的合理性探讨之外,具体的制度设计更为关键。在财富急剧增长、个人财产权利意识高涨的社会背景下,对夫妻财产转化规则的回归绝不是简单复制和细节完善,而应该结合时代特点和实践情况进行全面、系统的设计。有学者提出"婚姻期间个人财产按照一定比例逐年转化为夫妻共同财产,当事人另有约定的除外"的制度设计[③],笔者赞同以婚姻存续期间作为财产转化的条件,但在转化方式、转化对象、转化率和具体规则设计方面仍待进一步研究。

五、结语

性别文化的核心内涵是倡导男女平等,先进性别文化提倡男女两性良性互动、和谐相处的性别关系。[④] 在婚姻家庭中倡导先进性别文化,需要关注两性的人身权益和财产权益。不可否认,女性在家庭和社会中的地位,看似是由女性的生理条件决定的,实际上是文化和社会构建的结果,尤其在中国传统文化背景下,妇女的家庭财产权益观念薄弱,两性在家庭

①　贺剑.论夫妻个人财产的转化规则[J].法学,2015(2):50-62.

②　杨晋玲.夫妻财产转化的合理性思考:以房产"加名"热为背景[J].云南大学学报(法学版),2013,26(5):126-133.

③　赵玉.司法视域下夫妻财产制的价值转向[J].中国法学,2016(1):210-227.

④　李秀华,李傲.性别与法[M].北京:中国政法大学出版社,2012:179-180.

中的财产地位、权力地位和资源分配存在显著差别。家庭经济权的平等是家庭夫妻平等的基础。[①] 婚姻家庭领域的法律制度是保障妇女权益、促进男女平等的重要保障,对于婚前财产婚后收益归属的判断,应从个人主义转向家庭主义,从形式平等转向实质平等,强调夫妻之间的协力,特别是女性从事家务劳动的贡献。个人财产转化规则是实现夫妻平等的有力工具,但重回婚姻家庭法仍然任重道远。追求性别平等是可实践的社会理想,如何运用法治路径更好地实现这一理想仍需进一步研究。

Belonging of Post-marital Gains on Pre-marital Property from Gender Perspective

Qiu Zhehao

(Xiamen University, Xiamen, 361005)

Abstract: Gender roles are a product of social construction and are also reflected in marital and family property. Equal rights and interests in family property is an important dimension of gender equality, and the determination of the attribution of income from premarital property after marriage is related to the realization of the property rights and interests of spouses. Analyzed from the perspective of gender, the determination of the attribution of pre-marital property and post-marital income has the problems of unclear theoretical basis, the formal equality of legal norms concealing the gender blind spot, and the reinforcement of individualism ignoring the gender differences. In this regard, the value of the rules of determination should return from the "individual" to the "family", and the attribution of premarital property to post-marital gains should be judged by the theory of cooperation. In order to further strengthen the protection of women's rights and interests, the return of the rules on the conversion of personal property may be explored in the design of future legislation.

Key Words: gender theory; pre-marital property; post-marital gains; joint effort; conversion rules

---

① 刘建中,等.社会性别概论[M].上海:复旦大学出版社,2010:171.

论辅助生殖技术下的血缘知情权

张　莉　郭逸斐*

内容摘要：辅助生殖技术引发传统血缘纽带割裂以及血缘父母与法律父母分离的问题，即分娩者、基因提供者、实际养育者三者的分离，因此，确认相应的亲子关系和确立借助辅助生殖技术出生子女的血缘知情权就显得尤为重要。辅助生殖技术下的血缘知情权，指的是通过辅助生殖技术出生的孩子除了有了解自己的出生方式的权利，还有了解与捐赠者相关信息的权利。血缘知情权有其特有的伦理基础和法理基础，具有人格权属性。在权利结构上，血缘知情权的权利主体为辅助生殖子女及其近亲属；义务主体应当是负有告知义务的辅助生殖子女的法律父母和保存捐赠者信息的辅助生殖医疗机构；权利客体为与辅助生殖子女血缘关系相关的身份信息；权利内容指的是当辅助生殖子女年满十八周岁且知晓自己是通过辅助生殖技术出生时，辅助生殖子女有权要求辅助生殖医疗机构提供捐赠者的身份信息。

关键词：血缘知情权；人格权；亲子关系

一、血缘知情权的提出背景及概念界定

（一）血缘知情权提出的背景

随着社会经济的快速发展，人们开始追求更高层次的需求，特别是心理层面的满足感，而这种满足感很大程度上来源于自己的人格尊严。每个人的人格尊严和人格独立都是平等的，都需要得到尊重。辅助生殖子女是通过辅助生殖技术出生的，虽然出生方式特殊，但毋庸置疑，他们和其他人的人格权是平等的，不应被特殊对待。当前，对于亲子关系领域存在的争议，《民法典》第1073条规定，父亲或者母亲如果对亲子关系存在异议，有正当理由的可以提起诉讼，请求对亲子关系进行确认或者否认，而成年子女如果对亲子关系存在异议，有正当理由的也可以提起诉讼，但只能请求对亲子关系进行确认。该规定区分异议主体，明确了父母或成年子女都有权对亲子关系提出异议，从本质上来说是一条程序性规则，是对婚姻

---

* 张莉，女，福建师范大学法学院教授，主要研究方向为民商法；郭逸斐，男，厦门大学法学院博士研究生，主要研究方向为民商法。

家庭关系法律规范的进一步完善,具有其进步性,仍然存在一些权利困境。在辅助生殖技术发达的今天,传统的亲子关系发生变化,出现了血缘、生育、抚养相互分离的状况,父母的身份确认首先就有不确定性,并且谁为父母的身份确认将会影响《民法典》第1073条亲子关系确认或否认的权利持有问题。谁为权利主体,权利主体又是否能拥有对自身血缘关系的知情权,都成为该项规定面临的困境。①

1. 社会背景:传统亲子关系认定受到挑战

以往亲子关系是建立在血缘关系基础之上的,它与师生关系、朋友关系、同学关系等其他关系有着天然的区别,具有不可替代性、持久性等特征。长期以来,亲子关系的认定基于"血缘",血脉相连是认定亲子关系的核心标准。

但随着辅助生殖技术的发展和应用,亲子关系和血缘关系变得复杂,并且不仅仅停留在养育和血缘的争论上。自1983年中国首次采用冷冻精子进行人工授精并取得成功以来,我国的辅助生殖技术迅速发展并得到广泛应用。医疗技术的进步,解决了很多生育困难父母的烦恼,但与此同时也使得传统的亲子关系变得更为复杂。当前,辅助生殖子女是否有权利知道自己的出身,是否有权利知道自己的血缘来源,该权利如何认定等问题成为热点话题。根据辅助生殖技术的发展和相关研究的论述,本文将分别从以男性为主和以女性为主的视角来看人工授精和体外受精—胚胎移植存在的血缘争议。

首先是人工授精,即通过非性交的方式向女性生殖道内输送男性精子以实现女子受孕的生殖技术。从血缘来源的角度来看,除却明确的丈夫精子来源,其他人工授精无法确保血缘关系,存在父亲血缘和养育的潜在矛盾。杨立新、李怡雯认为,根据精子的来源不同可分成以下三类。第一,同源授精,通过人工授精的方法使妻子受孕、生育,这里采用的精子来源于丈夫;第二,混源授精,经丈夫同意,通过人工授精的方法使妻子受孕、生育,这里采用的精子是丈夫与第三方他人的精子混合;第三,异源授精,经丈夫同意,通过人工授精的方式使妻子受孕,这里采用的精子是第三方他人的精子。② 在第一种情况下,亲子的血缘关系确定,因此在血缘层面也就不涉及亲子关系的确认问题;在第二种情况下,孩子的血缘具有不确定性,孩子可能是丈夫的血缘后代,也可能是他人的血缘后代,这为夫妻的血缘知情或后代的血缘知情埋下隐患;在第三种情况下,丈夫与后代不存在血缘关系,这里将会涉及的是孩子的血缘知情权(见表1)。

表1　人工授精的三种类型及其特征

类型	不确定性	后代的血缘	是否具有风险
同源授精	无	丈夫血缘	无
混源授精	有	丈夫/他人血缘	有
异源授精	无	他人血缘	有

---

① 陈爱武.亲子关系确认诉讼的类型化:案例、问题与思考:兼议《民法典》第1073条的规定[J].法学杂志,2023,44(1):78-93.

② 杨立新,李怡雯.保障人工辅助生殖技术所生子女的生的尊严:认定人工辅助生殖技术所生子女的法律地位的基准点[J].中国应用法学,2021,27(3):77-96.

其次,近年来还有一种备受关注的辅助生殖技术——体外受精—胚胎移植技术,这种方式通常会以代孕来理解。在我国,代孕被明令禁止,但因为各个国家对代孕的态度不同,所以"借肚生子"的现象屡见不鲜。代孕包括人工授精和体外授精两种,比上文提到的人工授精的情况更加复杂多样,从不同的视角来看,代孕的矛盾和风险各有不同。以下将从生物学的视角和社会学的视角来看代孕的类型。

在生物学视角下,代孕可分为两大类(六种情况),其中两大类指的是完全代孕和部分代孕。[①] 在完全代孕中,代孕母亲与代孕后代无血缘关系,配子来源于委托方夫妻或捐献者,具体有四种情况,如表2。在这四种情况中,代孕母亲于后代而言只是分娩母亲而非血缘母亲,委托夫妻与后代或有血缘关系,或无血缘关系。部分代孕中,代孕母亲于代孕后代而言既是分娩母亲又是血缘母亲,代孕后代的血缘父亲可能是委托方父亲也可能是捐赠者两种情况。在六种情况下,涉及分娩与血缘的冲突,涉及代孕后代的血缘归属问题,还涉及代孕后代血缘关系存在不确定性等问题。过去在判断谁是子女母亲的问题时,传统民法受自然生殖规律的影响,采用了分娩者为母的原则,但这一原则在辅助生殖技术发展的背景下受到了挑战。[②]

总的来看,生物科学技术的发展,进一步扩大了原有的生育之恩和养育之恩之间的矛盾,在司法上可能需要同时面临血缘的不确定性以及养育、血缘、分娩三个层面交织的冲突。

表 2　生物学视角下的代孕分类情况

类型	胚胎来源		与代孕后代之间是否有血缘关系			是否涉及捐献者	是否存在血缘不确定性
	精子来源	卵子来源	代孕母亲	委托母亲	委托父亲		
完全代孕(妊娠型代孕/宿主型代孕)	委托方丈夫	委托方妻子	无	有	有	否	否
	捐献者	委托方妻子	无	有	无	是	是
	委托方丈夫	捐献者	无	无	有	是	是
	捐献者	捐献者	无	无	无	是	是
部分代孕(基因代孕)	委托方丈夫	代理孕母	有	无	有	否	否
	捐献者	代理孕母	有	无	无	是	是

2. 技术背景:亲子鉴定技术为亲子关系认定提供客观证据

亲子鉴定指的是以人类遗传学的理论和实践为基础,以子代和亲代的形态构造或生理机能方面的相似特征为依据,对其遗传特征进行分析,继而对可能的父子关系或母子关系做出分析判断,并得出一个肯定或否定的结论。亲子鉴定的用途也从最初简单的血缘

---

① 徐明,高晟.论代孕行为的刑事治理策略[J].中南民族大学学报(人文社会科学版),2021,41(4):110-118.

② 杨立新,李怡雯.保障人工辅助生殖技术所生子女的生的尊严:认定人工辅助生殖技术所生子女的法律地位的基准点[J].中国应用法学,2021,27(3):77-96.

关系证明,逐步朝着多元化的方向发展。具体而言,法律赋予个人知情权,个人有权获得自己的血缘来源以及血缘信息,而亲子鉴定是以科学的手段完成亲子关系的确认,通过亲子鉴定可以实现血缘知情权的获得,故而亲子鉴定被认为是知情权的保障。另外,亲子鉴定通过确认或否认亲子关系,可以对权利与义务做出相应的判断,实现身份的认定。

3. 司法背景:亲子关系认定司法纠纷频出

在知网中,以"亲子关系认定"与"纠纷"为关键词进行搜索,自 2004 年起到 2022 年(11月 29 日)共有 141 篇文章(见图 1)。从图中可以看出,自 2004 年起到 2010 年,只有少数学者关注到这一领域。以 2010 年为分水岭,此后相关的研究发文量呈现增加趋势。

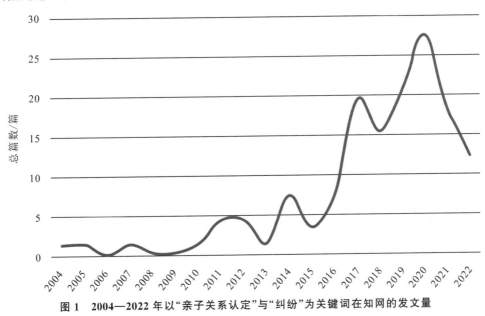

图 1　2004—2022 年以"亲子关系认定"与"纠纷"为关键词在知网的发文量

此外,将搜索到的 141 篇文章借助 CiteSpace 进行文献计量分析,在关键词分析时发现,在这些文献中,关键词频次≥10 的关键词有 7 个,分别为亲子关系(55 次)、代孕(45次)、监护权(19)、亲子鉴定(12 次)、跨国代孕(11 次)、代孕子女(10 次)、代孕协议(10 次)(见图 2)。从关键词分析中可以看出代孕在亲子关系认定的纠纷中占据了一席之地。虽然代孕在我国是明令禁止的,但不同国家对代孕的容忍度不同,我国也可能会出现跨国代孕等方面的问题。

作为辅助生殖技术应用下产生的新问题,2015 年我国已出现首例非法代孕下的亲子认定纠纷案件。① 通过非法手段,陈某与丈夫罗某出资委托他人为其代孕,罗某提供精子,委托陌生女性代孕,并通过辅助生殖技术成功生育一对异卵双胞胎。这对双胞胎与罗某有直系血缘关系,与陈某无血缘关系。在罗某因病去世后,双胞胎的祖父母否认陈某与孩子的亲子关系,并申请成为孩子的监护人。二审法院裁定陈某与孩子为有抚养关系的继父母子女关系,同意陈某继续抚养。在该案中出现的亲子关系认定与抚养纠纷预示着社会已经出现

---

① 陈莺诉罗荣耕监护权纠纷一案二审民事判决书[EB/OL](2016-09-01)[2023-03-15].http://www.chinatrial.net.cn/news/8138.html.

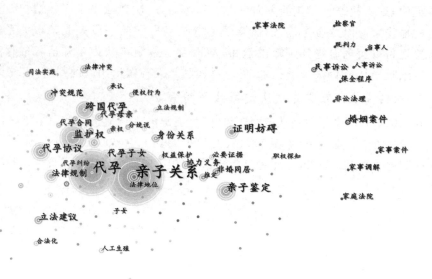

图 2   关键词共现图谱

该类问题,无论是代孕问题还是人工授精问题,血缘、分娩、抚养都是亲子关系认定的重要依据,从司法角度上需要对该类问题加以重视。

(二)血缘知情权的概念界定

血缘关系,是伴随着婚姻或者生育而产生的一种重要的人际关系。血缘知情权(the right to know his/her own ancestry),也可以被翻译为"血统知情权"或"血缘知晓权",意为对血缘关系的获知权利。[①] 此概念起源于德国,意为对血缘关系的获知权利,辅助生殖技术下的血缘知情权,指的是通过辅助生殖技术出生的孩子除了有了解自己的出生方式的权利,还有了解捐赠者相关信息的权利,如捐赠者的身份、健康状况、遗传病史、身高、血型等信息,其中可分为两种信息:一种为可识别捐赠者身份的信息,一种为不可识别捐赠者身份的信息。

血缘知情权具有明显的特点。首先,血缘知情权与一般意义上的知情权存在不同。一般意义上的知情权往往具有双重性质,包含公权性质与私权性质,张新宝认为,知情权指的是个人对于公共事务或者与自己有关的事务有了解的权利,如个人信息知情权和知政权。[②] 而血缘知情权所要知晓的是辅助生殖子女自身的血缘来源信息以及捐赠者的基本信息等内容。其次,血缘知情权的主体较为特殊。血缘知情权的主体是使用辅助生殖技术而生的子女,出生方式的不同导致其血缘父母和法律父母不一致,与收养子女相类似。最后,血缘知情权具有人格利益的属性,体现在血缘知情权的客体不仅仅包含辅助生殖子女血缘关系、遗传关系、出生方式等自身隐私信息,还涉及捐赠者隐私和个人信息。

---

①　边琪.论德国司法实践中一般人格权下血缘知情权的发展:兼论自然人新型人格权益的司法证成及其发展[J].中德法学论坛,2020(1):93-117.

②　张新宝.从隐私到个人信息:利益再衡量的理论与制度安排[J].中国法学,2015(3):42.

二、我国确立血缘知情权的基础

基于辅助生殖技术的出现和发展,国外较早出现涉及血缘知情权的相关案例,血缘知情权也应运而生。1989 年通过的联合国《儿童权利公约》规定了儿童有权知晓自己的生物学父母。此外,联合国儿童权利委员会指出,各国应当以儿童的最佳利益为考量,维护儿童的血缘知情权,以保护和促进儿童的健康发展。我国虽还未明确血缘知情权的立法,但已有的法条已经能够作为血缘知情权的立法基础,为日后血缘知情权的确立做好铺垫。

(一)实践基础:承认辅助生殖子女的法律地位

1991 年最高人民法院在《关于夫妻关系存续期间以人工授精所生子女的法律地位的复函》中承认夫妻关系存续期间所生子女的法律地位,认为人工授精所生子女应被视为双方的婚生子女。这是中国早期在实务方面承认辅助生殖子女与其他一般子女具有同等的法律地位,并且其合法权益受到保护的规定,该规定在日后的众多案件中起到至关重要的作用。2021 年《最高人民法院关于适用〈中华人民共和国民法典〉婚姻家庭编的解释(一)》第 40 条规定,在婚姻关系存续期间,经夫妻双方同意,人工授精所生子女也应被视为婚生子女,父母与子女的权利义务关系适用民法典相关规定,这可以被认为是血缘知情权立法的基础性规定,是血缘知情权立法的必要前提。

(二)价值基础:保障辅助生殖子女的人格尊严

我国《民法典》的人格权编中明确规定,自然人享有基于人身自由、人格尊严产生的人格权益,民事主体的人格权受法律保护,不受任何组织或个人侵害。血缘知情权保障了辅助生殖子女的血缘信息知情权,从本质上来讲,是对辅助生殖子女人格尊严的保护。基于实际情况,法律父母为了避免辅助生殖子女知晓其身世后产生后续问题,往往倾向于隐瞒辅助生殖子女的出生真相,不愿主动向辅助生殖子女透露其身世,但该方式往往容易弄巧成拙,出现更不可控的情况,容易对辅助生殖子女造成严重的心理伤害,是对辅助生殖子女人格尊严的侵害。在民法中,人格尊严是人格权要保护的核心价值和基础。[①] 为保护辅助生殖子女的人格尊严,保护辅助生殖子女的心理健康,确认血缘知情权有其必要性,同时《民法典》也已为血缘知情权立法的必要性提供了价值依据。

(三)制度基础:辅助生殖规范是血缘知情权的保障

为适应辅助生殖技术的发展,避免辅助生殖技术的滥用,辅助生殖技术需要有适配的法律法规对其进行严格规范。为此,2001 年原卫生部发布了一系列辅助生殖技术管理规范,包括《人类辅助生殖技术规范》《人类精子库基本标准》《人类精子库技术规范》《实施人类辅助生殖技术的伦理原则》,并在 2003 年对其进行修订,发布了《人类辅助生殖技术规范》《人类精子库基本标准和技术规范》《人类辅助生殖技术和人类精子库伦理原则》。此后,2015

---

① 张莉.论人类个体基因的人格权属性[J].政法论坛,2012,30(4):43-52.

年原国家卫计委针对人类辅助生殖技术准入把关不严、专业人员配置不科学的突出问题颁发了《人类辅助生殖技术配置规划指导原则》《关于规范人类辅助生殖技术与人类精子库审批的补充规定》《关于加强人类辅助生殖技术与人类精子库管理的指导意见》;2017年原国家卫计委联合公安部、国家食品药品监管总局、最高人民法院等12部门共同印发《关于建立查处违法违规应用人类辅助生殖技术长效工作机制的通知》以进一步规范辅助生殖技术的市场秩序;2019年国家卫健委为进一步规范督促辅助生殖机构及其医护人员的行为,制定了《辅助生殖技术随机抽查办法》。血缘知情权得以确认后,这一系列的规定首先能够确保血缘知情权的信息客观可查,将是实现血缘知情权的有力保障。

三、我国确立血缘知情权存在的问题

(一)血缘知情权的权利结构模糊

1. 血缘知情权的权利主体和义务主体不清晰

首先,从血缘知情权的逻辑来看,辅助生殖子女应该先知晓自己的出生方式,即自己是在辅助生殖技术支持下诞生的,这是血缘知情权最基本的条件,其次,了解自己的出生方式背后的内容,如捐赠者的个人情况。

目前,德国已承认辅助生殖子女享有血缘知情权,并在司法实践中逐渐丰富其内涵,逐渐扩展了辅助生殖子女父母和帮助实施辅助生殖技术的医生、医疗机构等主体对应的义务。2013年2月6日位于德国哈姆市的该州高级法院的判决依据德国《基本法》中一般人格权条款和《民法典》第242条诚实信用条款指出:(1)辅助生殖子女有权要求实施辅助生殖的医疗机构和医生提供捐赠者身份;(2)实施辅助生殖技术的医生与父母间签订的保密协定对辅助生殖子女无效;(3)在特殊情况下可以免除实施辅助生殖技术的医生的告知义务,例如已无法找到记载捐赠者相关资料的情形。为了保护辅助生殖子女的血缘知情权,德国2018年正式施行了《异源精子使用下的血缘知情权调整法》,其中规定捐赠者必须在德国医疗文献与信息机构进行信息登记,捐赠者的信息将保存110年,此外还规定了禁止辅助生殖子女的母亲向该机构获取捐赠者信息,同时也禁止捐赠者通过该机构获得出生的辅助生殖子女的信息,通过此类规定明确了德国医疗文献与信息机构履行告知义务的程序和方式。

德国对血缘知情权的相关规定值得借鉴学习,但适用于我国仍然存在一定问题。对于辅助生殖技术而言,可能会涉及的主体有医疗机构、捐赠者、父母、辅助生殖子女以及政府等,在多个主体与伦理道德的纠葛下,血缘知情权仍然存在以下需要解决的问题。

首先,辅助生殖子女作为血缘知情权的权利主体,是否仅有本人可以行使该权利,是否能由他人代为行使该权利。当前承认血缘知情权的国家中,对血缘知情权权利主体的规定也有所差异,主要分为成年辅助生殖子女和未成年辅助生殖子女,认为成年辅助生殖子女捍卫血缘知情权理所应当。对于强调感恩、忠诚的中国传统文化而言,如果成年辅助生殖子女要求获知血缘父母的个人信息,在某种程度上意味着背叛,容易被视为"白眼狼",即使渴望血缘知情,辅助生殖子女出于对养育父母的尊重,往往会选择忽视该项权利或通过其他更为隐秘的方式寻找真相。而对于未成年辅助生殖子女是否可以行使血缘知情权,大多数国家认为可以由其父母代为行使该权利,但与此同时,也有人担心如果由父母代为行使血缘知情权,捐赠者个人信息可能被进一步泄露。

其次,一旦确认血缘知情权,就面临着谁有义务将相关信息告诉辅助生殖子女的问题,对于血缘知情权的义务主体有待进一步规定。根据我国辅助生殖技术的相关规定,实施手术的医疗机构、精子库都需要遵循保密原则。"生恩"和"养恩"是个道德难题,为避免子女离开自己,也为了杜绝子女产生自我怀疑的念头,许多父母会选择对孩子隐瞒他们的真实出生情况。从这一点而言,如果父母刻意隐瞒,即使参照德国法条承认医疗机构和医生有义务告知其真相,也失去了告知的意义。据此,血缘知情权的义务主体需要从父母、医疗机构等多个角度思考。

2. 血缘知情权的权利客体和权利内容不明确

根据血缘知情权的概念可知,血缘知情权保障的是辅助生殖子女了解自身血缘信息的权利。在确立血缘知情权的国家中,大部分国家认为对辅助生殖子女而言,血缘知情权的客体是捐赠者的个人信息,但是运用到我国仍然有以下问题不明确。

首先,在承认血缘知情权的前提下,得知自己的出生方式是保障辅助生殖子女血缘知情权的第一步。但是在已经确立血缘知情权的国家的相关法律法条中,没有任何主体有义务告知辅助生殖子女他们的出生方式,如果这一点未能得到满足,其他的条例都没有成立的意义。在强调个人主义的西方视角下,强调人格的独立发展,家庭观念和血缘观念相对较弱,因此作为法律父母告知辅助生殖子女真实的出生方式并不是一件难以实现的事情。但是以中国为代表的东方文化对家庭关系和血缘关系极其重视,因此,在中国,保障辅助生殖子女知晓自己的出生方式的权利很可能被解读为否认血缘关系(除了同源授精),这容易造成亲子关系的隔阂。

其次,在已确立血缘知情权的国家中,对血缘知情权可获取的信息内容的规定有所差异。一方面,将辅助生殖子女可获取的血缘知情信息进行区分,由浅入深可分为知道自己的出生方式、获得捐赠者非可识别的身份信息和获得捐赠者可识别的身份信息。因为信息的性质较为特殊,这三类信息是否都能提供给辅助生殖子女,分别应该在什么年龄阶段告知较为合适,都有待商榷。就英国而言,1991—2005 年,辅助生殖子女在年满 16 周岁后只可获得配子捐赠者的非可识别信息,如身体特征(身高、体重、眼睛和头发颜色)、国家、种族等;从2005 年开始,英国在原来的基础上规定当子女年满 18 周岁时,可获得捐赠者的可识别信息,即捐赠者的姓名、出生日期以及已知的最后地址。① 另一方面,一直以来我国规定实施辅助生殖技术都是在签署双盲的知情同意书的前提下进行的,对保障捐赠者的隐私权进行了规定。因此,在确认血缘知情权之前,捐赠者的隐私权与辅助生殖子女的血缘知情权之间如何权衡就需要进一步考虑。

---

① ALLAN S. A cross-jurisdictional study of regulatory requirements and practice regarding the recording of donor information and its release to donor conceived people[J].SSRN electronic journal,2012:9-21.

（二）血缘知情权与牵连利益之间的冲突有待协调

1. 血缘知情权与隐私权的冲突

隐私权保护自然人私生活的安宁和隐私信息不受非法侵害，禁止他人对个人信息的非法获取和处理，但随着科技和文明的进步，时常会出现知情权和隐私权的冲突与矛盾。如新冠疫情期间，公众的知情权和病患的隐私权，公众的知情权和公众人物的隐私权在很大程度上出现了矛盾。在血缘知情权和隐私权方面同样存在这些问题。

首先，辅助生殖子女的血缘知情权与无法生育的父母的隐私权相冲突。虽然社会的包容度越来越大，但有不育问题的父母在一定程度上仍旧会介意，希望能够对自己借助辅助生殖技术生育的事实进行隐瞒。而这一事实确实属于个人隐私，并不会威胁到社会治安问题，故在合法意义上，这些不育父母的生育信息应当被纳入个人隐私范畴，受隐私权保护。而且，如果告知辅助生殖子女其出生真相可能将会面临养育之恩和血脉之恩孰轻孰重等问题。因此，为了从源头杜绝这个问题，大多数父母倾向于对此保密。从父母的角度而言，保密既可以保护自己的人格尊严，又可以维护一个家庭的完整和稳定，隐瞒真相无疑是大多数父母的选择。

其次，辅助生殖子女的血缘知情权与捐赠者的隐私权相冲突。对捐赠者而言，捐赠行为本身是一种人道主义和公益行为，主要目的并非延续后代。对于捐赠者而言，在捐赠时就已经同步一部分个人信息给配子库或者医疗机构，其中的信息除了身高、体重、血型等非可识别身份的信息外，还包括性别、学历、家庭住址等方面的可识别身份的信息。根据澳大利亚等国家对血缘知情权的规定，辅助生殖子女可以获取捐赠者可识别的身份信息，这保障了辅助生殖子女的血缘知情权，但是这种知情权可能对捐赠者的家庭稳定性产生一定影响。除开是捐赠者的身份，该行为人可能也拥有自己稳定的家庭，有配偶与孩子。如果辅助生殖子女获得捐赠者的身份识别信息，可能给双方家庭都会带来伤害。在对澳大利亚维多利亚州捐赠者的调查中，过半的捐赠者都表示拒绝将自己的个人信息透露给捐赠子女，因为捐赠子女的出现，对捐赠者自己和捐赠者的家庭而言带来的后果都是不确定的。血缘信息一旦泄露，可能会与其他泄露的个人隐私信息一样导致捐赠者名誉受损或使其受到负面评价，不仅加重捐赠者的心理负担，甚至还可能对其婚姻、家庭和子女关系产生重大影响。这也是中国一直以来采取双盲原则的原因，但对隐私权的保护能否超越对辅助生殖子女血缘知情权的保护，这值得商榷。

2. 血缘知情权与子女最佳利益的冲突

"子女最佳利益"原则中，心理健康的地位尤为突出。对于捐赠子女而言，或早或晚得知身份信息，都容易造成不同程度的心理压力。2003 年，日本厚生劳动省的厚生科学审议会生殖辅助医疗部发表了通过提供配子、胚胎出生的孩子的出生权利报告书，提出已经在捐赠者的匿名性下出生的孩子也有权利知道自己的出生真相。但是该倡议仍未在法律层面得到实现，辅助生殖子女的血缘知情权暂未得到确认。但是辅助生殖子女极度渴望了解自己的出身，其中不少辅助生殖子女实名并公开要求自己应当拥有血缘知情权。①

---

① 邓乾坤.2015 年日本民法学研究综述[J].日本法研究,2016,2(00):195-217.

日本 2003 年的一次公开讲座中,有两个针对辅助生殖子女的真实案例。① 其中,一名 29 岁的男性在医院的一次基因测试中得知自己与父亲不存在血缘关系,经询问才得知自己是通过人工授精诞生的。另一名 25 岁的女性在父亲确诊患有遗传性疾病后开始陷入焦虑,但其母亲告知她与父亲无血缘关系,也是通过人工授精方式诞生的,并且在该女性的案例中,周边的所有亲人都知晓该内情,只有她自己被隐瞒了 25 年。这两个案例当事人都表示真相是在不可能隐瞒的情况下才曝光的,给他们造成了巨大的心理压力,一方面他们对家庭的归属感降低,觉得自己不属于家庭,另一方面,他们的自我认同感降低。这些真相使得他们的心理压力难以排解,因此一直想寻找一个可以接纳并支撑自己的地方,但未能实现。

关注辅助生殖子女的心理健康,应当建议一开始就告知子女真相,这样有利于子女感受到家庭的温暖和安全感,反之,作为秘密被揭露则容易使子女置身于紧张的不安全氛围下。辅助生殖子女意外得知身世会导致自我认同大大降低,孩子可能会觉得自己不是家庭的一分子,当父母一直以来营造的谎言氛围被揭破后,不安全感也是遗传后代特别突出的心理问题。

保障辅助生殖子女的血缘知情权有其必要性,且多国都以"子女最佳利益"作为保障辅助生殖子女血缘知情权的出发点和原则。但与此同时,也必须关注到捐赠者自身可能也有稳定的家庭,有婚姻关系下的子女,如果一味只保护辅助生殖子女的血缘知情权,捐赠者的婚姻可能会受到影响,进一步捐赠者婚姻关系中的子女的心理健康也可能受到波及。这种情况下,"子女最佳利益"容易成为一个伪命题,难以实现最初的目的,这是当前血缘知情权相关研究容易忽视的部分,也是需要得以解决的问题。

四、血缘知情权的理论分析

血缘知情权与时代特征相适应,具有独特的内涵。血缘知情权还有丰富的伦理基础和法理基础,其权利属性、权利内容、保障方式等具有独特性,其他权利难以替代。现有的权利体系难以满足辅助生殖子女对实现血缘知情权的权利诉求,在法律上明确辅助生殖子女的血缘知情权具有必要性。

(一)血缘知情权的伦理基础和法理基础

1.血缘知情权法定化的伦理基础

首先,法律确认和保障血缘知情权,有利于维护辅助生殖子女的身心健康。当孩子想要建立自身的形象和世界观之时,对自身信息的了解是必要的,在不知道自身血缘起源的情况下,自尊心会受到打击。② 随着年龄的增长,辅助生殖子女的体貌特征等往往会与父母呈现

---

① 才村虞理.子どもの出自を知る権利の必要性:生殖補助医療と養子制度より[J].帝塚山大学心理福祉学部紀要,2005,1:29-39.

② TURNER A J,COYLE A. What does it mean to be a donor offspring? The identity experiences of adults conceived by donors insemination and the implications for counselling and therapy[J]. Human reproduction,2000,15(9):2041-2051.

某些差异,如果差异过于明显,可能引起子女对自身与父母之间是否存在血缘联系的疑问,或是在就诊等特殊情况下,无意中发现自身与父母之间在血型或遗传疾病等方面存在重大差异,甚至偶然间听闻自己的真实身世,这无疑都是对辅助生殖子女心理健康的重大打击,不利于辅助生殖子女的自我认同和人格塑造,尤其是对未成年辅助生殖子女的成长有重大的负面影响。同时,虽然我国在《人类精子库基本标准和技术规范》中已规定捐赠者不应有遗传病史,并对捐赠者进行健康检查,但由于科技水平等客观条件的局限,部分疾病的发病率低但检测成本高,部分疾病则被认为是常规的疾病,不属于检测范围,导致部分精子可能存在遗传疾病的风险。如果辅助生殖子女的血缘知情权得不到保障,意味着辅助生殖子女将无法得知自己血缘父母的遗传病史,不利于疾病预防和治疗,在进行重大医疗手术,如骨髓、器官移植时,也无法及时联系到血缘父母或者其他血缘亲属,导致贻误救治时机,这对辅助生殖子女的身体健康和生命安全是重大威胁。因此,有必要对辅助生殖子女的血缘知情权进行保障,促进辅助生殖子女的身心健康和自我认同。

其次,承认辅助生殖子女的血缘知情权,有利于防止辅助生殖子女及其后代近亲结婚。我国《民法典》第1048条规定,直系血亲或者三代以内的旁系血亲禁止结婚,在我国近亲结婚被依法禁止。从伦理道德角度看,近亲结婚违反伦理道德,而从医学角度看,近亲结婚将会导致由于双方近亲属之间基因类似,所生育的子女患遗传性疾病和先天性畸形的概率要远高于其他人,孩子的死亡率更高。如果辅助生殖子女的血缘知情权无法得到保障,可能导致辅助生殖子女的婚姻对象为自己血缘上的近亲而互相不了解,不但如此,辅助生殖子女的后代甚至也可能有近亲结婚的风险。未来随着不育患者群体的继续扩大,通过辅助生殖技术出生的人口也将越来越多,如果不能有效遏制辅助生殖技术使用所带来的近亲结婚的情况,可能给人口素质埋下隐患。① 我国《人类辅助生殖技术规范》规定"每一位供精者的冷冻精液最多只能使5名妇女受孕",虽然在我国庞大的人口基数下,这种概率极低,但并非不可能出现,我们不能因为概率低就无视这种伦理风险。因此,应当赋予辅助生殖子女的血缘知情权,并通过法律进行保障。辅助生殖子女应有权了解自己的捐赠者及捐赠者所生与自己有血缘关系的后代情况,避免出现辅助生殖子女及其后代近亲结婚的情况,造成不可挽回的悲剧。

2. 血缘知情权法定化的法理基础

从人格权的产生来看,人格权的权利产生于权利主体对于自身利益的维护,这便是新型人格权产生的内因,而该项权利需要在社会层面上获得认可,具有保护价值,这便是新型人格权产生的外因,两者相辅相成,才能确认新型人格权的正当性。

首先,从新型人格权产生的内因上来看,马克思曾说:"家庭起初是唯一的社会关系。"血缘关系是由婚姻或生育而产生的关系,其中父母与子女之间的关系最具代表性。自然权利理论认为,权利的正当性标准应当从人的自然本性中寻求,血缘关系是历史最悠久的一种社会关系,伴随着人类社会诞生,是每个人与生俱来的关系。中国自古以来便有"血浓于水""骨肉相连"等成语或典故,中国人对于血缘关系、家庭关系的重视也一直延续到今天。血缘知情权具有维护人格尊严的重要价值,已经具有进行人格利益保护的必要性,对辅助生殖子

---

① 李坤.非法人工授精行为之社会危害及其防范[J].犯罪研究,2010(6):57-63.

女的利益需要予以特别关注。使用辅助生殖技术出生的子女虽然出生方式有别于传统方式，但正所谓"身体发肤，受之父母"，辅助生殖子女虽然难以决定自己的出生方式、血缘关系，但他们和所有孩子一样，渴望了解自己的身世，也享有法律赋予的人格尊严和独立人格，不应当受到歧视。辅助生殖子女理应对了解自己血缘的来源具有自主决定的权利，包括积极了解其出生方式和血缘关系等切身信息，从而使得他们发现和认同自身价值，并以此促进自我人格的不断完善，这是辅助生殖子女人格利益的重要一部分。权利的内涵实际上是权利主体对于自身利益的维护，法律不能剥夺辅助生殖子女对的血缘知情权，不能了解自己的血缘关系将是对他们人格尊严和身心健康的重大打击。

其次，从新型人格权产生的外因上来看，新型人格权往往是因为符合社会客观实际，而受到法律确认继而形成的一种新型的权利形态，血缘知情权正是在现代辅助生殖技术发展中所产生的一种人类的新型利益诉求。在社会生活中，对于血缘知情权的诉求正是随着社会科技的进步而产生的，辅助生殖技术的发展和应用造成了社会生活中人与人之间新的冲突和矛盾。人是一种社会动物，最早期正是通过血缘关系联系起来的，才得以在复杂的自然和社会环境中求得生存，血缘关系作为每个人最基本的社会关系，作为维系构成社会最基本细胞的家庭的重要纽带，有重要的社会价值。

另外，血缘知情权还是人权的重要体现，蕴含着自由、平等、发展的内涵，体现出人类追求自由和发展的天性。我国宪法规定"国家尊重和保障人权"，人格权是人的基本权利，并且与人本身不可分离，而人格权与人权联系密切，一些人格权甚至是人权的基本组成部分。[①]辅助生殖子女的出生方式虽有别于传统的出生方式，但他们也有追求平等、自由和发展的权利，每个人的出生都是一次生命的开始，每个人都是一个独立的个体，天生渴望了解自己从哪里来，这种对于自身身世和血缘信息的追求，符合人权保护的要求。一方面，如果忽视辅助生殖子女的血缘知情权，可能导致辅助生殖子女无法被家庭和社会平等对待，另一方面还可能影响到辅助生殖子女未来的发展。因此血缘知情权的权利主体提出的利益诉求，具有上升为一项新型权利的潜力。辅助生殖子女有权知道涉及个人出生方式、血缘关系等相关信息，此类信息涉及其尊严、教育、医疗、就业等方面，血缘关系的知情权的重要性不可低估。

最后，血缘知情权实现的权利成本可接受。新型人格权经过证成进入法律体系后，要充分得到法律保护，也必须考虑包括履行义务和承担责任等需投入的权利成本。[②]血缘知情权作为一种新型人格权，能够体现法律对于社会现实问题的回应，充分展现对于辅助生殖子女的人文关怀，有利于对辅助生殖子女加强保护。辅助生殖子女实现血缘知情权，需要义务主体履行披露相关信息的义务，而义务主体主要是知晓辅助生殖子女血缘信息的法律父母和第三方的医疗机构，在第三方医疗机构中往往留存了辅助生殖子女及其捐赠者信息的相关档案，权利实现的成本较低。

（二）血缘知情权的法律属性

人格权的新内容往往通过持续不断的司法实践而形成。《民法典》第990条第2款规定："自然人享有基于人身自由、人格尊严产生的其他人格权益。"我国《民法典》也为自然人

---

① 王利明.人格权法研究[M].北京：中国人民大学出版社，2018：23-24.

② 徐钝.论新型人格权司法证成的基本准则[J].法商研究，2018，35(3)：38-49.

新型人格权益的进一步发展提供了坚实的法律基础。有学者认为,法律人格的完善程度,直接反映了人在民法中地位的高低,同时法律人格的内涵发展也拓展了人在民法中的权利。^①人格权作为权利主体维护其人格独立和人格尊严的权利,是为了维护自身的人格利益。一方面,辅助生殖子女的法律地位得到承认,辅助生殖子女的生的尊严得到了法律保障。^② 另一方面,辅助生殖子女在寻求血缘来源的时候,不仅是在探寻自我人格的独立,更体现了辅助生殖子女法律人格的内涵发展。

首先,辅助生殖子女对自身血缘来源的知情权,是辅助生殖子女基于人格发展而提出的,有利于辅助生殖子女对自身身份和血缘进行明确,属于人格权,这种基本权利不应受到限制。一方面,由于自身出生方式的特殊性,辅助生殖子女需要获取与自身血缘相关的信息,血缘信息和其中蕴含的遗传信息、基因信息等,对人的形象和健康有着重要影响。基因孕育个体的生命形态,决定个体的健康、控制着个体的性状。^③ 获取自身的血缘相关信息可以使得辅助生殖子女更加准确地刻画自我的社会形象,实现对于自我更加清晰的定位和认知。另一方面,如果难以获取自己真实的血缘来源,始终无法对自己的血缘父母和遗传脉络进行梳理,辅助生殖子女可能对自身现有的生活环境和社会身份产生强烈的不信任感和不安全感,对辅助生殖子女的自尊心和社会认同感产生重大打击,影响其未来的生存和发展。

其次,血缘知情权是一种人格权,而不是身份权。人格权作为人与生俱来的权利,与权利主体不可分离,而身份权是特定的身份赋予的,只有当具备特定的身份时才享有,并不是与生俱来。血缘知情权作为辅助生殖子女与生俱来的权利,法律在认可辅助生殖子女的血缘知情权的同时,应当明确,辅助生殖子女的血缘知情权的权利诉求根本目的在于明确"我是谁""我从哪里来",是辅助生殖子女为了确认自己的血缘来源而提出的,而不是为了与捐赠者之间建立身份关系,即使辅助生殖子女知晓了血缘父母,也无权要求与捐赠者之间建立亲子关系,不影响与法律父母的权利义务关系,更何况捐赠者的本意并不是要成为某人的父亲或母亲并建立身份关系,而是为了公益,为不孕不育的父母施以援手,因此,血缘知情权是一种人格权,不是身份权。

最后,血缘知情权应当属于具体人格权,在我国有着广阔的适用前景。通过保护血缘知情权,不仅可以充分保障权利主体的人格尊严,还可以使权利主体的血缘知情权受在到侵犯后能够及时而有效地获得民事救济,相对人在侵犯血缘知情权的权利主体后应当承担相应的民事责任。德国侵权法对于权利与利益的区分提出了三个标准,符合以下标准的为权利,反之为利益。其一为"归属效能",即可以将利益内容归属于特定主体;其二为"排除效能",即主体有权排除他人的非法干涉;其三为"社会典型公开性",即主体有识别利益客体的可能性。^④ 辅助生殖子女的血缘知情权有特定的权利主体,即辅助生殖子女,其行使血缘知情权

① 马骏驹,刘卉.论法律人格内涵的变迁和人格权的发展:从民法中的人出发[J].法学评论,2002(1):26-41.

② 杨立新,李怡雯.保障人工辅助生殖技术所生子女的生的尊严:认定人工辅助生殖技术所生子女的法律地位的基准点[J].中国应用法学,2021(3):77-96.

③ 张莉.论人类个体基因的人格权属性[J].政法论坛,2012,30(4):43-52.

④ 于飞.侵权法中权利与利益的区分方法[J].法学研究,2011,33(4):104-119.

能够排除他人非法干涉,另外通过现代生物科技手段,辅助生殖子女的血缘信息具有识别的可能性。

五、血缘知情权的权利结构

血缘知情权是一种私法上的权利,具有明确的权利主体、义务主体、权利客体、权利内容等,并且是人格尊严和人格独立的重要体现,是辅助生殖子女与生俱来的、不可分离的权利,应当肯定血缘知情权作为一项具体人格权的法律地位,并明确其权利结构。

(一)血缘知情权的权利主体

血缘知情权的权利主体为辅助生殖子女及其近亲属。毫无疑问,辅助生殖子女作为实施辅助生殖技术前后的第一利益相关人,有权知悉与自己切身利益相关的信息,包括知悉自己的出生方式、血缘关系、捐赠者的基本信息等,辅助生殖子女行使血缘知情权,并且能够得到法律保障,才能维护辅助生殖子女的人格尊严和人格完整,但要区分子女已成年和子女未成年两种情况。另外,辅助生殖子女的近亲属在特殊情况下也有权代为行使血缘知情权。

1. 已成年的辅助生殖子女

血缘知情权的权利主体应当是通过实施辅助生殖技术生育的子女,且子女需年满 18 周岁。这主要考虑到三个方面:首先,成年人的心智较为成熟,对事物的接受能力较强,并且能够充分地行使该权利;其次,血缘知情权具有高度的人身依附性,关乎辅助生殖子女的切身利益,由辅助生殖子女本人成年后行使为宜;最后,血缘知情权的行使应当尽量维护家庭和睦和安宁,成年子女有独立的能力,其与家庭的关系已经较为稳定,对于血缘知情的主张对家庭和睦的影响较小。国际社会上,除奥地利规定子女 14 周岁可获得捐赠者的资料外,绝大部分承认血缘知情权的国家都将年龄规定在 18 周岁,如瑞士规定子女需 18 周岁才能获得血缘父母的相关信息,挪威、芬兰、瑞典也规定子女需 18 周岁才能获得捐赠者的资料。[①]

2. 未成年的辅助生殖子女

在辅助生殖子女未满 18 周岁的情况下,如辅助生殖子女的血缘知情权需要得到法律保障,实现辅助生殖子女的权利从"应然"到"实然"的过程,有时候需要得到他人协助。因此,辅助生殖子女虽然未满 18 周岁,但因一些特殊情况,如辅助生殖子女面临疾病治疗和心理治疗,需要获取捐赠者的信息时,也应当允许辅助生殖子女的近亲属为了子女的利益,代为主张血缘知情权,获取捐赠者的相关信息,辅助子女治疗。

(二)血缘知情权的义务主体

血缘知情权的行使需要相对人履行一定的义务,才能保障权利的实现。考虑到辅助生

---

① 李晓珊.论配子捐赠辅助生殖子女的基因来源知情权[J].东方法学,2020(6):134-147.

殖子女的血缘知情过程,血缘知情权的义务主体应当是负有告知义务的辅助生殖子女的法律父母和保存捐赠者信息的辅助生殖医疗机构。

1. 辅助生殖子女的法律父母

血缘知情权的义务主体首先应当为辅助生殖子女的法律父母。即使法律父母与辅助生殖子女没有血缘上的关系,他们也负有告知辅助生殖子女血缘和身世的义务,待到辅助生殖子女身心成熟提出血缘知情的要求之时,辅助生殖子女的法律父母应当积极协助辅助生殖子女实现血缘知情权,告知子女的血缘来源和所掌握的真实情况,也应当鼓励辅助生殖子女的法律父母挑选合适的时机主动向辅助生殖子女披露其真实的身世情况,同时进行心理抚慰。

2. 保存捐赠者信息的辅助生殖医疗机构

血缘知情权的义务主体还应当包括保存捐赠者信息的辅助生殖医疗机构。在实施辅助生殖技术之前,供受双方都需向辅助生殖医疗机构提交身份信息并签署相关书面材料,其身份信息都能为辅助生殖医疗机构所掌握,辅助生殖医疗机构应当履行信息保管义务和信息告知义务。信息保管义务是指辅助生殖医疗机构平时应当妥善保管捐赠者的相关信息,并确保信息的真实性;信息告知义务是指在满足法定条件的辅助生殖子女或其近亲属提出查询信息等需求的时候,保管捐赠者信息的辅助生殖医疗机构应该予以积极配合,向权利人提供相关身份信息。根据我国《人类辅助生殖技术规范》的管理规定,辅助生殖医疗机构保存受精者双方的档案和社会身份资料,在相关当事人具有充分理由或特殊原因的时候可以查阅。因此,应当赋予辅助生殖医疗机构相应的法定义务,在法定条件成就时,为辅助生殖子女提供相关信息。辅助生殖子女的血缘知情权应当优先于辅助生殖医疗机构与供求者的保密协议,相关的身份保密规定不能对抗辅助生殖子女的血缘知情权。

(三)血缘知情权的权利客体

血缘知情权的权利客体为与辅助生殖子女血缘关系相关的身份信息,这也是辅助生殖子女血缘知情权权利诉求的核心。为了保护辅助生殖子女的人格利益,应当赋予辅助生殖子女对自己血缘关系等相关信息知情的权利。其中,与辅助生殖子女血缘关系相关的信息具体主要包括三个方面:辅助生殖子女自身身份信息、捐赠者的身份信息、捐赠者所生后代的身份信息。

1. 辅助生殖子女自身身份信息

辅助生殖子女自身身份信息,应当包括两个方面,即辅助生殖子女自身的出生方式和自身血亲关系的基本情况。首先,辅助生殖子女有权知道自己不是通过传统方式生育的,而是通过辅助生殖技术生育的;其次,辅助生殖子女有权知道自身血亲关系的基本情况,从而明确与自身具有血缘关系的亲属,了解与自己有血缘关系的父母的基本情况,这体现了对于辅助生殖子女人格尊严和人格独立的基本尊重。

2. 捐赠者的身份信息

捐赠者的身份信息应当分为两类:一类是可识别身份的信息,一类是非可识别身份的信息。根据民法典第 1034 条规定,个人信息是能够识别特定自然人的各种信息,包括姓名、出生日期、生物识别信息、联系方式、健康信息等。其中,个人信息的生物识别信息指基因、指纹、面部特征等。① 可识别捐赠者身份的信息除了包括上述个人信息,为了回应辅助生殖子女的权利诉求,还应当包括捐赠者的遗传病史、血型等,这也是辅助生殖子女所需的核心信息,可识别信息有助于辅助生殖子女对捐赠者社会身份的知晓。另一类是非可识别身份的信息,这类信息包含捐赠者的人格利益。② 非可识别身份的信息应有助于辅助生殖子女自我认知的完善,内容应当包括捐赠者的职业、特长、习惯、兴趣爱好、身高体重等。通过获取捐赠者可识别身份的信息和非可识别身份的信息,辅助生殖子女能够根据这些信息较为完整地刻画出自己完整的肖像,了解自己的血缘关系和社会关系,在人格独立和人格尊严得到保障的同时,还能促进身体健康,如有潜在的遗传病,可以提前做好预防,及时得到救治。

3. 捐赠者所生后代的身份信息

辅助生殖子女还应有权了解捐赠者所生后代的身份信息。知悉捐赠者所生的后代的身份信息是为了规避辅助生殖子女与捐赠者后代近亲结婚的风险,如果辅助生殖子女不知晓捐赠者后代的基本身份信息,可能会无意识地引发伦理问题,对辅助生殖子女的后代身体健康造成负面影响,但此类信息的范围应当受到严格限制,法律应当仅允许辅助生殖子女知晓捐赠者所生后代的可识别身份的信息,对于其余信息无权了解。

(四)血缘知情权的权利内容

首先,血缘知情权的权利内容指的是当辅助生殖子女年满 18 周岁且知晓自己是通过辅助生殖技术出生时,辅助生殖子女有权要求辅助生殖医疗机构提供捐赠者的身份信息,包括捐赠者的可识别身份的信息和非可识别身份的信息,帮助辅助生殖子女促进自我认知的完善,维护其人格尊严和人格独立。在辅助生殖子女有婚姻或者生育方面的需求时,有权通过辅助生殖医疗机构了解自己是否与婚姻对象存在伦理风险。在辅助生殖子女有疾病治疗等相关需求时,有权要求辅助生殖医疗机构提供捐赠者的相关身份信息,了解其遗传病史和健康信息。

其次,当辅助生殖子女未满 18 周岁的情况下,为了辅助生殖子女的医疗等特殊需求,应当允许辅助生殖子女的近亲属代为主张血缘知情权,从辅助生殖医疗机构处获取捐赠者的相关信息,辅助治疗。

最后,应当鼓励辅助生殖子女的法律父母积极履行义务,择机向辅助生殖子女披露其出生方式等信息,协助辅助生殖子女实现其血缘知情权。

六、结语

自古以来,我国便有重视繁衍后嗣和血脉传承的传统,而寻根情结也深深植根于每个中国人心中,血缘知情权正是彰显了每个人追寻血脉来源的天性。随着辅助生殖技术的不断发展,除了传统的生育方式外,越来越多的子女在辅助生殖技术的帮助下诞生,加强对于辅助生殖子女这一群体的关注,通过法律确认和保障辅助生殖子女的血缘知情权已经迫在眉睫。

---

① 刘越.论生物识别信息的财产权保护[J].法商研究,2016,33(6):73-82.
② 郭明龙.人类基因信息权益的本权配置[J].法学,2012,363(2):94-102.

辅助生殖子女血缘知情权的研究,将是研究和解决辅助生殖领域其他法律问题的一把钥匙。对于自身身世情况和血缘来源的知情了解,不仅关乎一个人能否树立起对自己正确的认知,更会对一个人的身心健康和长远发展产生重要影响,因此,血缘知情权是维护人格尊严和人格独立的重要要求。辅助生殖子女如果究其一生都不了解自己真实的身世情况和血缘来源,无疑将生活在痛苦和焦虑中。随着社会经济和科技的进一步发展,辅助生殖子女这一群体在我国将会受到越来越多的关注,辅助生殖子女的权益将会得到更好的保障。

On the Right to Know Bloodline Under Assisted Reproductive Technology

Zhang Li[1]　　**Guo Yifei**[2]

（1. Fujian Normal University, Fuzhou, 350117; 2. Xiamen University, Xiamen, 361102）

Abstract： Assisted reproductive technology has caused the problem of traditional blood ties being severed and blood parents being separated from legal parents, namely the separation of the mother, gene provider, and actual caregiver. Therefore, it is particularly important to confirm the corresponding parent-child relationship and establish the right to know about the blood relationship of children born through assisted reproductive technology. The right to information on blood relations under assisted reproductive technology refers to the right of children born through assisted reproductive technology to not only know their own birth method, but also to know information related to the donor. The right to be informed of blood relations has its unique ethical and legal basis, and has the attribute of personality rights. In terms of rights structure, the subject of the right to be informed about blood relations is assisted reproductive children and their close relatives. The obligation subject should be the legal parents of assisted reproductive children who have the obligation to inform and the assisted reproductive medical institutions that keep donor information. The object of rights is identity information related to the blood relationship of assisted reproductive children. The content of rights refers to the right of assisted reproductive children to request the identity information of donors from assisted reproductive medical institutions when they reach the age of 18 and know that they were born through assisted reproductive technology.

Key Words： right to be informed about blood relations; personality rights; parent child relationship

发挥检察职能督促家庭监护的
实践理性及创新路径研究
——以 F 市检察机关"督促监护令"制度为实例

李 琦[*]

内容摘要：在检察环节受理的涉及未成年人的案件中，经常发现未成年人日常不良行为与犯罪行为之间存在密切的关系，而这些不良行为的形成又往往与家庭监护的缺失有关。由检察机关向存在不履行或怠于履行监护职责的监护人发出"督促监护令"，并联合学校、公安、司法及社会组织共同帮助和督促监护人依法履责。最高检自决定在涉及未成年人的案件中全面施行"督促监护令"制度以来，在有力推动监护人履职的同时，也出现了职能部门间配合程度不够、发"令"后评估监督体系不健全、效果不到位等问题，一定程度上制约了该制度作用的发挥。因此，要完善职能部门间联动协作机制，优化"督促监护令"执行情况监督机制和保障措施，打造"智慧未检"和发挥社区力量等多渠道建立社会化监督帮教体系，以完善督促监护令机制。

关键词：督促监护；检察机关；监护人

首部《家庭教育促进法》直接明确了家庭教育的责任主体、内容方式和工作机制。检察机关作为国家监督机关，要准确把握自身定位，找准检察履职与家庭保护的切入点，以监护监督工作为基础积极融入家庭保护，同时发挥学校保护、社会保护的联合作用，促进监护人依法履责。

一、"督促监护令"制度之现实需求

"督促监护令"制度是由 F 市检察机关率先在全国探索实践的。在办理一起在校生犯罪的案件中，F 市检察机关通过社会调查发现，多名涉案未成年人均存在不同程度的家庭监护缺失或方式不当的问题。为了切实发挥家庭监护在预防未成年人犯罪和被侵害中的作用，F 市检察院于 2019 年 12 月发出了全国首份"督促监护令"，将上述涉案未成年人纳入督促监护令的范围，由承办检察官会同专业司法社工、法律专家学者等制订个性化考察方案，联合公安机关、学校、教育局、社区（村委会）、司法社工等有关部门和社会组织，对监护人履行监护情况进行考察，形成学校、家庭、司法、政府、社会五位一体的监督模式。

2021 年全国两会，F 市检察机关探索实行的"督促监护令"制度被写入最高检的工作报

---

* 李琦，男，福建省福州市人民检察院三级检察官，主要研究方向为刑事检察、未成年人检察。

告中。2021年6月1日起,最高检决定在全国推行"督促监护令"制度,以促使监护人依法履职。虽然"督促监护令"制度在全国检察机关的实践下取得很好的成效,仍存在一些问题,因此在司法实践和现有法律规定的框架下,进一步对如何发挥督促监护令制度的作用、如何增强制度的有效性需要更为行之有效的探索,这也是确保该制度得到有效实施的关键所在。

二、检察机关推行"督促监护令"制度之实践理性

(一)"国家亲权"理论与刑事政策

国家作为未成年人的终极保护者,意味着当监护人在不履行监护职责或者履职过程中存在不当情况的时候,国家是可以强势介入对未成年人监管的,甚至直接剥夺父母及监护人的亲权,由国家来承担父母亲权的权利和责任。对此,有学者提出了对于未成年人承担刑事责任实际是国家亲权的具体体现。当未成年人实施了犯罪行为后,国家亲权就需要进行合理的归责以实现对涉罪未成年人的行为规范。[①] 还有学者提出我国对未成年人的监护制度可以划分为民事和刑事两部分。对于民事监护制度归于私权,国家不应该随意干涉。但当未成年人涉嫌犯罪时,就需要国家进行刑事监护,以达到惩处、预防和保护的目的。[②] 虽然我国尚未有明确的关于国家亲权理论的规定,但是长久以来我国贯彻落实的关于未成年人特殊保护的相关政策,以及特殊的制度规定(比如前期的收容教养和工读学校制度、现在的专门学校建设、未成年人附条件不起诉制度等),这些都与国家亲权理论有着异曲同工之妙,对改善原生家庭环境、推动未成年人保护和恢复性司法发挥着重要作用。

(二)践行公益诉讼理念

检察机关担任了法律监督的角色,应当坚持贯彻不枉不纵的原则,追求合法性与客观性统一。从现有立法看,《人民检察院组织法》《民事诉讼法》《行政诉讼法》[③]等从不同法律的层面、不同法益保护的角度体现出检察机关对于保护社会公共利益的职责与作用。检察机关不仅要代表国家提起公诉,坚持打击犯罪和保障人权并重,对民事、行政和刑事诉讼活动进行监督,同时还担负着提起民事公益诉讼和行政公益诉讼等任务,扮演着"法律守护者"和"公益代表人"的双重角色。

缺乏监护的未成年人本身就属于不特定的群体,当他们的基本权利受到侵害时缺乏自救的能力,保护他们的权益当然属于保护公共利益。有部分学说认为,应当将妇女、未成年人、老年人以及残障人士等弱势群体的利益归结为"须特殊保护界别的利益,此乃公共利益

① 周长军,李军海.论未成年人犯罪的刑事责任:从亲权到"国家亲权[J].理论研究,2005(5):4-8.
② 高维俭.未成年人刑事监护制度研究[J].人民检察,2019(8):8.
③ 《行政诉讼法》第25条规定:"人民检察院在履行职责中发现生态环境和资源保护、食品药品安全、国有财产保护、国有土地使用权出让等领域负有监督管理职责的行政机关违法行使职权或者不作为,致使国家利益或者社会公共利益受到侵害的,应当向行政机关提出检察建议,督促其依法履行职责。行政机关不依法履行职责的,人民检察院依法向人民法院提起诉讼。"

的特殊存在形式,是社会均衡、可持续发展必须加以特别保护的利益"。① "督促监护令"作为维护未成年人群体公共利益的机制正式出现之时,就需要一个与其目的相匹配之主体承担职责,作为公共利益代言人的检察机关来开展督促监护令活动的资格就水到渠成了。

(三)《儿童权利公约》和被监护人利益最大化原则

《儿童权利公约》于20世纪80年代在联合国大会通过,其中最重要的原则之一就包括了未成年人子女最佳利益。尤其《儿童权利公约》的第3条②、第19条③的规定都体现了相关职能部门必须将儿童的最大利益作为执行公务时的第一考虑。监护人在照顾儿童时,要避免一切类型侵害儿童的情况发生,这些情况就包括了伤害、侮辱、虐待、遗弃、性犯罪等。我国在20世纪90年代初加入《儿童权利公约》,在我国的现行《民法典》中,也规定了最有利于被监护人的原则。现实生活中,监护人不履行或怠于履行监护职责的情况时有发生,尤其对于留守儿童、单亲家庭子女、外来务工人员子女、残疾智障儿童等特殊群体的未成年,国家公权力介入监护,能够有效地帮扶,由家庭和社会共同做好监护工作,实现被监护人的利益最大化。

(四)现行法律条文的规定

我国现行法律法规对公权力介入监护领域也做出了一些规定。现行的《民法典》中对我国监护保护制度的规定就体现了系统性,将"家""社""国"三者有机融合,"家"为基础,"社"为补充,"国"为最后的保障。例如,《民法典》第32条规定,在缺少具有监护资格的人的情况下,除了民政部门担任监护人的原则性规定之外,村(居)民委员会也可以担任,但是后者必须具备相应的条件。又如,第36条关于撤销监护权的规定,前提是必须存在监护人严重侵害被监护人合法权益的情形,此时有权提起撤销权的主体包括了相关的个人和组织,当上述主体基于各种原因没有提起或者无法提起时,民政部门则可以向法院提出申请。

除了《民法典》之外,与未成年人权益密切相关的法律、司法解释等也做出了详细的规定。比如《未成年人保护法》④《预防未成年人犯罪法》⑤中都对相关职能部门可以对未履行监护职责的监护人进行不同程度的惩戒。两高两部在《关于依法处理监护人侵害未成年人

---

① 韩波.公益诉讼制度的力量组合[J].当代法学,2013(1):7.

② 《儿童权利公约》第3条:"关于儿童的一切行动,不论是由公私社会福利机构、法院、行政当局或立法机构执行,均应以儿童的最大利益为一种首要考虑。"

③ 《儿童权利公约》第19条:"缔约国应采取一切适当的立法、行政、社会和教育措施,保护儿童在受父母、法定监护人或其他任何负责照管儿童的人的照料时,不致受到任何形式的身心摧残、伤害或凌辱,忽视或照料不周,虐待或剥削,包括性侵犯。"

④ 《未成年人保护法》第118条规定:"未成年人的父母或者其他监护人不依法履行监护职责或者侵犯未成年人合法权益的,由其居住地的居民委员会、村民委员会予以劝诫、制止;情节严重的,居民委员会、村民委员会应当及时向公安机关报告。公安机关接到报告或者公安机关、人民检察院、人民法院在办理案件过程中发现未成年人的父母或者其他监护人存在上述情形的,应当予以训诫,并可以责令其接受家庭教育指导。"

⑤ 《预防未成年人犯罪法》第61条规定:"公安机关、人民检察院、人民法院在办理案件过程中发现实施严重不良行为的未成年人的父母或者其他监护人不依法履行监护职责的,应当予以训诫,并可以责令其接受家庭教育指导。"

权益行为若干问题的意见》中更是对监护人不当行为构成违法犯罪的进行了规制,包括一般违法行为可以进行治安管理处罚,构成犯罪的就必须追究刑事责任。这些法律法规在一定程度上强化了政府的监护职能,为公权力介入监护领域提供了法律依据。

三、以"督促监护令"构建家校社联动机制之可行性经验

(一)明确督促监护令的适用对象

从设定该制度的目的出发,对于存在家庭监护问题的未成年人均应该纳入制度的保障范围内,比如父母不履行监护义务、监护人侵害未成年人身心权益等,甚至因为家庭监护缺陷引起的未成年人不良行为发生的情况也可以适用。但是从 F 市检察机关的司法实践中,在充分考察了本地区未成年人涉案的数据情况、全市未检干警力量情况、社会整体支持体系的构建情况等因素后,暂时还是将该制度主要运用在涉罪的未成年人领域,适当扩充到被害未成年人的监护人,并且对不同家庭的监护情况分门别类制作台账,列明家庭监护存在的问题和涉案未成年人的行为特征,以满足在制发令时的具体化操作要求。

(二)明确督促监护令机制的启动程序

检察机关在对涉未案件依法审查之时,除了依法评价行为人的犯罪构成和刑罚方式之外,还应该结合社会调查报告、制作提审笔录时的情况、与家庭接触时监护人的表现等,对是否使用督促监护令进行评估。重点评估内容可以包括:一是家庭氛围的舒适度。正常情况下,在一个家庭氛围宽容、平和状态下成长的孩子一般会有较为健康的身心。如果家庭氛围紧张,比如父母经常吵架甚至家庭暴力频发,则孩子产生人格障碍的概率相应也会提高。二是家庭功能是否完整。包括家庭架构和沟通机制两方面。观察是否存在离异、单亲、事实无人抚养等情况,深入了解家庭成员缺失是否对孩子心理产生较大影响。还有就是家庭成员间沟通情况是否顺畅,是否每天都有一定时间的有效沟通,能否在家庭成员的交流中舒缓情绪。三是教育模式是否科学。比如"棍棒底下出孝子"的陈旧教育观一直影响很多家庭,在孩子犯错时往往一打了之,但对于孩子犯错的原因、有无认识到错误以及今后遇到问题要怎么做均不予关心。再比如溺爱型教育,尤其在重男轻女的家庭中,往往忽视对女孩的关心,而对男孩则是千依百顺。通过上述内容的评估,可以进一步了解涉案未成年人家庭教育问题,以此斟酌是否要制发督促监护令,以及设置令的内容和期限。

(三)明确督促监护令的内容

督促监护的具体项目,系根据对涉案未成年人的前期社会调查及家庭教育评估情况,明确监护缺位的具体表现,有的放矢提出具有针对性、可操作性的督促监护措施。"督促监护令"主要包括两个方面内容:一是格式化内容。该部分内容主要是对"令"的结构的要求,开头部分必须有"××检察院督促监护令"字样及文书编号,正文部分需要有监护人的姓名、涉案未成年人在案件中以及经过社会调查后反映出的问题和不良行为表现,点明监护人存在的监护不足和问题,并提出改进的方向以及可能承担的法律后果。最后则是制发机关、日

期、院用印。二是实质性内容。这部分内容的设置就需要结合前述内容,从未成年人的成长经历、家庭成员构成、家庭教育的模式等方面出发。具有普遍性的内容比如强制亲职教育,由专业的人员对涉案未成年人的父母进行授课,教授其科学的管教孩子的方法。再比如进行法治教育,提升孩子遵纪守法的观念,还有行为矫治,帮助孩子戒断烟酒等不良嗜好,屏蔽不良朋友圈,纠正行为偏差。

(四)明确监护令机制的执行

检察机关通过定期或不定期家庭探访、学校回访、社区走访的"三访制度",持续跟踪、监督、考察监护人履行监护令情况,确保监护人履责。对于已经制发了督促监护令,但监护人仍拒不履行监护义务的,根据相关法律规定,可以依法对监护人告诫,若无效可让当地派出所进行训诫,尤其对于附条件不起诉的未成年人,若因为监护人不履职的行为导致未成年人严重违反相关监管规定的,可以撤销附条件不起诉决定。若监护人侵害被监护人的,根据情况依法追究其刑事责任或撤销其监护资格。

四、"督促监护令"司法实践中存在的问题

(一)职能部门间配合程度不够

"督促监护令"虽多为检察机关制发,但都需要联合相关职能单位、社会力量的配合,形成长效的工作机制,共同完成对"令"的跟踪考察和督促。尽管这种联合监督的模式至关重要,但因目前法律层面上还缺乏强制性规定,也没有系列配套的实施意见,导致各单位间职责定位不明,更多依靠参与部门的热情和主观能动性,一旦这些部门在人员、精力等方面出现不足时,最终很可能出现只有检察机关"孤军奋战"的场面。检察机关虽能监督各方履职,但是对履职的内容、方式及效果都无法进行强制性要求。在各方缺乏协作配合的情况下,很难保障督促监护令起到预想中的效果。

(二)"督促监护令"跟踪评估体系不健全

督促监护令不是简单的一纸文书,后期的跟踪监督才是重中之重。实践中,有些监护人未完全履行"督促监护令"的内容,主要基于以下原因:文化水平较低,认识存在偏差;工作、生活等客观因素造成执行不到位;对"督促监护令"存在抵触情绪;对孩子放纵溺爱,执行时避重就轻。由于家庭是隐秘的私域空间,其中外化的问题容易被发现并解决,而内部根源性问题却很难暴露并在短时间内处理,健全发出"督促监护令"之后的监督评估体系便成为检验成效的关键之一。

(三)对监护人的教育方式有待提升

现阶段,检察机关对监护人的教育多以亲职教育课程为主,然而传统课程对时间和场所的依赖度较高,部分监护人因忙于生计而无法参与其中,有的甚至应付了之,课程效果有限。当下,社交平台、互联网平台、自媒体已然是人们当下获取信息的热门方式。运用先进的信

息传播途径,打破时间和地域的界限,形成对监护人的实时性、常态化跟踪教育,已成为亲职教育发展的必然趋势,也是提升"督促监护令"执行质效必由之路。

(四)"督促监护令"保障措施不全

从F市各地检察实践来看,督促监护令内容不够丰富,保障手段也比较乏力,如像经济制裁类的措施基本为零。有些措施看似有力,实则可操作性不强,以剥夺监护权为例,该措施必须针对个别案件方可采用,不具有一般性可推广的价值,即便将该措施作为保障机制,则也很难具有普通适用性。还有些规定虽然具有很强的操作性,但是强制力却又有待考量。以训诫手段为例,该措施是司法机关的常用手段,其对于保障程序顺利运行时的重要性不言而喻,但改进措施是否可以取得理想中的效果,往往又因人而异,监护人的配合意愿很大程度上影响了训诫的效果。如果将训诫作为保障督促监护的唯一手段,则会显得很单薄,甚至乏力。一旦遇到不愿配合的家长,训诫往往成为徒劳,训诫之后也缺乏进一步措施的规定。因此,完善督促监护效力规则是督促监护令长效发展的重要保障。

五、以"督促监护令"推动家校社联动机制的实践路径

(一)完善职能部门间联动协作机制

保护未成年人权益是一个系统工程,少年司法最核心的特征就是多部门的、多元化的联动和协作,各种资源的合力才能实现对未成年人的有效保护。[①] 推动少年警务专业化队伍建设,公安机关应及时整理罪错未成年人的基本信息及数据,对存在监护问题的要及时开展家庭成长环境的社会调查,定期向检察院、法院、司法行政机关通报。检察机关应积极发挥监督作用,对涉及未成年人案件的行政处罚和刑事立案情况及时掌握,对于未达刑责的未成年人可以联合公安机关进行关卡前置的预防教育,比如在一站式办案点内观看法治教育宣传片、案例警示等,以提升未成年人的法治意识。法院应对判处管制、适用缓刑、假释、暂予监外执行的涉罪未成年人信息进行分类收集,为判后持续督促监护人履责提供条件。司法行政部门负责收集纳入社区矫正未成年人的信息。公检法司各司其职,分类矫治,一是可依法对涉案未成年人及其家长进行训诫。二是可加强与教育部门联络,由教育部门引导学校,在校内组成由德育校领导、班主任、学生干部组成的帮教小组跟踪涉案未成年人在校内的矫治情况。三是对于有专门学校的地区可探索"以教代刑"的方式,尤其是未达刑事责任年龄的未成年人送至专门学校进行行为矫治。

(二)优化"督促监护令"执行情况监督机制

由于家庭是相对隐秘的私域空间,相关职能部门对"督促监护令"执行效果的跟踪存在一定难度,如何对监督人的履职情况进行监督,便成为考察"督促监护令"成效的关键之一。一是针对监护人对"督促监护令"执行不到位的情况。此类监护人属于"心有余而力不足"

---

① 宋英辉.推动强制亲职教育的专业化与社会化[J].人民检察,2017(22):1.

型,可以聘请家庭教育专家介入,根据前期督促过程中发现及反馈的问题,加强对监护人的亲职教育指导,为他们提供教育知识、教育方法。如有些未成年人因前期长时间与监护人沟通不畅或拒绝与监护人沟通,在对监护人开展亲职教育的同时,可以对未成年人进行同步帮教,实现家长和子女的"同频共振"。对未成年人设置"前、中、末"三个时间段的评估阶段及对应的评估标准和内容,由帮教考察组成员单位定期对帮教活动记录、行为矫正回归轨迹及评估结果进行动态性跟踪测评,双管齐下破解"督促监护令"执行不到位的难题。二是针对监护人对"督促监护令"不愿意执行的情况。此类监护人属于"行有余力而不为"型。对于此类监护人,可根据执行情况、执行态度等,综合运用劝诫、批评训诫、强制亲职教育、行政处罚、追究刑事责任五种手段进行监督。对于首次发生未完全执行"督促监护令",且未导致严重后果的监护人,可根据《中华人民共和国未成年人保护法》第118条规定,由监护人所在单位、居委会、村委会依法予以劝诫、制止,并由居委会、村委会及社工进行跟踪督促后续执行情况;经过劝诫、制止后仍不执行的,公安机关可以依法对其进行训诫教育。同时,检察机关可以在督促监护人履职过程中,陈述加强监护的重要性,并告知不履行"督促监护令"所要承担的法律后果。如果监护人仍不执行"督促监护令",且导致未成年人权益受损或造成未成年人有严重不良行为的,可以建议公安机关对其予以行政处罚,并将监护人的履职情况作为对罪错未成年人做出不批捕、不起诉等轻缓处理的参考依据,在对监护人的履职行为形成震慑效果的基础上,进一步规范未成年人的行为。最后,对于监护人未执行"督促监护令"导致后果更为严重,涉嫌刑事犯罪的,可以依法追究监护人的刑事责任。

(三)打造"智慧未检"多渠道实现线上指导

强制亲职教育的对象主要是罪错未成年人、未成年被害人的家长,也就是那些没有教育好或没有保护好未成年人的监护人。[①] 近年来,检察机关坚持科技强检的发展理念,并且在智慧检务的建设中不断创新,围绕新时代检察事业的发展要求,取得"智慧未检"建设的新突破,也为线上开展亲职教育提供了路径。依托"互联网云平台"将法治教育、家庭教育资料作为督促监护对象线上学习的内容,使督促监护对象能够体验到唾手可得、开放共享的优质教育资源,引导监护人改进监管方式,改善亲子关系,提升督促监护的效果。结合实践情况还可以建立专业网站,纳入智慧未检范围,开创互联网督促监护新模式,将信息技术融入亲职教育的实践中,不仅是单向性的输出式课程,而且要增加具有答疑解惑功能的互动性,呈现出督促监护资源开放、督促模式和督促效果评价智能的特点,便捷社会支持体系参与督促监护工作,随时可以根据需要开展社会调查、性格测试、心理干预、人格甄别和社会观护等工作[②],实现在线实时沟通和信息互换,并且与线下的督促监护工作充分结合起来,提升督促监护令机制的质效。

(四)探索以政府购买服务方式借力社区服务体系

要落实"督促监护令"的效果,就要学会"借力"。近些年来,国家越发重视对社区内家庭

---

① 姚建龙.完善社会支持体系应思考的三个问题[J].人民检察,2017(22):1.

② 李璟儒,沈勐儿.智慧未检体系构建的理论基础与实践展开:以南浔区人民检察院智慧未检工作探索为例[J].青少年犯罪问题,2019(5):9.

教育服务体系的建设,尤其将多部门、多领域融合进体系中,这种做法势必对家庭监护的提升有很大促进作用,督促监护令制度应该积极加入该体系中,以社区设立的家长学校为主,社会化培训学校和志愿服务机构为辅,完善督促监护令机制落实的载体,实践中可以通过政府购买服务的方式借助社会力量开展督促监护工作。一方面,充分利用社区现有资源。社区可以看作单元性的社会组成,其"麻雀虽小五脏俱全"的特点,在一定程度上利于督促监护工作的开展,通过在社区内开设家长学校、共享图书馆、未成年人家庭教育指导班等方式,协调多方力量和渠道,为家长提供接受亲职教育的机会和场所。另一方面,充分发挥社区网格员的作用。网格员在社区工作中居于特殊地位,其本身就是社区居民,因此是很好的联系社区居民的纽带,而且往往从事不同的职业,有相当部分网格员有特殊的职业技能。因此,可以综合考虑社区内网格员的本职工作的技能和特点,在社会调查、学习教育、心理疏导和沟通协调等方面协助司法机关的跟踪帮教工作。

(五)借助"指导令"增强"督促令"刚性

2022年开始施行的《中华人民共和国家庭教育促进法》在法律责任的部分中规定了,公检法在办案中,如果发现涉案的未成年人家庭中存在监护人不履行监护职责或者侵害未成年人的,可以责令监护人接受家庭教育指导。因此不少地区的检察机关以此对存在家庭监护问题的监护人提出依法承担对子女的监护义务,将父母管孩子的家事提升到了关乎未成年人健康成长的国事。一些地区还制定了关于责令接受教育指导令效力保障的规定,比如《湖北省预防未成年人犯罪条例》第41条[①]就从社会征信的角度对拒不履行"责令接受教育指导令"的监护人进行惩处。从实践时间上看,"督促监护令"要早于"责令接受家庭教育指导令",但"责令接受家庭教育指导令"已经是经法律规定的正式司法文书,更具有强制力和约束力,可以说是对于"督促监护令"更好的补充。两种制度的出发点和落脚点均在于对未成年人的保护,发挥"家、社、国"的融合作用。因此在司法实践中,可以采用"双令"齐发的方式,将强制接受教育指导融入"督促监护令"的考察要件,以此增强督促监护令的保障措施。

Research on the Practical Rationality and Innovative Path of Giving Full Play
to the Procuratorial Function and Urging the Family Guardianship
—— Take the "Supervise the Performance of Guardianship Duties"
System of F City Procuratorial Organ as an Example

Li Qi

(Fuzhou People's Procuratorate, Fuzhou, 350000)

Abstract: In the cases involving minors accepted in the procuratorial link, it is often found that there is a close relationship between the daily bad behavior of minors and the criminal behavior, and the formation of these bad behaviors is often related to the lack of family guardianship. The procuratorial organ shall issue "supervise the performance of

---

① 李娜.附条件不起诉中强制亲职教育的核心架构[J].人民检察,2021(6):61-64.

guardianship duties orders" to the guardians who do not perform or delay in performing their guardianship duties, and shall cooperate with schools, public security, judicial and social organizations to jointly help and urge the guardians to fulfill their duties according to law. Since the highest inspection decision in cases involving minors fully implement "supervise the performance of guardianship duties" system, in vigorously promote the guardian started at the same time, also appeared the coordination degree between functional departments is not enough, hair "make" after the evaluation supervision system is not sound, the effect does not reach the designated position, to some extent, restricted the role of the system. Therefore, it is necessary to improve the linkage and cooperation mechanism among functional departments, optimize the supervision mechanism and safeguard measures for the implementation of "supervise the performance of guardianship duties order", and build a socialized supervision. Build a scientific and technological procuratorial system for minors and giving play to the community power, so as to improve the mechanism of supervision and guardianship order.

Key Words: supervision and guardianship; procuratorial organ; guardian

性别与教育学

Gender and Pedagogy

Women/Gender Studies

"女孩危机"和"男孩危机"的教育性别公平研究[*]

吴　彬　陈武元^{**}

内容摘要：随着社会经济的蓬勃发展,教育领域的"女孩危机"得以显著缓解,教育公平的推进迈入崭新阶段,公众对教育公平的追求亦从单纯的公平有无转向对公平质量的深度关切,于是便有了"男孩危机"这一议题的兴起与讨论。正如女性和男性并非天然对抗关系,"女孩危机"和"男孩危机"也不是此消彼长的关系。从现状看,地区经济发展水平和文化观念的差异致使"女孩危机"在西部地区、少数民族地区、农村地区依然严峻。与此同时,"男孩危机"的发生亦是学校、家庭及社会多维力量共同作用的结果,大量统计学数据为其存在提供了"佐证"。为切实保障两性教育权益,推动教育公平向高质量阶段迈进,建议从完善教育资源配置、重塑性别平等观念、践行性别敏感教育和改善家庭教育策略等四个方面予以积极应对。

关键词：女孩危机;男孩危机;教育性别公平

教育是国之大计、党之大计。党的十八大以来,党中央作出加快教育现代化、建设教育强国的重大决策,推动我国教育事业实现从量的增长到质的提升,取得了历史性成就,发生了格局性变化。进入新时代后,我国社会主要矛盾转化为人民日益增长的美好生活需要和不平衡不充分的发展之间的矛盾。党的二十大报告再次将教育放在优先发展的战略地位,并指出"要坚持以人民为中心发展教育,加快建设高质量教育体系,发展素质教育,促进教育公平",其中的"促进公平"和"提高质量"正是对新时代社会主要矛盾中"不平衡"和"不充分"的回应,如何"努力让每个孩子都能享有公平而有质量的教育"成为新时代教育公平面临的新考验与新课题。

一、问题的提出

教育性别公平是教育公平的重要维度,在性别公平的教育环境中,所有学生不论性别均能享有同等的教育机会、学习资源和发展机遇,这种平等不仅根植于人们对个人幸福与社会

---

　*　基金项目：厦门大学妇女/性别研究与培训基地 2020 年度项目"家庭资本对女性高等教育入学机会的影响"(2020FNJD02),主持人：陈武元。

　**　吴彬,女,浙江旅游职业学院教师,主要研究方向为课程与教学论;陈武元,男,厦门大学教师发展中心教授,主要研究方向为高等教育。

正义的追求,更是撬动经济增长、维护社会稳定、促进可持续发展的重要支点,发挥着不可估量的作用。在这一视角下,教育性别公平不只是人权框架下的道德义务,更是社会发展不可或缺的战略资产,是衡量教育公平的重要指标,也被视为全球教育发展及社会进步的价值取向。

为切实推进教育性别公平,我国政府制定并实施了一系列政策法规,由于我国女性传统上一直处于弱势地位,这些政策法规则更多地聚焦女性主体,将重点放在保障女性受教育权上。《中华人民共和国教育法》第五章第 37 条规定:"受教育者在入学、升学、就业等方面依法享有平等权利。学校和有关行政部门应当按照国家有关规定,保障女子在入学、升学、就业、授予学位、派出留学等方面享有同男子平等的权利。"国务院发布的《全国妇女发展规划(2021—2030 年)》也指出,新一轮的妇女发展规划将进一步聚焦于教育领域的性别平等,包括提高女性高等教育入学率,消除教育内容和环境中的性别刻板印象等。国际社会同样重视教育性别公平。联合国开发计划署发布的《2003 年人类发展报告》指出:"教育上的性别平等并不仅仅是性别自身的目标,而且是实现其他所有目标的核心。"联合国的《2030 年可持续发展议程》在其 17 个可持续发展目标(SDGs)中也强调了教育性别公平,包含 SDG4"确保包容和公平的优质教育,让全民终身享有学习机会"和 SDG 5"实现性别平等,增强所有妇女和女童的权能",这些目标特别强调了消除教育中的性别差距以及确保所有女性和男性都能获得公平的教育机会。随后发布的《教育 2030 行动框架》更是为 SDG4 的实现提供了详细路线图和策略集合,以帮助世界各国实现 SDG4 中设定的各项具体目标。

现有研究显示,随着我国经济的稳健增长、社会文明的持续进步以及教育公平政策的有效推进,我国女性的受教育权得到了显著保障,教育性别差距逐渐缩小。[①] 2022 年,国家统计局《中国妇女发展纲要(2011—2020)》终期统计监测报告显示,我国义务教育阶段的性别差距已基本消除,并在包括研究生、普通本专科、成人本专科在内的各类高等教育中均出现性别比例逆转,即女性占比超过男性。在性别议题备受关注的社会语境下,"高等教育女性全面反超"被视为我国推进教育性别公平的里程碑式成就,与此同时,关于"男孩危机"的讨论热度不断攀升。"男孩危机"一词最早出现于 2010 年前后,主要指男性在学业成绩、体质健康、心理健康以及社会适应力等多个方面相较于女性表现不佳,面临着各种问题和挑战。[②] 由于女性传统上的弱势地位,维护教育性别公平在很大程度上被等同于拯救女性教育弱势地位,学术界鲜少提及"女孩危机"这一概念,为了与"男孩危机"形成对比,这里将女性在教育中面临的各种不利状况称为"女孩危机"。"女孩危机"的存在毋庸置疑,而对于"男孩危机"的真实性和严重程度,学术界始终存在不同观点。一些研究认为,"男孩危机"是客观存在的事实,是由生物进化、社会变迁、教育和文化等多重因素引起的,需要协同家庭、学校和社会共同治理;[③]而另一些研究则认为,"男孩危机"更多地反映了整个教育体系的问

① 吴愈晓.中国城乡居民教育获得的性别差异研究[J].社会,2012,32(4):112-137.郑磊,张鼎权.中国教育性别差异的经济学研究评述[J].妇女研究论丛,2013(2):112-119.

② 李文道,赵霞.男孩危机:一个众多研究数据支撑起的事实[J].中国青年研究,2010(11):10-16,70.李申儒.男孩视角的"男孩危机"研究[J].教育发展研究,2010,30(15-16):48-52.

③ 杨雄.关于"男孩危机"的思考[J].教育发展研究,2010,30(15-16):32-38.李童,张宁.中小学"男孩危机":现状、问题与思考[J].青少年学刊,2018(5):28-33.

题,而不仅仅是针对男性,所谓"男孩危机"缺乏严密的论证,是一个被过度渲染的问题,是一个危言耸听的伪命题。[①]

对"女孩危机"和"男孩危机"的关注与探讨,既彰显了教育公平的推进取得显著成效,即"女孩危机"在一定程度上得到了有效的缓解,同时也意味着公众对教育公平的期望已迈入更高层次,对教育公平的质量提出了更高的要求,人们的诉求不再简单停留于公平有无,而在于公平的质量如何,这也是为何"男孩危机"的议题得以兴起并受到广泛关注的原因。迈入新时代,"促进公平"和"提高质量"成为解决教育发展不平衡不充分问题应抓好的两件大事,只有公平且有质量的教育才能真正满足人民日益增长的美好生活需要。为了推进高质量教育公平,有必要从教育性别公平的视角出发,进行全面而系统的分析。这不仅包括对"女孩危机"与"男孩危机"两者关系的厘清,还需对两者的现状进行深度剖析,追溯危机产生的根源,在理解这些复杂现象本质的基础上,有重点地实施针对性干预措施,进而高效率地提升教育公平的质量,确保无论主体是谁,都能在公平、包容和支持性的教育环境中成长与发展。

二、"女孩危机"与"男孩危机"的关系

要厘清"女孩危机"与"男孩危机"的关系,就要先厘清女性与男性的关系。女性与男性并非天然对抗的关系,但是,人们往往基于零和博弈的思维,认为一方的成功必然以另一方的牺牲为代价。虽然在传统的性别关系中,男性居于统治地位,女性处于从属地位,但是随着社会文明的发展,对两性平等的呼吁催生了新型性别关系的构建。美国人类学家艾斯勒提出"伙伴关系"(partnership)与"统治关系"(domination)两个概念,用以描述人类社会的两种基本组织模式,并主张以"伙伴关系"取代"统治关系",鼓励人们在家庭、职场和政治等多领域实践"伙伴关系",[②]这一理论为新的性别关系构建提供了新的思考路径。女性与男性绝不是一方压制另一方的统治关系,相反,在尊重彼此差异的基础上,两者可以是平等互助的伙伴关系,可以互相补充、互相合作、互相成长。同样的,"女孩危机"与"男孩危机"也不是此消彼长的关系。"女孩危机"得到有效缓解并不是"男孩危机"产生的原因,如果将女性与男性置于性别博弈的棋局,或是牺牲男性权益以提升女性权益,或是牺牲女性权益以强化男性权益,都会陷入性别二元对立的误区。教育不是零和游戏,不是一方受益另一方就受损,相反,优质的教育应当具备包容性,能够同时惠及两性,例如,破除对女性的刻板印象,实际上也有助于打破对男性的固有认知,促进对性别多样性的认可与接纳。因此,"女孩危机"和"男孩危机"的应对策略应是兼容的,两者不存在根本冲突,可以共同治理。

要厘清"女孩危机"与"男孩危机"的关系,还有两个核心问题值得深思。第一,"女孩危机"和"男孩危机"的演变是否具有普遍性? 普遍性是从个体和具体事例中抽象出来的共性

① 周松青.前提脆弱的"男孩危机论"[J].中国青年研究,2010(11):25-27,35.徐安琪.拨开性别问题的舆论假象[J].社会观察,2014(3):18-20.

② 理安·艾斯勒.圣杯与剑:我们的历史,我们的未来[M].程志民,译.北京:社会科学文献出版社,2009:284.

特征,涉及事物的性质、属性或规律是否具备超越个例的能力,是适用于不同个体和不同情况的一般性属性。从宏观视角审视,随着教育领域中性别公平理念的不断深化和实践,长期存在的"女孩危机"已明显缓和,而新的现象"男孩危机"逐渐浮出水面。然而,"女孩危机"的缓解并不代表中国所有女性在教育层面面临的公平问题都已得到解决,"男孩危机"的出现同样不代表中国所有男性都陷入了亟待拯救的危机,将"女孩危机"和"男孩危机"简单归类为具有普遍适用性的概念,采用"一刀切"的分析方法,是对"女孩危机"和"男孩危机"具备普遍性的错误预设,陷入了过度概括的误区,忽略了个体差异与情景多元。事实上,教育不平等不仅横亘在两性之间,同一性别内部同样存在显著分野,如果缺少精确的范围界定,则难以精准反映女性与男性教育现状的复杂情景,只能以偏概全地描述当下两性的教育状况。因此,推进教育性别公平还应关注不同地区、不同民族以及城乡等群体之间在教育上的差异,性别差异所带来的问题相较地区差异、民族差异、城乡差异带来的问题可谓是小巫见大巫。故而,追求高质量教育公平的关键并非辨析女性和男性哪一方更弱势,哪一方更需援手,关键在于识别哪些女性在教育上仍然处于弱势,哪些男性正面临挑战,精准定位援助对象,方能有的放矢,真正促进教育公平的实质进步。

第二,"女孩危机"和"男孩危机"的演变是全维度的吗?现有对"女孩危机"和"男孩危机"的比较中潜藏着不对等性问题,目前对"女孩危机"得到缓解甚至占据一定优势的讨论主要聚焦于女性在学业上的卓越表现,而提及"男孩危机",其论述则囊括了学业危机、体质危机、心理危机、社会适应危机,甚至延伸至婚恋危机,这种一对多的比较显然是失之偏颇的。首先,不能只看到社会变迁、应试教育等对男性的影响,而对女性受到的影响视而不见,女性同样存在一定程度的体质危机、心理危机等。其次,女性的学业优势不一定能转换为未来发展优势。尽管有媒体指出,男性的学业落后可能诱发男性对教育和学习的逆反心理,加剧其学业失败、闲散于社会的风险,进而不利于其就业和组建家庭,甚至走上违法犯罪道路。但相较于女性当下面临的困境,对男性未来前景的担忧显得更为抽象和长远。女性虽然表面上在学业阶段占据了上风,但这种优势并不能长久维持,事实上,随着更多受过教育尤其是接受高等教育的女性进入就业市场,女性在就业市场上的竞争更加激烈,过往的新闻中也不时地爆出用人单位偏好男性的招聘政策,步入婚育阶段后,女性还得承担因婚育导致的职业发展落后于男性甚至退出职场的后果。最后,过分强调学业成就忽视了教育公平的多元面向。关于教育公平,一般可以划分为起点公平、过程公平和结果公平[①],那么,关于教育性别公平,也应兼顾起点公平、过程公平和结果公平,如男性和女性不会因为性别差异而导致受教育机会不同,不会因为性别差异而受到教师的差异化对待,能够获得辩证客观的教育评价等。鉴于教育性别公平的丰富内涵,教育性别公平的评价标准也必然是多维的,学业表现仅是众多考量因素之一,而非衡量教育性别公平的唯一尺度,不应被无限放大。可以说,"女孩危机"的缓解以取得学业优势为代表,但在其他维度上仍有需要解决的难题,比较"男孩危机"和"女孩危机"应秉持对等原则,避免对"男孩危机"的内涵进行过度渲染与扩展。

---

① 诸燕,赵晶.胡森教育平等思想述评[J].徐州师范大学学报(哲学社会科学版),2007(4):114-118.

三、"女孩危机"的现状与成因

在教育性别公平推进整体向好的同时,不同群体间的教育性别公平仍存在明显异质性,换言之,宏观层面取得进步并不意味着微观层面差异性和复杂性的消弭,"女孩危机"在某些特定群体中仍然表现突出,并与地区经济发展水平、文化观念等紧密相连。

第一,中西部的教育性别公平存在异质性,西部地区的教育性别不公平程度最高。现代化进程的加速不仅重塑了经济结构与生产方式,也推动了家庭内部决策机制的改变,其中便包括对子女教育的性别偏好。改革开放以来,我国经济结构开始从劳动密集型、资源密集型向技术密集型、知识密集型转变,过去体力劳动占据主导地位时,男性因体能优势在劳动力市场中更受偏爱,因此家庭在教育投资上也会倾向于男性,以期在未来获得更多经济收益。但随着工业化与城市化的推进,技术和知识成为获取就业机会的关键因素,而技术和知识相较体能,与性别并无直接联系,这就促使家庭重新评估教育投资的长期回报,进而影响到对子女教育的性别偏好。现代化进程的推进也使得家庭能够接受更多性别平等和女性赋权的信息,女性不被简单视为家庭的照顾者,被视为社会经济活动的参与者,这也增强了家庭给女性教育投资的积极性。尽管现代化的浪潮推动了家庭教育性别偏好的转变,但这种转变的速度和程度因不同地区现代化程度的不同而存在差距。有学者将我国 31 个省、区、市划分为东部、中部、西部三大地区,并使用中国综合社会调查(CGSS)的数据进行分析,结果显示,性别间的教育公平存在显著空间异质性,西部的教育性别不公平程度最高,中部其次,东部最低。[①] 由此观之,虽然发达地区女性在教育中面临的各种不利状况已得到有效缓解,但欠发达地区女性仍未达到与男性相等的教育地位,"女孩危机"在这些地区依旧存在,欠发达地区的女性教育仍旧值得关注。

第二,不同民族的教育性别公平存在异质性,少数民族的教育性别不公平程度更高。一方面,民族文化影响性别认知。有学者指出,民族文化的多样性孕育出民族性别角色的迥异性,由民族文化制约形成的性别角色规范着男女的社会意识及社会行为。[②] 少数民族与汉族在生活习惯、社会风俗、宗教信仰等方面都存在显著差异,这些差异不仅塑造了别具特色的文化景观,而且对女性的社会角色定位产生了深远影响。部分少数民族地区,宗教教义常对女性的个人自由与公共生活做出限制,例如,部分少数民族形成了女子早婚的风俗,迫使女学生为了成婚过早离开了校园,宗教教义也常鼓励女性从事家庭劳动,而非社会劳动,因此,少数民族女性的教育常常被忽视。另一方面,地理区位影响性别认知。少数民族聚居区通常地处偏远,教育资源匮乏,信息流通受限,这不仅阻碍了教育水平的提升,也使得性别平等观念难以渗透。在家庭经济条件有限时,教育性别偏见更加明显,更可能放弃女性的教育,进而加剧教育性别差异。不少研究指出,少数民族群体的教育性别不公平程度显著高于汉族,汉族群体的性别不平等程度一直处于较低的水平,且不平等程度持续平稳缩小,而少

① 张学敏,吴振华.教育性别公平的多维测度与比较[J].教育与经济,2019(1):16-24.

② 李静,赵伟.社会性别角色获得与民族文化系统[J].西北师大学报(社会科学版),2004(1):114-117.

数民族的性别差异仍旧非常大。[①] 虽然汉族也曾经历教育性别公平问题,但随着性别平等观念的普及和法律法规的完善,汉族女性的教育障壁被一定程度地打破,"女孩危机"得到一定程度缓解。对比之下,"女孩危机"在少数民族中仍旧普遍存在,少数民族女性不仅要面对普遍的社会性别偏见,而且要克服本民族内部的文化和宗教壁垒,这使得其在追求教育公平的道路上面临着双重挑战。

　　第三,城乡的教育性别公平存在异质性,农村的教育性别不公平程度更高。从经济条件看,农村地区的家庭经济基础往往较为薄弱,在家庭资本有限的情况下,家庭会优先考虑对男性进行教育投资,同时农村的多子女家庭较为常见,也会进一步稀释女性可获得的教育投资份额。从教育资源看,农村地区的基础设施建设往往落后于城市地区,教学设施相对老旧、师资力量短缺、教学材料匮乏等构成了农村教育的常态,在这种环境下,有限的教育资源往往向男性倾斜,女性的教育需求常被边缘化,这也加剧了农村教育中的性别鸿沟。从文化观念看,许多农村地区依然深受"重男轻女"等老旧观念的影响,强迫女性辍学、要求女性及早婚嫁和外出务工供养家庭的现象并不少见,这些现象严重侵害了农村女性受教育的权利,使其在知识获取和个人发展上遭遇重重障碍。多项研究表明,性别不平等存在显著城乡差异,农村户口居民的性别不公平程度高于非农户口居民。[②] 还有研究通过数据分析,量化了农村女性在教育机会获得上的劣势,这种教育机会性别不平等现象虽然随着时间的推移有所缓和,但是时至今日依然突出。[③] 在社会、经济、文化等多重因素的影响下,农村地区女性相较城市地区女性在教育上面临更多的挑战,"女孩危机"虽有所缓解,但依旧需要正视和加以解决。

　　个体的身份属性是复杂多样的,绝非单一标签所能概括。当教育性别公平与地区、民族、城乡等因素相交织时,便孕育出一种复杂而深刻的劣势累积效应。劣势累积效应是指在社会、经济或教育系统中,那些已经处于不利地位的个体或群体,由于一系列相互关联的因素,其不利状态会随着时间的推移而逐渐累积和加剧。从横向看,一名女性可以同时具备西部地区居民、少数民族居民和农村居民等多个身份属性,现实中这样的多重身份叠加并不少见,并构成了特定社会图景的一部分。这类女性在教育机会、教育质量和教育结果上都处于极端不利的地位,深陷"女孩危机",其处境之困顿,堪称教育不公最为尖锐的表征。从纵向看,教育早期面临的不利状况如果得不到改善,就会影响个体的学习根基,继而引发连锁反应,使其在后续的学习生活中面临更多挑战,这种劣势甚至会延伸至工作、社会参与、婚恋,形成恶性循环,限制个人发展与社会参与。同时,教育还会通过代际流动的方式影响下一代,将前人的遗憾与失势烙印在后辈的未来之中,对子代的教育发展产生影响。自然的法则是"损有余而补不足",以此维稳两极的平衡,现实是"损不足而奉有余"成为一种普遍现象,因此有必要特别关照这些极端边缘化的女性群体,打破强者愈强、弱者愈弱的恶性循环,推动教育性别公平的实现。

　　① 吴洁.教育获得的性别差异及其变动趋势研究[D].福州:福建农林大学,2020:43.

　　② 李春玲.教育地位获得的性别差异:家庭背景对男性和女性教育地位获得的影响[J].妇女研究论丛,2009(1):14-18.吴愈晓.中国城乡居民教育获得的性别差异研究[J].社会,2012,32(4):112-137.

　　③ 徐文俊.农村教育机会获得的性别差异研究:基于多年 CGSS 面板数据[J].教育导刊,2017(4):25-30.

四、"男孩危机"的现状与成因

当论及"男孩危机"的真实性与严重程度,学术界观点多元,莫衷一是,但如果从统计学的角度出发,"男孩危机"的存在确实有数据支撑。在学习成绩上,一项覆盖 26 万名小学五年级和初中八年级学生的大型研究显示,女生和男生在语文、数学、英语的课业成绩上存在性别差异,具体而言,五年级学生在英语成绩上存在性别差异,八年级学生在语文、数学、英语上均存在性别差异,都呈现出女生学业成绩优于男生的结果。[①] 在学习积极性上,一项针对江苏某三所小学的调研发现,男生的学习积极性不如女生,具体表现为上课不愿意举手回答问题、课后不喜欢做作业、做作业速度慢、不能主动完成作业等。[②] 在入学率上,有学者区分了普通大学和重点大学,并指出在 2011 年至 2020 年这十年间,普通本科院校新生中的女生比例基本维持在 60% 以上,意味着在升入普通大学方面,女生展现出更强的竞争优势。[③] 在奖学金上,女生也有比男生表现突出的实证数据,2021 年,尽管女生的在校比例只是略高于 50%,但在《2021—2022 学年度本专科生国家奖学金获奖学生名单》中,女生占比却达到了 60%,远超男生。此外,无论班干部选举,还是学科竞赛,女生也常常表现出更为优秀的综合能力。[④]

可以说,诸多学者从学业表现的多维角度着手,用丰富的性别差异数据构建了"男孩危机"的统计学事实。但需要注意的是,"男孩危机"不是全面危机,不是所有男性都在教育中陷入了不利境地,实际上,在某些特定的情境和领域中,男性的学业表现仍旧凸显出显著的竞争力。有学者研究了藏族地区中小学生的学业成绩,结果发现学生的学业成绩同样存在显著的性别差异,但不是女生优于男生,相反的是,男生比女生的成绩要好 0.048 个标准差[⑤],还有研究聚焦高中物理这一学科,以云南省某中学三个年级的学生为调查样本,研究发现男生整体表现出学习物理的优势,且在连续三年的样本分析中得到一致的验证。[⑥]

"男孩危机"的成因是错综复杂的,其形成是多因素交织的结果,可归纳为学校、家庭与社会三大维度的综合作用。在学校层面,首先,现行的教学方法以讲授法为主,主要学科语文、数学、英语几乎都以言语教学为主,与女性的学习方式更加契合,而男性往往青睐在实践中学习,这种重经验轻体验的教学方式与男性的学习方式是不匹配的。其次,学校普遍推崇"静文化",学校各处也常张贴着"静听书页翻,轻踏无声步""缓行廊深处,低语书香中"之类

---

① 李美娟,郝懿,王家祺.义务教育阶段学生学业成绩性别差异的元分析:基于大规模学业质量监测数据的实证研究[J].教育科学研究,2019(11):34-42.

② 张扬,周瑶,陈鹏.小学"男孩危机"现状调查及干预路径:以江苏省徐州市铜山区为例[J].教学与管理,2014(21):92-95.

③ 叶锦涛,汪立坤.重点大学教育机会获得的性别差异[J].北京社会科学,2022(9):106-115.

④ 许思安,张积家.教师的性别角色观:"阴盛阳衰"现象的重要成因[J].华南师范大学学报(社会科学版),2007(4):110-118,160.

⑤ 王加权.藏区学生学业成绩的性别差异在不同群体间的异质性分析[D].西安:陕西师范大学,2018:41.

⑥ 王智秀.高中学生物理学业成绩差异性研究[D].昆明:云南师范大学,2023:101.

的标语,希望营造宁静的学习氛围,但是这种"静文化"也在无形中限制了学生们的天性释放,对生性好动的男性来说,更容易带来压抑的情绪,如果这种情绪不能得到有效排解,反过来更容易导致男性的逆反心理、厌学情绪。最后,现有教师队伍中女性教师的占比较高,而男教师占比偏低,对于学生来说,教师具有示范和榜样作用,学生的男女性别角色同样是在观察和模仿中获得并强化的,而教师性别的单一化会影响学生的性别角色认同,女性更容易找到性别模仿榜样并获得榜样认可,男性却缺乏习得男性气质的教师榜样,进而影响男性的学业进步。

在家庭层面,父亲角色的缺位和家庭的溺爱是"男孩危机"的主要成因。一方面,父亲角色的缺位并不只存在于单亲母亲家庭,相反,父亲角色的缺位更多地出现在婚姻关系正常的家庭,这些家庭长期维持着"女主内男主外"的明确分工,母亲负责操持子代的生活起居,父亲负责为家庭提供经济支撑,常常将家庭教育的责任也一并抛给母亲,"生理学父亲""丧偶式育儿"等词语的出现也意味着现今父亲角色缺位已成为普遍现象。在父亲角色缺位的家庭中,子代男性的发展容易出现两种极端状况:一种是因缺乏男性榜样而导致行为女性化,另一种是表现出过分的攻击性与刚直性,这两种极端情况都不利于男性的人格健全。[①] 父亲和母亲双方对子代有着不同影响,子代的身心发展有赖于双方的共同支持,因此,应当让父亲和母亲一起承担养育子代的责任,共同参与家庭教育,避免父亲角色的缺位。另一方面,现今我国的独生子女家庭越来越多,许多家庭都形成了经典的四二一结构,即四位老人和两个大人围着一个孩子打转,不论这个孩子是男是女,都会被视若珍宝,极尽呵护。同时"男尊女卑"的观念在老一辈人脑子里依旧根深蒂固,因此男孩更容易被溺爱,更容易习得一些坏习惯,例如自我中心、缺乏耐心、粗心大意、不善倾听等,这就导致他们更加难以适应学校的集体生活,也势必会影响他们在学校的学习和表现。

在社会层面,刻板印象的存在和强化也为男性的发展带来了不利影响。刻板印象是指人们对特定类型的人或事物形成固定的、概括化的形象或看法,但有限的信息或经验,往往会因为忽略个体差异和复杂性,导致对特定类型的人或事物产生认知偏差。性别刻板印象是基于性别而形成的刻板印象,一般涉及对男性和女性在性格、能力、兴趣等诸方面的预设,例如男性思维理性,更擅长竞争,更适合学习理科,女性思维感性,更擅长照顾人,更适合学习文科。这些性别刻板印象往往限制了个人的发展。现实是社会仍然在强化这种性别刻板印象,例如商业广告中,奶粉、洗衣粉、化妆品的受众以女性为主,名表、汽车、酒类的受众则以男性为主,女性被贴上"顾家""美丽"一类的标签,男性则与"事业""成功"之类的词语紧密相连。一方面,这些刻板印象会强化"女主内男主外"的性别分工模式,容易将男性推出家庭教育之外,导致父亲在家庭教育中的角色进一步淡化。另一方面,这样的刻板印象也导致社会对男性有更高的独立性和竞争性期待,并限制了他们在情感表达上的自由,例如"男儿有泪不轻弹",而长期的压力累积和情感抑制容易导致其在心理健康、情感表达和人际交往上出现问题,影响个人潜能的发挥,对长远发展产生不利影响。

可以说,学校教育体系、家庭教养方式和社会教育期望共同塑造了男性在成长过程中面临的挑战,影响着男性在学业中的表现与体验,但值得注意的是,学校教育体系、家庭教养方式和社会教育期望同样影响着女性,例如"静文化"同样压抑女性天性,刻板印象阻碍了女性

---

① 　郑新蓉.性别与教育[M].北京:教育科学出版社,2000:107.

选择机械、建筑之类的"男性化"专业,限制了其职场上的晋升与发展。这也变相说明,"男孩危机"的成因并非"女孩危机"得到有效缓解,"男孩危机"与"女孩危机"的缓解并不冲突。

五、"女孩危机"与"男孩危机"的应对策略

"女孩危机"与"男孩危机"是新时代下教育与社会发展领域中亟待解决的复杂议题,是提高教育公平质量、发展高质量教育、实现教育理想必须解决的难题。纵观当下女性与男性在教育中的现实境遇,为保障两性的教育权益,推动教育性别公平的实现,可以协同政府、学校、家庭等多主体从以下四个方面着手。

第一,完善教育资源配置。政府应加强对特殊群体的教育性别公平关注度,在教育资源配置上向资源相对短缺的西部地区、少数民族地区以及农村地区倾斜,通过充实这些地区的教育资源,即便是处于社会边缘的女性,尤其是那些背负多重不利条件的女性,也能获得宝贵的教育机会,进而拥有改变自身命运的可能性。例如,政府可以发挥宏观调控的重要作用,加大对经济落后地区高等教育的财政转移支付力度,在教育经费配置上缩小东部、中部和西部地区的差距。2020年,教育部发布的全国高等教育经费执行情况显示,全国一般公共预算教育经费最高的为东部地区的广东省,高达2419.23亿元,最低的为西部地区的宁夏回族自治区,仅为207.22亿元,前者是后者的11.67倍,足见不同地区教育经费体量差距之悬殊。① 又如,政府可以加强对农村教育的财政倾斜,同时激发社会资本活力,引进信息化、智能化的教学设施,充实图书馆藏书与数字资源库,全面提升农村教育硬件条件,共同营造利于农村学子成长的教育生态。政府还可以深化对农村教育的政策支持,着力于农村教师队伍的巩固与优化,建立与师范院校的长效协作机制,既保证农村孩子享受到优质教育,还能促进教育工作者的专业成长。

第二,重塑性别平等观念。一方面,推行性别平等教育,革新社会认知。要让人们意识到男孩和女孩同等重要,摒弃"重男轻女""养儿防老"的生育偏好,倡导"协同分担"的新型家庭分工模式,还要让人们充分认识性别平等的真正内涵,既要认识到两性的共性,也要尊重两性之间客观存在的差异性。另一方面,高度重视女性教育,延续进步脉络。在漫长的封建社会时期,"女子无才便是德"等文化糟粕长期统治着人们的思想,导致人们历来对女性教育不甚重视,直到新中国成立后,女性教育才进入一个发展的高峰期,"妇女能顶半边天"的口号成为当时的流行语,女性除了取得在政治上与男性同等的地位,也享有了更多的教育机会、教育资源。改革开放以来,国家继续助推女性文化素质的提高,社会对女性教育也日益重视,但千余年的封建思想不可能迅速消散,时至今日,我们不光要发展女性教育,更要让女性享受到同等优质的教育。

第三,践行性别敏感教育。首先,尝试使用多样化的教学方法,针对不同性别群体定制教育方案。倡导"因性施教",即依据性别特点与学习偏好,灵活运用差异化教学、项目式教学、翻转课堂等,旨在满足不同性别学生的学习需求,充分发挥每位学生的潜能,促进个性化

---

① 教育部,国家统计局,财政部.关于2020年全国教育经费执行情况统计公告[EB/OL].(2021-11-12)[2024-08-01].http://www.moe.gov.cn/srcsite/A05/s3040/202111/t20211130_583343.html.

成长。其次,可以优化师资性别结构,构建性别平等的教育环境。可以增加男性教师的占比,为学生提供多元化的性别模仿榜样,从而打破性别定势,拓宽视野。同时,强化教师性别平等意识的培养,杜绝性别刻板印象对教育行为潜移默化的影响,确保每位教师在教学实践中秉持公正立场,甚至发现学生存在的刻板行为并帮助其挑战和改变,例如引导男生合作和沟通,引导女生竞争和独立,改变男生对文科和女生对理科的消极态度等。最后,使用性别敏感的教学内容,将性别平等教育融入专业学习之中。通过编制性别敏感的教材,提升女性在教材中的正面形象与地位,丰富女性角色的多样性,增加性别平等议题的讨论,学生在潜移默化中接受性别平等的价值观。

第四,改善家庭教育策略。家庭教育作为个体成长发展历程中的重要基石,其策略的优化与革新对于化解"女孩危机"与"男孩危机",推动教育性别公平具有不可替代的作用。一方面,要重塑父亲角色。父亲应积极参与家庭生活,父亲在家庭中不只是经济支柱,更是情感支柱和教育伙伴,应当与母亲共同承担教养子女的责任。父亲还应主动学习教养孩子的知识,可以通过阅读教育类书籍、参加家长互助小组等,不断提升自身教育能力。形成性别平等的教育观,认识到男孩与女孩在成长过程中客观存在的性别差异。另一方面,要提升家长教育参与度。家长应转变观念,意识到教育不只是学校的责任,家庭也扮演着重要角色,家长应积极参与子女的教育,与学校保持密切的联系,积极关注子女的学习近况。还可以建立有效的家校沟通机制,如定期的家长会、家访、线上交流等,及时了解子女在校表现,积极向学校和老师反馈家庭教育的情况,共同助力子女成长成才。

六、结语

新时代背景下,人民对教育公平的追求已不再简单局限于公平存在与否,高质量的教育公平才是人民切实所需。教育公平理念的不断深化催生出"拯救男孩"的热潮,但在长期受男性价值观支配的社会中,女性同样需要拯救,相较女性与男性的差异,女性与女性、男性与男性在不同群体间的差异往往更大。澄清女性与男性在教育危机中的非对抗关系,综合施策,完善教育资源配置,重塑性别平等观念,践行性别敏感教育,改善家庭教育策略,构建一个兼顾男女教育权益的高质量教育体系,才是新时代教育公平需要完成的课题与挑战。

The Study on Gender Equity in Education Regarding the "Girl Crisis"
and the "Boy Crisis"

Wu Bin[1]　　Chen Wuyuan[2]

(1. Tourism College of Zhejiang, Hangzhou, 311200;

2. Xiamen University, Xiamen, 361005)

Abstract: Amidst the vigorous social and economic development, the "girl crisis" in the education sector has witnessed significant alleviation, marking a new phase in the advancement of educational equity. The public's pursuit of educational fairness has evolved from a mere concern for its existence to a profound focus on its quality. This shift has given rise to discussions surrounding the "boy crisis". Contrary to a common misconception, women and men do not inherently stand in opposition; similarly, the "girl crisis" and the "boy crisis" are not mutually exclusive phenomena. Presently, disparities in regional economic development and cultural beliefs continue to exacerbate the "girl crisis" in western regions, ethnic minority areas, and rural settings. Simultaneously, the manifestation of the "boy crisis" is the result of multifaceted influences from schools, families, and society, supported by substantial statistical evidence. To effectively safeguard the educational rights of both genders and advance educational equity towards a high-quality phase, this paper suggests proactive responses from four aspects: improving the allocation of educational resources, reshaping gender equality perspectives, implementing gender-sensitive education, and enhancing family education strategies.

Key Words: girl crisis; boy crisis; gender equity in education

儿童哲学教案如何设计？

——以《愚公要移山吗》教案设计为例 *

曹剑波　黄　睿 **

内容摘要：儿童哲学课的基本结构由三个要件构成，即问题情境、互动框架和目标意识。问题情境分为开放式和结构式两种，主要是由刺激物和前理解共同构成的，其中刺激物要符合"可理解"和"可争辩"两项标准。依对话的深入程度，互动模式分为提出问题和选择问题、讨论问题并形成观点、深化思维与延伸讨论三个阶段。哲学探究可能给儿童带来的收获是非常多元的，其目标意识包括价值理念（对学生价值观和人生观如性别平等的引导）、思想方法（教会学生如何思考与表达）和哲理智慧（形成对世界更深刻的认识）。本文以《愚公要移山吗》教案设计为例，来说明儿童哲学教案如何设计。

关键词：儿童哲学；教案设计；《愚公移山》

一、儿童哲学课的基本结构

儿童哲学课的基本结构可概括为三个要件：一是，儿童哲学课往往开始于一个能引发深入讨论的问题情境，一个引人深思的问题情境让学生对课堂充满兴趣，探究也会自发地启动；二是，基于事先设计好的互动框架，在师生和生生之间开展探究对话，互动框架确保学生能畅所欲言、不过多地受到教师干预，使课堂的思想之流不断有活水流入、一点点引向思想深处，而不至于停留在浅表；三是，教师脑中要对探究的可能成果有所预想，形成一定的目标意识，怀着目标意识去观察课堂，才能随时随地发现学生在课堂上的各种成长，并且在一次课结束时通过总结来强化学习成果。

---

　*　基金项目：福建省社科规划项目重点项目"知识论中国话语的建构研究"（FJ2024A029）阶段性研究成果，主持人：曹剑波。

　**　曹剑波，男，厦门大学哲学系教授、博士生导师，朱子学会儿童哲学专业委员会会长，主要研究方向为知识论、儿童哲学；黄睿，男，厦门大学哲学系特任副研究员，朱子学会儿童哲学专业委员会秘书长，主要研究方向为儿童哲学、庄子哲学。

（一）引入问题情境

问题对于哲学的重要性毋庸赘言。哲学探究开始于问题，而探究的终点也不一定是问题的解答，而有可能是对问题本身的质疑、修订或者新问题的提出。儿童哲学不能将专业哲学理论中的问题直接抛给儿童，而是要将儿童带入一个他们感兴趣并能理解的问题情境，在这个情境下，哲学探究会自然而然地生发。

1. 问题情境的构成

问题情境主要是由刺激物和前理解共同构成的。刺激物（stimulus，也称为启动文本）就是能刺激儿童产生好奇心和探究欲的任何文本。在此，"文本"并不一定要以文字为载体。除了绘本、寓言、童话、成语、歇后语、名言、新闻、诗歌、名著、哲学小说、思想实验等以文字为载体的文本之外，也可以使用影视片段、动画片、图像、游戏、实物等，这些都可以在广义上称为文本。由于传统文本所记录的大都是男性，在选择文本作为刺激物时，应该注意性别的均衡。尽管可供选择的刺激物范围颇广，但只有符合"可理解"和"可争辩"两项标准才能刺激儿童的思考。

"可理解"意味着儿童要能读懂文本，并且能在文本与自身生活经验之间建立联系。例如，对于不熟悉中世纪历史的儿童而言，《十日谈》中的故事可能就无法成为很好的刺激物。为了避免儿童无法读懂文本，可以在课前请几位同学来试读一遍，让他们帮助教师评估文本的难度。在使用涉及外语（例如外语动画片）、古文作刺激物时，尤其关注文本的可理解性。为了降低理解的难度，教师可以将外语的影片重新用母语配音，将原文为古文翻译成现代文甚至改写为一个现代背景的故事……

"可争辩"则意味着刺激物应能打开丰富的讨论空间，而非指向一个不容置疑的结论。[①]例如，同为形容刻苦学习的成语故事，"悬梁刺股"可能比"囊萤映雪"更有可争辩性，因为囊萤映雪是贫寒家庭的学子求学时的无奈之举，方法上无可替代、伦理上也无可指责，我们读完故事除了钦佩之外很难有别的感情，但悬梁刺股则似乎是不太理性也不太值得鼓励的学习方法，学生可以从中感受到"不顾困难坚持学习"与"遇到困难改变策略"之间的张力，从而展开讨论。

同一个刺激物，在不同的团体中使用时，也会引发儿童不同的提问和思考。之所以如此，是因为每一个儿童都有自己独特的前理解（如背景知识、生活经验等），而带着不同的前理解去阅读文本，就会读出不同的意义来。教师如果希望使用刺激物来引发某些特定的哲学探讨，就一定要考虑到学生是否具有相应的前理解。例如，年龄太小、还未体验过班干部制度的学生，就较难讨论"要选学霸当班长吗"的问题。又如，探讨"男生要不要做家务"这类问题时，男同学和女同学也会有不同的经验、不同的视角，由此产生不同的提问。

把刺激物同儿童的前理解结合起来考虑，就成了问题情境。问题情境，决定了儿童在探究中会提出什么问题、怎么思考问题。

2. 两种问题情境与两种课型

儿童哲学问题情境可以大致分为开放式和结构式两种，使用这两种情境的课型也分别

---

① TOPPING J K，TRICKEY S，et al. A teacher's guide to philosophy for children[M]. New York & London：Routledge，2019：5.

称为开放式课型和结构式课型。简单地说,开放式情境给学生一个意义非常丰富的刺激物,学生可以提出很多不同的问题。结构式情境则给学生一个精心设计的、有结构的刺激物,在探究过程中,刺激物分阶段逐步呈现,每一阶段都只引发学生对某一个特定问题的思考。两种问题情境的差异见表1。

表 1 开放式情境与结构式情境的对比

问题情境	开放式情境	结构式情境
典型案例	愚公要移山吗?	这是椅子吗?
刺激物	通常不是专为哲学目的写作的(成语故事、名著等)	通常是专为哲学训练的目的而设计的(如哲学小说、思想实验等)
前理解	学生带着多样化的前理解进入开放式情境后,可能产生许多不同视角和不同语境下的诠释	意在挑战学生脑中某些特定的前理解(通常是一些未经反思的常识或直觉)
哲学问题	引发学生展开许多不同哲学问题的讨论,其中一些问题的出现可能是教师没有预想到的	在每一阶段只引发学生关于某类特定哲学问题的讨论,教师对学生的思考轨迹可以有较清晰的预判
互动框架	一次性向学生展示情境的全部内容,然后由学生自主提问,讨论学生感兴趣的问题	每一阶段只展示情境的一部分,讨论教师提出的问题,完成这一阶段后再展示下一部分
歧义解读	当学生对文本中有歧义的地方产生疑问时,教师通常鼓励学生自己提出不同的解读	当学生对文本中有歧义的地方产生疑问时,教师通常直接给出回答,以确保全班对情境有相同的理解
对应课型	开放式课型	结构式课型

这两种问题情境没有优劣之分,教师要根据学习目标和刺激物的特点,选择合适的课型来运用。

3. 问题情境的呈现

一节儿童哲学课要取得成果,就必须确保问题情境始终是学生的关注重心,而其他的信息不能喧宾夺主。但有时学生的讨论不能紧扣问题情境,而是抓住老师或同学发言中某个无关紧要的词语或观点发散开去,最后彻底离题万里。出现这种状况,往往是因为问题情境只在一节课开头出现,儿童并没有那么强大的有意义记忆能力,能在短时间内记住问题情境然后始终带着这个情境进入漫长的讨论。因此,老师要想办法让同学们在需要时始终能看到问题情境。假设我们以一篇成语故事作为刺激物,那么老师可以把故事始终显示在屏幕上,也可以把故事中的人物、关系和事件画成示意图并始终保留在黑板的一角,还可以事先把故事印在讲义上发给每个同学。总之,要让同学能随时"回到"问题情境中。

(二)开展探究对话

儿童哲学探究主要是师生和生生之间的对话过程,因此教师要把一场探究组织好,最重要的是设计并执行好互动框架。

互动框架指的是在探究各个阶段依次采取哪些模式来开展师生对话和生生对话。换言之，互动框架解决的是"谁可以表达""什么时候可以表达""对谁表达""用什么方式表达"和"表达什么"的问题。

一般来说，儿童哲学探究对话会经历提出问题和选择问题、讨论问题和形成观点、深化思维和延伸讨论三个阶段（在结构式课型中，由于只讨论教师提出的问题，可省去第一个阶段），每一阶段都有多种互动模式可供选择。当我们选择了一系列合适的互动模式，按合适的顺序组合在一起，就构成了整节课的互动框架。好的互动框架能让想表达的人畅所欲言，让大多数人都有一定的表达机会，让不善表达的人也以书写、倾听等方式深度参与，且能推动哲学对话不断走向深入。以下分别阐述可以采取的互动模式。

1. 提出问题和选择问题

本部分是开放式探究的关键环节，只有提出了足够多有意义的问题，才能从中选择出最值得探究的一两个作为对话的主题。提问能力本身也是儿童哲学课要培养的重要能力。但是，提问题也非常花费时间。因此本阶段的各种互动模式主要是帮助师生在尽量短的时间内生成足够多的提问。

（1）同时写。同时写也可以称为头脑风暴，是小组合作学习中最常见的发散性思维活动，很适合用于提出问题。请小组同学相向而坐构成一个小圈，每位同学在一张纸上写下自己想问的问题，一分钟后每个人都将自己的纸传给自己右边的同学，同时将自己左边同学的纸拿过来继续写（既不能重复纸上已有的问题，也不能重复自己已经在上一张纸写过的问题）。以每组 3 人为例，一次"同时写"大约耗时 3 分钟。由于可以受到他人所写问题的启发，且整个互动过程采取书面方式安静地进行，不会互相干扰，这种方法一般能形成大量的问题。

（2）小组汇报问题。在组内提问后，一般会以小组汇报的方式向全班分享本组的提问。可按小组的编号顺序或座位关系依次发言，每组由一位代表汇报，汇报后组内其他成员可以补充，但应该为每一组的汇报规定一个总时长。后面发言的小组，所提问题不能和前面的重复（这可以训练同学们认真倾听，也可以促使小组在前面的组内提问环节尽可能提更多的问题来备用）。为了避免先发言的小组把所有的问题或观点都讲了，应规定每个组最多可以汇报几个问题（一般规定为 1 个或 2 个）。在小组汇报时，教师应将大家所问的问题记录下来（也可以派小组代表来书写）。

（3）投票选问题。各组汇报完所有的提问（通常会有 10～20 个）后，教师请全班同学闭眼趴下，然后一个个朗读所有提出的问题，请愿意讨论该问题的同学举手。可以规定每人最多投三票。之所以要闭眼后再投票，主要是避免从众心理的影响。投票结果揭晓后，建议教师立即以拍照的形式将结果记录下来（因为黑板可能很快就需要清空以记录下一步的讨论内容）。原则上应该从得票最多的问题开始讨论，但教师也可以将实质上相同的问题归并起来一起讨论。或者，当 A 问题是 B 问题的前提时，教师可以建议同学们先讨论 A 问题，尽管 A 问题的票数可能比 B 问题少。

（4）海报法。由于很多学校的儿童哲学课只有 40 分钟，教师也许需要一些更快的方法来收集问题。可以在课前给每个组发两张 A4 纸和几支水彩笔，请每个组将最想提的 2 个问题用粗体大字写在纸上（每张纸限写 1 个问题），即"海报"。各组同时派学生上台，将两张"海报"用磁贴贴在黑板上。接着，教师直接统计黑板上的问题有无重复或类似的，如果有,这就是大家普遍关心的问题。除了普遍关心的问题外,教师也可以自行选择一些比较有趣或有深度的问题来讨论。以此方法,大约可以在 5 分钟内完成问题的收集。

一旦选出要讨论的问题,课堂就转入了讨论问题的阶段。不过,在讨论的过程中,还是会有新的问题冒出来,而这些新的问题可能是特别有哲学价值的。因此,教师在此后的讨论中不必禁止学生提出新问题,且一旦有了新问题可随时用不同颜色的笔记录在黑板或白板上,以吸引大家关注。

2. 讨论问题和形成观点

这一阶段对于开放式探究和结构式探究,都是最核心的部分。本部分的互动模式要解决一个基本矛盾:既要促使全体学生都深入思考、积极表达(而不是被动等待"有想法的"同学),又要确保课堂纪律和对话秩序(避免因想发言的人太多而陷入混乱)。良好的互动模式需要在秩序与活力之间取得平衡。

(1)小组讨论。进入讨论问题的阶段后,建议先安排 3 分钟左右的小组讨论。这个环节能预先筛选掉那些欠考虑的观点(这些观点在小组内就会被反驳),也有助于让表达欲特别旺盛的同学先表达一番,免得在全班讨论时他们要等待很久才有机会表达。由于男女语言能力发展快慢不同,在低年级阶段尤其是幼儿园阶段,男生的语言能力通常比女生慢,无论是小组讨论,还是全班讨论时,都要有不同性别之间机会平均的意识。小组讨论时,教师应该不停地在各组之间移动,观察同学们的所写所说,对于不太自信的同学随时加以鼓励,对已经有想法的同学,鼓励他们写得/说得更多。看到比较沉默的小组,教师也可以蹲下来参与其讨论,用追问、反问等方式活化小组的讨论氛围。小组讨论后,既可以直接进入全班自由举手发言的阶段,也可以先请每个组口头汇报自己的讨论结果。

(2)绘制观点树。当小组数量较多时,每个组口头汇报自己的讨论结果会花很长时间,这时可以请每个组将讨论中的所思所得在大纸或白板上绘制成"观点树"。观点树的树根是所探究的问题,树枝是对于这个问题的不同观点,树叶则是每种观点背后的理由或论据。绘制观点树的任务可以让每一个小组都意识到组内的观点是多元的,每一种观点背后都可能有自己的理由,从而避免思考的片面和偏激。由于观点树已经以书面方式呈现出了讨论的经过和结果,就不需要再请各组一一汇报,而是安排 3～5 分钟时间让全班同学在教室内自由移动,欣赏其他组绘制的观点树。

(3)自由举手发言。这是刚开始从事儿童哲学的教师最适应的互动模式。与传统课堂相似,任何想发言的同学都可以举手,经教师允许后发言。在问题讨论的初期,当想表达的同学还不多的时候,这是一种可行的模式。在这种模式下,通常是最外向、最善于表达的同学举手,而他们的观点有可能刺激大多数人产生进一步的想法。讨论时教师需要在黑板(或屏幕)上记录同学们的想法,从而无暇顾及点同学发言这件事。为了解决这个问题,教师可以选择一名同学担任主持人,负责点同学发言(应要求这位同学秉持公正,尽量点从未举过手的人,这样也可以保证不同性别之间的机会平等)。如果某些同学因过于好动而有破坏课堂秩序的风险,请这样的同学来担任主持人也可以改善其课堂行为。另一种方法是规定每一位同学在结束自己的发言时,要负责点下一个发言的同学。为了避免单个同学发言时间过长,教师可以准备一个便携的计时器,并安排一位同学负责提醒发言的同学控制时间。

(4)按固定顺序发言。在讨论进入白热化时,想发言的同学很多,如果再采取自由举手发言,会因为老师犹豫点哪位同学而浪费一些时间,而老师的决定又很容易被质疑("老师你点他两次了,但一次都不点我")。这时候不妨按座位(或小组)顺序轮流发言。

(5)随机抽取学生发言。当儿童哲学课开展了一段时间,课堂讨论一般比较活跃,学生也感到课堂气氛足够安全时,教师就应当思考如何让那些不愿举手的同学也参与课堂。教师应避免说"你很少发言,不如就请你说说",因为这会让不敢发言的同学以为自己受到惩罚,从而更加焦虑。教师可以使用卡片、扑克牌或电脑软件来随机抽取发言的学生,由于随机抽取是"天意",被抽到的学生通常不会有负面的感受。如果经过10秒左右的等待,抽到的学生确实什么都没想好,教师可以说:"没关系,你可能有一个想法正在思考。要不你先想一会儿,我们等会再请你发言,可以吗?"在此情况下,教师务必记得在3~5分钟后再次询问这位同学。对于确实内向害羞的同学,教师也不必强求。这些同学很可能在静静倾听的时候一直在跟全班一起思考。也许他们需要以书面而不是口头的形式表达。

(6)ABCD卡。为了让全体学生都参与思考,教师可以随时用举手的方式("我们做个小调查,请赞成/反对这种观点的同学举手")让全体同学都表达一下自己的态度。不过,举手只能简单表达赞成或反对,如果要允许学生针对更复杂的"单选题"甚至"多选题"表示意见,就需要使用ABCD卡。[1] ABCD卡指的是教师事先制作好正反面都写有同一个字母的卡片并放在每个同学桌上,在进行小调查时用来代表ABCD这四个选项(如果不够用也可以制作A到G共7张卡)。在讨论进行中,教师可以随时针对当前正在热议的某个问题编制若干个选项供同学们表态。例如,讨论"愚公移山"成语故事时,可以开展如下的调查:

愚公做出移山的决定前,应该考虑哪些人的意见?

A. 妻子

B. 女性家属(女儿和儿媳)

C. 子孙后代

D. 其他村民

E. 山上的居民

F. 海边的居民

G. 参与移山的人

H. 其他人

展示问题和选项后,学生既可以一张也不选(表示"不需要考虑任何人的意见"),也可以选其中任意多张,或全部都选。学生展示自己选出的卡牌后,教师可以让同学们看看组内其他同学的意见与自己有什么不同,针对分歧进行讨论,也可以针对班上出现的每一种组合(例如"选了ABC的"和"选了ABCDE的")随机选一位同学来采访,请该同学说明选择这几个选项的理由。在讨论过程中,应当允许(和鼓励)任何一个同学中途改变自己的选择。

学生有可能将这类观点调查同投票表决混淆,以为得票更多的观点就是"正确"的或"获胜"了。因此在进行这类调查前,一定要告知同学:真理经常掌握在少数人手中,针对观点进

---

① 迪伦·威廉.融于教学的形成性评价:第2版[M].王少非,译.南京:江苏凤凰科学技术出版社,2021:130-133.

行投票只是为了让每个人都表达,并不需要服从多数人的观点。

儿童哲学对话是没有明确"终点"的。下课前,无论师生取得了什么样的认识进展,都只是暂时的结论。哲学问题的复杂性和趣味性,促使师生在课后不断继续思考。下课后儿童围着教师想要继续讨论、在走廊中与同伴边走边讨论、回到家又与家人讨论的情景都非常常见。因此一堂课结束前,除了通过教师总结对本节课的探究成果加以肯定,还可以通过哲思写作任务,使对话从课堂延伸到课后,甚至延伸到其他班级、其他年级的同学之间。

(7)教师总结。在一节课的最后2～5分钟,可以安排一个总结环节。这一环节有2个任务:一是对学生在讨论中呈现出来的符合教育目的或课程目标的观点、行为进行肯定;二是对学生提出的价值观念、思想方法和哲理智慧进行有意识地提炼和点拨(最好将所涉及的字词写在黑板上,帮助学生加深印象)。为了让孩子感受到每个人的发言都对最终探究成果的达成做出了贡献,教师可以再简要回顾一遍整个讨论历程,并对其中关键的概念、观点、论证做出梳理。当学生逐渐熟悉哲学探究流程后,也可以请几位学生来帮忙总结。在表扬学生时,务必具体、真诚。多赞扬孩子们的学习过程(例如,他们的努力、他们使用的学习策略、他们的认真倾听、互相帮助、大胆表达等)以及他们对待学习持之以恒的精神。

(8)哲思写作。一般来说,儿童哲学课不布置作业。但对哲学讨论特别感兴趣的学生而言,仅有每周一次的短暂课堂是完全不够的。教师可以布置一些选做的写作任务,来刺激这些学有所长的同学用课后时间充分地写下自己的思考。如果教师收到了学生完成的较好的哲学作品,最好不要用物质性的奖励来激励,而是将作品展出在走廊橱窗、宣传栏等较正式的场合,或者请作者在班上进行一次演讲来发表自己的作品。如果能定期将优秀作品编辑起来印成文集,或出版一本学校的儿童哲学刊物,则是更好的选择。看到自己的作品变成铅字,对儿童来说是莫大的鼓励。

3. 各种互动模式的比较和兼顾

前面提到的各种互动模式,有的是小组范围的,有的是全班范围的;有些采取口头形式,有些采取书面形式;设计意图则服务于探究的三个不同环节。表2总结了上述互动模式的差异。教师在设计互动框架时,应该尽量兼顾小组互动和全班互动,兼顾书面交流和口头交流,并且平衡好提出问题、选择问题和讨论问题这三大环节的时间比例。

表 2 　儿童哲学课上常用的互动模式

互动模式	互动范围	互动载体	设计意图
同时写	小组	书面	提出问题
小组汇报问题	全班	口头/书面	提出问题
投票选问题	全班	口头	选择问题
海报法	全班	书面	提出和选择问题
小组讨论	小组	口头/书面	讨论问题
绘制观点树	全班	书面	讨论问题

续表

互动模式	互动范围	互动载体	设计意图
全班自由举手发言			
按固定顺序发言	全班	口头	讨论问题
随机抽取学生发言			
ABCD 卡			
哲思写作	跨班级	书面	讨论问题

此外,在儿童哲学课上学生既要记住问题情境,又要记住互动的规则,还要思考自己的观点,这对儿童的工作记忆是极大的挑战。事实上,课堂纪律失控最常见的原因就是许多孩子不记得"我们现在该干什么,下一步要做什么",而他们之所以不记得,并不是没有认真听课,而是因为他们无法在脑中同时注意那么多内容。为了减少学生的记忆量,我们应该想办法把互动框架变为具体可操作的工具,使学生不必要耗费认知资源去注意"我们现在处在哪个环节、该干些什么、该遵守什么规则"。

举例来说,在使用"海报法"收集问题时,教师可以给学生发一些白纸用于书写他们的提问。不妨事先在白纸上打印一行小字:"每个组将最想提的 2 个问题用粗体大字分别写在 2 张纸上(每张纸只写 1 个问题)。写完后,马上派一位组员上台把这张纸用磁贴贴在黑板上。"这样,学生在讨论和书写时,很容易知道自己该做什么,而不需要频繁地问旁边的人或老师。

类似地,当老师需要同学遵守发言的时间限制时,最好的方法就是把一个很容易看清的计时器摆在发言者面前。

4. 优秀思想家工具包的使用

优秀思想家工具包(WRAITEC)[①]是由夏威夷大学 Moana 校区的杰克逊(Tom Jackson)博士开发,蒙特克莱尔州立大学的格里高利(Maughn Gregory)博士改进的。为了方便记忆,我们将 WRAITEC 改造为 WRITE A,每一个字母都代表在团体讨论中使用的一类思考步骤。通常,教师会请学生将这些字母中的每一个画在一张明信片那么大的卡纸上并涂色装饰,在他们想要做出这个思考步骤或希望他人做出这个步骤的时候举起卡牌示意。这套卡牌是儿童哲学教室中重要的工具。

表 3　优秀思想家工具包内容

字母	工具名称	说明	例子
W(what)	是什么	给出解释、定义或澄清	"那是什么意思?""我不理解你的意思是什么"
R(reasons)	为什么	给出理据或评判理据	"为什么?""这样的理由站得住脚吗?"

---

① GREGORY M. Critical thinking & learning[J].Informal logic,2000,20(1):18-19.

续表

字母	工具名称	说明	例子
I(inferences)	如果/假如（相反假设）	两个观念如何以"如果……那么……"的关系相互推论	"如果所有人都有偏见,那你也有偏见咯?"
T(truth)	真的	要求核查命题的真实性	"是真的吗?""你怎么知道的?"
E(examples/counter-examples)	举正/反例	举出例子/针对刻板印象或过度概括举反倒	"能举个例子吗""你说素食主义者都不吃蛋,但我认识一些素食主义者,他们是可以吃蛋的。"
A(assumptions)	预设	找出隐含的前提或假设	"为什么我们都觉得主角是男生呢? 故事里明明没有写。"

优秀思想家工具包有什么好处呢?

首先,优秀思想家工具包是一套简单的思考工具,可以帮助团体成员将他们的"聊天"转变为"对话"。工具包帮助他们看出联系、找出区别、发现隐含前提、纠正错误推论、寻找正反证据等。这样一些思考步骤将对话推向前进,促使团体逐渐形成某种集体判断。

其次,优秀思想家工具包同时也能避免那种有可能破坏讨论的过度的情绪化,它将论证的激情疏导为有成果的对话探究过程。它迫使参与者给自己的情感套上一个最低限度的理性结构,但又不至于扼杀一切情感。

最后,那些更加少言寡语的成员会倾向于用优秀思想家工具包卡片来参与探究。有了卡片,就更容易表达出"能说明理由吗"这样的复杂想法。

优秀思想家工具包让团体成员能相互教导对方,学习如何进行有效的推理。其中的教育目标并非在于掌握孤立的思考技能,而在于能在一个有意义的对话情境中熟练地运用各种思考步骤。更进一步的目标在于:在需要思考的情境中,学习者不仅发展出运用这些思考步骤的能力,更发展出运用这些思考步骤的习惯性倾向和促进团体探究的社会技能。

优秀思想家工具包的分类法也可以被用作评估讨论质量及智识活力的标准。一种简单的操作方式,就是在讨论的结尾用五到十分钟,让成员评估自己在每一类思考步骤上做得怎么样。在评估的时候,请每位成员用竖起、平放或倒竖大拇指,来代表自己做得如何,并给出一定解释。以这种方式,成员们可以识别出自己和整个团体在思考上的长处和弱项。

优秀思想家工具包同时也是优秀的写作工具。团体成员在共同讨论过某个议题之后,也许会想要写一篇文章,这时就可以用优秀思想家工具包来作为写作结构:亮明论点、给出理由来支持论点、识别隐含前提、做出推论、检查论据来源的可信度、给出例子、回应反例等。这一格式可以用来写简短的或复杂的文章。

（三）渗透目标意识

儿童哲学重视课堂生成和结论的开放性,尊重学生独特的问题和观点。但是,儿童哲学探究是否没有任何"目标"呢？我们认为，不能在探究开始前就明确规定必须达成什么目标和一定不能达成什么目标，但应当具有敏锐捕捉、即时生成目标的意识。举例来说，如果你带孩子去北京旅游，一开始设定的"目标"是"要去故宫"，结果到北京之后发现故宫临时闭馆无法前往。这时，孩子在旅游宣传册上看到了国家博物馆的介绍，说："我们去国家博物馆吧，也能看到许多文物，学到很多历史知识。"于是你们转而去了国家博物馆。那么，这次北京之行达成目标了吗？当然，没有达成出发前预设的目标。但也许你们会觉得在国家博物馆看到的各种文物也让这次北京之行非常充实、有意义，甚至可能比去故宫更加难忘。那么，静下来想想，在游览过程中临时生成并意识到的"看到许多文物，学到很多历史知识"才是真正想要达成的目的。我们把这样的想法称为"目标意识"。

换言之，一方面目标意识意味着儿童哲学教师在思想意识中对于"什么可能是这场探究的目标"有一种宽泛的预想，巧妙地将这种预想隐含在刺激物和教学设计中，在儿童接近于达成目标时进行必要的支持和帮助；另一方面目标意识也允许儿童将探究推向教师没有预想到的方向，敏锐地捕捉课堂现场生成的一些始料未及的学习成果，将其吸收为学习目标，并且在一堂课结尾的总结环节明确地将这些成果提炼出来。

一场哲学探究可能给儿童带来的收获是非常多元的，但最主要的收获可能体现在三个方面：对学生价值观和人生观的引导（价值理念）、教会学生如何思考与表达（思想方法）以及形成对世界更深刻的认识（哲理智慧）。因此，教师通常可以从这三方面构筑并渗透目标意识。

1. 价值理念

儿童哲学中倡导的价值理念主要有三方面：(1)关怀他者：尝试理解和真诚关怀他者（包含其他性别的人、他者、动植物和生态环境等）；(2)文化传扬：认同、传播和发扬中华优秀传统文化，结合当代实际加以创造性转化和创新性发展；(3)核心价值：体会、认同和践行社会主义核心价值观。

以"愚公要移山吗"为例，借助《愚公移山》的探究倡导了下列价值理念：进行工程建设的时候要考虑工程伦理，例如工人的安全和待遇、周围群众的健康以及对生态环境的长远影响；每一代人都有自己要解决的问题，我们应该做负责任的当代人，把绿水青山留给下一代；当一个人致力造福人类的时候，即使"知其不可而为之"也值得我们尊敬。

2. 思想方法

儿童哲学要教会学生更好地思考，就需要有思想方法的训练，主要包含三类方法：(1)论证方法：收集并运用有效的证据来论证特定观点；(2)审辩方法：通过检查论证的完备性和收集负面证据，对特定观点进行批判性核查；(3)创新方法：在吸收对立观点各自合理性的基础上，通过重新构造问题或构造新概念来提出新观点或新方案。

例如，在"这是椅子吗"课程中，教师反复引导儿童利用自己的直觉来判断"什么是椅子"，从而验证了"在研究哲学问题时，可以运用每个人的直觉来作为证据"这一思想方法。

3. 哲理智慧

儿童哲学虽不进行哲学理论的直接教学，但在讨论火候合适、学生确有需要的时候，不妨引入一些有助于解开思想迷雾的哲学概念或理论。哲学概念应该像一件称手的工具,当学生为解决一个问题而犯难,只有运用这件工具才能解决时,将其拿出来的效果才是最好的。这正是所谓的"不愤不启,不悱不发"。还有的时候,学生在探究中已经用自己的语言表达出了我们希望教会他们的哲学观点,以至于教师只需要在总结时将儿童的观点(小 p)与哲学家的观点(大 P)做个链接即可。

具体而言,儿童哲学课可能教会的哲理智慧有以下三类:(1)概念辨析:对人们经常使用的日常概念,形成较清楚的意义辨析和哲学反思;(2)隐喻建构:习得或创造一些认知隐喻来表征哲学问题或哲学概念,并能用隐喻来推进哲学讨论;(3)实践智慧:在伦理行动中逐渐培养对情境的感受力和判断力,把握行动的合宜尺度和分寸。

例如,在《隐形的戒指》教学中,引出了这样的哲理智慧:纯粹出于内心的自律而做好事确实是崇高的;不过即使是因为他人会看到而"表演"道德行为,也有可能"假戏真做",逐渐成为真正的好人。这一观点综合了康德和孟子的道德观,但又处在儿童不难理解的认知层次上,适合作为儿童哲学课的目标。

长远来说,哲学探究还会带给学生很多潜移默化的正面影响,例如提升自尊、自信、合作、关怀能力,增加学生的幸福感,改进师生关系、同伴关系和亲子关系。这些效果需要通过长期坚持开展儿童哲学课来获得,不是某一节课立竿见影的效果,因此不需要列入任何一节课的目标意识当中。但教师也需要"心中有数",并在教学中随时抓住机会推进这类目标的实现。例如,当那些在其他课上缺乏自信、成绩不佳的同学,在儿童哲学课上尝试发言,教师就可以借机加以鼓励,让其得到大家的尊重和倾听。

一个人只要坚持科学的膳食和锻炼,身体就一定会成长,但我们不太可能知道"这块肌肉是通过哪一次训练长出来的"。同样的,坚持儿童哲学教育一定会给孩子带来各方面的好处,但我们也不太可能知道"哪些能力是通过这一节课学会的"。虽然儿童哲学课程有其目标,但课前不一定要在单节课的教案中写清学习目标。教师只需要始终明确整门课程的目标,并在每一次具体的探究中不断捕捉和运用有利于实现目标的资源即可。

二、《愚公要移山吗》教案设计

《愚公要移山吗》是作者所在研究团队开发出来并至少已经开展 20 次教学实践的成熟教案。本课讨论著名的成语故事《愚公移山》。本课可分 2 课时完成,适用于三到六年级学生(用于较低年级时,需改用动画片来呈现故事情节)。探究中,儿童可以从生态哲学、女性哲学、代际关系等角度对移山的方法加以商榷,从而学会站在不同利害相关者的角度看问题,又能学会欣赏愚公"知其不可而为之"的伟大勇气,体会愚公身上所体现的坚持不懈的精神。

表 4　《愚公要移山吗》的目标意识

领域	目标意识
价值理念	进行工程建设的时候要考虑工程伦理,例如工人的安全和待遇、周围群众的健康以及对生态环境的长远影响。 男女平等是社会公平正义的重要标志,是人类文明进步的必然要求。性别歧视在愚公移山中也有所体现。在进行性别平等教育时,要对性别敏感,避免性别歧视和性别刻板印象。性别平等追求不同性别人群在人格、尊严和价值上的平等,在各方面的权利、机会和责任都平等。 每一代人都有自己要解决的问题,我们应该做负责任的当代人,解决好发展不平衡、生态破坏、资源滥用等问题,把绿水青山留给下一代,而非将一堆完不成的任务交给下一代。 当一个人致力造福人类的时候,即使"知其不可而为之"也值得我们尊敬。
思想方法	当我们评价一件事做得对不对、好不好的时候,不能只看动机(即这件事是不是出于一片好心去做的)。我们也要看这件事的过程和结果,尤其是对于一切利害相关者的影响。
哲理智慧	每个人的认识都受到时代的局限。例如,过去不可能的事情,现在可能很容易。

（一）探究过程第一阶段：反思移山方法

1. 问题情境

阅读愚公移山的故事①：

　　太行、王屋两座山,方圆七百里,高七万尺,本来在冀州南边、黄河北岸。

　　北山下面有个被叫作愚公的人,年纪快到 90 岁了,家住在山的正对面。他苦于大山的阻塞,害他出门回家都要绕道,就召集家人商量说:"我跟你们一起用尽力气挖平险峻的大山,使家门口的路一直通到豫州南部,到达汉水南岸,好吗?"大家都表示赞同。他的妻子提问说:"凭你的力气,连一座小山都不能削平,能把太行、王屋怎么样呢? 再说,挖下来的土和石头要放在哪里呢?"众人说:"把土石倒在渤海边,隐土的北边。"于是愚公率领儿孙中能挑担子的三个男人上了山,凿石挖土,用箕畚运到渤海边上。邻居京城氏的寡妇有个孤儿,刚七岁,蹦蹦跳跳地跑去帮他。冬夏换季,他们才能往返一次。

　　河湾上的智叟嘲笑愚公,想要劝阻他。智叟说:"你实在是愚蠢过头了! 凭你这辈子剩下的时间和力气,连山上的草木都破坏不了,又能把泥土石头怎么样呢?"北山愚公长叹说:"你的心真顽固,顽固得没法开窍,你的见识还不如寡妇和小孩子。即使我死了,还有儿子在呀;儿子又生孙子,孙子又生儿子;儿子又有儿子,儿子又有孙子;子子孙

---

　　① 出自《列子·汤问》。由编者译为现代文。部分字词的诠释参考了杨伯峻.列子集释[M].北京:中华书局,2013:167-170.

孙无穷无尽,可是山却不会增高加大,还怕挖不平吗?"河曲智叟无话可答。

握着蛇的山神听说了这件事,怕他没完了地挖下去,向天帝报告了。天帝被愚公的诚心感动,命令大力神夸娥氏的两个儿子背走了那两座山,一座放在朔方的东部,一座放在雍州的南部。从那以后,冀州的南部直到汉水南岸,再也没有高山阻隔了。

如果同学们的古文阅读能力普遍较高,老师也有能力解释其中的字词,可尝试让学生阅读原文:

> 太行、王屋二山,方七百里,高万仞;本在冀州之南,河阳之北。
>
> 北山愚公者,年且九十,面山而居。惩山北之塞,出入之迂也,聚室而谋,曰:"吾与汝毕力平险,指通豫南,达于汉阴,可乎?"杂然相许。其妻献疑曰:"以君之力,曾不能损魁父之丘。如太行、王屋何?且焉置土石?"杂曰:"投诸渤海之尾,隐土之北。"遂率子孙荷担者三夫,叩石垦壤,箕畚运于渤海之尾。邻人京城氏之孀妻,有遗男,始龀,跳往助之。寒暑易节,始一反焉。
>
> 河曲智叟笑而止之,曰:"甚矣汝之不惠!以残年余力,曾不能毁山之一毛;其如土石何?"北山愚公长息曰:"汝心之固,固不可彻;曾不若孀妻弱子。虽我之死,有子存焉;子又生孙,孙又生子;子又有子,子又有孙;子子孙孙,无穷匮也;而山不加增,何苦而不平?"河曲智叟亡以应。
>
> 操蛇之神闻之,惧其不已也,告之于帝。帝感其诚,命夸娥氏二子负二山,一厝朔东,一厝雍南。自此,冀之南、汉之阴,无陇断焉。[①]

2. 互动框架

表5 《愚公要移山吗》第一阶段探究的互动框架

时长/分钟	互动模式	设计意图
5	(高年级)阅读译文或原文;(低年级)观看动画片。	进入问题情境
5	按座位顺序一人一句轮流朗读故事。	进入问题情境
5	分组讨论,对这个故事提出尽可能多的问题。	提出问题
5	每组派代表汇报本组提出的问题(只能说2个,且不能与之前的组重复),教师做记录。如果提的问题较少,全部小组都汇报完后,可以请还想提问的同学举手补充。	提出问题
3	投票选出最想讨论的问题。投票时趴着闭眼,教师读出问题,想讨论的同学举手,教师计票。每个人最多投3票,可以不投票。	选择问题
3	针对票数最高的几个问题,进行小组讨论。	讨论问题
15	针对票数最高的几个问题,依次进行全班讨论。	讨论问题

---

① 杨伯峻.列子集释[M].北京:中华书局,2013:167-170.

3. 常见提问

儿童在本次课中常见的提问见图 1。

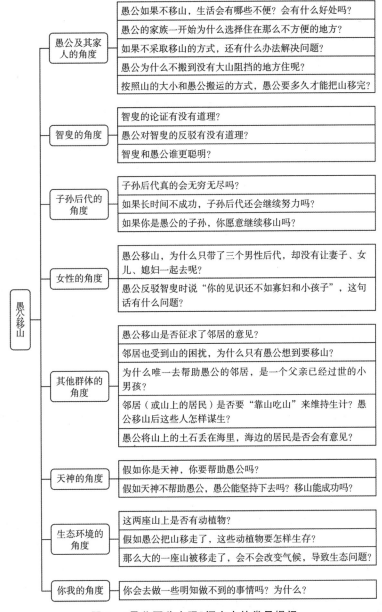

图 1　《愚公要移山吗》探究中的常见提问

关于愚公移山的提问，通常会从不同人物的视角展开。教师在记录问题的时候，可以像图 1 一样按不同人物的视角对问题进行分类。此外，也可以按照"移山的必要性""移山的可能性""移山的过程""移山的后果"这样的角度去对问题进行分类和整理。教师也可以鼓励学生以审辩性思维来审查故事中愚公与他的妻子，以及与智叟的两段对话，看看谁说得更有道理。学生可能提出：子子孙孙真的会无穷无尽吗？山真的不会增高吗？愚公说寡妇和小孩子见识浅，是否有道理呢？移山时，参与者是"子孙荷担者三夫"，这里是否有性别歧视之嫌呢？

4. 哲学解读

以下选取师生在探究中可能发生比较热烈讨论的几个问题,从哲学理论上对儿童可能的观点进行分类、阐释和评析。

(1)为什么要考虑一切利害相关者?

在愚公移山之前,愚公召集了一家人来开会,作出了移山的决策。不过,移山的行为仅仅影响愚公一家人吗? 随着我们对故事的讨论不断深入,我们会注意到移山的行为会影响村里其他人的生活,会影响那些住在山里和海边的人,会影响山上的生态环境和小动物,还会影响天神和子孙后代。所有这些可能被愚公的行为影响的个人或群体,都被叫作利害相关者(stakeholder)。[①] 那么,愚公是否征求了他们的意见呢?

设想一下,假设愚公移山确实既造福了一方百姓,但愚公对帮他移山的年轻人非常不好,不仅经常打骂他们,而且给的食物也很少,那么你会怎样评价愚公的行为呢?

再设想一下,如果愚公移山使他和他的家人不再受大山的阻隔,但其他的村民是通过在山里打猎、伐木为生的,山被移平后这些人都失去了生计,这时你又会怎样评价愚公的行为呢?

最后,就算愚公移山既没有压榨帮他干活的人,也不影响其他群体的生活,但他把移山的任务交给子孙后代来完成,后代的子孙不再有选择职业生涯的自由,即使有自己的梦想也不得不放弃掉,只能世世代代从事移山的工作。其他人群涌现出了不同行业的人才,但愚公的后代无论再有怎样的天赋,都不能发挥。在这样的情况下,你又会怎样评价愚公的行为? 当我们评价一件事做得对不对、好不好的时候,不能只看动机(即这件事是不是出于一片好心去做的)。我们也要看这件事的过程和结果,尤其是对于一切利害相关者的影响。

值得注意的是,子孙后代虽然还不存在于这个世界上,但他们也是利害相关者。我们的一切行为都在影响后代的幸福。可是,子孙后代还没出生,我们不可能征求他们的意见,这又怎么办呢? 同学们对这个问题可能会有各种各样的答案。日本哲学家柄谷行人认为,我们虽然不可能征求子孙后代的意见,但至少我们应该认真考虑他们的幸福,不能用子孙后代作为手段来换取当代人的满足。[②]

当然,我们也可以继续追问:我们有可能预见行为的所有后果吗? 我们有可能预见行为对所有利害相关者的影响吗? 如果时间非常紧迫,我们没有办法考虑那么多怎么办?

此外,愚公移山"率子孙荷担者三夫",为什么带的全是男性,而没有女性呢? 此外,愚公批驳智叟时说智叟"不若孀妻弱子",这是不是有对女性的歧视呢? 男女平等是社会公平正义的重要标志,是人类文明进步的必然要求。性别平等(gender equality)不是指不同性别趋于相同,而是指不同性别人群在人格、尊严和价值上的平等,在各方面都有平等的权利、机会和责任。性别平等要求:①所有性别的人都能自由发展个人的才能,自由做出个人的选择,而不受刻板印象、固化的性别规范和偏见的限制;②不同性别人群的行为、倾向和需求都能得到同等的考虑、重视和支持;③不同性别人群都有相同的机会获取和支配社会、经济和政治资源。性别平等具体表现在健康与安全、教育与文化、婚姻与家庭、工作与经济、公共和政治生活、法规与政策、观念与语言。性别平等是全面性教育中特别核心的内容,学习者不

---

① 俞国斌.西方"利害相关者"理论及其启示:关于促进我国和谐社会建设的思考[J].当代世界与社会主义,2007(3):176-179.

② 柄谷行人.伦理 21[M].林晖钧,译.台北:心灵工坊文化,2011:154-156.

仅需要认识到性别平等的重要性，还需要了解如何看待性别不平等、性别刻板印象和偏见带来的负面影响以及如何建立基于性别平等的关系。

在工作和经济方面，性别平等表现为以下方面：不同性别人群均享有工作、自主择业以及获得公正、合适的工作条件的权利；均享有充分、平等、体面的就业机会，均享受同工同酬、获得合理和公平的报酬及福利的权利；均获得不存在基于性别的歧视的工作环境；均能在工作中获得安全和卫生方面的保障，均获得公平、公正的发展和晋升机会；均享有合理的休息权利，均享有组织和参加工会的权利。① 如果从男女体质的差异来看，女性的体力通常不如男性，因此叩石垦壤、荷担之类的体力活让男性参与而女性休息，这可以看作是对女性的照顾。虽然如此，对于"移山"这样的"伟业"，作为"半边天"的女性不参加，终究是一种欠缺。

在观念方面，性别平等表现为生理性别、性倾向、社会性别认同不同的人群都能得到尊重和认同。性别不平等的观念，例如性别规范、性别期待、性别刻板印象等，会对人的选择和行为、性关系、人际关系产生负面影响，还可能导致包括跨性别恐惧现象在内的性别偏见和基于性别的暴力。② 愚公批驳智叟，以智叟"不若孀妻"作比，这确实包含对女性的歧视。

进行性别平等教育时，应具有性别敏感性，注重对男性、女性和多元性别人群的全面、多角度、平等呈现，避免性别歧视和性别刻板印象。只有当权利平等和机会平等（不同性别在政治、经济、文化、社会、家庭等各个领域、各项事务上具有平等的参与资格）、结果平等（不同性别在社会、家庭中具有事实上的同等地位）的差异缩小到可以忽略不计时，男女平等才能真正实现。

（2）子孙后代有义务完成上一代人的愿望吗？

在愚公移山的故事中，愚公将一个艰巨的任务留给了子孙。在生活中，孩子们也经常要去完成上一代人的愿望，我们常听到父母这样对孩子说："我们那时候条件不好，没机会读书，所以你要好好读。"有时，父母希望孩子子承父（母）业，有时他们又希望孩子千万别从事自己的行业。在选兴趣班、填志愿、找工作甚至选择人生伴侣的时候，父母都可能用自己的愿望去影响孩子。小学阶段的孩子对父母的愿望通常不会明确提出反对，可是他们心里也会默默嘀咕：我的人生，究竟是用来完成我自己的愿望，还是用来完成你们的愿望呢？

要讨论这个问题，首先可以问：上一代人的愿望是合理的吗？ 一般来说，长辈比晚辈有更丰富的生活经历和知识储备，通常能看得更远、判断得更准确。尤其是在涉及伦理道德和为人处世的问题上，长辈也许可以给我们不错的建议。孔子说"父在，观其志；父没，观其行"，就是说我们要善于通过观察，学习长辈的人生智慧。但是，刚才这些话是针对大多数长辈来讲的。是否每一个长辈都比他们的孩子更有智慧呢？ 不排除某些长辈在观念上陷入误区，对后代"瞎指挥"，甚至某些长辈自私自利，为了实现自己的愿望，不惜牺牲孩子。在面对这两种情况时，即使主张孝道的儒家也认为孩子不必盲从长辈的要求。例如，舜的父亲瞽叟不喜欢舜，因此不希望舜结婚成家。父亲的这一愿望是不正确的，因此舜在没有禀告父亲的情况下私自结了婚，在孟子看来是完全合理的。儒家经典《孝经》也指出："当不义，则子不可以不争于父。"父母的想法不正确的时候，子女应该据理力争。

其次，我们也可以从父母与孩子、祖辈与子孙的关系来思考这个问题。孝道是中华传统

---

① 徐爽.妇女平等权的立法保护与性别预算[J].现代法学,2012,34(1):171.

② 联合国教育、科学及文化组织.国际性教育技术指导纲要(修订版)[M].北京:联合国教育、科学及文化组织,2018:50-51.

文化的重要组成部分,大多数人都同意"孝"意味着在父母亲年迈时我们应该用心照料和尊重他们。但"孝"是否意味着我们要按照父母亲的愿望去生活?持肯定意见的同学可能会提出如下论据:我们的生命来自父母,也受到父母的养育之恩,违背父母的愿望会让父母亲不高兴……持反对意见的人则会认为孩子不是父母的财产,有自己独立的人格,长辈对孩子的人生可以给出建议,但不能加以操纵。孔子说:"三年无改于父之道,可谓孝矣。"孔子认为,在父亲去世后的头三年里依然坚持按父亲的做法去做,这就已经是孝顺了,并不要求永远不改变父亲的做法。[①] 看来,即使愚公的子孙在愚公死后不愿意继续移山了,在孔子看来也是无可指责的。

总之,从孩子的角度来说,上一代人的愿望未必是合理的,但是值得尊重和认真考虑;从长辈的角度来说,则不应轻易将自己的愿望寄托在下一代身上。每一代人都有自己要解决的问题,我们应该做负责任的当代人,解决好发展不平衡、生态破坏、资源滥用等问题,把绿水青山留给下一代,而非将一堆完不成的任务交给下一代。唯有如此,后代才会真正尊敬我们,并且怀着敬意去完成我们托付给他们的某些合理的愿望。

(二)探究过程第二阶段:感受移山精神

在第一阶段,学生的讨论可能侧重于对移山这一行为的批判性的反省。在此基础上,我们可以进一步思考:既然没有天神的帮助愚公就不太可能成功,移山这种行为方式还会产生破坏生态环境、影响他人生计等后果,为什么愚公又被人们视作一个值得颂扬的楷模来看待呢?这背后的哲学道理是什么?由此,帮助学生将思想的天平扳回平衡点,站在更高的思想层次上欣赏愚公,即对愚公所代表的"知其不可而为之"的精神加以欣赏,同时懂得做事情要选择合理、有效的方法。换句话说,就是理解愚公的方法欠妥,但精神可嘉。

1.问题情境

简要回顾愚公移山的故事,然后提问下列问题:愚公移山在哪些情况下才能成功?在哪些情况下不能成功?做一件明知不可能做到的事,有没有意义?愚公是愚蠢的人吗?

教师也可以将第一课时尚未充分讨论的问题,或者"常见提问"中列举了但学生没有提出的问题拿出来讨论。

2.互动框架

表6 《愚公要移山吗》第二阶段探究的互动框架

序号	互动模式	时长/分钟	设计意图
1	通过观看动画片或重读故事的方式回顾故事情节	3	进入问题情境
2	教师向学生提出本节课要讨论的问题	3	提出问题
3	针对问题,进行小组讨论	4	讨论问题
4	针对问题,进行全班讨论	25	讨论问题
5	教师总结本节课的学习成果	5	评价与激励

---

① 钱穆.论语新解[M].北京:生活·读书·新知三联书店,2018:15.

3. 哲学解读

（1）为什么要去做明知不可能做到的事呢？

一般认为，愚公移山的故事说明了要克服困难就必须下定决心、持之以恒、坚持不懈的道理。不过，人们读到这个故事的时候不免疑惑：愚公仅仅带了三个男性后代（以及邻家跳着过来帮助他的小朋友），用箕畚千里迢迢把土石从山上运到海里倒掉，大半年才能往返一趟，即使到了宇宙寿命的尽头都无法将山搬完。故事中愚公只是因为有了天神的帮助，才得到圆满的结果。可是，我们做一件事情，能将希望寄托在天神身上吗？这个问题也许会得到否定的回答。反过来说，是不是做什么事都只能靠自己的力量呢？显然，我们不能将生活的希望全部寄托在他人的帮助上。可是，人类就是一种需要互相帮助、在社会中生活的动物。孔子说："子生三年，然后免于父母之怀。"如果没有父母帮助，我们根本不可能存活下来。很多事情，我们自己做起来很困难，一旦得到大家的帮助就变得容易。善于寻求帮助，是一种重要的能力。即使愚公没有感动天神，但如果感动了周边所有被大山阻隔的居民，成千上万人一起来移山，成功的可能性也会变大。所以荀子说："（人）力不若牛，走不若马，而牛马为用，何也？曰：人能群，彼不能群也。"人类虽然没有动物那么强大的身体力量，但能发明道德准则和社会秩序，所以能分工合作。"和则一，一则多力，多力则强，强则胜物。"人类就是由于群策群力、密切配合，才能发挥巨大的力量，在充满灾害和变化的大自然面前顽强生存下来。

另外，我们人类对于一件事情"能不能做到"的评估，是不是一定准确呢？如果问一个1000年前的人"人类是否能在天上飞"，恐怕他们会觉得做不到，但今天人类早已实现了飞行的梦想。可见，每个人的认识都受到时代的局限。例如过去不可能的事情，现在可能很容易。类似地，如果愚公的子孙坚持移山，随着技术的演进，他们成功的希望也会越来越大。

当然有人会反驳说：即使以我们当代的技术，要将"方圆七百里，高七八千丈"的大山彻底夷平，仍然极为艰难。可是，如果愚公生活在今天，他会怎样解决问题呢？他也许不会去移山，但可能率领家人去修建隧道、盘山公路、高铁、机场，铺设网络光缆，以这些现代化的手段同外界交流。技术不仅让我们更容易做到以前想做的事，还能让我们找到新的方法来达成以前的目标。一旦愚公家附近有了机场和公路，就同山被移走了一样方便。在这种意义上，可以说"愚公移山"也是有可能实现的。

最后，即使愚公确实得不到任何帮助，即使移山的活动最终都没有成功，但这样的人是否没有任何值得欣赏的地方？《论语》中，有人形容孔子是"知其不可而为之"的人。孔子明知道他心中那个讲求仁义的理想社会在当时不可能实现，仍然竭力宣扬自己的理想。这句话非常贴切地总结了孔子的一生，我们读到这句话非但不觉得孔子愚蠢，反倒觉得孔子有巨大的人格魅力。事实也证明，孔子虽然没能改变当时的社会，却为全世界留下了至今都有重大价值的思想。

总而言之，敢于去做不可能做到的事，体现出一种超人的勇气和惊人的美。一个内心充满热忱的人在面对需要改变的事情时，即使知道凭自己的力量不可能改变，但也无法冷眼旁观、无动于衷，因此尝试去做一些力所能及的事，能改变多少就改变多少。有时由于心急或认识不足，他们会像愚公一样采取不合适的方法，但这并不妨碍我们欣赏他们伟大的人格。

How to Design a Lesson Plan of Philosophy for Children (P4C):
Using the *Yugong Yishan* Story as an Example

Cao Jianbo   Huang Rui

(Xiamen University, Xiamen, 361005)

Abstract: The basic structure of a lesson of P4C consists of three essential elements: question situation, interaction framework, and goal awareness. The question situation can be categorized into two types: open and structured, and it is primarily composed of stimuli and pre-understanding. The stimuli must meet two criteria: "comprehensible" and "controversial". Depending on the depth of the dialogue, the interaction progresses through three stages: (1) posing and selecting questions, (2) discussing questions and forming viewpoints, and (3) deepening thought with extended discussions. The potential benefits of philosophical inquiry for children are diverse. Goal awareness includes value concepts (guiding students' values and perspectives on life, such as gender equality), methods of thinking (teaching students how to think and express themselves), and philosophical wisdom (developing a deeper understanding of the world). The lesson plan design for "Should *Yugong* Move the Mountain?" serves as an example to illustrate how to design a P4C lesson plan.

Key Words: philosophy for children (P4C); lesson plan design; *Yugong Yishan*

教育提升与生育性别偏好：平等观念的中介效应

李明令[*]

内容摘要：在生育政策放宽的背景下，性别偏好问题值得进一步关注。本文利用CGSS 2015全国调查数据，考察了教育提升对生育性别偏好的影响及其城乡差异。经过中介检定和Bootstrap自抽样法，发现教育提升对男孩偏好具有削弱效应，这可由两性中的"角色平等观念"和"能力平等观念"得到部分解释。随后从多个角度进行了稳健性检验，结果均表明该结论稳健可信。进一步研究指出，两种性别平等观念的中介效应存在城乡差异。其中，农村地区的男孩偏好更加顽固，角色平等观念在农村人口中的影响更加显著。因此，要减轻传统的"重男轻女"倾向，应在农村的基础教育中深化对角色平等观念的培养。

关键词：教育提升；性别平等观念；性别偏好；中介效应

一、引言

2013年12月，国家实施"单独二孩"政策，我国的计划生育工作进入一个新阶段。2016年1月，国家实施"全面二孩"政策。2021年5月31日，国家正式实施"三孩生育政策"，且在同年发布《关于优化生育政策促进人口长期均衡发展的决定》，指出要在2025年基本建立积极生育支持政策体系，实现"生育水平适当提高，出生人口性别比趋于正常，人口结构逐步优化"[①]。由于新时期的计划生育政策将促使更多二孩或三孩家庭的出现，引发了学界对生育性别偏好的再讨论。

生育中的性别偏好主要表现为"有性别偏好"和"无性别偏好"，"有性别偏好"又可表现为男孩偏好或女孩偏好。有学者基于152项调查的横断历史元分析，发现近40年来社会文化氛围由"有性别偏好"向"无性别偏好"转变，男孩偏好呈现弱化趋势。[②] 其中，性别偏好的产生既有社会文化的原因，也有制度构建的因素。以男孩偏好为例，这是一种源于家庭制度和个体行为模式的社会价值取向[③]，是一种父权文化下的制度安排后果[④]。一方面，男性可

---

[*] 李明令，男，华南理工大学公共政策研究院助理研究员，主要从事人口研究与青年研究。

[①] 中共中央 国务院关于优化生育政策促进人口长期均衡发展的决定[N].人民日报，2021-07-21(1).

[②] 侯佳伟，顾宝昌，张银锋.子女偏好与出生性别比的动态关系：1979—2017[J].中国社会科学，2018(10)：86-101.

[③] 刘爽.中国育龄夫妇的生育"性别偏好"[J].人口研究，2005(3)：2-10.

[④] 李慧英.男孩偏好与父权制的制度安排：中国出生性别比失衡的性别分析[J].妇女研究论丛，2012(2)：59-66.

以传宗接代,继承家族姓氏,承担赡养父辈的责任①;另一方面,女性更容易在当前的劳动力市场上受到歧视②,对家庭的收入贡献常常不如男性。此外,早些年对生育数量的严格限制、社会保障政策供给不足等也使男孩偏好更深程度地表现出来。③ 在多孩家庭中,由于性别而不被偏好的子女,其成长和发展环境也会相对不利。当家庭资源有限时,如果一对夫妻具有"男孩偏好",生长于其中的女孩可能会在生活照料、受教育机会等方面处于劣势地位。由此,在生育上的性别偏好将在后期表现为养育上的性别偏好。而这种现象将演变成区域性问题,比如有研究指出,男孩偏好会使该地区的女性在教育流动上受阻,从而妨碍区域整体人力资本水平的提高。④

在中国,计划生育制度与传统生育文化成为影响女性生育选择的两个重要因素,对于在计划生育制度影响力弱、传统生育文化影响力强的地区,"生男"往往是一种底线需求。⑤ 男孩偏好是研究性别偏好的重要切入点和参照点。既有研究对"男孩偏好"形成动因及变迁的关注较为常见,但对这一偏好的弱化机制却关注较少,实证中的稳健性检验也不多。而本文则试图从教育提升和性别平等观念的角度,关注男孩偏好的弱化机制。为了保障出生人口性别比趋于平衡,避免在家庭内部出现资源流向上的性别不平等,本文的研究问题在倡导多孩家庭的当下具有重要意义。

二、文献回顾与研究假设

生育价值观包括生育孩子的意愿、生育子女数量的预期、生育性别偏好等多个方面。教育提升是推动生育价值观转变的重要因素。基于成本理性的角度,教育往往是体现收入、地位与机会成本的重要指标⑥,教育提升将会影响女性的生育意愿。但基于启蒙主义的视角,教育则有改变落后观念、提升平等意识的主观作用,学界也大致认可教育提升与性别偏见的负向关系。已有研究表明,城市化和教育发展有助于削弱传统宗族文化的影响,从而有助于纠正男孩偏好和性别比失衡的问题。⑦ 从人力资本的角度上看,一个人的受教育程度越高,越能通过自身的努力获得社会地位,克服性别、家庭背景等先赋性因素的障碍,所以其性别

① 陶涛.农村妇女对子女的效用预期与其男孩偏好的关系[J].人口与经济,2012(2):25-32.

② MAURER-FAZIO M, HUGHES J. The effects of market liberalization on the relative earnings of Chinese women[J].Journal of comparative economics, 2002(4):709-731.

③ 陈友华,徐愫.性别偏好、性别选择与出生性别比[J].河海大学学报(哲学社会科学版),2009(4):35-41.

④ 李磊,徐长生,刘常青.性别偏好、人力资本积累与企业信息化[J].经济学(季刊),2021,21(1):181-200.

⑤ 吴莹,卫小将,杨宜音,等.谁来决定"生儿子"?:社会转型中制度与文化对女性生育决策的影响[J].社会学研究,2016,31(3):170-192.

⑥ 卿石松.女性教育提升与生育行为变迁:基于夫妻匹配视角的研究[J].社会学研究,2024(2):179-202.

⑦ 张川川,马光荣.宗族文化、男孩偏好与女性发展[J].世界经济,2017(3):122-143.

偏见可能会越弱。① 石贝贝等基于在四川的问卷调查数据,发现受教育水平越低的人群,越容易受传统生育文化支配,对生育男孩的需求也更为强烈。② 教育还会以夫妻匹配程度的形式表现出来,比如有学者曾指出,如果夫妻二人对"二孩"的性别偏好一致,将会提高生育二孩的意愿,而这涉及夫妻的教育匹配程度。③

计划生育政策使人们在生育数量上的观念转变较快,但在生育性别观念上的转变则相对较慢,多数人仍希望有个男孩或者儿女双全,在农村尤其如此。有学者就曾指出,虽然社会养老保障能够削弱生育中的男孩偏好,但对农村居民的削弱效应明显不如城市。④ 性别观念是两性社会地位在人们意识或心理上的反映,是历史传统与现实相互交织的结果。⑤ 一个人的性别角色观念、性别分工意识、性别刻板印象、性别能力观念等均可以反映他的性别意识。其中,性别角色观念代表了人们如何看待男性和女性的社会角色⑥,反映出社会对于男性或女性应该如何行事的预期和规范。以"男主外女主内"为核心的传统性别角色观念会束缚女性的劳动参与行为,从而对女性的工资收入有直接的抑制作用。⑦ 杨凡基于生命历程的视角,认为妇女经历越多由于性别所致的差别待遇,越容易感知到两性在家庭、社会中所处的不平等地位,进而增加男孩偏好的倾向。⑧ 传统的性别角色观念和性别刻板印象,导致了对女性的低期望和低评价,影响女性在社会生产和社会生活中的能力发挥,是产生性别歧视的认知基础。⑨

改革开放前,性别平等是由国家建构的高度政治化的动员话语。为了将女性纳入社会主义建设的劳动力蓄水池,改变传统社会对妇女的能力评价,普遍强调"男女都一样"。⑩ 改革开放后,由国家主导的话语模型逐渐转变为市场主导的话语模型,女性在劳动力市场上面临更为公开的歧视,"妇女回家论"一再泛起,传统的性别分工模式重新获得推崇。⑪ 从社会整体以及家庭内部的性别平等状况来看,性别角色观念平等化的普及仍面临相当大的阻力和挑战。⑫ 有学者把性别平等观念操作化为四个方面——对不同性别子女的家庭作用认可、对不同性别子女受教育程度的期望、对夫妻家庭权利和责任的认可、对夫妻角色的期望,

① 王鹏,吴愈晓.社会经济地位、性别不平等与性别角色观念[J].社会学评论,2019(2):55-70.

② 石贝贝,唐代盛,候蔺.中国人口生育意愿与男孩偏好研究[J].人口学刊,2017(2):28-36.

③ 宋健,靳永爱,吴林峰.性别偏好对家庭二孩生育计划的影响:夫妻视角下的一项实证研究[J].人口研究,2019,43(3):31-44.

④ 阮荣平,焦万慧,郑风田.社会养老保障能削弱传统生育偏好吗?[J].社会,2021(4):216-240.

⑤ 杨菊华,李红娟,朱格.近20年中国人性别观念的变动趋势与特点分析[J].妇女研究论丛,2014(6):28-36.

⑥ MCHALE S M,HUSTON T. Men and women as parents:sex role orientations,employment,and parental roles with infants[J].Child development,1984(55):1349-1361.

⑦ 卿石松.中国性别收入差距的社会文化根源:基于性别角色观念的经验分析[J].社会学研究,2019(1):106-131.

⑧ 杨凡.妇女生命历程对其男孩偏好的影响[J].人口研究,2017(2):17-29.

⑨ 曾海田.论性别角色观念和男女平等[J].西华大学学报(哲学社会科学版),2005(1):93-96.

⑩ 金一虹."铁姑娘"再思考:中国"文化大革命"期间的社会性别与劳动[J].社会学研究,2006(1):169-193.

⑪ 吴小英.市场化背景下性别话语的转型[J].中国社会科学,2009(2):163-176.

⑫ 王鹏,吴愈晓.社会经济地位、性别不平等与性别角色观念[J].社会学评论,2019(2):55-70.

并且还发现,具有性别平等意识的人,对孩子生育性别无偏好的概率更高。[1]

受教育程度越高的人,一方面能够获得更多的文化资本与社会资源,缩小因为性别差异带来的差距,另一方面能够习得更多的关于两性能力与角色的知识和信息,且更愿意消除基于性别而产生的偏见和刻板印象。因此教育和性别角色平等观念之间的正向关系也得到了一些经验研究的证明。[2] 可以说,教育水平对性别偏好的影响主要是通过对性别意识的潜移默化来完成的,虽然其中的机制可能十分复杂。

综上,本文提出两个假设:

假设 1:性别平等观念越强,性别偏好的倾向越低。

假设 2:教育提升越明显,性别平等观念越强,性别偏好的倾向越低。

三、研究设计

(一)数据

本研究使用 2015 年中国综合社会调查数据(CGSS 2015),该数据由中国人民大学中国调查与数据中心(NSRC)收集,采用了多阶分层的概率抽样方法,调查涵盖了我国大陆地区的各个省份,调查对象的年龄介于 18 至 95 岁,总样本量为 10968 份。该数据不仅收集了本研究所需的生育性别偏好与性别平等观念的相关信息,而且包括被调查者的教育背景和经济背景等各项信息,是一份适合本研究的数据资料。考虑到 65 岁以上居民的学历、收入等信息的缺失,本研究主要选取 18~65 岁的被调查者作为研究对象,有效样本量为 8727 份,以此作为本文的基准数据。

(二)变量情况

1. 因变量:生育性别偏好

本研究的因变量是生育性别偏好。基于中国语境与现有数据,本文操作化为男孩偏好。有学者将意愿生育男孩数大于女孩数的样本作为"偏好男孩样本",将意愿生育女孩数大于男孩数的样本作为"偏好女孩样本",将意愿生育男孩数与女孩数相等的样本作为无性别偏好样本。[3] 基于 CGSS 2015 的问卷,该变量通过"如果没有政策限制的话,您希望有几个儿子和几个女儿"这道问题来测量。本文将期望中的儿子数量与期望中的女儿数量进行相减,得出"期望儿子数多于女儿数的差额"这个变量,以此命名为男孩偏好,在数据分析中用作连续型变量使用,具体的最值情况为[−8,11]。男孩偏好有多种含义,包括父母关注、教育投入等方面的男孩偏好,但在本文则基于人口学的视角,具体指生育意愿中的男孩偏好。

---

① 苏敏,罗天莹.家庭性别平等观念与生育性别意愿:对湖北省 8 县(市)996 名农村居民的实证分析[J].华中农业大学学报(社会科学版),2007(6):51-57.

② CASSIDY M L, BRUCE O W. Family employment status and gender-role attitudes[J].Gender & society, 1996(10):312-329.

③ 莫丽霞.当前我国农村居民的生育意愿与性别偏好研究[J].人口研究,2005(2):62-68.

2. 自变量：教育水平

本研究的自变量是教育水平。本文将其操作化为受教育年限，是一个连续型变量。通过测量被调查者的最高教育程度，把"没有受过任何教育"赋值为 0，把"上过私塾/小学"赋值为 6，把"初中"赋值为 9，把"普通高中/职业高中/中专/技校"赋值为 12，把"大学专科"赋值为 15，把"大学本科"赋值为 16，把"研究生及以上"赋值为 19，所以受教育年限的最值情况为[0,19]。

3. 中介变量：性别平等观念

性别平等观念作为本研究的中介变量。香港中文大学的张雷教授曾根据性别角色平等度量表，根据中美两国大学生对待家庭角色的态度，探讨他们的性别平等观念。[1] 杨菊华等学者曾从"地位分工"和"文化规制"等维度形成一个性别观念综合指数[2]，反映受访者的总体性别角色观念，当取值越大，表明性别观念越平等。根据既有研究关于性别观念和性别角色观念的测量[3]，本文的性别平等观念由两个方面构成：一是男女角色平等的观念，二是男女能力平等的观念。

角色平等观念通过"男人以事业为重，女人以家庭为重"和"夫妻应该均等分摊家务"两道态度题来测量，原问题的答案分为"完全不同意、比较不同意、无所谓、比较同意、完全同意"5 个等级，分别取值为 1~5 分。由于两道问题的倾向相反，前者为传统的"男主外女主内"观点，暗含角色上的性别不平等，后者为现代的家庭分工理念，表现出平等的家务角色意识。本文对前者进行反向赋分，对后者进行正向赋分，使之在分数上表现为同一方向，然后两相累加并生成名为"角色平等观念"的连续型变量，最值情况为[2,10]。

能力平等观念通过"男性能力天生比女性强"这道题来测量，原问题的答案分为"完全不同意、比较不同意、无所谓、比较同意、完全同意"5 个等级，分别取值为 1~5 分。参照角色平等观念，本文进行了反向赋分，并在不改变比例意义的前提下，在得分上乘以 2，使之成为最值情况同为[2,10]的连续型变量。

4. 控制变量

本研究加以控制的其他自变量是年龄、性别、户籍[4]、民族、婚配情况[5]、个人收入（对

---

① 张雷，郭爱妹，侯杰泰.中美大学生性别角色平等态度比较研究[J].心理科学，2002(2):219-221.

② 杨菊华，李红娟，朱格.近 20 年中国人性别观念的变动趋势与特点分析[J].妇女研究论丛，2014(6):28-36.

③ 孙永强，刘雅欣，王强.性别观念传统化回归对家庭地位满意度的影响[J].北京师范大学学报（社会科学版），2018(2):138-149.

④ 由于户籍可通过拆迁上楼、"村改居"等外力而发生变化，为了保证户籍变量的稳定性和代表性，本研究把 CGSS 问卷中"农业户口/居民户口（以前是农业人口）"统合到农村户籍，把"非农业户口/居民户口（以前是非农业户口）"统合到城镇户籍。

⑤ 包括"现有法定配偶"和"现无法定配偶"两种类型，前者包括"初婚有配偶/再婚有配偶/分居未离婚"的情况，后者包括"未婚/同居/离婚/丧偶"的情况。此分类虽然与学者常用的"已婚/未婚"有大量重合的样本，但因为"配偶"具有和孩子一样的法定陪伴意义，所以笔者把"目前有无法定配偶"而非"有无结婚"作为分类的依据，这与本研究的主题更加吻合。

数）、互联网使用①。本文主要变量的描述性统计信息如表1。

表1　主要变量的统计信息

类型	变量名称	平均值	标准差	性质	取值情况
因变量	男孩偏好	0.05	0.73	连续	8～11 个
自变量	受教育年限	9.44	4.42	连续	0～19 年
中介变量	角色平等观念	6.48	1.55	连续	2～10 分
	能力平等观念	6.05	2.34	连续	2～10 分
控制变量	年龄	44.37	13.07	连续	18～65 岁
	性别	0.47	0.50	类别	0＝女性,1＝男性
	户籍	0.36	0.48	类别	0＝农村,1＝城镇
	婚配情况	0.80	0.40	类别	0＝现无法定配偶 1＝现有法定配偶
	民族	0.92	0.27	类别	0＝少数民族,1＝汉族
	个人收入	8.32	3.79	连续	0 至 16.12
	互联网使用	2.66	1.67	连续	1＝从不,2＝很少,3＝有时, 4＝经常,5＝频繁

（三）分析思路

1. 线性回归方程与中介检定

从教育水平、性别平等观念再到男孩偏好,可能存在中介过程。因此,本研究将通过依次检验回归系数的方式来判断是否存在中介效应。具体的判断思路如下：分析三个方程①$Y＝cX＋e_1$,②$Y＝c'X＋bM＋e_2$,③$M＝aX＋e_3$,其中 X、Y 分别为自变量和因变量,M 为中介变量,前两个方程亦是本文核心变量的线性回归模型。若三个方程中,a、b、c、c' 都显著且 c' 小于 c,则可能存在部分中介效应；如果 a、b、c 都显著但 c' 不显著,则可判断 X 对 Y 的影响存在完全中介效应。为了进一步确证中介效应的存在,并且计算中介效应的大小,本文将进一步采用非参数百分位 Bootstrap 自抽样法,如果自抽样之后的 ab（系数乘积）在 95％的置信区间内不包含 0,则中介效应显著。

2. 稳健性检验与差异分析

如果线性回归和中介检定都具备显著性水平,那么为了验证结论的稳健性,本研究会通过变换 X 变量和 Y 变量的性质、添加控制变量等方式来判断结论的可信性。如果本研究的结论通过检验,那么会进一步探讨该结论的城乡差异。因为原结论是基于全国性的总体数据得到的,为了丰富研究内容,本文会在结论可信的前提下,分别探讨该结论在城乡的不同作用机制。

---

① 指的是使用互联网的频繁程度,包括"从不、很少、有时、经常、非常频繁"5 个等级,分别取值 1～5 分,用作连续型变量。互联网作为当代人接触外界的重要途径,本研究将其纳入控制变量中,是基于互联网能影响人的见识和观念的理论假设。

四、数据分析与研究发现

(一)基准回归与中介检定

本研究以普通最小二乘法(OLS)为基础,构建线性回归模型。结果如表2所示,模型(1)表明,相比于农村人口,城镇人口在男孩偏好上程度更低;相比于少数民族,汉族人的男孩偏好比较弱。但性别、婚配情况、个人收入等都对男孩偏好没有显著影响。模型(2)表明,受教育年限对男孩偏好具有显著的负向影响,受教育年限越多,男孩偏好的倾向越低。假设1得到了验证。模型(3)显示,受教育年限和性别平等观念均对男孩偏好存在显著的负向影响。其中,角色平等观念对男孩偏好的削弱强度稍高于能力平等观念,而且性别平等观念的加入使得受教育年限的影响减弱,可以初步判定性别平等观念发挥了中介效应。此外,随着核心自变量的加入,模型(1)到模型(3)的拟合优度也都得到了提高。

表2　受教育年限、性别平等观念对男孩偏好的影响

变量	模型(1)	模型(2)	模型(3)
年龄	0.003**	0.002	0.002*
	(0.001)	(0.001)	(0.001)
性别[a]	0.016	0.029	0.014
	(0.018)	(0.019)	(0.019)
户籍[b]	−0.053**	−0.016	−0.013
	(0.020)	(0.022)	(0.022)
婚配情况[c]	−0.002	−0.001	−0.008
	(0.025)	(0.025)	(0.025)
民族[d]	−0.084*	−0.078*	−0.075*
	(0.034)	(0.034)	(0.034)
个人收入	0.001	0.002	0.003
	(0.002)	(0.002)	(0.002)
互联网使用	0.004	0.017*	0.021**
	(0.007)	(0.008)	(0.008)
受教育年限		−0.013***	−0.012***
		(0.003)	(0.003)
角色平等观念			−0.018**
			(0.007)
能力平等观念			−0.009*
			(0.004)
常数项	−0.003	0.093	0.231**
	(0.056)	(0.062)	(0.072)
F 值	3.71***	6.24***	6.46***
N	7128	7116	7056
R^2	0.004	0.007	0.010

注：(1)参照类别：a 女性,b 农村户籍,c 现无法定配偶,d 少数民族,下同；(2)括号内数值为标准误,下同；(3)*** $p<0.001$, ** $p<0.01$, * $p<0.05$,下同。

为了进一步验证性别平等观念的中介效应,本文构建了受教育年限对性别平等观念的回归模型(见表3)。根据模型(4)和模型(6),受教育年限对性别平等观念起到了显著的正向影响,受教育年限越高,关于两性的角色平等观念和能力平等观念就会越强。但教育水平对能力平等观念的正向影响稍强于角色平等观念,这可能是因为国内的学校教育十分强调通过考试进行人才选拔,当事人在这种竞争性体制下,能更直观地感受到女生学习能力并不比男生差的事实。结合表2的系数,基本可以认定存在中介效应,仍需进一步的检定。

表 3 受教育年限对性别平等观念的影响

变量	角色平等观念		能力平等观念	
	模型(3)	模型(4)	模型(5)	模型(6)
受教育年限		0.055***		0.088***
		(0.005)		(0.008)
常数项	6.403***	6.010***	5.772***	5.139***
	(0.114)	(0.119)	(0.171)	(0.180)
F 值	92.50***	97.34***	70.66***	82.28***
N	8126	8112	8151	8137
R^2	0.074	0.086	0.056	0.070

注:本表的各模型均已包含本文的控制变量,不再显示,下同。

为了更加准确地检验性别平等观念的中介效应,本文进行了非参数百分位 Bootstrap 检验。首先,检验角色平等观念:通过 Bootstrap 抽样 1000 次后得出 ab 为 −0.00120,95% 的置信区间为 [−0.00193,−0.000470],由于该区间不包含 0,符合中介效应显著的统计原理。其中,中介效应占总效应的比例为 9.0%(ab/c=−0.00120/−0.01337)。其次,检验能力平等观念:通过 Bootstrap 抽样 1000 次后得出 a'b' 为 −0.00119,95% 的置信区间为 [−0.00194,−0.000433],由于该区间不包含 0,符合中介效应显著的统计原理。其中,中介效应占总效应的比例为 9.1%(ab/c=−0.00119/−0.01307)。综上,性别平等观念所引起的中介效应占总效应的比例为 18.1%,所以假设 2 得到验证。

总之,在教育水平与男孩偏好之间,性别平等观念起到了中介效应。此外,结合表2与表3的系数可以看到,虽然教育对能力平等观念的影响更显著,但角色平等观念对男孩偏好起到的削弱影响可能更大。

(二)稳健性检验

为了证实上述结论稳健可信,本文遂进行了三种稳健性检验:纳入新的控制变量、变换核心自变量的类型、变换因变量的类型。

1. 纳入新的控制变量

宗族文化势力越强的地区,男孩偏好越明显,性别比失衡越严重。[1] 基于此,华南地区男孩偏好明显较强,长江流域和东北地区男孩偏好相对较弱[2]。由于本文所使用的数据并无法测出宗族文化势力,但宗族氛围浓厚的地区正好都有普遍的民间信仰——民间信仰指

---

① 张川川,马光荣.宗族文化、男孩偏好与女性发展[J].世界经济,2017(3):122-143.

② 龚为纲.男孩偏好的区域差异与中国农村生育转变[J].中国人口科学,2013(1):66-76.

正式宗教之外的民间拜神活动，是原始泛灵崇拜的延续。[1] 民间信仰中的拜神仪式是在家族范围内进行的强调男女有别的盛大活动，这种"丁崇拜"的俗文化强化了乡村人的重男轻女观念。[2] 所以本文纳入的第一个关键控制变量是民间信仰，试图以此契合宗族文化的维度。根据模型（7），相比于没有民间信仰的人，具有民间信仰的人确实有更强的男孩偏好，不仅系数显著，系数值（0.201）还高于表2中基准模型的核心自变量。模型（8）显示，随着民间信仰的加入，本文的核心自变量对因变量的影响依然显著，可见受教育年限、性别平等观念对男孩偏好的影响，并不因为重要自变量的加入而消退。

现有孩子的性别及数目会影响育龄夫妇的性别偏好[3]，故本文纳入的第二个关键控制变量是现有子女数。根据模型（9），现有子女数果然显著影响了被调查者的性别偏好。相比于现有孩子中男女数目相等的人，现有子女"男多于女"的人会有更强的男孩偏好，不过现有子女"女多于男"的人也会有更强的女孩偏好，可见现有子女中哪一种性别更多，人们就会对哪一种性别更有偏好。有学者曾对此指出，"已经有孩子的人面对该问题时，不仅把它作为一个符号，而且与自己的养育经历和自己孩子的形象联系在一起，因此更倾向于自己孩子的性别"[4]。而模型（10）纳入了本文的核心自变量，在控制现有子女数的前提下，受教育年限、性别平等观念对男孩偏好的作用依然显著，并不因为重要自变量的加入而失去了影响效应。值得一提的是，角色平等观念的影响幅度均强于能力平等观念。由此可见，原有结论通过了第一种稳健性检验。

表4　民间信仰与现有子女数对男孩偏好的影响

变量		模型（7）	模型（8）	模型（9）	模型（10）
受教育年限			-0.011^{***} (0.003)		-0.011^{***} (0.003)
角色平等观念			-0.017^{*} (0.007)		-0.014^{*} (0.006)
能力平等观念			-0.009^{*} (0.004)		-0.010^{*} (0.004)
有民间信仰[e]		0.201^{**} (0.069)	0.190^{**} (0.069)		
现有子女[f]	女多于男			-0.343^{***} (0.021)	-0.341^{***} (0.021)
	男多于女			0.308^{***} (0.018)	0.307^{***} (0.018)
常数项		-0.011 (0.056)	0.219^{**} (0.072)	0.021 (0.053)	0.228^{***} (0.068)
F 值		4.34^{***}	6.54^{***}	95.92^{***}	73.75^{***}
N		7128	7056	7121	7050
R^2		0.005	0.011	0.127	0.132

注：参照类别：e 无民间信仰，f 男女数目相等。

① 谢明礼.闽台民间信仰文化旅游资源的空间差异及开发[J].亚太经济，2003（4）：86-87.
② 吴业苗，黄润龙.乡村生育中男性偏好的社会学解释[J].人口学刊，2007（1）：10-15.
③ 刘鸿雁，顾宝昌.中国农村地区性别偏好及其行为表现[J].中国人口科学，1998（2）：17-24.
④ 王鹏.生命历程、社会经济地位与生育性别偏好[J].山东社会科学，2015（1）：83-89.

2. 变换核心自变量的类型

本文一开始测量的"受教育年限"是连续型变量,但这个变量无法看出较高学历者更为直观的教育回报。在不改变"教育提升"含义的前提下,将"受教育年限"转换成了"学历程度"这一类别化变量,分为三种类型:小学及以下、中学、大学及以上。如果原有结论可信的话,那么学历越高的人,也会有越弱的男孩偏好,而且学历越高,影响也应该更大。基于此种假设,本文构建了学历程度与男孩偏好的回归模型(见表5)。模型(11)显示,相比于小学及以下学历的人,中学、大学及以上学历的人会有更低的男孩偏好,并满足显著性水平,而且根据系数的绝对值,"大学及以上"的负向影响又强于"中学"学历,因而符合本文教育提升的作用机制。从模型(12)可以看到,在变换了教育程度的类型后,关于两性的角色平等观念和能力平等观念的负向影响依然显著,而角色平等观念的效应依旧更强。由此可见,原有结论通过了第二种稳健性检验。

表5   学历类别对男孩偏好的影响

变量		模型(11)	模型(12)
学历g	中学	-0.092^{***}	-0.078^{**}
		(0.027)	(0.027)
	大学及以上	-0.149^{***}	-0.128^{**}
		(0.040)	(0.040)
角色平等观念			-0.018^{**}
			(0.007)
能力平等观念			-0.009^{*}
			(0.004)
常数项		0.042	0.190^{**}
		(0.058)	(0.069)
F 值		5.44^{***}	5.83^{***}
N		7116	7056
R^2		0.007	0.010

注:参照类别:g 小学及以下。

3. 变换因变量的类型

本文的因变量"男孩偏好"是一个连续型变量,指的是期望儿子数多于女儿数的差额。为了验证原有结论的稳健性,本文在保持基本含义的前提下,变换了因变量的类型。通过把"差额＞0"设置为"男孩偏好"(取值为1),把"差额≤0"设置为"非男孩偏好",生成了新的二分变量。核心自变量不改变,本文构建了因变量是二分变量的 logistic 回归模型。根据模型(13),发生比(0.967)小于1,可见受教育年限越高,越可能倾向于"非男孩偏好"。根据模型(14),受教育年限、角色平等观念、能力平等观念也都一如既往地保持了对"男孩偏好"的负向影响,受教育年限越高、性别平等观念越强的人,越可能倾向于"非男孩偏好",其中角色平等观念的影响力依然较强。由此可见,原有结论通过了第三种稳健性检验。

综上可见,本研究的原有结论均稳健可信。

表 6　受教育年限、性别平等观念对性别偏好的影响

变量	模型（13）		模型（14）	
	B(SE)	EXP(B)	B(SE)	EXP(B)
受教育年限	−0.034***	0.967	−0.028**	0.973
	(0.010)		(0.010)	
角色平等观念			−0.060*	0.942
			(0.024)	
能力平等观念			−0.034*	0.967
			(0.015)	
常数项	−1.879***	0.153	−1.384***	0.251
	(0.235)		(0.269)	
卡方值	61.40***		79.31***	
N	7116		7056	
Pseudo R^2	0.010		0.012	

（三）基于中介效应的子样本分析：城乡差异

通过上文的基准模型、中介检定和稳健性检验，教育提升、性别平等观念对男孩偏好的负面影响均在总体层面上显著。但是农村地区和城镇地区的男孩偏好又有不同，农村人口的男孩偏好更加顽固。[1] 我国的农村居民，无论文化程度高低，一般都存在性别偏好。作为一种集体性的生育文化，这使农村地区的育龄妇女在日常生活和社会网络中不断地被卷入生育困境，进而又再生产了男孩偏好的个体倾向。[2] 上文指出，教育能通过培养性别平等观念来降低人们的男孩偏好。然而性别平等观念在其中的影响可能存在城乡差异，本文于是对城镇人口和农村人口进行了分样本分析。

根据模型（15）和模型（17），教育提升对男孩偏好的负面影响，在城镇人口和农村人口中均呈现显著性水平，但在城镇人口中，教育提升的影响效应会更强一些。值得一提的是，根据模型（16）和模型（18），能力平等观念在城镇人口中发挥了中介效应，角色平等观念的影响却失去了显著性。角色平等观念在农村人口中发挥了中介效应，能力平等观念的影响却变得不显著了。这与前文总体性数据的回归分析结果有所不同。

在农村人口中，能力平等观念并没有发挥显著性影响，这可能是因为农村地区已形成比较固化的"男强女弱"刻板印象。而在城镇人口中，角色平等观念并没有发挥显著性影响，这与孙永强等学者的研究结论相似。他们基于第三期中国妇女社会地位调查数据，发现性别能力平等的共识虽然有利于提高女性的家庭地位满意度，但性别分工观念对家庭地位满意度并没有显著影响。[3] 因为城镇地区的双职工家庭比较常见，城镇人口有较为普遍的角色平等意识，他们并不认为"男主外女主内"是一种角色上的不平等，而只是一种基于家庭资源

---

① 王文卿，潘绥铭.男孩偏好的再考察[J].社会学研究，2005(6):165-193.
② 李卫东，尚子娟.男孩偏好作为一种生育文化的生产与再生产[J].妇女研究论丛，2012(2):36-43.
③ 孙永强，刘雅欣，王强.性别观念传统化回归对家庭地位满意度的影响[J].北京师范大学学报（社会科学版），2018(2):138-149.

配置的合理分工。

表 7 受教育年限、性别平等观念对男孩偏好影响的城乡差异

变量	城镇户籍		农村户籍	
	模型(15)	模型(16)	模型(17)	模型(18)
受教育年限	−0.018*	−0.016*	−0.010**	−0.009*
	(0.007)	(0.007)	(0.003)	(0.003)
角色平等观念		−0.014		−0.020*
		(0.011)		(0.009)
能力平等观念		−0.018*		−0.008
		(0.008)		(0.011)
常数项	0.150	0.346*	0.066	0.177*
	(0.116)	(0.135)	(0.079)	(0.089)
F 值	4.56***	4.09***	3.12 **	3.45***
N	2492	2477	4650	4605
R^2	0.011	0.016	0.005	0.008

五、结论与讨论

(一)结论

本文基于 CGSS 2015 全国调查数据,探讨了教育提升、性别平等观念对男孩偏好的负向影响。其中,教育提升有助于削弱男孩偏好,并能通过"性别平等观念"这一中介机制发生作用。根据基准线性回归模型、中介检定模型、稳健性检验、城乡差异分析,本文有以下研究发现。

第一,教育水平越高,越能降低人们的男孩偏好。但相比于城镇人口,农村人口的男孩偏好更加顽固,教育起到的削弱效应也会更小。

第二,在教育水平与生育性别偏好的关系中,性别平等观念发挥了部分中介效应。教育能够通过影响人们的性别平等观念,进而降低其男孩偏好。无论是角色平等观念,还是能力平等观念,均能显著降低人们的男孩偏好,而且角色平等观念的效应总体上会更强。不过,当前的教育对能力平等观念的培养成效却会大于角色平等观念。

第三,不同的性别平等观念,在城乡地区发挥的作用也有差异。角色平等观念更能显著地削弱农村人口的男孩偏好,能力平等观念更能显著地削弱城镇人口的男孩偏好。

(二)讨论

在教育水平与生育性别偏好的关系中,本文关于平等观念的中介机制分析,一定程度上丰富了既有研究。与以往研究相比,除了在数据分析时引入严格的稳健性检验之外,本文的知识贡献还在于以下内容:一方面,通过将性别平等观念分为能力与角色两个维度,在指出教育通过平等观念来削弱男孩偏好的同时,还探讨了不同平等观念的差异效应。另一方面,将这种分析放到城乡比较中可以看到,在男孩偏好更加突出的农村地区,尤其需要角色平等观念

的培养。

通过教育获得社会优势地位的人，确实会表现出更为平等的生育价值观，这已有一定的研究共识。但本文希望能将性别平等框架与性别偏好研究更好地联系起来[①]，以期揭示以往被掩盖的观念维度与事实信息，而非简单站在性别平等主义的立场上探讨。

传宗接代、养儿防老等传统观念虽然会强化男孩偏好，但并不能决定个体生育行为。实际生育的婴儿性别只受生物上的染色体影响，但生育心态以及生育后的养育行为却备受性别偏好的影响，因此性别偏好具有持续性。为了改变人们的重男轻女现象，不少地方会颁布法规以制约技术性的性别选择行为、完善社会保障体系、出台向纯女户家庭利益倾斜的照顾政策等，从而削弱男孩偏好赖以生存和繁衍的现实性制度基础。[②] 但对于比较根本但又顽固的观念性问题，往往停留在政策宣传的层面上，比如加大性别平等观念的倡导等。近些年，中国人的性别角色观念出现了向传统回归的趋势[③]，这启发我们仍要关注性别权益问题。削弱男孩偏好，不仅有助于培养健康的生育心态，还能引导父母平等地对待非偏好性别的孩子。有鉴于此，本文认为如果要削弱人们的重男轻女观念，还可从以下几个方面入手。

其一，应在学校教育中重视性别平等观念的培养，尤其要促进对角色平等观念的培养。学校教育更有利于提高能力平等观念，但角色平等观念却更能有效降低人们的男孩偏好，因而二者出现了某种程度上的功能错配——学校教育的突出功能与降低重男轻女观念的突出因素不太一致。这是因为学校教育对平等观念的影响往往是在其经历层面而非思想层面，也就是说，受教育程度比较高的人更容易因为考试等学习经历养成两性间的能力平等意识，而不是角色平等意识。因此需要在学校教育中适当添加角色平等意识的培养内容。

其二，有针对性地在城乡地区宣传和倡导不同的性别平等观念。在农村中增强对角色平等观念的宣传，因为农村中的"男主外女主内"的观念仍然较强，对于男女角色分工的意识比较传统。而在城镇中应深化男女能力平等的观念，城镇地区的生活节奏比较快，有些压力比较大的工作仍以男性为主要从事者，因而要树立两性工作能力平等的意识，而非在能力上表现出性别歧视。

其三，仍应继续提高国民的受教育水平，进行科学的性别教育，多渠道发挥文化活动的教育功能，这是最基本的。相比30年前，我国的高等教育入学率已经得到显著提高，但教育作为现代化发展的基础事业，依然需要大力重视，尤其要关注女童教育和农村教育问题。30年前，有学者就指出小学教材中存在的性别偏见描述是两性定型的根源[④]，因而要特别重视与之高度相关的教材内容与教师素质。理解、接受和尊重性别差异，形成科学的性别观念，以性别平等、因性施教为基本原则；以双性化教育为理想模式，走出家庭、学校、社会相结合的多元化教育途径。[⑤] 此外，精神文化活动同样可以承担观念培养的教育功能，应多发扬社

①　ZHOU Y. How gendered lived experiences shape sex preference attitudes in contemporary urban China[J].Journal of marriage and family，2024：1-27.

②　杨雪燕，李树茁，尚子娟.儿子偏好还是儿女双全？：中国人生育性别偏好态度构成及其政策含义[J].妇女研究论丛，2011（6）：27-34.

③　许琪.中国人性别观念的变迁趋势、来源和异质性：以"男主外，女主内"和"干得好不如嫁得好"两个指标为例[J].妇女研究论丛，2016（3）：33-43.

④　张德.关于性别偏见的调查报告[J].社会心理研究，1990（3）：1-6.

⑤　刘秀丽.论科学的性别教育[J].教育研究，2013（10）：127-133.

会主义优秀文化，创造更多有助于提升性别平等观念的文化作品。

Educational Level and Gender Preference in Fertility：
The Mediating Effect of Perceptions in Equality

Li Mingling

(South China University of Technology, Guangzhou, 510640)

Abstract：In the context of the liberalization of fertility policies, the issue of gender preference deserves further attention. Using data from the CGSS (2015), the impact of educational level on gender preference in fertility and its urban-rural differences were examined. After mediation test and Bootstrap self-sampling method, it is found that educational advancement has a weakening effect on boys' preference, which can be partly explained by the "perception of equal roles" and "perception of equal abilities" in both genders. The paper then conducts robustness tests from a number of perspectives, all of which indicate that the findings are robust. Further research indicates that there are urban-rural differences in the mediating effects of the two perceptions in gender equality. In particular, the preference for boys is more stubborn in rural areas, and the impact of the perception of role equality is more significant among the rural population. Therefore, in order to reduce the traditional preference for boys, the perception of role equality should be deepened in basic education in rural areas.

Key Words：education；gender perceptions；gender preference；role equality

性别与社会学

Gender and Sociology

Women/Gender Studies

从争权到增权:新生代女工集体维权样态跃迁

王　兰[*]

内容摘要:伴随劳动密集型产业迁移,新生代女工的集体维权呈现出"从争权到增权"的跃迁态势;身处他乡就业的她们继承了早期入城女工的机械团结形式,依托地缘关系力量参与集体维权并发展出争权小团体;而回归家乡工作的她们利用本地社会网络,开创了镶嵌女性性别诉求的集体用工谈判技术,实现了带有女性关怀伦理的集体增权。装备了集体动员技术的新生代女工们,能充分整合地缘关系和外部资源,以改善她们在既往劳动制度改革中"在场的缺席",并纾解其女性解放与家庭角色冲突的困扰。

关键词:新生代女工;集体维权;争权;增权;样态跃迁

一、问题意识

女工们在劳动过程中的性别利益诉求往往因缺乏发声能力和独立成果展示而易被忽视[①],并因"处于被否定和被排斥的状况,结构性因素和文化符号因素共同作用使群体边缘化"[②]。这种边缘化,源自加诸女工们身体以性别为对象的权力运作。在被视为男性化的社会及话语权力的语境下,那些寻求反抗的个体女工将陷入玛丽莲·斯特拉森(Marlyn Strathern)定义的"分裂的个体"被视为"个体全部"的社会羞辱中。[③] 不过较诸早期女工入城的懵懂拘谨,新生代女工们得益于教育水平和性别平等意识的提升,已开始从早期的忍气吞声、单向逃离的个体消极维权,逐渐发展出一种女性"社会抗争的次文体"[④],并隐晦地形成带有非正规地缘关系组织的集体争权。这种集体的面貌将有力地回击针对她们行动的"个体羞辱"和社会排斥,"抱团取暖"的共识也进化为她们在用工遽变和产业结构转型时期无需动员的朴素组织纲领,而她们行动的内容也从怠工、抱怨、浪费等"弱者武器"的日常抵

---

* 王兰,厦门大学法学院教授,博士生导师,厦门大学海峡两岸性别研究与教学合作中心副主任,研究方向为商法学、性别法学。

① 高景柱.转型时期中国女工的身份认同问题[J].经济管理文摘,2007(9):39.

② 佟新.异化与抗争:中国女工工作史研究[M].北京:中国社会科学出版社,2003:227.

③ STRATHERN M. The gender of the gift: problems with women and problems with society in melanesia[M].University of California press,1988:19.

④ 潘毅.中国女工:新兴打工者主体的形成[M].北京:九州出版社,2011:191-198.

抗形式,逐渐过渡到依托地缘关系集结的"以法维权",成为中国现代女工维权的一道新景观。

随着中国经济转型和企业内地化的迁移,女工谈判团体的集体行动逐渐显现,其内容开始诉诸专门针对女工保护的法化"公开文本",以进行有效的事前女工增权的实践,并通过产业迁移带来的用工契机和本地社会网络资源,获得了与资方双向良性互动的正派用工改造典范。那些整合了各种资源而进行更大范围的维权行动,隐现着已然完成行动协调分工的进阶地缘关系组织,也奏响了新生代女工逐渐升级组织技术和动员能力的集体行动新曲。基于此,笔者试图深描镶嵌了这种新老女工代际差异性的劳动集体行动,并重点关注新生代女工这一特定群体在其中的角色扮演与组织动员。然而,须审慎地考虑到,因女工们散落在庞大的务工群体中,其集体行动的景观并未呈现出如西方女权主义运动的规模级别。新生代女工集体结社力量和结构力量的有限性,其日常行动呈现的更多是小型的集体维权,因而也难以在诸如游行等规模化研究的大孔径下被识别,这也提示了笔者所致力的研究对象,应切换到针对小型女工集体行动的孔径,分析她们因用工地理距离远近所实施的地缘关系资源整合与集体行动的不同脚本,进而总结新生代女工既继承又发展的集体维权新景观。

二、争权:身处他乡的新生代女工维权样态

尽管潘毅的研究成功揭示了早期女工以"梦魇尖叫"为表征的身体政治开创的次抗争问题,[①]但学界在集体组织层次上的观测却尚付诸阙如。当以"80后""90后"为主体的新生代女工在逐渐完成权利启蒙和行动能力重构之后,将更有可能进行集体行动。如果单纯从集体行动的既有研究来看,于建嵘从参与者原动力的角度进提出了"压迫性反应"的分析进路,认为"当'集团'还没有明确的边界,即还没有形成具有约束力的组织形态时,社会群体中的部分成员为改变某一社会政策或社会现实,所进行集体行动的原动力是'集团'外部的'压迫'"。[②] 只是这种源自外部的驱动性仅从群体诉求的角度揭示了目前女工抱团的秘密,但在内涵上忽视了女工动员隐含的资源动员和机会结构内容。

(一)扬而不弃:新生代入城女工的争权

描述早期入城女工的抗争,无疑沾染了潘毅所深描的自我内部分裂与反抗怠工的血泪[③],成为根植于日常实践的真实抗争政治。尽管须承认新生代女工依旧在一定程度上存在上述挣扎,但得益于劳动立法的赋权和执法的改善,在日渐规范的企业工厂成长起来的新生代女工,其所面临的争权问题已逐步摆脱了获得就业、追讨欠薪等早期女工"最为担心"的困扰,也很少再遭遇之前时有发生的"搜身"等带有女性人身与人格羞辱的处境,而更多是落在减少加班、增加薪酬、改善住宿并兼顾文体等进阶权利的吁求上。为呼应升级后的争权意

---

① 潘毅.中国女工:新兴打工者主体的形成[M].北京:九州出版社,2011:199.
② 于建嵘.集体行动的原动力机制研究:基于 H 县农民维权抗争的考察[J].学海,2006(2):32.
③ 潘毅.中国女工:新兴打工者主体的形成[M].北京:九州出版社,2011:197-198.

识新射程，她们从入城伊始就脱离了陈佩华所提出的"生存文化"的局限，[①]而步入带有个体自由体验的生命实现。这也不难解释她们所心念的争权，已无须再沉到社会的底层来呼吁"生存伦理"（subsistence ethics），而是表现出了更鲜活的代际活力。

然而，维权内容的"升级"并不意味着集体维权规模或形式的变化。在诸如女工加薪的集体行动中，参与这类行动的也仅是核心宿舍为领头羊的数个车间规模；针对增加空调或电视等文娱住宿的改善，更是少数活跃分子鼓动的小规模附和行动。从行动载体来看，主要有平时私交良好的女工"姐妹伴"，抑或宿舍、班组工友们。前者表现为常态化的友谊，是新生代入城女工主要的社会关系；后者表现为业缘关系，派生于她们最主要的活动空间。例如，若某一条流水线较长时间总是接到"孬单"，年轻女工们就会在老女工（通常也是她们的工头）的带领下，通过抱怨、拖延进度、压单等方式向车间主任表明怨气，甚至当她们感觉自己的收入水平受到明显影响时，还会直接向分管厂长甚至集团总部高管施行不间断的抗议。正是由于可以借助这种小型化的维权来发声，女工们的集体行动并未表现出明显的暴力倾向或挑战秩序等内容，而是主要集中在协商、谈判和呼求外部关注等方面。这种低烈度的行动和强关系的动员，自然限制了她们将小型维权扩大化的可能。

整体来看，新生代入城女工的集体争权并未表现出明显的代际差异性，反而因入城时的地缘关系和之后的业缘关系，同早期女工间形成了一种半依附半追随的人身关系。这种集体争权，无论在争权规模还是维权形式上并无明显跃迁，也无法令新生代女工所保有的受教育和权利认知优势得以发挥。传统的压单、抗议等维权方式及其争权的频次，依旧被强有力的工厂管理技术所固化，而未有同步于女工代际的明显更新。新生代女工的集体争权面貌，即使在观念上因劳动权利启蒙的普及而完成了从依法维权再到"以法维权"的意识跃迁，却尚无力突破她们入城后社会关系网络资源的瓶颈，完成足以表征她们作为独立群体的行动组织结构。

（二）抱团行动：地缘化的机械团结

从争权组织形成的机理来看，新生代女工在进入陌生城市打工时，尽管脱离了家乡集体的庇护而往往缺乏利益表达的正常机制和通道[②]，但类似生活环境中所获取的信仰、观念、规则和价值等的"一致性"，实际上也促使她们能更易于聚集，并将这些意识付诸实践以实施共同行动。这在包括"姐妹伴"在内的小规模共同体中得到印证，而促进这种小规模共同体聚集的，就是在新生代女工的社会工作交往中发挥黏合剂作用的强地缘关系。

实际上，新生代女工在刚入城时也主要是依托老乡介绍等地缘关系而实现入职。这种入职后伴随的师徒关系使得她们即使在新的业缘空间中，也常常表现出对老乡女工的追随。这种追随实质上意味着她们已然在"陌生人的现代社会中搭建出一个传统意义上的熟人社会，为内部人提供各种各样的社会资源，这些资源包括谋生的路子，甚至能够实现社区认同

---

① 陈佩华.生存的文化：通过私人信件透视外来工的生活[M]//清华大学社会学系.清华社会学评论.北京：社会科学文献出版社，2003：76.

② 张红霞，江立华.个体化变局下新生代农民工的"脱域"与"风险"[J].中国青年研究，2016(1)：55.

的共同体情感"①。这种乡谊加诸性别和生理一致性带来的交流便利和审美喜好交集,是她们愿意臣服于这种有限时空关系中的必要精神依靠。尤其对初入城且困于流水线的新女工们而言,要脱离上述熟人社会网络而发展出新的社交关系,无疑是奢侈而不切实际的。这也不难解释,具有相同地缘关系的女工,为何会在流水线上或者宿舍空间中自然聚集。当基于地缘关系的身份边界在流水线和宿舍场域中被塑造后,持有不同身份的"异地"女工,也将很难进入上述空间,而使得这种空间成为只服务于该地缘关系群体的一种自我增强系统。

这种工作闲余下的时空聚合,还会因新生代女工更注重生活体验和私人休闲情结而增强。② 同乡姐妹的亲昵感,除了在工作时空中的互相帮助,还根植于下班后或节假日的逛街陪伴、聚会等熟人互动,而这种在易发生业绩攀比的流水线之外的交往所获得的女性乡谊情感,则更有效地强化了她们在需要团结时的集体凝聚力。对沿海 D 县某童装纺织二分厂的调研中观测到一起以"姐妹"名义为女工 L 的工伤维权行动,6 名平时要好的女工在知悉该工伤事件的处理后,就集体停工同工厂高管对质,讨要法定标准之外的赔偿。对她们而言,诉诸感性情绪自然流露的义愤感在人人被工序原子化的工厂里弥足珍贵,也补强既往劳工研究所指出的外来工集体动员能力缺乏的劣势。感性情绪的分享与同质化,也是帮助女工们在机械团结中诉诸行动的结构因素。

这种机械团结还进一步通过地缘关系网络向外发展,链接到其他入城的老乡群体中。虽然较少交涉到女工们自身的日常劳动事务,但当遇到诸如工伤等需要突发性维权时,一些热心的老乡也会随之介入并提供帮助。在这种道义关系的加持下,一些老乡活跃分子看到了在劳动纠纷后的理赔"商机",并借助关系资源的整合,从而将自身的角色从事后的道义襄助人,顺利转化成为带有职业中介特点的谈判代理人,并从中收取相应的报酬。在具体的执行方案中,职业的老乡中介开始参与劳资谈判,并能将谈判放诸在法律的正式文本中而提出包括加班时间、法定加班薪酬等内容。在知悉法律的老乡"专业代理"下,新生代外来女工在减少解纷时间精力付出的同时,也增加了获得更优厚理赔的可能。这在某种意义上改善了单纯依靠道义关系集结的女工机械团结的结构,使集体行动开始具备分工特征,而自发进化为纠纷解决的有机团结模式。

三、增权:返乡新生代女工集体维权新貌

(一)女性工作的公共产品重视:一个"妈妈班组"的成功范例

中国劳动人口"刘易斯拐点"的到来,以及城市劳动力成本的快速增加,加之发达区域

---

① 郭星华,储卉娟.从乡村到都市:融入与隔离:关于民工与城市居民社会距离的实证研究[J].江海学刊,2004(3):96.

② 不同于上一辈女工对金钱的较强烈追求欲望,新生代女工入城的初衷更多是为了"体验生活、实现梦想",因此杜绝生产过程向个人空间的延伸已经成为一种共识。这不仅表现在工厂通过用工管理等垂直权力关系动员她们牺牲休息时间加班愈发困难,也反映在她们更善于利用休息日发展人际交往与社交活动。

"腾笼换鸟"的产业升级政策的推行,诸多劳动密集型企业将厂区迁移到乡镇或欠发达地区已成他们转型发展的趋势之一。[①] 裹挟在这股企业迁移大潮里,很大一部分新生代女工会选择回流到本地,开始了能减少她们"工作与婚姻生活之间挣扎"[②]的女性身份重建。这种重建,表现为女性工作角色与家庭角色的协同,也正是早期城市职业女性要求社会解决的问题。只是城市职业女性所承担的传统女性家庭事务,已被迅速社会化而成为公共产品来提供,而受制于这类公共产品在不发达地区或乡镇地区的供应链的落后,乡村女工尤其已婚已育的年轻女工所能实施的传统解决方案是代际转嫁,即让长辈代为承担其抚养孩子等家庭事务。因此,如何令有能力提供这种公共产品的企业,重视并解决上述家庭事务的社会化问题,自然成为返乡的新生代女工入职工作时的独特增权内容。对此,F省某纺织企业转移到山区办厂出现的"妈妈班组"个案,很好诠释了这种非正式组织化的劳动增权。

"妈妈班组"是由那些需要兼顾家庭事务的妈妈女工们组成,主要有两类:一是年轻时在外打工,结婚生子后回家专职照顾子女的"留守妈妈";二是租住在县城,专职为子女就学提供后勤保障的"陪读妈妈"。基于经济条件的考虑,她们都有较强的求职欲望,尤其在每年入学季,新的陪读妈妈常常成为工厂的应聘主力。为了配合学童的作息学习时间,她们会在招聘时就尝试集体向企业高管谈判协商上下班时间。尽管缺乏正式的组织,这种本地化的招工方式带来的求职诉求与身份阶层的一致性,使得女工们的机械团结自然发生,并且激发了她们劳资双方间的用工平等意识。在对F省S县的纺织女工调研中发现,选择"劳资双方平等,工人应维权"等不区分性别的占57%,而标识性别的选项"女人是弱者,需要团结""女人不是好欺负,能独立维权"的比例为39%,表明女工们依旧存在较为肯定的女性认知及性别团结意识。这也构成了他们维权在道义观念认识上的正当化依据。因此,除了基本的薪酬诉求外,这些妈妈女工对工时制度的特许需求是入职谈判的重点,如要求缩短上班时间,或者允许延迟上班、提前下班、自主加班等,甚至提出有相应配套的请假机制。

值得一提的是,源于女性抚育下一代的家庭角色定位和性别化的差异诉求,一些更具女性色彩的内容也被纳入了增权谈判的清单中。譬如,年轻妈妈女工会要求企业在厂区附近设立幼儿园或托儿所,以解决工作与照顾幼儿的冲突;为确保定时哺乳,她们会提出自由安排工歇时间段以满足差异化的哺乳用时,要求开设密闭的女性专用哺乳室,避免身处工场异性进出的难堪……笔者调研的G纺织企业就针对妈妈女工,专门设置了亲子室、哺乳间,甚至在工厂园区内增设了幼儿园,配备专业幼教人员,供职工子女优先入园、入托,并适当减免费用。在暑假期间,为便于诸多双职工家庭对子女的照顾,企业还开设了假期亲子乐园等场所。此外,该企业还对应修改了生产方案,安排既不影响其他班组流水作业又能由"妈妈班组"相对独立完成的作业工种,如包装、检验、入库等尾段工序,以配合上述制度。同时,该企业的工会女工委还推动了《某企业女职工权益保护专项集体合同》的设立,其中就包括了"女职工哺乳期保护"等特别条款。这几年的实践也充分表明,适用灵活工时安排的妈妈班组,其工作效率不但不会低于普通班组,反而因妈妈组女工们普遍更具责任心、勤劳积极等品性,而带来更卓越的工作成效。

---

① 　陈伟鸿.民营企业区域迁移及其策略分析[J].学术交流,2005(10):80-83.

② 　潘毅.中国女工:新兴打工者主体的形成[M].任焰,译.九州出版社,2011:135.

（二）有机团结下的集体增权

集体维权所需要的经验基础，就是通过"共同经历"所形成的与"其他人不同"的"共同利益"。[①] 诸多劳动密集型企业为降低城市化生产成本而进行的流水线乡村化转移，为这种共同利益的达成提供了角色定位与经历聚合的双重契机：一则，更多的年轻女工得以返乡就近工作，她们的身份便从单一的女性工人，叠加为"母亲＋工人"的二元角色而需要重新定义其在乡的工作岗位；二则，乡村化的工作场域，使入城时无从发挥的本土资源有了用武之地，并迅速将本地化的女工们集结为更具结社能力（甚至无须结社动员）与结构能力（集体谈判优势）的非正式劳动诉求团体。这种结社与结构能力的飞跃，也使得新生代女工同质化个体下的机械团结形态，走向更具集体行动效率的有机团结群体。

与入城时不同的是，形成上述有机团结的观念共识，与其说是地缘关系的经验类同，毋宁说是女工们长期被抹杀的女性个体意识的复苏。入城工作高昂的生活成本与泰勒制[②]下的高强度工作，无法令这些年轻女性所偏重的家庭与哺育角色得以舒张，而只是因听话驯服等传统女性特质而被视为易受规训的对象。[③] 选择性忽视家庭角色隐含的性别内容的用工，在遇到具有更强烈自我认知的"80后""90后"的"妈妈女工们"，以及本地化就职的契机后，将亟须充分反映她们经济独立与家庭哺育的完整性别内容：就增权所交涉的女性经济主义，摆脱那种依靠女性自我牺牲与超时劳动的全球资本主义整合，[④]除了给予抗争工厂刻板的上下班时点与冗长的加班时间之外，也有助于女工们重新定价未被充分付酬的家庭劳动时间，从而倡导政府、企业等主体应承担起相应的社会责任，尤其在家庭照顾中应承担相应的成本。[⑤] 上述忽视女性家庭身份的"片面去性别"的规训技术，也将被在地的女性家庭劳动价值再发现所瓦解，并最终通过本地用工的性别增权来予以重构。

从性别权力视角看，流动过程是女性主体性的获得过程。[⑥] 深描这场离城返乡后的新生代女工集体增权，需要关注到不同场域的地缘关系带来前所未有的团结结构及其强度的改变。这种优化为新生代女工的合理增权提供了动力，因返乡后在地化的工作为她们提供了集结动员和认同便利，并弥补了不同于入城务工时因来源差异性所引发的身份认同的缺乏。此外，回到家乡的新生代女工也能获得较诸进城务工更优质的团结资源，即通过一种"皆为本地人"的信任感，带来的彼此熟识和在地化人际关系资源予以集结。此时，实施集体增权行动的分工已然不再是前揭"个体被视为全部"的行动羞辱感，而是极易激发集体共鸣的增权心声。在为弱势群体代言的使命感驱动下，增权动员引发的广度与深度影响都被放大：当地工会之所以介入到"妈妈班组"以协助增权，就是因地方工会人员在本地渠道听说了

---

①　汤普森.英国工人阶级的形成［M］.北京：译林出版社，2001：835-837.

②　泰勒制，是由美国工程师弗雷德里克·泰罗（Frederick Winslow Taylor）创造的一套测定时间和研究动作的标准操作方法，实行差别工资制和例外管理，按科学管理原理指挥生产，旨在提高劳动生产率，降低生产成本。

③　SHIRE K.Class an gender in the industrial borderland：Lee's feminist theory of production politics［J］.Labor studies journal，2007（2）：53.

④　佟新.社会结构与历史事件的契合：中国女工的历史命运［J］.社会学研究，2003（3）：55.

⑤　崔绍忠.女性主义经济学研究的新进展：全球化与照护劳动［J］.妇女研究论丛，2011（1）：80.

⑥　黄岩，胡侦.外发工厂：拆分型劳动体制下留守女工的兼业生产［J］.妇女研究论丛，2020（1）：34.

女工们的谈判,而将其作为工会正面典型予以事前扶植并最终固化的。

所有这些本地资源的交汇,使得返乡后的新生代女工有了更协调一致的工作条件诉求,以及有效团结形成的更大话语权。当企业乡村化用工的改革契机出现时,整合一部分开明的企业主面对新形势用工稀缺的工厂改革实验雄心,敏感的她们只需发出合理的性别诉求声音,就无须束缚于男性中心视角下的所谓精英改造,而自然协同企业达成弹性用工及相关配套制度的建设,以实现劳资双方利益的均衡:一方面,企业获得了更多元的用工来源,将受制于家庭与企业考勤冲突的家庭女性纳入招工序列,并且获得了相较于未婚女工更稳定的职工队伍,也确保了企业用工改造的可持续性;另一方面,被现代企业管理制度所束缚的妈妈女工通过弹性工作机制获得解放,不仅是现代劳动力再生产和代际传承的基本要求,而且为家庭女性重新回到社会提供其实现职业价值的平台。

四、体面地在场:新生代女工集体维权样态跃迁

新生代女工集体"争权"和"增权"的两大维权样态,显然并非按照西方社会传统对抗手段进行威胁性的行动,而是创新出了非正式、高弹性且带有地缘依附性的劳资合作运动。这种集体维权样态的跃迁,改善了易激化矛盾且"打断了生产过程,破坏了地方公共秩序,而且撼动了宏观政治秩序的合法性基础"[1]的传统维权形态,转化为如何享有落实国家法化的劳动福利,与缓和劳资对立锋芒的平和增权形态。这种带有性别化集体谈判色彩的范式,一方面观照了"工人的再组织化和内部国家重构"[2]这一宏大的工厂政治重塑进程,使得立法层面上国家自上而下的法化增权得以落地,而不仅仅是被动的"以法维权"式的筹码;另一方面,新生代女工作为这场增权运动的实施主体和受益者,沿着麦克·布洛维[3]开创的劳动力再生产的微观维度,[4]首次链接到了宏观层面的"市场竞争"与"国家干预",体现了新生代女工渐次发展出的社会行动能力和外部资源整合能力。

尽管诸如"妈妈班组"等实践仅为地方个案,但它仍在很大意义上集中展示了当下中国妇女工运的草根实践新景观。对于新时代女工而言,完成了身份认同和增权认知的她们,更懂得如何把握合理有序的对话空间和获得肯定性权利立法的法律契机,以面向资方提出满足女性生理特点的主诉求与相应配套制度的改进建议。如上所述,返乡后的地缘关系整合上的便利和链接外部支持性社会网的优势,有助于她们减少身份认同和组织动员的边际成本,使得她们的维权意识和权利认知,乃至组织行动能力都获得较大幅度的提升。如若借机整合上述力量,充分保障草根实践所凝聚的底层智慧,就能在衔接女工的法化诉求基础上,有效落实女工结社权作为其性别政治与生产政治的交汇点。这不仅充实了女性主义的公民

①　王世凯.论转变中的工厂政治[J].广东社会科学.2013(5):217.

②　王世凯.论转变中的工厂政治[J].广东社会科学.2013(5):215.

③　麦克·布洛维是美国著名的劳工社会学家和马克思主义理论学家,他注重工人的主体性,关注劳动力再生产的方式,并将劳工过程与市场竞争、国家干预等因素综合起来考虑,由此形成独特的劳动过程理论。

④　GREENBERG E S.The politics of production:factory regimes under capitalism and socialism by Michael Burawoy[J].American political science review,1985,80(1):202.

身份内涵,①而且能在既有的女性肯定性立法(affirm action)背景下,开创出以体面劳动为诉求的法律实施进路,进而实现表征新生代女工最大的进步成果——集体维权的"在场"。

(一)女性体面劳动的嵌入

无论争权还是增权,一个不容否认的事实是新生代女工的工作条件和劳动权益较诸第一代女工有了明显改善。从这些集体维权样态中,中国劳资关系开始有可能被置放于阿维夏伊·玛格里特(Avishai Margalit)阐述的"体面社会"(decent society)理论语境中,而重点关注那些"不排斥、不羞辱、不伤害弱者、不背信弃义"等核心问题。② 在依靠法律所驱动的罗尔斯"正义社会"里,强调通过权利义务关系的配置,让"每个人都会积极为别人设身处地着想,更努力去实现一种大致的公平和公正"③。这一进程实质上表现为包括底层劳工在内的社会增权过程。然而,中国企业尤其非公企业中的劳动关系改造,主要还是资方驱动而非劳方驱动。这缘于资方主导了企业的方方面面,其往往拥有制度改革所需的动员能力和执行资源,而劳方则缺乏有效的动员力量和自组织能力,工会活动更多局限于劳动维权的事后救济和完善职工身心的集团生活建设。因此,新生代女工如果仅停留于事后维权行动,除了依旧面临强势的资方弹压而无法实现反映其自身切实诉求的劳动权益,也难以真正驱动资方在前述正派社会进化中认真对待劳资关系的改善,以及企业社会责任的承担。

事实上,返乡后较易实现的女工地缘关系增强,才真正使得正派劳资关系的建构回到了性别平衡的时空中,而使得更为合理的女性用工的"女性的经验"被实践,并超越词义层面而与"体面劳动"(decent work)的实质相吻合:④从第一层面来看,这种弹性用工为主线的企业用工制度,是一种避免妈妈职工受到企业管理制度掣肘的制度设计。它内涵了体面劳动要求的足够的就业机会,并关注妈妈职工亲子和家庭的人性化诉求,防止家庭生活对其劳动权的剥夺,也间接为妈妈职工提供了经济基础以改善其家庭话语权。从第二层面来看,体面劳动要求安全且健康的工作环境,这一指标不仅仅限于外在的硬件环境考察,还需要考量劳工内在的身心环境。"妈妈班组"制度所致力于提供的是针对妈妈职工"没有后顾之忧"的配套幼教设施和灵活工时安排,就是在建构无负担的工作环境。从第三层面来看,体面劳动关注社会性对话(social dialogue),要求工人能获得无碍表达其观点以捍卫自身权益,以及与劳资甚至主管部门进行对话协商的权利。这种协商谈判呈现为妈妈班组在入职时的集体发声,并积极求助于工会这一中间者的协调,从而在协商基础上实现由下而上的自我赋权。

可以说,除了依靠开明资方的单维度改造,作为受体的新生代女工在上述维权过程中,已不再是单纯互换资方"体恤"的被改造者角色,而是带有独立性别诉求的发声人与践行者,避免了精英式的改造"倾向于男性偏见并且系统性忽略女性的经验"的问题。⑤ 这种自我赋权,实现了一种体面社会的人本立场,也是企业"以人为本"理念的践行。

---

①　陶艳兰,风笑天.女性主义公民身份模式:理论建构与政策启示[J].中南民族大学学报,2012(3):98-103.

②　MARGALIT A. The decent society[M].Harvard university press,1996:3-10.

③　徐贲.通往尊严的公共生活[M].北京:新星出版社,2009:绪论.

④　GHAID. Decent work:concept and indicators[J].International labor review,2003,142:114.

⑤　HARRIS. Race and essentialism in feminist legal theory[J].Stanford law review,1990(42):604.

（二）新生代在场的重视

对于新生代女工的集体维权现实行动，除了被归纳于正派社会体面劳动的自发实践同时，还应当回应福柯在知识/权力分析范式中将女性身体识别为"性化的、病理学的身体"的定位。这会带来掌握知识/话语权力的男性学者从自身视角观察事物并建构学科知识，从而隐含了潜在性别立场所导致的将女性视为"在场的缺席"的缺憾。[①] 因此，存在着一种批评的视角，将类似"妈妈班组"运动的本质视为权变的父权话语在工厂管理中的特殊表达，只不过对象变成了具有戏剧效果的"性别"内容而得以在市场中获得成功。劳资双方就女性工作"议题"所达成的集体合意，似乎蜕变为偶发的劳动法实施改进的个案，而非自觉的法律适用。然而，这种批评显然忽视了分析议题中的主体性，即任何关于新生代女工的研究，均应落脚到"返回到生产现场，返回到具体的、有血有肉的工人本身"的重视上。[②] "妈妈班组"这一用工改良实践，如果仅是管理者的权力调适和领导魅力展现的秀场，则在流水线感同身受的女工们，断不会用身体能动的实践去响应这种改革秀，需要用真金白银买单的企业家们也不会去坚持这种毫无回报预期的工场制度重整。因此，新生代女工的这场增权，回归的"现场"并非管理者话语权下的秀场，因她们始终听从内心的真实呼求，并着力破解困扰她们"在场"的阻碍，以消解现代妇女个体解放与传统家庭主妇角色的悖论。

申言之，诸如"妈妈班组"的设立以及配套的"企业社会化"准公共产品的供给，使得妈妈女工们获得同另一半相比并不逊色的报酬，以及难能可贵的摆脱家庭束缚的相对独立。这种经济上和身份上的独立，有助于新生代女工获得更高的家庭话语权，并重拾她们久违的未婚前自由感。这场女性增权的改造，也许比单纯地在社会话语权力层面上去呼吁性别重视，或者在家庭层面上去强调女性家务劳动的价值更有意义。新生代女工所获得的本地化集体增权，部分祛除滋生她们"生理"与"社会"的双重"性别设定"（gender configurations），[③]淡化女性主义所言及的"女性身份的标记"，进而帮助她们体会到增权行动的重要性。只有这样"切身"的权利启蒙与回馈，才能在这场女工们精彩的集体行动所反映的结构能力之外，凸显出社会关怀下的女性工厂伦理的重要性。尽管不可否认这背后隐含着劳动力商品化的价值勾连，但其立足点在于劳工经济权益之外的性别增权，并通过地缘关系的集结能得以变现，从而暗合了晚近国际劳工运动注重外部支持关系的趋势。[④]

需要强调的是，女性地缘关系下实现的"在场的回归"及其非正式妇女争权运动，并不意味着基层工会组织在这一新发展动态的萎缩，更非对包括女工在内的劳工运动的失控。地方总工会作为有效的外部支持团体，在女工们的资源动员过程中得以捕获了增权改造的典型，并及时给予了加持，使之始终在良性增权的范围内得到强化。新生代女工们用其并不成熟的摸索，创设出的基于结社与结构能力互动下的集体行动，成为工业化时期社会与家庭角色分裂的最佳填充剂，也外化为产业转型等后工业化时期女性新角色脚本的

① 黄华.权力、身体与自我：福柯与女性主义文学批评[M].北京：北京大学出版社，2005：72.

② 沈原.社会转型与工人阶级的再形成[J].社会学研究，2006(2)：34.

③ 朱迪斯·巴特勒.性别麻烦：女性主义与身份的颠覆[M].宋素凤，译.上海：上海三联书店，2009：13.

④ CLARKE S. Post-socialist trade unions：China and Russia[J].Industrial relations journal，2005(36)：3.

底层诠释者。

From Rights Struggle to Rights Enhancement:
The Transition of New Generation Factory Women's Collective
Rights Protection

Wang Lan

（Xiamen University, Xiamen 361005）

Abstract: With the migration of labor-intensive industries, the collective rights protection of the new generation of female workers has shown a leap from rights struggle to rights enhancement. They who work in other places have inherited the mechanical unity form of early female workers entering the city, relying on geopolitical forces to participate in collective rights protection and develop small groups for rights struggle; while working in their hometowns, they have utilized local social networks to create collective employment negotiation techniques that embed women's gender demands, achieving collective empowerment with women's care ethics. With collective mobilization techniques, they will have the ability to geopolitical relations and external resources integration, to improve the situation of *absent presence* in previous labor system reform, and relieve the conflicts between female liberation and family role.

Key Words: new generation of female workers, collective protest, rights struggle, rights enhancement

闽南地区报纸广告女性形象变迁研究
(1919—1992)

陈　凌　陈素白[*]

内容摘要:广告是社会现实的镜像。广告内容的转换之中,能够通过其中的一些典型事物或现象以及人物等文字符号和视觉符号折射出主流价值观念的演变轨迹。本研究通过对闽南地区 1919—1992 年间报纸中共计 201 则女性广告进行分析,结合社会语境将其分为觉醒期、奋进期和回正期三个阶段,探析其女性形象构建从女子国民到女英劳模,再到顶半边天的变迁历程背后性别角色观念的发展脉络。在对大量一手历史文献资料进行梳爬的基础上,从时间和空间的双向维度丰富了女性形象的构建史料,对媒介与性别和地方妇女研究有着重要的理论和现实意义。

关键词:闽南报纸广告;广告镜像;女性形象;性别角色观念

一、研究缘起

广告"为商业发展之史乘,亦即文化进步之记录"[①],广告所呈现的内容受到特定时间和空间内社会文化和风尚的影响,也如镜鉴般折射出社会观念演变的轨迹。报纸广告中呈现的女性镜像既反映了当时社会主流文化的价值观和对女性角色的主观选择与推崇,也反映了客观存在的普通妇女形象[②]。一般而言,经济快速发展与社会开放程度的提升会有助于一个地区性别平等意识的培育[③],就闽南地区而言,其开放包容的商业文明与落后的传统性别观念之间却似乎形成了鲜明对比。因此,本研究将宏观视野向区域下移,聚焦于以男权传统为主要性别文化的闽南地区,以其报纸广告为主要研究对象,通过内容分析法与文本分析法探析广告文本中的女性形象建构特点,探讨 1919—1992 年间其女性形象塑造转变与社会性别角色观念变迁之间的互动关系。

---

　* 陈凌,女,集美大学宣传部科员,厦门大学新闻传播学院硕士,研究方向为广告社会史;通讯作者:陈素白,女,厦门大学新闻传播学院教授、博士生导师,研究方向为消费变迁与广告文化。
　① 戈公振.中国报学史[M].北京:生活·读书·新知三联书店,1986:222.
　② 风笑天.变迁中的女性形象:对《中国妇女》杂志的内容分析[J].社会,1992(7):14-19.
　③ 林宝荣,叶文振.男女平等意识的性别比较研究:以福建闽南地区为例[J].中共福建省委党校学报,2015(11):66-73.

二、文献回顾

媒介与性别研究最早开始于 20 世纪 60 年代西方女性主义运动第二次浪潮,随着 1995 年第四次世界妇女大会的召开,我国学术界也开始在此研究领域中不断深耕。广告作为媒介的重要形式,能够反映社会现实中的主流思想和价值形态,故而有许多研究者选择以广告中的女性形象进行切入,对不同时期与女性相关的广告文本进行系统的分析与解读,从中探讨其背后"社会—媒介—女性"的深层文化机制。

性别角色观念是关于男女两性的地位、角色和分工的态度与社会规范,是反映女性社会经济地位和性别平等程度的重要参考。已有的研究大多侧重于关注其变迁的历时性变化,即"时期效应"。但有很多学者认为这种研究取向容易忽略时间维度上年龄和世代的影响。[①] 广告具有"镜像功能",且又能够较好地规避年龄和世代对观念变迁在时间维度上的影响,成为体现性别角色观念的重要研究载体。聂艳梅以媒介变迁为线索,解析了从 20 世纪 20 年代至今女性广告形象中蕴含的性别角色观念,以历史观照当下。[②] 张鑫以抗战前《申报》上的化妆品广告为切入点,以其女性形象变迁中反映的近代女性美的建构,折射出社会对女性美的理念和理想从个人化、私人化的领域向公开化、公共化的方向转变。[③]

关于广告所具有的镜像效应,西方学者持两种意见,以理查德·伯利(Richard W. Pollay)为代表的一些学者认为广告虽然反映现实,但是这种反映是扭曲的反映,广告会有选择性地挑选一些形象,并将社会价值按照广告主的意愿排序,从这个意义上说广告是"扭曲的镜子"。而以莫里斯·霍尔布鲁克(Morris B.Holbrook)为代表的一些学者认为,广告不过是将现实中存在的形象、人物关系与各种社会价值呈现出来,广告就是一面嵌在墙上的"忠实的镜子"。而对于广告与现实社会之间的关系,也就是广告中女性形象塑造和社会语境之中性别角色观念的关系,也同样延续着这一传统争论。根据后者的观点,广告能够做到最好的便是扮演了放大镜的作用,提供了一幅社会现象的推断图[④]。也就是说,广告反映了现存社会主流价值观,因此广告的效果并不被认为是显著的,女性的形象塑造和话语建构都是遵循社会当中关于性别角色的主流观点[⑤]。而前者的观点则是认为媒介在呈现表征的过程中构建了"现实"这一概念,个体会在这一"现实"的沉浸之中受到来自包括广告在内的混

① 吴愈晓,王金水,王旭洋.中国性别角色观念变迁(1990—2018):年龄、时期和世代效应及性别差异模式[J].中华女子学院学报,2022,34(4):76-90.

② 聂艳梅.媒介变迁中女性广告形象的呈现形态与社会意义[J].上海师范大学学报(哲学社会科学版),2018,47(1):92-99.

③ 张鑫.抗战前《申报》化妆品广告中女性形象变迁:兼论"女性美"的构建[J].历史教学(下半月刊),2016(12):45-53.

④ POLLAY R W. On the value of reflections on the values in "The distorted mirror"[J]. Journal of marketing,1987(3):104.

⑤ ZOTOS Y, TSICHLA E. Snapshots of men and women in interaction: An investigation of stereotypes in print advertisement relationship portrayals[J].Journal of Euromarketing,2014(3): 35-58.

合影响①。与性别表征是社会建构的同理,广告也通过文本表征的塑造构建了女性的刻板印象②。

总之,在女性主义思潮日益汹涌的中国当代社会中,媒介与性别研究的重要性日益突出,对媒介中塑造的女性形象进行历时性分析,有助于从媒介层面由古至今分析社会对女性角色的想象和期待,对其沉浸的社会语境进行探讨,从而更好地发挥广告在性别角色观念上的引导作用。目前的研究成果大多从宏观国家视野切入,对微观区域视角的相关研究还不够丰富、深入,且研究的时间跨度较小,对于长时段的变迁脉络研究相对较少。本研究选择聚焦于以带有鲜明中华文化烙印的闽南地区③,从其呈现的女性形象演变折射出这一地区性别角色观念的变迁轨迹,丰富相关研究的视角。

三、研究过程

(一)历史分期

历史分期是史学研究的重要范式,能够揭示在历史发展过程中,不同时期或阶段之间体现出的质的差别④。本研究也将遵循历史分期的原则,依据中国妇女史发展阶段特征,通过时代划分将1919—1992年分为觉醒期、奋进期和回正期三个历史阶段,从而凸显在不同历史阶段当中女性形象建构体现出的时代特征,更加全面地研究闽南地区社会性别角色观念的变迁历程。

第一阶段的觉醒期始于1919年五四运动。五四运动被学界公认为我国妇女解放运动的起点,它既是一场伟大的爱国反帝运动,更是启现代之蒙的思想解放运动,积蕴良久的妇女问题的讨论被推向了历史的最高峰。与此同时,在实业救国的热潮之下,一些华侨纷纷回国投资办厂,促进了闽南地区民族资本经济的发展,妇女开始走出家庭回归社会,参加劳动以维持生计,这为女性意识的觉醒奠定了坚实的经济基础。

第二阶段的奋进期则是以1949年中华人民共和国成立为标志。中华人民共和国成立后,妇女解放问题成为共产党的又一重要议程。为了消除压迫在中国妇女身上的"封建大山",共产党发起了大规模的政治运动,提出多项政策保护中国妇女,如结束一夫多妻制,废除卖淫,允许妇女有投票权,还通过于1950年正式颁布的第一部婚姻法,粉碎了封建婚姻制度,保障了中国妇女的婚姻自由。

第三阶段的回正期则是从1979年计划生育实施与改革开放开始。计划生育政策规定,

①　GRAU S L, ZOTOS Y C.Gender stereotypes in advertising:A review of current research[J].International journal of advertising,2016(5):761-770.

②　SCHROEDER J E, ZWICK D.Mirrors of masculinity:Representation and identity in advertising images[J].Consumption, markets and culture,2004(3):21-52.

③　刘登翰.论闽南文化:关于类型、形态、特征的几点辨识[J].福建论坛(人文社会科学版),2003(5):79-84.

④　焦培民.历史理论与学术规范:构建中华文明史观的哲学思考[M].北京:社会科学文献出版社,2020:56.

除了少数民族家庭以外,城镇家庭只能生育一个子女,农村家庭在第一个子女为女孩的情况下可生育第二个孩子,但生育间隔需要超过四年。根据《福建统计年鉴》,自 1980 年以后,厦门地区、晋江地区和龙溪地区(分别为现在的厦门市、泉州市和漳州市)女新生儿比重逐年上升,女生占学生总数也有了明显增长。其对闽南地区绝大多数家庭的生育决策产生的强制约束作用显而易见,尤其是对于女性在家庭与社会的地位都有明显的提高[1],对女性在家庭资源的分配上和对女性受教育水平有显著的提高作用,再加上改革开放的推动,使女性在市场中的相对收入水平进一步提高,进一步夯实了女性的经济基础,对社会性别角色观念有着深远影响。此阶段止于 1992 年,原因在于自 20 世纪末期,闽南地区陆续开设区级广播电视,电视覆盖率为 87%[2],远超同时期报纸,且 1992 年电视广告的增长幅度达到 94%,在广告媒体排位中已经超过了报纸广告[3],因此报纸广告的主流特性将会被削弱,为了确保研究的效度,选择 1992 年作为研究的终点。

(二)研究对象

本研究以泉州市图书馆古籍库现存报纸、线上厦门大学民国报纸专题库、大成故纸堆全文数据库、全国报刊索引库以及大学数字图书馆数据库中的电子报纸文献为研究对象,检索 1919—1992 年间在闽南地区发行过的报纸进行抽样。

(三)研究方法

本研究采用内容分析与文本分析相结合的方法。以闽南地区现存报纸中所有与女性相关的商业或政治宣传广告为总体进行抽样,并参照刘伯红、卜卫两位学者所构建的女性广告形象评价指标,针对其塑造的女性形象进行内容分析(编码表详见表 1)。其中,身体暴露的项目中,将露出背、胸、臀、大腿等比较私密的部位记为"非常暴露",将露出肩部、小腿、腰等部位记为"比较暴露",将衣着日常记为"正常",将全身遮挡比较严密记为"保守";角色关系的项目中,将出现提出、指示、解决问题、保护、合作等正面行为或关系记为"主动",将出现被保护、制造麻烦、被欣赏、被评价等负面行为或关系记为"被动",将没有显示或无法判定角色之间的关系记为"不明确";性别观念评价中,将正视女性在工作上的贡献、重视女性独立及自主角色、突破两性性格定型及行为模式、让儿童理解多元化的女性特质记为"性别平等",将以女性作为招徕、暗示女性是性对象、歪曲女性在工作上的贡献、强调女性的从属角色、巩固两性角色定型及行为模式、误导儿童理解男女特质、男性科技专业霸权(即男性在科学技术等专业领域中的统治和主宰,表现在男性在智力和能力上的超越)记为"性别歧视",将不含性别意识的记为"中性"。

---

① MASON K O. The impact of women's social position on fertility in developing countries[J]. Sociological forum,1987,2(4):718-745.

② 福建广播电视志编纂委员会.福建省广电志[M].福州:福建省广播电视局,2018:134-138.

③ 许俊基.中国广告史[M].北京:中国传媒大学出版社,2006:241.

表 1　编码维度及具体指标

项目		记录方式
广告类别		1.食品饮料;2.通讯及电子产品;3.交通运输;4.家电与家居日用;5.服务产品;6.美妆服饰;7.建材与地产;8.医疗保健;9.公益宣传;10.香烟
广告角色	年龄	1.女童;2.年轻女性;3.中老年女性
	场景	1.家庭;2.办公场景;3.休闲娱乐场景;4.其他场景
	职业角色	1.学生;2.家庭主妇;3.领导及管理者;4.体力劳动者;5.公共及商业服务者;6.模特;7.其他
	身体暴露	1.非常暴露;2.比较暴露;3.正常;4.保守
角色关系		1.主动;2.被动;3.不明确
性别观念评价		1.性别平等;2.性别歧视;3.中性

1. 抽样方法

本研究采用目的性随机抽样的方式,通过构建样本周以缩小样本的数量。相关研究表明,对于长时段的内容研究来说,从 5 年时间段中抽取 9 个构造周,与每年抽取 2 个构造周一样具有代表性[①]。因此,本研究将 1919—1992 年分出 14 个五年,每 5 年再抽取 9 个构造周,不足五年的年份再每年单独抽取 2 个构造周,共抽取 910(14 * 9 * 7+2 * 2 * 7)天的报纸。但由于一些历史原因,闽南地区报纸经历了屡次停刊,广告事业的发展也同样受到影响,再加上时间久远,保留下来的相关女性形象样本较少。在编码员依据样本筛选标准说明[②]进行编码操作后共得到 201 则广告样本。本研究还将在总体样本基础上,选择更能够突出该时期内总体样本特点的典型案例进行二次筛选用于文本分析。

2. 编码及信度检验

为保证研究的客观性,本研究的编码邀请了两位传播学本科生协助,先预编码 60 份样本,并对编码过程中遇到的问题进行总结和分析,最后编码完成,两位编码员间的信度为 87.7%。

---

① 斯蒂文·赖斯,丹尼尔·里夫,弗雷德里克·G.菲克.内容分析法:媒介信息量化研究技巧(第 2 版)[M].嵇美云,译.北京:清华大学出版社,2010:114-115.
② 样本筛选标准说明:其一,分析的文本为广告。文学稿件、新闻通讯等被排除,广告、宣传画和带有宣传目的色彩的文本也在研究范围之内,其中广告包含商业广告、政治宣传广告等类型。其二,参照学者卜卫在《媒介与性别》一书中使用性别意涵作为观测指标,即文本对性别的价值评价。在本研究中即为内容应与女性相关,体现在文字或图片当中有提及女性、妇女或其他相关文本,其他无关内容均不在研究范围之内。

四、研究分析与讨论

（一）女子国民：国族叙事中的女性觉醒期（1919—1948 年）

1. 觉醒期的社会语境

在传统社会性别角色定位约束之下，女性长期处于被支配的地位，主体意识薄弱。除了缠足以外，南宋著名理学家朱熹在闽南当官期间推行的"文公兜"[①]和妇道，尽显封建礼教对闽南女性的压迫。直到 19 世纪中后期，这种局面才有所改观。

1842 年的中英签订的《南京条约》将厦门作为被迫开放的通商口岸，并且允许英国商人及其家属在厦门自由地居住。在他们的通信当中，经常提及中国妇女的悲惨境况，其中最典型的是毕腓力牧师所写的这段评述：

> 在两种性别当中，女性的思想最受忽视，她们根本没有机会接受教育。男人可以读书，而女人却不能。中国自诩为文明古国，然而，中国人对待妇女的态度几乎与野蛮人无异……中国妇女无权了解任何事，她们只是丈夫和婆婆的奴隶。……年轻的媳妇一生的命运可以用以下几个词来概括："起床，忙碌，操劳，少吃，少花钱，沉默，顺从，忍受"。[②]

于是，传教士发起成立"天足会"，并由传教士妻子或女传教士负责宣传解放天足。1874 年，伦敦公会的马约翰牧师夫妇在厦门首次召开妇女大会讨论妇女禁缠足问题，并成立"反缠足协会"——天足会，这是中国最早成立的此类协会之一。[③] 此外，教会在闽南传教布道的过程中也愈发认识到兴办女子教育的重要性。英国伦敦会养为霖夫妇早在 1846 年于厦门创办了女子私塾，是闽南地区传教士兴办女学最早的实践。1911 年，厦门毓德女子小学添设师范班，以及 1918 年爱国华侨陈嘉庚先生创办的集美女子师范学校，女性开始被培养为"兴女学"的重要力量。[④] 这些学校，尤其是职业学校对女子教育的普及起到了重要作用，为日后女性地位的崛起奠定了重要的本领基础。这不仅从身体上解放了闽南女性，并把男女平等的思想渗透于文化、教育、出版等活动，让妇女从精神上逐步挣脱封建的枷锁。

2. 女性形象总体概况分析

这一时期共搜集到了相关广告样本 77 份。从广告类别来看，医疗保健类产品广告占比第一位，为 37.7%，这是由于这一时期国民开始关注自身的身体健康以及家庭卫生[⑤]。由于

① 吴榕青.闽南粤东妇女服饰"文公兜（帕）"考辨[J].闽都文化研究,2004(2):957-974.

② PITCHER P W.In and about Amoy：Some historical and other facts connected with one of the first open ports in China[M].Nabu press,2010:347.

③ 杰拉德·F.德庸.美国归正教在厦门（1842—1951）[M].杨丽,叶克豪,译.台北:龙图腾文化有限公司,2013:172.

④ 福建省地方志编纂委员会.福建省志·教育志[M].北京:方志出版社,1998:47.

⑤ 李欧梵.上海摩登：一种新都市文化在中国（1930—1945）[M].毛尖,译.北京:人民文学出版社,2010:81.

尚处国民身体羸弱之际,在这些医疗保健产品的相关女性广告当中大多是补药,为强身健体之用,如图1这则敏美德补药的广告,更是打出了"无'东方病夫'之讥"的标语来体现敏美德补药的神奇功效。当时南京市社会局的女教育科长钱用和认为,女性的伟大在于扮演"国民之母"的角色,认为"现在的中国妇女,都忘掉了应该怎样尽教养子女的天职,来发挥伟大的母爱","现代的中国,贫弱已极,要想使之不至于亡国亡种,当然是靠各人各方面的努力,我们妇

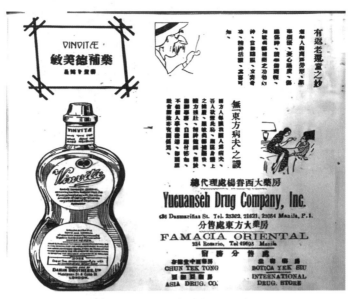

图1　无"东亚病夫"之讥(《华侨商报》1937年1月18日)

女,既然是国民的一份子,就该努力做个好的模范"。① 从这一时期大量的家庭妇女形象的广告文本中可以看出,这一时期对女性的解放依然建立在贤妻良母的基础角色之上,在家庭中担负成员强身健体之责,这与其国家层面的角色是并行不悖的。换言之,女性的家庭角色在这一时期实则被赋予了新的国家意义②。

占比第二位便是香烟广告,占比为11.7%。其中塑造的女性形象均为年轻貌美的女性形象。图2中的美女牌香烟是鲜少使用女性抽烟形象的文本:其中的女性不仅是短发造型,而且手夹香烟。在辛亥革命之后,"西学东渐"被视为抛弃陈旧思想制度而投身于进步社会文化体系的象征,女性公

图2　美女牌香烟(《江声报》1928年10月27日)

开吸烟更是受到赞赏的行为,抛弃陈旧思想制度而投身于进步社会文化体系的象征,女性公开吸烟是受到赞赏的行为。报纸媒介不仅通过巧妙的方式让香烟与美女产生联系,还在香烟广告中通过塑造带有解放意识的摩登女性形象的商业诱导,潜移默化地影响了当时闽南地区人民对于吸烟与性别的观感。

此外,值得补充的是,一些纯文字广告当中虽然由于没有使用图片式的女性形象而没有

---

① 钱用和.现代中国的模范妇女[N].新闻报,1933-01-17.

② 李世鹏.社会期待与女性自觉:20世纪二三十年代民意调查中的典范女性形象[J].妇女研究论丛,2019(5):99-112.

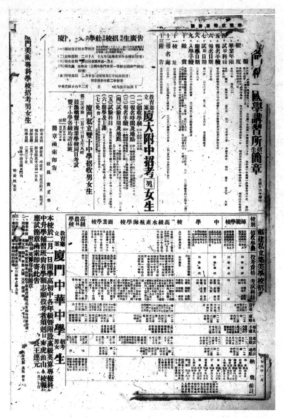

图3　招生广告（《江声报》1937年2月10日）

纳入样本库当中，但从中依然可以折射出当时的现实社会中的性别角色观念。如图3《江声报》中便有一整版的招生广告都无一例外地说明不再限定性别，男女都有平等的受教育权利，尤其是在中心版面的厦大附中招考广告，更是以更大的字体，突出强调招收女学生，从中也可窥探到在这一时期闽南地区"兴女学"所做出的成果。

从广告角色来看，虽然这一时期的女性开始走出家庭，踏入社会参加学习或者工作，但是在广告当中仍然更多地出现家庭中，扮演着"家庭主妇"这一重要角色（51.9％）。可见，对于女性活动空间和社会地位的认知是根深蒂固的，还未完全突破家庭的束缚，或怀抱婴孩，或服侍丈夫。这与当时国民政府所提倡的新贤妻良母主义如出一辙。它主张女性应该独立、解放，但也要同时兼顾养育子女、料理家庭、辅助丈夫，为国家做出贡献①。在这种国家力量的号召之下所形塑的性别角色观念中对于男女两性在家庭中的角色及背后所隐含的社会权力与地位的差异，都是这些广告表现的根源。但也开始有女性形象出现在休闲娱乐场景之中（19.5％），可见五四运动之后对于女性公开外出社交的萌芽，也是由于闽南地区作为开放的商贸地域，影响了闽南地区报纸广告当中女性的定位和走向，很多妇女开始追逐流行，享受生活，崇尚休闲，出现了试图摆脱传统社会性别角色规范的苗头。

图4　性宝春灵系列产品广告（《华侨商报》1937年1月18日）

从年龄结构上看，88.3％的广告使用了大量年轻貌美的女性，尤其是在医疗保健类的广告当中。其中，图4中名为"性宝"系列产品广告，是针对治疗性功能障碍的医疗保健产品而设。由于其药效特殊，在其广告中，女性多作为性对象呈现，其中的女性形象尽是洋人形象，衣着较之同一时期的身着旗袍的中国女性形象也较为暴露，可见此时对于女性的审美已经逐渐走

①　许慧琦.过新生活、做新女性：训政时期国民政府对时代女性形象的塑造[J].台大文史哲学报，2005：62.

出过去封建保守的一面,逐渐西化开放。

在这一时期的 77 则广告文本当中,已有 2 则广告重视女性独立及自主角色,显现出性别平等的意识,还有 62 则广告属于性别歧视广告,主要集中在以女性作招徕、暗示女性是性对象和角色定型。以铁床厂的两则分别以男性和女性形象为主视觉的广告为例,在男性形象为主视觉的义成铁床厂广告当中,呈现的是男子在早晨起床之后精神抖擞的样子,并配文:"一觉醒来,精神愉快,筋骨舒适,大呼曰:'快哉,此床'。"而在以女性形象为主视觉的广告当中,则是一位衣着暴露的年轻女性躺在图片的下方,甚至不是躺在广告产品之上,而是由其连接出想象的产品画面,并配文"不可一夜无此君"。就此广告而言,躺在床上本身就有性暗示的意味,在产品——床所建构出的场景中,女性处于最低的位置,对自身的身体防御被大大限制,因此使其会非常依赖于周围温和的环境,表明了女性从属位置的仪式[①]。

从这两则广告的对比之中可以看出闽南地区性别文化所赋予男女不同性别角色的符号意涵:其一,男性是事业型的,需要有良好的睡眠来保证工作时的效率和质量,而女性是属于家庭的,"不可一夜无此君"的"君"一语双关,既指利生铁床,也暗指男性;其二,床本身是日常家具用品,但是以女性作招徕,并以女性的卧姿将其置于一个从属的仪式之中。

图 5　义成铁床厂广告(《华侨商报》1935 年 2 月 4 日)

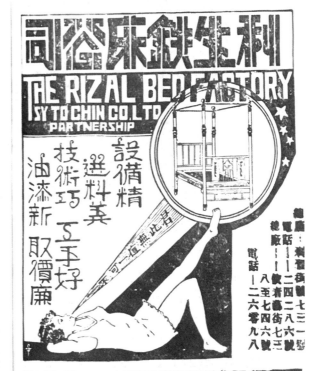

图 6　利生铁床公司广告(《华侨商报》1935 年 4 月 8 日)

这一时期有大量的性药广告,而来自法国的山得尔弥地在当时的闽南地区正在热销。从图 7 左图来看,就女子外表和打扮而言,较于秃头、戴着眼镜的男性形象,构成了年龄上的反差,且女性与男性在体型上也形成了相对大小上的差异。社会权力、权威、声望和等级等在场景中的一种体现便是相对大小,尤其是身高。在两性的呈现中,生物二态性使男性通常

---

①　GOFFMAN E.Gender advertisements[M].New York:Harper and row publishers,1979:40-41.

比女性有着更高地位的可能性[①]，这也如实地反映在广告中，图 7 左图就显示了女性在两性关系当中的从属地位。在图 7 右图中，小罐装的产品成为一种带有强烈性暗示的符号。

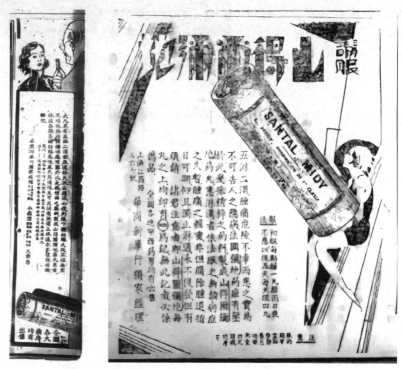

图 7　山得尔弥的广告(《江声报》1936 年 2 月 13 日/1932 年 9 月 15 日)

3. 新女性形象塑造

(1)存亡之秋的"女国民"。在这一时期的许多报刊中都不乏对于解放妇女参与战斗的政治动员广告，且这类报纸广告几乎都是文字广告。从文本内容层面析之，其内容不外乎抨击封建礼教对女性的剥削与蚕食，呼吁广大女性走出家庭，服务战场，负起抗敌的责任。如图 8《起来罢！全国妇女们》所示，作者君栋结合了古今中外妇女解放的案例，从"三从四德""无学便是德"的封建礼教对女性的束缚进行强烈抨击，阐释了妇女素来被禁锢在家中，长期处于被支配地位的文化根源，反思了当时女性的迟钝与麻木，进而引入了当时西方世界妇女运动的兴起，并结合中国国家民族届于最后关头的特殊国情，呼吁妇女共救危亡，最后从服务后方战场、鼓励家中男性从戎和减少非必要之消费三方面进行具体的号召。

在历史长河中，男尊女卑、三纲五常等封建伦理准则一度成为人们日常生活的规范。然而，近代以来随着中国人民从民族危亡的阵痛中醒悟，开始挑战沿袭了 2000 多年的传统文化，其中便有对广大妇女的解放。君栋在上述政治宣传广告中直指"恶礼教"对女性的束缚，告诉女性"如肯努力，不甘落人后，未始不可克服自然"，鼓励她们冲破封建礼教和文化专制的藩篱，对封建社会中的种种纲常伦理观念进行了根本性否定，走出家庭，冲向社会，集民族解放与自身解放于一体。女性价值意识的重大变革在从过去只关注柴米油盐、生育子女到

---

①　GOFFMAN E.Gender advertisements[M].New York：Harper and row publishers，1979：28.

开始关注国家大事、民族兴衰的变化中得以体现。女性不再愿意将自己仅仅套进"三从四德"的贤妻良母的枷锁之中,更加愿意为国家、民族以及自己的信仰去奋斗、牺牲。这足以表明,一种以阶级、民族与国家兴亡为己任的新型女性价值观已经在闽南地区悄然成形。

在此危急存亡之秋,妇女解放的命题便与国民叙事之下的民主政治的建设紧密联系在一起。在当时闽南地区的进步人士眼中,妇女解放是政治建设中不可或缺的重要组成部分。"国民"一词不是男子独有的,而是由全体人民所行的,"有了妇女解放,真正的 Democracy 才能实现,没有妇女解放的 Democracy,断不是真正的 Democracy"①。进而将妇女解放与救亡图存的历史任务联系起来,将女性形象置于国家、民族的宏大叙事之中。这与西方女性主义有着根源性的区别,西方妇女解放的诉求源于社会中性别不平等现象,而在中国的这种呼求是建立在国家和民族的危机之上的,而非基于女性自觉自醒地与男权

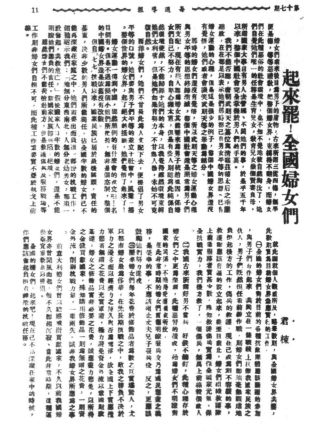

图8　起来罢！全国妇女们（君栋）
《每周导报》1938 年 4 月 24 日

文化进行的斗争。在国家建设的特殊时期,女性对于国家号召的回应,更多地传达着救亡图存的爱国主义精神,而非女性与男权社会的对抗。这种观念从某种意义上而言恰恰与西方女性主义所要求的独特性和主体性背道而驰②。

（2）摩登独立的"新女性"。在五四运动时期之后,女性劳动生产力和智识被视为国力的重要基础,闽南妇女开始走出家门,承担起社会劳动,不再被束缚在一方小天地之中。自 20世纪 20 年代起,特别是 30 年代前半期,中国社会逐渐涌现出了一股摩登潮流。这与当时中国社会整体的日渐西化有直接关系。

在如图9所示的这则美丽制衣兼修容所的广告当中,女性烫着一头油光发亮的卷发,穿着潮流的时装,并配以文字:"经济应独立！制自己衣服!! 赚自己工资!!! 自今以往君所注重者何？在此实利主义和专工主义的时代,此种问题于君极为重要,凡男女非经济充足,不

---

① 李大钊.李大钊文集[M].北京:人民出版社,1989:443.
② 卢敏.大众传播中的女性形象研究综述及对女性主义中国化的思考[J].山东女子学院学报,2019（1）:81-89.

图 9　经济应独立！(《华侨商报》1935 年 3 月 11 日)

能享受人生最大的乐趣,君若欲自身经济独立,请从速向下列美丽制衣兼修容所报名",以此呼吁女性通过从事社会劳动来获取经济上的独立地位,从而方能享受到"人生最大的乐趣"。这反映了当时许多组织在致力于把争取妇女职业权和经济独立权作为主要任务之一,他们把经济独立称为是"各个男女都有同等的生存权和劳动权,无论何人皆不能在生活上支配人或受人支配的状态",提倡"对于工商各业当提倡革命,使妇女在生活上得经济独立""提高及改善妇女职业事项"。

而对于当时的妇女而言,经济独立也是其实现解放的重要前提,教育能够唤起女性解放的觉悟,而实现经济独立则是女性适应这一觉悟要求的能力。在新思潮的推动和社会经济发展的影响下,人们对于就业的看法得到了更新。越来越多的女性加入就业队伍中,并致力于追求经济独立。同时,这也加深了对于妇女解放问题的认识,人们意识到不能再将妇女束缚在封建礼教的家庭之中,而要摆脱束缚就必须实现经济独立。此外,作为美容美发类的广告,

其中的女性形象都是用了短发的造型,这也折射出在这一时期,对女性剪发的褒扬与推崇[1]。再加上油光发亮卷发的流行发式,体现了当时的流行审美趋势,同时也折射出当时的闽南妇女从身体上寻求自我解放以及在审美趋势上对个性美追求的意识和行为。

在图 10 中的广告,女性更是身着酷飒的西式男装,不再是晚清时期的长发、发髻而是干练的短发,手中拿着香烟,骑着一匹奔驰的骏马,结合"满吸一枝,马上交运"的广告词,寓意马上成功,塑造了一个独立成功的女性形象。通过在着装外表上男性气质的加持,而赋予女性"马到成功"的独立地位,充分体现出当时闽南女性在追求性别平等上的期许。

图 10　大鸿运香烟广告(《厦门大报》1948 年 3 月 18 日)

(3)小家庭中的"新贤妻"。在这一时期的报纸当中刊登了许多食品和日用品广告,这些广告从一定程度上折射出当时社会家庭观念的变化。首先最明显的就是一夫一妻制。在

---

①　闵杰.近代中国社会文化变迁录:第 2 卷[M].杭州:浙江人民出版社,1998:101.

这些广告文本当中的家庭配置都是一夫一妻。此前闽南的大多数家庭是以小农经济为前提,自然而然便形成与宗法为依存的大家庭,是封建家长等级制的实行场所①,尽管这种大家庭模式有便于形成互助合作的优势,但也容易衍生出许多问题,如婆媳、妻妾矛盾等,致使男女不平等,演绎出妇女节烈等腐朽观念,当时人称中国现在的社会,万恶之源,都在家庭制度。② 因此在"家庭革命"的号召之下,传统家庭关系逐渐解体,形成了以夫妇为核心的小家庭制度,促进了男女地位的平等。女性在小家庭中所扮演的角色不再是过去朴素的妇人,而是既能料理家务,又能辅佐丈夫事业的贤内助。

　　在图 11 中的两则广告所体现的,是在传统儒家思想的影响之下,贤妻良母成为闽南地区妇女所追求的价值典范,她们被要求为丈夫打理好生活琐事,为家庭服务。这种性别角色定位弱化了女性作为独立个体的个人性格特征和独特内涵,暗示了女性仍然被应用在家庭场景中服侍丈夫而丧失独立自我的刻板印象之中,受制于男性话语权的主宰。保卫尔神效牛肉汁广告也尽显男主外、女主内的分工。"贤妻须知"醒目地占据在

图 11　华南国货公司琴标线衫/保卫尔神效牛肉汁
(《华侨商报》1935 年 3 月 11 日/《江声报》1937 年 4 月 9 日)

广告右侧,配文道:"丈夫终日工作。劳神费力。当在家休息。使其饮'保卫尔'一杯。恢复体力精神。丈夫必感激颇深。"尽管这则广告中的丈夫对妻子的操持表示出了应有的感激而非应然,但还是不免将女性角色限定在家庭空间之中,限定于妻子这一角色,并且要求女性要顺从男性,并以此得到呵护、爱慕。这不仅体现出闽南女性对男性社会地位的依附,而且是一种心理依附。这也塑造成一种与"内"紧密联系的女性形象,建立起一种女性家庭与社会角色的隐喻:女性的价值体现在家庭中。与此相对的是,在那些与"外"紧密联系的工作中的男性形象,则体现了男性在社会和职业中的重要价值。而与此相对的便是与"外"紧紧捆绑在一起的工作中的男性形象,这就建构了一种性别角色观念中男性家庭与社会角色的隐喻:男性的价值体现在工作中。同时也赋予了女性有别于男性的贤妻良母的角色,限制了女性同社会了解、接触和参与的程度,她们所能做的就是按照社会对她们提出的要求和设定的标准,把精力投注到自己的身体与服饰和感情世界之中,努力使自己合乎标准。

---

① 邓红,刘海霞.觉醒:民国"新女性"婚姻家庭观之嬗变:以二十世纪二三十年代对城市女性的调查展开[J].河北大学学报(哲学社会科学版),2007(2):86-90.

② 李大钊.李大钊文集:第 2 卷[M].北京:人民出版社,1999:346.

（二）女英劳模：政治力量下的女性奋进期（1949—1978 年）

1. 奋进期的社会语境

中华人民共和国成立后，闽南地区陆续开始在广大妇女群众中掀起学习文化的高潮，学龄女子入学率成倍增长。加上各种扫盲班、夜校、识字班等，妇女文化程度有了很大的提升，并形成了学技术、学管理的热潮，这对妇女自身社会地位的提高打下坚实基础。此外，《婚姻法》的颁布执行摧毁了封建主义婚姻制度，广大群众尤其是妇女获得了婚姻自主权利，使闽南妇女摆脱了旧式婚姻家庭关系的桎梏。到 1952 年，原本在闽南习以为常的抱童养媳、租妻、典妻、伙妻等陋习已经消失，惠安地区长住娘家①的不良社会风气也大大改善，惠安地区历史性妇女集体自杀的现象大大减少。② 泉州市安溪县 1952 年全县 5 个区 51 个乡统计寡妇再嫁 341 人，童养媳回家 542 人。③

在此基础上，闽南女性有能力也有条件得以从封闭的家务劳动中解放出来，积极地投身到社会工作与劳动生产当中，加入社会主义建设中，并获得经济收入和独立人格。以著名侨乡晋江大仑乡为例，在 1951 年农业合作化以前，侨眷妇女参加劳动只达 12%，1956 年达46.8%，1958 年以后达 86.7%，至 1965 年超过 90%④。闽南妇女不仅在工农业战线充分发挥了作用，而且迅速渗透到了商业、服务业、乡镇企业等领域，也逐渐登上了政治舞台。《中国人民政治协商会议共同纲领》以法律的形式对妇女的政治参与作了明确规定，保障妇女在政治上拥有与男子相同的权利。根据社会主义建设形势和妇女运动发展的需要，闽南地区陆续开始在党内设立妇女运动委员会。1956 年，在选举基层人民代表时，女代表占代表总数 20%，比 1953 年增加了 5%；在县、市人民代表中，女代表占代表总数的 19%，比 1953 年增加了 3%。到了 60、70 年代，妇女参政更是呈现出了一个高潮。鲤城区妇联统计资料显示，1951—1976 年间原泉州市副科级以上女干部有 79 人，占比为 7.1%⑤。但这种情况是由于当时社会价值取向与政策导向的影响，女性参政实则更多是一种对社会角色的接受与服从。在实际的参政议政过程中，女性多为权力体系当中的"配角"，处于被边缘化的位置。到了"文化大革命"期间，各级妇女组织名存实空，陷入瘫痪状态。这种情况一直持续到 1976年的 10 月才有所改善。

2. 女性形象总体概况分析

在此时期，闽南地区的报纸几乎全都陆续停刊，广告也处于艰难阶段。在广告内容中强调广告为社会主义政治服务、为工农业生产服务、为工农兵服务，与当时社会主义建设时期的政治底色相契合⑥。到了 1956 年社会主义改造基本完成之后，进入社会主义建设的曲折

---

① 长住娘家是 1949 年以前流行于福建惠安的野蛮婚俗，妇女在结婚 3 年内未生孩子前要住在娘家，仅逢年过节会男方家住一宿，待生了孩子后才能住到夫家。

② 欧阳小松.新中国《婚姻法》在福建的宣传与贯彻（1950—1953 年）[J].党史研究与教学,1995(2)：49-54.

③ 庄文华.泉州市妇女组织志[M].泉州：泉州市妇女组织志编辑室,1993：66.

④ 周学曾.晋江县志[M].福州：福建人民出版社,1990：124-156.

⑤ 袁伟平.鲤城区统计年鉴[M].泉州：鲤城区统计局,1997：67.

⑥ 福建省地方志编纂委员会.福建省志·新闻志[M].北京：方志出版社,2002：246.

探索时期,国家商业部明确了广告的任务是"配合国家政策、政治运动进行整治宣传"。① 在"左"倾的大环境之下,出现了一些认知偏差,如"广告不姓商、大家都姓社""广告政治化"。尤其是"文化大革命"时期,大量报纸又被再度停刊,广告业陷入绝境之中,因此这一时期的女性形象样本少之又少,共搜集到了1949—1979年相关广告样本47份。

该时期的绝大多数使用女性形象的广告为国家政治宣传广告,占比超九成(91.5%)。从这一时期的广告角色观之,中老年女性形象的比例有所上升,占比为34.0%,但是年轻女性形象居多(59.6%)。职业角色集中在学生、家庭主妇、体力劳动者和公共商业服务者中,其中体力劳动者的形象最多(38.3%)。在身体暴露情况上,没有出现比较暴露或非常暴露的样本,80.9%为正常,19.1%为保守。

从性别观念评价的角度来看,91.5%的广告都体现了性别平等的内涵,女性形象大多重视女性独立及自主角色且正视女性在工作上的贡献,充分体现了这一时期在毛主席"男女都一样"的号召力。抽取的广告样本中仅有一则符合刘伯红、卜卫对于性别歧视广告定义的倾向,即图12所示的《大闹技术革命》,图中的工人群像中8名为男性,仅有1名女性,这体现了在科学技术的专业领域中,社会性别主流文化还是普遍认为男性相比于女性更能够发挥优势与才能,在一定程度上体现了男性的科技专业霸权和社会对两性的角色期待。

图 12　大闹技术革命(《厦门日报》1960 年 9 月 7 日)

3. 劳动女性形象的塑造

(1)不让须眉的"铁姑娘"。在这一时期,最具代表性的便是汲取毛泽东"时代不同了,男女都一样"论述意涵所创造出的女性形象符号"铁姑娘"。这一称号最早是对大寨青年妇女突击队的不怕吃苦、勇挑重担的精神的赞誉之称,本意并非与男子、男权进行抗争,更罔论挑战传统性别角色分工。但在后来逐渐演变成"男同志能做到的事情,女同志一样能做到"的思想观念的一种具象化的符号,泛指在生产劳动战线上的女性劳动模范。

在"抓革命,促生产"的语境之中,闽南地区的报纸广告中也建构了许多践行着毛泽东主席期许的"铁姑娘",如图13宣传女英排的纪实摄影广告图片中就呈现了在英勇的对敌斗争中"巾帼不让须眉"的女性形象。她们的工作常常与"苦"紧密相连,条件越是艰难困苦,越能

---

①　许俊基.中国广告史[M].北京:中国传媒大学出版社,2006:223-227.

图13　女英排
（《厦门日报》1960年9月25日）

够体现出这群姑娘钢铁般的意志，因此她们的典型形象特点就是健壮干练，皮肤黝黑。

在计划经济体制下，由于国家发展与建设的需求，许多妇女都被安排在了不适合的岗位上，而"文化大革命"期间的动员号召模式点燃了妇女自觉行动的激情。虽然这一号召拓宽了女性参与社会生产的空间，改变了性别文化中对妇女的评价标准，但这种要求妇女向男人看齐的标准，看似平等实则更是一种伪平等，是以男性标准为标准、以忽视男女两性间性别差异的形式化平等。正如韩启澜教授所评论的："'铁姑娘'形象让人觉得性别平等的问题已经解决了——只要女人都成为'铁姑娘'，工作场所关于性别角色的其他问题，包括妇女的家庭责任问题，就都迎刃而解了。然而，'铁姑娘'在当时中国两万万的妇女同胞中仅为极少数，所以把'铁姑娘'形象作为'文革'时期工作场所妇女地位变化的指标就会起误导作用。"[①]

（2）上山下乡的"女知青"。为了响应国家的号召，在这一时期有很多来自城市的青年学生到农村插队，这一群体就是知青。知青是在这一历史时期中的特殊产物，也是中华人民共和国"工农兵"整体形象的一部分，故而女知青也被赋予了相应的"泛政治化"的社会角色。这一时期女知青的形象特点就如图14宣传广告中的女子，脸庞圆润，皮肤白皙，笑容灿烂，着装整洁，一双明眸中满怀对知青生活的憧憬与希冀。事实上，这也与"铁姑娘"形象形成一种呼应，即存在或隐含着一个"铁姑娘"塑成之前的女知青的形象的对比。

图14　青年朋友们，到山区见！
（《厦门日报》1965年6月24日）

（3）以女代男的"巧姑娘"。在社会主义建设时期，福建省妇联提出"渐渐以女代男"，闽南地区的市、县妇联积极响应，提出"开展巧姐妹运动"的号召，组织生产巧姑娘播种队，如图15宣传广告中所示，女播种员在田间，肩挑作物，个个满面笑容，眉开眼笑，为农业生产而奋战。"巧姑娘"的形象特征以干练的劳动发型为主，身着不凸显女性身材的服装，有着挺拔的身姿和魁梧的身材，从事着需要较大体力或者是在传统社会中被认为只有男性才能胜任的农业生产劳动。这与当时闽南地区积极号召妇女参加劳动生产的时代背景密不可

图15　姊妹们，到农业第一线去！
（《厦门日报》1960年11月9日）

---

①　韩启澜.跨越性别分界："文革"时期的铁姑娘形象与女知青[M]//王政,陈雁.百年中国女权思潮研究.上海:复旦大学出版社,2005:244.

分。尤其是在土地改革运动中,农村妇女被视为重要力量。闽南地区的人民政府和各级妇联在动员农村妇女参加土改时,不仅通过讲道理、讲翻身、讲政策等途径让她们明确"土地还老家"的思想,同时还结合诉苦会提高妇女的阶级觉悟,改变其"嫁汉嫁汉,穿衣吃饭"的依赖男人的思想,打破过去"讲良心,怪命运"的旧脑筋。[①] 在这个过程中,闽南地区过去妇女不参加农业劳动的落后观念有了很大改观,广大农村妇女有了自己的土地,并能够在自己的土地上耕作生产,为经济上的翻身提供了坚实后盾。

(三)顶半边天:改革开放后的女性回正期(1979—1992 年)

1. 回正期的社会语境

1979 年,中央出台的《中共中央、国务院批转广东省委、福建省委关于对外经济活动实行特殊政策和灵活措施的两个报告》对两省对外经济活动实行特殊政策和灵活措施,给闽南地区更多的主动权,使之发挥优越条件,抓住当前有利的国际形势,先走一步,把经济尽快搞上去。[②] 改革开放的春风吹到了闽南地区这片土地上,改变了过去僵化的经济体制,农村经济体制改革的不断推进,产业结构也在不断调整,妇女劳动力开始战略性地从农业领域向其他领域转移。她们逐步摆脱了单一、笨重、低效的农业劳动,从自给半自给的自然经济束缚中解放出来,以生力军的姿态登上商品经济的大舞台,积极发展种植、养殖、加工、商业、服务业和建筑业,在生产、流通和外向型经济等领域中大显身手。仅惠安一县作为闽南地区女性奋发的缩影,在改革开放的十年后,就有 12 万多名妇女从事商品生产,占全县商品生产总劳力的 68%。以妇女为主的专业户已发展到 6000 多户,联合体 451 个,还有 500 多名妇女闯入男子汉的"领地",走南闯北,担任"供销员",150 多名妇女参加劳务出口,远涉重洋往新加坡、塞班岛。广大妇女摒弃了因循守旧的旧观念,树立起实效、信息、知识、人才和商品生产的新理念,成为"离土不离乡,务工不脱农"的从业人员,全乡 245 家企业中,女工多达 3540人,占职工总数的 80%,1988 年创产值 2000 多万元。

改革开放和经济建设不仅在物质上帮助闽南妇女打下了坚实的物质基础,而且推动着闽南妇女在传统观念上的更新和思想观念上的进步。闽南地区广泛开展"五提倡五反对"活动,在对妇女进行自尊、自信、自立、自强教育之下,广大妇女认识到了自我存在的价值,增强了与封建陋习抗争的能力,在政治舞台上的影响力也愈发凸显。在 1987 年的换届选举中,闽南地区县人代会妇女代表的比例占近三成,乡镇人代会妇女代表的比例近四成,惠安县更是成为福建省女干部最多的一个县份[③]。

1979 年,计划生育法政策开始实施,倡导一对夫妇只生育一个子女。晋江地区行政公署、厦门市革命委员会和龙溪地区行政公署均在 1979 年陆续颁布相关规定,呼吁晚婚节育,并提出了许多奖惩和保障制度,1988 年《福建省计划生育条例》颁布,通过各种形式的宣传活动,提高了群众实行计划生育的自觉性,许多人落实了节育措施,有效减少了堕弃女胎的情况,在一定程度上推动了男女平等在闽南地区的观念普及,也由此使得闽南地区女性受教

---

① 李从娜.建国初期土改运动中的妇女动员[J].福建党史月刊,2006(8):130-131.
② 王盛泽.试论广东、福建两省先行一步的实践意义[J].福建党史月刊,2008(3):77-82.
③ 陈清发.惠安妇女与两个文明建设刍议[M]//陈国强.崇武研究.北京:中国社会科学出版社,1988:37.

育的情况得以进一步改善。

2. 女性形象总体概况分析

随着闽南地区市场经济重新迸发出活力,闽南报纸的广告也在慢慢恢复,共搜集到了1979—1992年相关广告样本77份。这一时期的大多数广告都是公益宣传类广告,占比达51.9%,其余的商业广告种类繁多,以家电与家居日用最多,占比为13%,其次是医疗保健产品,占比也超过了一成,为10.4%。但在这一时期的医疗保健产品广告中多为丰胸、减肥保健品,这将女性的价值限定在外表,强化了女性形象在广告中的被观赏性,忽视了女性的内涵形象,这实质上是对女性人格的否定。法国女性主义学者波伏娃就曾说过,女性是一个无法命名的意志场,女人的身体是她不断追求可能性的场所。仅仅由于女性在父权社会中长期所处的被支配的从属地位,就注定会受到来自男权文化中对女性身体的种种苛求。而广告便是这一逻辑的运作机制之一。此类广告通过塑造女性形象中身体上的缺陷或完美,对女性实施教条化的审美规训与暴政,让女性在这种文化的浸染之下,成为客体化的身体主体,自觉认同男权社会对其施加的美丽标准,评价自己身体中“该有的东西”或“缺少的东西”。[①]

从广告角色的年龄来看,有83.1%的广告当中使用了年轻女性形象。从场景来看,33.8%的女性形象出现在办公场景之中,或者更准确的说法是劳动场景之中。从职业角色来看,没有出现领导及管理者的形象,大多是家庭主妇(24.7%)、体力劳动者(22.1%)和学生(11.7%)的形象,再加上国家对广告尺度的管控,也因此在身体暴露方面,基本处在正常的暴露范围之内(76.6%)。从性别观念评价来看,体现性别平等的有61.1%,性别歧视的占比为31.5%。

3. 多元平等的女性形象塑造

(1)内涵多元的“惠安女”。在该时期的广告样本中有许多身着惠安传统服饰的女性形象,即封建头、民主肚、节约衣、浪费裤的奇特服饰。惠安女这一形象在社会主义建设时期得到了广泛的认可,被赋予了勤劳、勇敢等多元内涵特征。著名诗人舒婷在《惠安女子》一诗中描述惠安女:“天生不爱倾诉苦难/并非苦难已经永远绝迹/当洞箫和琵琶在晚照中/唤醒普遍的忧伤/你把头巾一角轻轻咬在嘴里。”这是惠安女性在民国时期、中华人民共和国成立初期因封建礼教和地方习俗所遭受的苦难与压迫的真实写照。在这种境遇之下,出于男女有别的考量,女性更倾向于与同性建立感情连接[②],从而使惠安女性群体之中形成了“金兰盟”这一维系女子同性人际网络系统[③]。这让她们在被封建桎梏所束缚的时候,选择抱团。但由于成员之间相互诉求而容易导致集体内部哀怜情绪的传染,从而加深了群体内部的绝望[④],为集体自杀提供契机。图16最左侧正是惠安女哀怨忧郁气质的有力写照。原艺术品所使用的泥塑,从材质的艺术特性上就带有淳朴的乡土气息,眉眼低垂,面无喜色,目露哀伤,形塑成封建礼教的墓志铭。

---

① 李曦珍,徐明明.女性在电视广告中的镜像迷恋与符号异化[J].新闻与传播研究,2009,16(2):77-84+109.

② 费孝通.乡土中国[M].北京:北京大学出版社,1998:47.

③ 汪炜伟.建国初妇女解放中的自杀现象:以福建省惠安县妇女集体自杀为考察对象[J].南方人口,2012,27(3):23-31.

④ 屠文淑.社会心理学理论与应用[M].北京:人民出版社,2002:191.

图 16　惠安女组图
(《泉州工人报》1985 年 5 月 23 日/《泉州晚报》1986 年 8 月 23 日/
《泉州晚报》1985 年 7 月 19 日/《泉州晚报》1985 年 7 月 19 日)

但这种集体主义的特质也让她们在国家建设的特殊时期,又能够组成生产劳动的集体力量,在改造与建设中发挥中流砥柱的作用,成为劳动的纪念碑。在国家政治力量的主导之下,惠安乡村社会性别制度进行了深入的改革,惠安女改变了过去被压迫的局面,并在逐步解放的过程中慢慢形成了极具有时代和地方特色的惠安女这一经典女性形象。在翻身与解放的语境之中,惠安妇女的地位有了提升,"劳动"也成为这一群体的美德象征,被赋予了"妇女解放"的重大意义。她们热爱劳动,勤俭持家,实现了男女劳动机会的平等,不只是在日常的农耕渔作之中,更是在大兴水利背景之下的"惠女水库"修建过程中。

惠安女与武装的联结同样是惠安女性形象的又一经典特征。惠安女民兵从中华人民共和国成立以来,时至今日都在维护地方社会安定尤其是海防线上发挥着重要作用,是不可或缺的地方武装力量。在传统文化中,武装一直是与男性紧密相连的,被认为是男性的专属活动。在清朝由于尚武观念的兴起,武装对女性的禁忌有所松动,到了民国政府时期,男性对武装的独断更是慢慢淡出历史舞台。惠安女的武装形象便成为又一经典符号,如宣传画中的两位女民兵,身着惠安女传统服饰,荷着枪支弹药,身姿挺拔,步伐矫健,以剪纸这一艺术载体的特殊风格透露出眼神中的坚毅与锐利。

(2)均衡平等的"半边天"。在这一时期的报纸当中可以看到很多男女在不同方面和维度上的平等,最显而易见的便是在数量上的平等,在广告中数量构思,暗含了在社会主义建设过程中,男女同样都发挥了重要的作用之意,体现了妇女能顶半边天的深刻意涵。究其根本,也是社会文化在通过广告这一人为的镜像构建时男女平等意识的折射和体现。在图 17《为粮钢奋战》的宣传画中,也同样体现了这一原则,通过在性别上的均衡安排,以建构在社会主义建设时期男女平等的地位与贡献。图 17 中的男性女性形象各自在工业与农业领域当中,或是扬起钢叉,或是挥舞镰刀,给人以前进之感。女性形象所处农田中丰收的麦穗与男性形象身后烟雾缭绕的工厂形成呼应,都象征着社会主义建设的美好图景。

为粮钢奋战 (木刻画)

水　生作

图17　为粮钢奋战(《厦门日报》1980年9月7日)

五、结语

　　广告作为时代的镜像,反映了不同时期社会主流价值与文化观念。社会发展的进步推动了闽南地区女性的解放,性别观念的变迁也恰如其分地体现在不同发展进程中报纸广告女性形象的塑造之中。

　　作为最具代表性的媒介表征之一,女性形象在被建构的过程中不断更迭变迁,呈现出在不同时期、不同语境之中主流社会角色观念中对女性的叙述和想象。在五四运动之后,闽南地区的女性意识开始觉醒,女性形象的塑造被涵盖在国族叙事的宏大命题之中,无论是贤妻良母还是摩登女郎,都被赋予了国民性的意义内涵。女性不再完全被限定在家庭空间之中,有了向外社交和接受教育的权利,也开始有了向男性看齐的意识,逐渐摆脱封建社会对女性的病态规训。中华人民共和国成立之后,闽南女性进入前所未有的奋进阶段。在社会主义建设浪潮之中,作为劳动生产的重要力量,女性被号召成为带有强烈政治色彩的各种劳动形象,消解了男女之间的差异,而建构成非性别化或是中性化的符号。到了改革开放和计划生育之后,女性地位得以进一步改善,女性受教育程度和社会经济地位进一步提升,女性形象内涵得到充分彰显,反映出女性价值意识增强,平等的性别角色观念内涵更加突出,从上一阶段的奋进放缓到回潮。

　　综上,本研究聚焦于闽南地区的报纸广告,通过其女性形象的构建,探寻其所沉浸的深层地域文化根基,探讨1919—1992年间社会性别角色观念变迁与其女性形象塑造转变之间的互动关系。纵观近百年间二者的互动变迁,是在闽南地区社会进步、改革与转型的背景之下,从他者化到主体化的过程,体现着女性在媒介与社会实践中不断向平等的性别角色观念靠近的进步。未来相关议题的研究也将从不同典型地区切入补充,从而不断完善性别角色观念的变迁拼图,进而更好地发挥广告对于性别角色观念的引领作用,引导社会两性关系朝着平等、和谐的方向发展。

A Study of the Changes of Female Images in Newspaper Advertising in Southern Fujian(1919—1992)

Chen Ling[1] **Chen Subai**[2]

(1.Jimei University, Xiamen, 361021;2.Xiamen University, Xiamen, 361005)

Abstract: Advertising is a mirror of social reality. In the transformation of advertisement, the evolution of mainstream values can be reflected through some typical things, as well as textual and visual symbols such as characters. This study analyzes a total of 201 female advertisements in newspapers in southern Fujian from 1919 to 1992, and divides them into three stages based on social context: the awakening period, the striving period, and the resurgence period. It explores the development of gender role concepts behind the transformation of female image from the female citizen to the heroine and label model, and then to holding up to the half of the sky. On the basis of combing through a large amount of first-hand historical literature, the construction of female images has been enriched from the dual dimensions of time and space, which has important theoretical and practical significance for the study of media, gender, and local women.

Key Words: newspaper advertisements in southern Fujian; advertising mirror; female image; gender role concept

"制"的技艺:网络相亲的两性交往风险与信任策略

——基于良缘相亲平台的田野调查

刘子曦　马　璐[*]

内容摘要:数字技术与社交媒体的普及推动着亲密生活的深刻变革,网络相亲平台逐渐成为婚恋择偶的重要组织机制。然而人们在平台上面临怎样的虚拟化风险,又如何在由陌生人构成的平台中找到可信可靠的缘分,还未得到充分讨论。本文试图从一个公益相亲平台内的相亲实践切入,展示两性择偶者如何透过内嵌于平台的数字技术发展出多样的信任策略,并形成贯穿其中的"制"的技艺。首先,择偶者通过重叠数字空间中的信息以验证他人数字身份的真实性,从而识破他人的虚假展演。其次,择偶者通过营造数字社群促使社交数据的流通,以确保亲密关系的排他性和真实性。最后,择偶者通过在虚拟空间中的身体在场了解交往对象在现实生活中的行为,避免线下交往中可能引发的经济损失和身体骚扰。本文指出"制"的策略存在性别特征。男性用户更倾向于通过具身性互动识别风险,女性用户更加注重对于数字媒介的运用。

关键词:相亲平台;数字技术;信任策略

一、引言

进入数字时代,亲密生活的面貌发生了深刻变化,呈现出婚恋择偶的"平台化"趋势:越来越多的人通过网络相亲寻求婚恋对象,透过智能终端、应用程序、应用账号等数码物(digital objects)生成的数字媒介平台[①]展示自己、了解他人、沟通交往。婚恋择偶的"平台化"根源于三种社会力量的交汇:移动互联网固化为日常生活的覆盖层、个体自由成为情感关系的道德基础、城市社会加速人际关系的匿名化与陌生化。[②] 这些力量相互交织,深刻影响了亲密生活的组织形式与婚恋媒合的社会过程。

---

[*]　刘子曦,女,厦门大学社会与人类学院副教授,研究方向为文化社会学;马璐,女,厦门大学社会与人类学院在读博士生,研究方向为家庭社会学。

[①]　本文中的数字媒介平台主要指一种基于互联网产生的互动沟通服务,包含进行通信的界面列表,以及实现线上内容生成、交换和传播的途径,不包含实体的传播介质或硬件设备。

[②]　王宁.情感消费与情感产业:消费社会学研究系列之一[J].中山大学学报(社会科学版),2000(6):109-113;潘霁.地理媒介,生活实验艺术与市民对城市的权利:评《地理媒介:网络化城市与公共空间的未来》[J].新闻记者,2017(11):76-81.

通过汇集大量的个人数据①，组织、统筹和协调数据的流动②，平台在不断生成移动交互界面③的过程中，混杂拼接了各种物理空间与网络空间，形成了一个被中介化的、给定的数字流动世界。透过这个数字流动的世界，陌生的男女们展开了关联与交流的桥梁，在原本不相交的生命轨迹之间形成着时间与空间点上的对接，缘分由此而生④。可以说，平台既是数字时代亲密关系得以发生的新型社会空间，也是其新型组织机制。

有学者从数字技术的使用与后果出发，对人们使用在线约会服务的动力来源、实践方式给予了关注和分析⑤，也有学者从个体化的视角出发，对社交媒体、新自由主义与情感现代性之间的复杂关系进行反思⑥。上述研究代表了两种不同的视角，分别是基于作为个人技术工具的“婚恋平台”和作为大众情感文化的“婚恋平台”。然而这两种视角均存在不足之处，二者都是将“平台”视为一个整体性的客体（技术的或文化的）来分析，相对忽略了作为亲密关系之社会空间与组织机制的“平台”如何构成又如何发生，即婚恋“平台化”意味着择偶人群与技术之间展开了怎样的交互内容，从而构造了关联匹配活动得以持续进行的关键条件。本文将平台视为一个由相亲者与管理者构成的、关系性的“社会互动过程”，重点考察相亲者之间如何就“信任风险”展开互动，并将各自的“信任策略”注入平台的技术与制度结构中。

二、文献回顾

本文关心的相亲平台的信任基础得以形成的条件和原因，有三类研究与之密切相关：第一类研究关注相亲平台的组织运营模式，第二类研究讨论相亲平台的技术对信任基础的影响，第三类研究从相亲平台的平台与用户之间的关系展开分析。

---

① 此处使用个人数据而非个人信息，旨在突破隐私权框架下对个人信息的狭义想象。个人数据除却法律规定的核心个人信息之外，还包括人们在网络中的驻留痕迹以及流动轨迹（digital traces），即数字痕迹。

② 类似于项飙提出的“流动型权力”和 John Peters 指出的媒介的“后勤”属性。

③ 在移动互联时代，界面是有机体与人造物杂糅接合的接触面，是信息化、数字化的时空新观念的表征。通过界面，真实的空间被纳入信息电子流通速度之中。界面成为一种信息推荐、信息过滤、信息决策的实施场所，将人类获取商品或服务的行为成为一种纯粹的信息过程。

④ 此处对“缘分”这一概念的理解参照翟学伟（2017）《爱情与姻缘：两种亲密关系的模式比较》。

⑤ ROSENFELD M. Are tinder and dating apps changing dating and mating in the USA？［M］// Families and technology. Springer，2018：103-117. XIAO S，QIAN Y. Mate selection among online daters in Shanghai：Why does education matter？［J］.Chinese journal of sociology，2020，6（4）：521-546. POTARCA G. Online dating is shifting educational inequalities in marriage formation in Germany［J］.Demography，2021，58（5）：1977-2007.

⑥ WANG P. The cultural economy of Xiangqin：An analysis of the “intimate business” on Chinese television，date-renting sites and mobile phones［J］.Continuum，2022，36（4）：546-561.田林楠.从“我—你关系”到“我—它连接”：社交媒体与亲密关系的转变［M］.南京：江苏人民出版社，2022：25.

（一）相亲平台的组织运营模式

一些研究指出，相亲平台的盈利模式决定着其信任基础的形态。这类观点认为，信任风险是平台追逐利益的必然后果，大部分商业相亲平台无意建立良好的信任基础。因为商业平台获得市场竞争力的关键因素之一就是不断地吸引尽可能多的用户参与，并保持用户群的活跃度与黏性，盈利要么直接从会员费用中产生，要么从广告或其他中介服务中间接产生[①]。但用户规模和用户真实性之间存在不可避免的悖论。平台为了建立信任基础向用户索取过多信息时，用户有可能为了隐私而放弃使用，这对平台而言构成直接的经济损失[②]。因此，平台是一个引导交易、纵容用户投机的主体，当用户投机取向与平台具有利益一致性时，平台会保持用户规模，但平台内部的信任失序问题会更加严重[③]。例如，有学者发现一些平台以提供短期约会机会为产品，从而有意将长期亲密关系所需要的信任要素排除在产品设计之外。例如，页面设计优先考虑身体外观的吸引力，筛选方式以浏览人像为主，省略或简化了可以用于进行信用评估的个人身份信息[④]。

这类研究注意到了商业模式对平台设计逻辑下信任基础的决定性作用[⑤]，从动机上解释了为何大部分相亲平台在管理和制约信任风险上缺乏作为。但作为一种外部解释，动机论的解释力并不充足。平台在管理过程中遇到的各类现实的信任问题与应对方法并不能简单地用平台缺乏整治动机来解释，即使平台提供的是泛婚恋交友而非严肃相亲的服务产品，用户的真实性与相亲场景的可信性也是平台盈利的必要考量[⑥]。同时，大部分研究都将相亲平台放置在平台经济的脉络中考察，将平台看作一种抽象的在线服务，忽略了平台促成或抑制婚恋关系形成的具体机制，没有对用户与平台具体构成要件之间的互动进行深入分析，也没有讨论用户与用户之间的互动如何影响了平台的存在形态与运作逻辑。

事实上，人们自组织形成的公益相亲平台、线上相亲群大量存在，相亲平台并不等同于婚恋产业中的社交厂商，平台中信任基础也不等同于企业"自上而下"进行的商业产品设计。若要对相亲平台的信任基础进行一种整体性与系统性的分析，就需要"自下而上"地考察平

---

①　GILLESPIE T. The politics of "platforms"[J]. New media & society, 2010, 12(3): 347-364. COURTOIS C, TIMMERMANS E. Cracking the tinder code: An experience sampling approach to the dynamics and impact of platform governing algorithms[J]. Journal of computer-mediated communication, 2018, 23(1): 1-16. CRAIN M. The limits of transparency: Data brokers and commodification[J]. New media & society, 2018, 20(1): 88-104.

②　AKANBI O. A market-based rationale for the privacy paradox[J]. Media, culture & society, 2021, 43(8): 1497-1514.

③　张兆曙, 段君. 网络平台的治理困境与数据使用权创新：走向基于网络公民权的数据权益共享机制[J]. 浙江学刊, 2020(6): 38-47.

④　YEO T E D, FUNG T H. Relationships form so quickly that you won't cherish them: Mobile dating apps and the culture of instantaneous relationships, 2016[C]. Proceedings of the 7th 2016 international conference on social media & society, 2016.

⑤　BARRAKET J, HENRY-WARING M S. Getting it on (line) sociological perspectives on e-dating[J]. Journal of sociology, 2008, 44(2): 149-165.

⑥　艾瑞咨询研究院. 2019年中国网络婚恋交友行业研究报告[EB/OL]. (2019-02-28)[2024-08-18]. https://report.iresearch.cn/report_pdf.aspx? id=3339.

台，深入到平台的构造与运营过程中，考察用户与用户互动中真正遇到的信任风险是由什么原因造成的以及信任基础的具体塑造机制是怎样的。在这方面，"公益相亲平台"中用户信任策略的研究价值十分明显，有助于我们考察信任基础在微观层面如何生长，将信任风险与信任策略视作平台信任基础得以形成的过程，从多元主体如何解决信任风险的客观实践和效果中把握信任基础的存在形态与变动机制。

（二）相亲平台的技术架构

除了将信任视作由相亲平台的商业模式决定之外，还有一些研究将相亲平台看作是移动约会应用程序（Mobile Dating Applications，MDA），探讨应用程序中的技术设置会对人们的亲密关系带来什么影响，又如何保障信任基础。[①] 相较于动机说，这些研究关注到了平台确有建立信任基础的实际需求，并从分析了相亲平台提高信任水平的具体机制。[②] 具体机制有三：首先，借助认证技术提高进入门槛。有在线约会软件通过与第三方平台（如Facebook、Instagram、Spotify）绑定、动态人脸识别技术、与公安系统联网的身份认证、学历认证、人工审核用户资料等一系列认证技术，减少用户的匿名性，确保用户身份的可验证性和真实性[③]，并减少过度的个人形象整饰。[④] 其次，在匹配机制中加入用户相互识别、评估的互动部分。约会应用程序通过设置答题机制、滑动机制来完成双方的匹配。Tinder、橙APP等诸多软件在匹配机制的设计中，让女性具有更大的选择权。相较于希望通过更多滑动获得匹配的男性，女性在开启对话中占据主导权。对长期关系感兴趣的女性可以谨慎使用滑动功能，避开随意的性关系。[⑤] 这一定程度可以降低女性被骗财骗色的风险。最后，在应用程序中设置举报和反馈功能。约会应用程序开发的举报机制防止人们被骚扰的风险，虚假账户和不尊重他人的用户会被举报，使得被举报的用户无法在应用程序上交换照片甚至直接封号。[⑥] 除却一些提高信任基础的技术手段，也有研究发现，平台的一些技术功能会破坏信任基础的形成。例如，"即时通知"这一功能的设计加速了交往速度，让相遇相恋变得

① DUGUAY S.Dressing up Tinderella：Interrogating authenticity claims on the mobile dating app Tinder[J].Information，communication & society，2017，20(3)：351-367. TIMMERMANS E，COURTOIS C.From swiping to casual sex and/or committed relationships：Exploring the experiences of Tinder users [J].The information society，2018，34(2)：59-70.

② 王琴，吴思哲.重构两性交往场域：平台赋权机制下的女性交友：以交友软件"橙"为例[J].中华女子学院学报，2023，35(3)：61-67.

③ DUGUAY S. Dressing up Tinderella：Interrogating authenticity claims on the mobile dating app Tinder[J].Information，communication & society，2017，20(3)：351-367.

④ MARWICK A E，BOYD D. Networked privacy：How teenagers negotiate context in social media [J].New media & society，2014，16(7)：1051-1067.

⑤ TIMMERMANS E，COURTOIS C. From swiping to casual sex and/or committed relationships：Exploring the experiences of Tinder users[J].The information society，2018，34(2)：59-70.

⑥ DUGUAY S. Dressing up Tinderella：Interrogating authenticity claims on the mobile dating app Tinder[J].Information，communication & society，2017，20(3)：351-367.

即刻迅速,影响了人们在平台中发展长期浪漫关系的预期,用户对彼此的信任程度也会降低①。

这些研究从产品功能的角度出发,让我们感受到数字技术对择偶过程中信任关系的影响,但在论述中,择偶者或者并未"出场"或者"面目模糊"。然而事实上,择偶者并非无能为力,他们可以能动地选择和定义如何使用平台②。技术步骤无法决定行动者的理解与反思,这些技术步骤的实际效果会在行动中被不断改写和定义,相较于自上而下的技术决定论视角,将数字技术放置在择偶者使用和平台运营的具体情境中自下而上地进行考察,十分必要。

(三)相亲平台与用户的关系

作为互联网平台中的一种,相亲平台所面临的信任关系危机并不特殊。有学者指出,平台构建信任基础的关键在于为用户提供可操作的信任规则。例如,互联网家装平台为了让消费者对平台产生信任,通过培训消费者家装知识、第三方验收装修成果、消费者满意后将款项付给装修公司等方式,为交易关系中的弱势方赋权赋能,使强势方"不敢"或"不能"欺骗弱势方。③ 又如一些应用程序商店开放了评论功能,用户也可以通过论坛讨论、App 评价等网络发言的方式实现对平台的反制。④

尽管这些研究注意到,对于互联网平台而言,信任基础是平台中不同主体适用信任规则所形成的交互结构,但并未深入描摹信任规则如何在多主体的使用过程中形成彼此制约的交互结构。或者,借用维特根斯坦的游戏理论,平台所提供的信任规则可以理解为某种"游戏规则的设计",但规则的设计理念无法决定这一规则在现实中产生的动态多样的实现形式与实际效果⑤。当面临不同情境下的信任风险时,各主体会结合场景内容、自身行动目的与所嵌入的社会关系网,将规则开发转化为具体多样的信任策略——信任谁、为什么信任、凭什么信任——这一过程也在不断改写规则的实现条件与设计理念。

可以说,通过研究不断涌现、互动、变形、分叉的信任策略,我们才得以了解信任基础的生长原理,也只有通过考察信任策略的使用和交互过程,我们才能更真切地理解生活世界中具体的行动者而非产品功能框架下的抽象用户。两者之间的重要区别在于,用户只是行动者多重社会身份的一个侧面,使用相亲平台也只是复杂日常生活中的一个事件,日常生活中的行动者可以调动平台内外的资源,结合自身经历和在地化的知识,灵活地调整信任策略的

---

① YEO T E D, FUNG T H. Relationships form so quickly that you won't cherish them: Mobile dating apps and the culture of instantaneous relationships,2016[C].Proceedings of the 7th 2016 international conference on social media & society,2016.

② COURTOIS C, TIMMERMANS E. Cracking the tinder code: An experience sampling approach to the dynamics and impact of platform governing algorithms [J]. Journal of computer-mediated communication,2018,23(1):1-16.

③ 郑丹丹.互联网企业社会信任生产的动力机制研究[J].社会学研究,2019,34(6):65-88,243-244.

④ DUGUAY S. Dressing up Tinderella: Interrogating authenticity claims on the mobile dating app Tinder[J].Information, communication & society,2017,20(3):351-367.

⑤ 韩林合.维特根斯坦论"语言游戏"和"生活形式"[J].北京大学学报(哲学社会科学版),1996(1):108-115.

内涵与操作手法。例如,一些研究关注到用户在线上会充分利用搜索引擎建立自己的信任策略,通过搜索对方资料、电子邮件或电话等信息来评估对方的可信性[①]。另外,作为一束社会关系的总和,行动者的信任策略并不总表现为依赖或运用平台提供的正式规则,而是基于对关系的认知和计算发展出具身性的制约他者的手段与技艺。这也是本文对相亲平台信任策略进行分析的基本思路。

按照社会交换理论,人们起初只做小量的交易,交往使信任增强,于是交易也越做越大。但本文的分析思路强调,相亲中的信任并不基于交往的强度或频率形成,交往特别是相亲平台中的交往也不是为达成对某人的信任状态反复试错磨合的过程。理论上,相亲的目的在于以最少的交往成本找到最可心的对象并与之确定婚恋关系,几乎不可能不加区分地选择交往对象,并通过一系列交往环节来进行试探,培育出相互信任的心理状态之后再走向婚姻。"信任他人"既不是交往的目标也不是相亲成功的必要条件。相反,在大量陌生人构成的互联网环境下,保持警觉、保护自己、直接筛选出优质对象再展开交往,才是现实中择偶者的理性考量。换句话说,"他人是否可信、自己是否错信、错信后是否可纠正"构成了每个平台相亲者都要面对的信任难题。在行动逻辑上,这一难题可以表达为如何探知他人以识别对方真实的人品素质,在避免轻信受骗、遭受情感和物质损失的前提下,提高自身的吸引力并优化相亲体验,即"如何降低信任风险"。本文对信任策略的关注就是基于这一行动逻辑展开的。

同时,在缺乏诚信体系和信息核准机制的市场中,信任策略主要表现为形成对他人的约束,即项飙在"浙江村"研究中谈到的"锁住"。[②] 项飙指出,制服对方的能力是建立一个稳定关系的实质。这一对"信任与锁住"的观点也启发了本文对信任策略的考察。本文将平台相亲中的信任策略理解为行动者制约他者的手段与技艺。考察信任策略所追问的具体问题包括:平台相亲中,择偶者面对的信任风险有哪些;为了降低信任风险,他们如何通过调动对社会关系的认知和计算,发展出多样的制约他人的手段与技艺;这一"制"的技艺又如何形塑着平台相亲的信任基础。下文将首先介绍本文的经验案例"良缘相亲"并刻画良缘相亲作为相亲平台的平台形态。其次,基于对该平台的技术构成与日常运营的刻画,探讨作为行动者的平台择偶者如何透过内嵌于平台的数字技术发展具体多样的信任策略,形成复杂的制约关系与贯通于其中的"制"的技艺。最后,本文将对性别化的信任策略进行分析,并探讨男女两性如何形成"制"的技艺。

① WHITTY M T. Revealing the "real" me, searching for the "actual" you: Presentations of self on an internet dating site[J].Computers in human behavior,2008,24(4):1707-1723. GIBBS J L, ELLISON N B, LAI C. First comes love, then comes Google: An investigation of uncertainty reduction strategies and self-disclosure in online dating[J].Communication research,2011, 38(1):70-100.

② 项飙.跨越边界的社区:北京"浙江村"的生活史[M].北京:生活·读书·新知三联书店,2018:402-409.

三、田野说明与资料来源

（一）案例选择

本文选取"良缘相亲"作为研究平台相亲之交往风险和信任策略的经验案例。原因有三：首先，相亲"平台化"的过程在该案例中得到了较清晰的呈现。良缘相亲是由普通市民自组织形成的公益相亲平台，并不依托自上而下的企业组织形式或制度化的科层结构，也不以资本盈利为目标，是普通人在日常生活中利用数字技术将社会交往"平台化"的具体成果，最适宜观察到"平台"作为社会交往的"组织形式"与"相亲"作为社会交往的"关系构型"之间一体两面的性质。鉴于本文关心的是相亲平台化过程中信任策略的产生，以及信任策略之间的交互结构，以社会交往为目的、权力结构扁平化的公益相亲平台更符合本研究的目的。

其次，平台与数字技术的灵活关系在该案例中得到了较大程度的彰显。不同于作为某种数字产品（微信小程序、手机应用程序、PC网站）存在的相亲平台，良缘相亲的技术架构更加错综复杂，交融了网站、QQ、抖音、微信及其衍生的多种数码物（如视频号、微信群、公众号、朋友圈、个人微信）。

最后，平台的技术过程是去中心化的，不存在封闭的产品技术框架，也不存在以固定程序形式存在的平台的使用规则，平台化与相亲者之间展开的互动过程基本同构，各行动主体都具有一定的权限参与和改写平台的运行形态。也是在这个意义上，良缘相亲这一案例有助于我们理解行动者的信任策略与平台的信任基础如何相互作用。

（二）田野说明

良缘相亲最早的雏形是X市本地生活信息门户网站"乐活网"的相亲板块"情深似海"。良缘相亲的创建者英哥原为该板块的管理员。2017年，英哥不满于网站上市对该板块的商业化运作，放弃管理员身份与该板块的活跃用户一起创建了"良缘相亲平台"，并以免费征婚、公益相亲、社群交友为宗旨服务本市单身人群。相亲平台的管理人员主要由英哥、英哥妻子，以及义工志愿者组成，共计60余人。志愿者主要由英哥夫妇从活跃的平台相亲中选拔而来，称为"良缘后勤团队"。平台的日常管理工作包括：审核相亲者的个人资料、维护网站和QQ、微信群运营、组织同城活动……

良缘相亲平台中的择偶者主要以X市居民为主，也包括Z、Q两个周边县市的部分居民。根据2020年10月对网站中2908个相亲登记表的统计分析，我们可以看出YQ平台的相亲者人口结构。在性别分布上，相亲者中男性比例显著高于女性，男性占比68%，女性占比32%。在学历分布上，相亲者的学历以专科和本科为主，初中、高中学历占比分别为7%、9%，专科占比为41%，本科占比为36%，硕士和博士共占比3%。在年龄分布上，相亲者以"80后"为主，其中1980年前出生的占比4%，1980—1990年出生的占比62%，1990年及以后出生的占比34%。在婚姻状态上，相亲者以未婚为主，未婚占到85%。

(三)资料来源

本文资料主要包括三个部分:第一,2020 年 9 月—2022 年 10 月,笔者在良缘相亲平台的田野调查。在数十次同城活动中,笔者观察在平台管理者与相亲者之间、相亲者彼此在活动中如何交流和互动,如何判断他人是否可信、如何避免与不可信的人交流。参与线下活动也使得笔者获得大量非正式访谈机会,对于一些具体行为展开追问,了解平台行动者行为背后的意义。第二,笔者对英哥夫妇、志愿者、平台择偶者、平台弃用者、其他婚介组织中的媒人等共计 20 人进行了深度访谈。针对平台管理者的访谈主要关注平台的运作流程,以及在该流程中各环节中出现过的信任危机案例。这部分访谈帮助笔者厘清了平台管理者和择偶者的应对策略,笔者由此对信任基础之于平台的重要性有所感知。针对择偶者的访谈侧重于了解他们对平台的理解,以及使用平台或参与活动的体验与效果。在这一过程中,笔者逐渐意识到"降低信任风险"是平台择偶者的首要考虑,继而关注到他们围绕信任风险所展开的认知与博弈。

最后,笔者运用了虚拟民族志的方法,收集了大量有关虚拟社群及其互动过程的经验资料,其中包括良缘网站、公众号、微信视频号、抖音、微信群聊、门户网站等多种媒介衍生出的信息交互与信息传播轨迹。笔者通过虚拟民族志收集到的资料主要包括三个部分:第一,良缘平台 24 个微信群中的聊天记录。通过整理微信群中的聊天记录,笔者集中整理了群聊中对信任风险的讨论与相关的案例分享。第二,相亲活动的视频资料。平台组织的一对一诊疗室、爬山烧烤活动、相亲角等同城活动都会通过直播的形式呈现在抖音和微信视频号中,让更多用户看到。直播突破了时空阻隔,成为线下择偶者和线上观众在虚拟空间中互动的数字接口。在直播界面,笔者了解到不同择偶者在面对线下无限观众的应对策略。第三,平台管理者朋友圈、公众号、网站、视频号对于相亲典型案例的宣传与分析。例如,朋友圈里的典型案例,公众号中英哥寄语、防骗实录、奇葩录,良缘网站中小黑屋、良缘论坛,视频号中的诊疗录音等。在平台发生的真实事件中,笔者了解到平台的交往风险和策略。

四、"制"与"防制"的信任策略

信任是一种以最小的交往成本去制约他人的能力,在数字技术中介下的两性交往是互联网上的信息互动。不同于面对面互动,人们可以借助图片和文字整饰个人虚拟身份,加剧用户间的相互了解和制约的难度。线上交往的虚拟和浅层也使得交往在转向面对面时存在错配、身体和财产损失的风险。

首先,大量同质化的数字身份信息让人们陷入选择困境的同时也增加线下见面的不匹配程度,增加了用户的时间成本。相亲用户在平台上形成由身高、收入、职业等基本信息和兴趣爱好、个性特点等个性品质构成的数字简历,人们基于数字简历上的各种指标形成对他人的初步印象并决定是否开展进一步的互动。为了提高匹配的可能性和质量,用户经营自身的数字身份,打造优于现实生活中的理想自我。一方面,用户在浏览他人信息时看到的是大量同质化的个体,陷入无限选择中,这限制了交往双方进一步的了解。另一方面,在转向线下见面时,用户往往发现真实生活中的人与线上展演存在差异,产生被欺骗的感觉,双方交往止步于初次线下见面。

其次,互联网的匿名特征带来用户行为缺乏约束。婚恋平台上的互动缺少现实生活中社会关系的在场和熟人网络的约束,用户更容易产生不符合传统婚恋秩序的行为,如在双方确认恋爱关系后仍然发展其他亲密关系和相亲平台上的言语骚扰等。

最后,基于文字的线上互动难以产生深入了解,用户在转向面对面互动时更有可能面对的现实风险。例如,初次线下见面往往需要基于一定的消费活动展开,因此婚恋平台中出现了不法用户假扮相亲用户以骗取他人财产的现象。不法用户在互联网上精心打造具有吸引力的数字身份,在进入线下交往后进行一次性的经济欺骗。而受到传统性别规范的影响,首次约会的消费往往由男性承担,因此男性是经济风险的主要受害者。对于女性来说,一些男性在互联网上通过言谈打造良好形象,但在初次见面有可能发生身体骚扰行为。

面对这些交往风险,用户利用平台内外的数字技术形成一系列"制"的信任策略,一方面识别交往对象的个性特征,防止在两性交往中遭遇风险,另一方面在风险发生时快速形成对他人的制约手段。

(一)数字身份验证

平台用户的"制"首先围绕着数字身份展开。互联网的兴起使得人们可以在社会生活的自我之外,在虚拟空间中构建一个"无实体身份"的数字自我。数字身份的可展演性带来了用户虚拟化的风险。而用户具有提高自身信息以提高择偶成功概率和获取更高的婚恋匹配的需求。提高收入、已婚填写为未婚、美化职业是一些用户的常见行为。平台管理者英哥分享了几种常见的资料美化方式:

> 你说一个普通职员,收入写100万,可能吗? 除非自己很厉害,但是这个基本上是不可能的。还有一些做生意的,收入是100万,收入是你一年的经营总额还是净利润? 还是毛利润,对吧? 这个东西我就讲仁者见仁智者见智,就是一个参考值。(英哥)

在独立于熟人网络的婚恋平台中,打造优于现实条件的数字身份成为一些用户的选择,判断数字身份的真实性以了解交往对象的具体信息成为用户需要做的,平台用户通过对多个社交平台中的数字身份整合来完成身份验证。用户利用相亲平台搭载于多重社交平台之上的功能,不仅可以通过网页上的相亲简历了解对方的各项条件,而且可以通过交往对象的QQ、微信以及相亲平台公众号了解更多关于交往的信息。

一方面,平台任一数字接口都提供通往其他接口的方式,各接口彼此连接,形成界面交互的平台形态。比如说管理者会在推荐用户时将用户相亲简历和微信号一同发在群里,这样网页上的相亲简历和微信就联系在一起。另一方面,用户可以主动将跨社交媒体、分散的、异质性的数字接口连接起来,用户之间在多个界面同时建立联系,信息和数据得以在不同社交媒体中流通,这为各个界面之间多重数字身份相互验证提供了可能性。例如用户通过QQ空间佐证相亲简历的真实性:

> 这个人在QQ空间里发了他结婚的照片,估计是QQ太久不用,他也不记得了,他还在微信上装单身汉骗人。

除了验证数字身份的异质性,用户还可以通过对照多个社交平台上的数字形象,形成相较于各项指标之外对于个人品质更进一步的认识。

> 加了微信之后,我会看她们的朋友圈,看到去酒吧的,会想结婚之后她会不会也到这种场所去。之前认识一个良缘的女生,她朋友圈天天发,天天泡酒吧里面、KTV 里面。我觉得女生去 KTV 唱唱歌、喝喝酒这种是可以,但是去酒吧这种很乱的地方,我就会比较反感。(陈彬)

朋友圈作为一个人数字化、历时性日常生活展示的窗口,为择偶者快速识别交往对象个人条件、性格和品质提供了很好的机会。朋友圈相较于相亲简历,人们会更加分享与生活贴近的内容。多数择偶者表示,在添加另一方微信后会习惯性地点开朋友圈,查看对方生活状态。陈彬在查看对方朋友圈后,发现对方生活方式和自己有很大的差别,就及时止损关系的进一步发展。

但这种快速识别方式也经常受到交往对象的阻拦。一些用户分享了他添加对方好友后被设置朋友圈不可见的情况。

> 加微信后肯定要看一下朋友圈,看到朋友圈不公开的我就觉得是很生气啊,觉得这个人就不真诚,肯定有什么不想对你公开的。或者是说她怕有时候,她跟别人来聊,然后发现圈子是通的,发现原来都认识,或者她跟他也在聊,也有这种情况。(李文军)

一些择偶者通过朋友圈屏蔽、分组、设置可见范围等方式调整发布内容的可见性,对自身数字身份的受众进行管理和隔离。针对不想要进一步发展的平台用户,择偶者通过组织自身身份的可见性以回避与他人的联结。

(二)社交数据传播

除了验证数字身份,了解他人的社交数据也是建立信任的重要方式。社交数据既包括用户在使用相亲群、相亲直播时与他人互动所留下的数字痕迹,也包括用户在与他人线下交往时为对方留下的印象。在婚恋平台上,用户之间互为陌生人,交往双方的情感互动也是在微信个人聊天或者线下空间中完成,社交数据仅在交往双方之间流通。平台营造婚恋社群,将互为陌生人的用户纳入群聊中,为用户提供沟通和交流的场所,促进用户交往数据的流通。用户可以直接在群聊中与交往对象互动,通过日常化互动了解他人三观性格。更为重要的是,社群可以汇集了多位用户的个体经验。人们可以主动将情感困惑分享至群聊,将双方间的个体交往放到群聊中讨论,动员他人成为自己的信息源和情感支持者。大量数字信息充斥在婚恋社群中,孤立的个体经验被汇聚在一起,以公开展演的方式为更多择偶者所看见。

社群成为人们"制"的可能性在于,首先,社群内的每个人都可能成为信息的分享者。通过多个用户个体经验的拼凑和整合,个人形象会更加丰富和完整。其次,社交数据作为数字痕迹,被长久地保存和反复地传播。不同于面对面互动留下的经验感知,而是变成可以保存的信息。最后,社交数据可以通过用户的分享在群聊之间流转,突破各个虚拟空间的边界,将信息传递工作给更多用户。

在面临掌握他人信息不足的情况时,用户也会将目标对象"晒"在群聊中,通过他人不断补充信息,形成对交往对象的识别和认知。正如一次对刘兰的"人肉":

> 刘兰和朱亮经常活跃在群聊中,两人在群聊中相识后加为好友。一天,刘兰私聊朱亮,希望朱亮借自己2000元。朱亮在转账的过程中,支付宝弹出提示页面,显示"转账存在风险"。朱亮觉得不对劲,于是私聊平台管理者,询问自己是否应该转账给刘兰。管理者在问清楚认识过程、认识时间、刘兰工作之后将双方聊天记录发到各个群聊中,并询问群聊中的其他择偶者是否认识刘兰。在群聊中,六七个择偶者参与讨论,还有一个择偶者在群聊中曝光,表示刘兰也曾向自己借钱。在积累多方经验后,管理者判定刘兰的行为不符合平台规范,将刘兰拉黑、踢出群聊。

发布于微信群聊中的讨论以一种广播式交流方式[1],通过多对多的互动与回应,加快信息传播速度,让相关和不相关的择偶者都了解到一些不诚信的行为。这种信息的公开传播的用处有三:首先,对违反平台规定的相亲者进行惩罚,使其行为事迹为他人知晓,无法继续使用良缘平台。其次,对没有违反规定的择偶者进行震慑,使之"不敢"或"不能"在良缘平台欺骗他人。即使有欺骗他人的想法,也会因为知晓预期惩罚而不敢行动,进而约束自己。最后,对正在与之接触的择偶者进行提醒,通过更多择偶者的反馈,进一步还原被举报者的不良行为。

这些讨论以数字化的方式被保留在互联网中,成为公开的"数字痕迹"。而这些数字痕迹是无法被修改和删除的。在择偶者和平台管理者有需求的时候,可以被随时随地调用和回溯。不断积累的信息使平台管理者形成对他人更加清晰的认识。

但信息的增加并不意味着信任的增加,社交媒体中大流量、快速度形成的信息湍流反而可能使行动者淹没在信息的海洋中,丧失判断的能力。[2] 正如择偶者李文军所说:"我都不懂,这些人为什么那么有空,在群里闲聊那些东西,而且跟那些根本不认识的人。这个时候我就觉得那些人,除非是真的是平常没怎么上班工作的,或者是经常有空隙,因为我觉得要我们目的是找对象的,你肯定要有针对性的跟谁在聊,是不是?你跟人家聊你都聊不过来,没空聊是吧?你怎么可能在上面你都谁都不认识在上面,而且谈那些话,你根本是自己都不感兴趣的,是不是?"许多择偶者也表示同样的感受,认为群聊中的信息过多,反而抑制用户查看微信群信息的想法。如此,微信群作为信息公开、提示他人的作用就被削减。

面对这种情况,管理者往往通过主动抛出探索性话题,检验择偶者身份是否不实、举止是否奇葩。在即时互动中,择偶者难免存在情绪宣泄和即兴表演,而在群聊中,用户无法主动区隔对象,也无法在事后删除信息等补救行为。

---

① BURKE M, KRAUT R E. The relationship between Facebook use and well-being depends on communication type and tie strength[J]. Journal of computer-mediated communication, 2016, 21(4): 265-281.

② 陈云松. 观念的"割席":当代中国互联网空间的群内区隔[J]. 社会学研究, 2022, 37(4): 117-135, 228.

有时候我们会去带话题，让大家出来聊聊天，说实话就是给他们挖几个坑，看谁来主动跳进去。否则，哪怕是线下活动，也不可能说9000多号人，全部都见完。我们要做一个初步筛查，只能筛选。从群聊看看这个人的三观。（英哥妻子）

通过管理者对微信群中话题节奏的控制以及择偶者的回复与互动，使得用户可以从海量用户和庞大信息量中迅速提取有效信息，通过不良言论快速识别出平台内不良择偶者，将其清出平台。

（三）虚拟身体监视

相亲平台营造的虚拟现实互嵌的数字空间使得用户可以实现一方身体在场而另一方身体不在场的实时互动，面对面互动较之于文字互动能够传递更多信息，从而降低面对面互动中的经济和身体损失的风险。

相亲平台营造的虚拟现实空间使得择偶者互动的线下空间边界被无限拓宽。如果说传统的线下相亲活动是择偶者聚集于某一固定场所参与相亲匹配，那么相亲平台则借助直播技术将择偶者的相亲活动拓展到线上，良缘平台将同城活动以直播的形式放置到抖音和微信视频号中，将相亲现场实时转播。直播间、微信群聊等数字技术组合在一起，将实体空间转化为虚拟空间，拓展社会连接的边界，不仅在场的择偶者可以互动，处在云端的择偶者也可以参与进来，看到他人在活动现场的言行举止。

这种互动是时空同步的。在场的择偶者可以既参与微信群聊，又参加线下活动，通过虚实交互反馈，与他人在线上线下实现双重互动。离线的择偶者也可以与他人实时互动。即刻的线下互动还会被定格和持久。平台内外群体既可以在同一时间进入直播间，在直播间中参与互动，也可以在直播结束后观看回放。现实生活中择偶者的互动行为被转化为互联网之上的虚拟内容数据，被保存和停留下来。

虚拟空间的打造提供了从线上数字身份还原到线下实体生活的可能性，一定程度可以规避从线上交往转向线下时会面临金钱欺诈和身体骚扰。女性避免面对面接触可以直接了解对方，社交媒体和数字技术将人们的日常生活放置线上，人们可以借助手机，实现不同空间之间的灵活游走，同时置身于物理空间和多重虚拟空间之中[①]。

通过线上信息和线下实际行为的交叠，人们可以识别不良用户。在一次线下相亲活动中，管理者和线上线下用户发现并未报名但出现在活动现场的刘伟，通过查看群接龙信息、查找过去聊天记录，在综合多方信息后确认刘伟身份，将刘伟清出良缘平台。

英哥：（直播现场刘伟的照片截图）已删号，清群，拉黑。
李琳琳：怎么了？
冯薇：我今天看到这个人了，非常不合群。
陈思思：自带面包那个？
英哥妻子：自带面包是一回事，主要是无组织无纪律性，想来就来，他都不报备的。之前女生来我家泡茶，他觉得对方漂亮想了解的，不会跟英哥说一下就直接就跑过来

---

①　孙玮.微信：中国人的"在世存有"[J].学术月刊,2015,47(12):5-18.

了,好几次。今天活动也是,没说要去,自己直接跑过来了。

冯薇:今天他还来现场尬聊了。(活动群)

微信视频号、抖音直播使得人们可以同时存在于多重场景之中,即使用户没有到达现场,也可以置身于视频号直播构造的虚拟场景中,对线下活动进行监视,以一种隐形在场的方式识别交往用户是否存在不当行为。

在直播中,在现场的择偶者被置于"被观看者"的位置,隐形在场的一方拥有更多的权力和信息,而现场择偶者则陷入前台表演的境地,其一举一动都可以为管理者所监视。正如福柯所言"由于匿名的权力监视方式,被监视者不知道自己处于谁的视野内,全景敞视使得个体变得更加顺从"。这也使得择偶者面临被平台管理者制裁的心理压力,不敢在活动现场做出不诚信的行为。

对于择偶者来说,隐形在场的行动者是匿名的。任何人都可以成为隐形在场者,以匿名的方式观看直播。更进一步,虚拟空间中的隐形在场者不仅包括实际的在场者,还包括用户想象中的在场者。[①] 用户会想象出庞大的观看群,因此,也使得一些择偶者选择避开直播镜头,将从互联网中相对抽离作为自身防止被制、管理自我形象的主要策略。这些用户会选择性地出现在一些虚拟空间中,而在另一些空间中"离场"。个体可以灵活地跨越移动场景[②],择偶者可以通过选择性地使用数字技术,同时置身于多重虚拟空间和现实空间中,在不同场景中与他人互动,打造自身"既隔离又连接"的多重状态。[③]

(四)信任策略的性别化逻辑

情感交往中,用户需要应对数字中介带来的虚拟性问题,但采取信任策略则存在两性差异。在线上交往中,男性用户往往不会对线下见面存在较多限制,而是通过迅速转向线下见面来判断彼此的适配程度。而女性用户则更多使用平台提供的数字技术对男性用户的数字身份和社交数据进行验证,进而考虑发生建立线下关系的可能。

我一般碰到个人简历写得还可以,然后就会去问管理者,因为没有见面之前你也不知道他是怎么样的。问他有没有被爆黑历史,如果没有那就可以了。(卢珊)

在初次线下见面中,男性采取试错型互动方式,往往体现为首先在咖啡馆、饮料店等小额交易场所见面,接着再决定是否要一起吃饭。男性为双方首次约会的情感消费买单一直以来被视作相亲中的默会规则。同时,在相亲平台建立的情感联系很难转换到线下,平台化相亲存在高选择与低成功率的悖论。相亲平台为择偶者提供大量的潜在对象,与大量潜在对象线下见面并买单对于男性而言是一笔不小的支出。"见光死"也是初次线下见面所经常

①　DUFFY B E, CHAN N K. "You never really know who's looking": Imagined surveillance across social media platforms[J].New media & society,2019,21(1):119-138.

②　孙玮.微信:中国人的"在世存有"[J].学术月刊,2015,47(12):5-18.

③　黄厚铭,曹家荣."流动的"手机\液态现代性的时空架构与群己关系[J].新闻学研究(台北),2015(124):39-82.

面对的，人们的线上展演和线下身份存在不一致性，双方见过一面之后如果互相觉得不合适，就不再有再次见面的可能性。大量的一次性交往对于男性来说是无用的，也使得男性背负着更大的经济压力。因此，男性在平衡金钱支出和情感收益的情况下，往往将初次见面的地点定在咖啡厅、奶茶店等消费水平较低的场所，在浅层关系和小型交易之间进行匹配。

> 第一次吃饭会约一个咖啡或者下午茶，就不直接约饭，这样的话对男生来说经济损失也是比较小的。这也是个大众场合，大家都能接受。如果还能约得出来第二次，之后可能就会约一些吃饭、看电影这些，可以聊聊天，展开更深的话题。（陈立）

性别化的交往策略也验证了传统性别文化仍然在婚恋交友中的存在，即男性往往是两性交往中人际关系的发起者，而女性往往是被动回应的一方。男性会对初次见面发出主动邀约，而女性出于自我保护的考量会对线下交往更加谨慎。在初次见面中，男性为消费支出买单也符合传统男性承担养家糊口的经济角色。互联网中介下的亲密则放大了传统性别角色，交往双方面对的是互不相识的陌生人，遵守传统性别角色是对交往风险的规避。而数字技术也为女性提供了更多沟通和交流的空间，使得女性发展出更多验证交往对象真实身份的方式。

五、结论与讨论

婚恋平台将陌生人聚集在互联网上，带来虚拟化的交往风险。首先，平台界面使得人们的线上展演成为可能。其次，以语言和文字为主要交流方式使得人品、三观等个体习性难以展现。最后，与互联网陌生人进行线下见面存在金钱和身体接触方面的风险。

平台用户不再通过面对面交往中的长期接触以建立"风险渐进式"的信任方式展开互动[①]，而是通过快速甄别、探查对方情况，精确打击对方，防止自身被骗，即"制"住对方。在"制"住他人的过程中也要"防止被制"。"制"并不意味着一味地获取对方信息、事无巨细地了解对方、识别对方数字身份背后的社会身份。这是因为一方面，在相亲的过程中，在了解对方信息的同时势必也要提供更多关于自身的个人信息。另一方面，"制"住对方意味着有可能侵犯对方隐私，基于数字手段、非正式的"制"会被基于法律、正式的"反制"而打击。

"制"与"防制"的信任策略借助数字技术展开，平台用户利用数字技术调整与他人的互动距离，根据自身的需求转换与他人的连接方式，并形成"制"与"防制"的策略。用户构造与社会身份区隔的数字身份、阻断自身信息的传播保持与他人之间的边界，也可以促进自身信息流通，拉近与他人的距离。

---

① 刘梦岳.信任何以实现?:人际互动中的风险渐进与信息积累[J].社会学评论,2023,11(1):192-213.

The Strategies of "Constraint": Gender Interaction Risks and Trust Strategies in Online Blind Dating
——A Field Study Based on the Liangyuan Dating Platform

Liu Zixi　Ma Lu

(Xiamen University, Xiamen, 361102)

Abstract: With the profound changes driven by the spread of digital technology and social media in intimate relationships, online dating platforms have gradually become an important organizational mechanism of mate selection. However, the virtualization risks that people face on the platforms have not been much attention, as well as how they can find credible and reliable destinies in the platforms composed of strangers have not been fully discussed. In this paper, we attempt to use the matchmaking practices of a non-profit matchmaking platform to show how the men and women develop various trust strategies through the digital technologies embedded in the platform, and how they form the technology of "making" throughout the platform. Firstly, people recognize improper performances of others by overlapping information in digital spaces to verify the authenticity of others' digital identities. Secondly, people search other's data through the joint of WeChat groups to ensure the exclusivity and authenticity of intimate relationships. Lastly, people observe others' behaviors through physical presence in the livestreaming to avoid the economic losses and physical harassment that may occur in offline space. This paper shows that the strategy of "constraining" is characterized by gender. Male users are more likely to identify risks through physical interactions, while female users are more focused on the use of digital media.

Key Words: dating platforms; digital technology; trust strategies

综合研究

Miscellaneous Research

Women/Gender Studies

乡村振兴中农村妇女参与乡村治理的
现实困境与突破路径[*]

蒲新微　吴思齐[**]

内容摘要：伴随农村空心化、老龄化、女性化程度的加深，妇女愈发成为激发乡村活力和参与乡村治理的生力军。在乡村治理过程中，妇女的积极介入既有利于女性自身发展、妇女权益维护以及性别平等目标的实现，也有利于农村社会稳定与乡村振兴战略的推进。然而，受制度、文化、组织以及妇女自身条件等内外因素限制，妇女在乡村治理过程中的优势作用无法充分发挥。因此，需要为妇女参与乡村治理赋能，通过完善并落实相关政策法规，提高农村妇女的经济社会地位，加强对农村妇女的教育培训，摒弃落后的性别偏见以及提高妇女的组织化程度等措施帮助妇女实现自身价值的同时，为乡村振兴发展贡献自己的力量。

关键词：乡村治理；农村妇女；乡村振兴发展

一、问题提出与文献回顾

（一）问题的提出

党的二十大报告指出："全面推进乡村振兴，坚持农业农村优先发展，扎实推动乡村产业、人才、文化、生态、组织振兴。"当前，我国正在积极推动农业农村发展，努力实现"产业兴旺、生态宜居、乡风文明、治理有效、生活富裕"的乡村振兴整体目标。[①] 实施乡村振兴战略，治理有效是基础，没有乡村的有效治理，就没有乡村的全面振兴。[②] 农民的参与是乡村治理高效实现的基础和保障，是构建共建共治共享的乡村社会治理模式中不可或缺的重要力

---

　* 基金项目：国家社会科学基金重点项目："脱贫人口'急难愁盼问题'的识别与破解研究"（23ASH015）。

　** 蒲新微，吉林大学哲学社会学院、国家智能社会治理吉林大学研究院教授，博士生导师，主要研究方向为社会福利与社会治理；吴思齐，吉林大学哲学社会学院硕士研究生，主要研究方向为社会福利与社会治理。

　① 张庆贺，田先红.乡村振兴背景下留守妇女参与乡村治理的机制研究：基于赣南的实践经验[J].江西师范大学学报（哲学社会科学版），2023,56(2)：77-88.

　② 韩俊.谱写新时代农业农村现代化新篇章[N].人民日报，2018-11-05(7).

量。[①] 实现乡村治理有效,推进乡村全面振兴,离不开农民的积极参与。然而由于城镇化的不断加快,大量农村青壮年男性劳动力进入城市务工,农村老人、妇女和儿童占据常住人口的绝大部分,农村呈现出老龄化、空心化和女性化的特征。其中,农村妇女不仅承担起处理家中大小事务的支柱,更可望成为农村经济发展的中坚力量。政府也积极关注到妇女力量在乡村发展中的发挥,在 2018 年中央一号文件中就规定了实施乡村振兴战略的基本原则之一是充分尊重农民的主体地位,注重发挥农民的主体作用[②],并鼓励社会各界都投身于乡村建设中去,要特别注重发挥妇女作用,实施乡村振兴"巾帼行动"。2021 年,国务院印发了《中国妇女发展纲要(2021—2030 年)》,提出要保障妇女参与社会主义民主政治建设和社会治理,提升妇女的参与水平。党的二十届三中全会审议通过的《中共中央关于进一步全面深化改革　推进中国式现代化的决定》中也指出,要健全保障妇女儿童合法权益制度,这有助于协调推进妇女在各领域的全面发展和促进妇女与男性平等和谐发展。特别是会议提到的健全发挥家庭家教家风建设在基层治理中作用的机制,妇女是家庭的主要照顾者和建设者,这对于妇女在家庭建设以及基层治理中发挥作用具有重要意义,也有利于妇女力量的发挥和地位的提高。目前,农村妇女仍然处于边缘性地位,除少量在村委任职的妇女,大多数妇女很少真正关心村务。因此,如何增强农村妇女的自主意识,提升妇女地位,让她们在乡村治理中发挥更大作用,充分发挥妇女群体的优势,从而更好地促进乡村全面振兴,是当前需要思考解决的重要问题。提升妇女综合素质水平,激发其内在动力,确保其参与乡村治理的基本权益,积极发挥农村妇女在乡村治理中的"半边天"作用,不仅是增进乡村治理效能的迫切需求,而且是全面推动乡村振兴战略执行的重要环节。

(二)文献回顾

从已有研究来看,学者们对妇女在乡村治理中的地位的看法已达成一致,即妇女在乡村治理中属于弱势群体,处于不利地位。边缘化成为农村妇女参与村庄治理的最主要特征,贫困地区的女性在乡村治理中被边缘化的情况更为严重。[③] 在村庄治理方面,农村妇女的参与意识不足以及对村庄事务冷漠的态度问题广泛存在。据徐桂兰分析指出,目前多数农村妇女对政治参与缺乏积极性,常表现出"不愿意"或"无所谓"的态度,即便有幸当选为村"两委"成员,依然可能被边缘化于村务工作之外。[④] 杨智在实地考察中发现,西部民族地区的农村妇女相较于中东部地区,其参政意识较为薄弱,体现出普遍存在的政治冷漠和不愿参政的态势。[⑤] 另外,张毅、陈阿卿研究显示,在闽西部分地区超过一半的农村妇女对女性参政政策缺乏了解,近 70% 的农村妇女也未曾参与过政治活动。[⑥] 胡丹和金一虹的研究发现,女

①　莫佳,王厚明.以更强责任担当推进乡村建设行动[J].乡村振兴,2022(6):91-92.

②　徐丹.乡村振兴战略背景下农民政治参与研究[D].太原:山西师范大学,2021.

③　陈义媛,李永萍.农村妇女骨干的组织化与公共参与:以"美丽家园"建设为例[J].妇女研究论丛,2020(1):56-66,109.

④　徐桂兰.公共政策视角下我国农村妇女参政的现状及对策[J].西南农业大学学报(社会科学版),2012,10(4):74-77.

⑤　杨智.西部民族地区农村妇女参政的特征与思考:基于甘肃省临夏回族自治州 Y 镇的调查[J].云南民族大学学报(哲学社会科学版),2014,31(4):76-82.

⑥　张毅,陈阿卿.闽西农村妇女参政议政现状及对策研究[J].龙岩学院学报,2019,37(1):94-99.

性村干部参与基层治理时往往处于边缘位置。① 从数量角度来看,农村妇女在村委会的参与比例相对较低,而就参与质量而言,农村妇女往往是被动参与者,容易被边缘化,且在农村基层治理中的作用和影响较为有限。张凤华针对农村妇女政治参与现状进行研究,探讨其政治认知和态度,发现农村妇女政治认知水平相对较低,政治效能感欠缺,导致在政治参与中呈现出一定程度的盲目倾向。② 农村妇女在乡村治理中的边缘地位和冷漠态度的形成受传统思想、自身的文化水平以及当地经济状况等因素影响③,特别是西部地区农村的少数民族妇女受这些因素的限制,在参与乡村建设过程中会遇到比其他妇女群体更多的困难。④

农村妇女参与乡村治理对于我国农村和妇女自身的发展都具有重大意义。农村妇女参与政治生活的程度反映了其政治地位的重要方面⑤,因此对于农村妇女积极参与政治事务应给予鼓励,不仅是确保她们行使政治权利的重要措施,而且有助于促进我国基层民主政治的建设⑥,同时对于推动男女平等的基本国策快速实施具有积极意义⑦。任亮亮通过对鄂西农村地区青年妇女的调研发现,青年妇女在乡村社会中扮演着不可或缺的重要角色,她们在村级治理中的积极参与,能够显著激发乡村内部的治理力量,同时激励更多妇女投身于乡村治理,这种参与还将进一步促进妇女在乡村经济、文化和社会发展等多个领域的贡献,发挥妇女在乡村治理中的积极作用应当是全面推进乡村振兴的治理取向。⑧

根据张嘉凌、董江爱的观点,农村逐渐呈现空心化和老龄化趋势,导致农村妇女成为农村群体的主要人口。⑨ 她们在基层治理中的参与程度可能对乡村治理的有效性产生显著影响,而农村妇女在这一过程中展现出许多具有女性特色的优势,如自信果敢、包容有亲和力、以柔克刚等。⑩ 萧子扬也指出,农村留守妇女展现出认真负责、毅力坚韧、沟通能力卓越、吃苦耐劳及乐于接受新鲜事物等美好品质,是实施乡村柔性治理模式的重要主体。⑪ 因此,提高农村妇女的治理能力,积极鼓励妇女参与村级治理,发挥女性独有优势,把农村妇女培养成为农村发展的主力军,是推动乡村发展的关键路径。

从以上研究可以看出,学者一致认为农村女性在村级治理中的参与程度比较低,过往研

① 胡丹.女村干部参与治理问题研究[D].武汉:华中师范大学,2018.金一虹.嵌入村庄政治的性别:农村社会转型中妇女公共参与个案研究[J].妇女研究论丛,2019(4):10-27.

② 张凤华.农村妇女在村委会选举中的参与意识分析[J].华中师范大学学报(人文社会科学版),2002(6):118-121.

③ 唐华容,何佩.贵州农村妇女参政现状的调查与分析[J].农村经济与科技,2019,30(19):246-249.

④ 章立明.乡村振兴视野中西部地区农村妇女角色研究[J].山东女子学院学报,2023(5):52-62.

⑤ 胡丹.女村干部参与治理问题研究[D].武汉:华中师范大学,2018.

⑥ 翟宇婷.村民自治中农村妇女政治参与的困境与出路:以太原市晋祠镇为例[J].三峡大学学报(人文社会科学版),2017,39(4):35-37.

⑦ 李娟.我国农村留守妇女参与村级治理研究[D].武汉:华中师范大学,2015.

⑧ 任亮亮.青年妇女治村的类型、机制与治理启示:基于鄂西地区的田野调查[J].湖北行政学院学报,2024(1):82-88.

⑨ 张嘉凌,董江爱.乡村振兴视角下农村妇女参与乡村治理路径研究:以运城雷家坡村德孝文化建设为例[J].中共福建省委党校学报,2019(2):114-120.

⑩ 戚晓明.乡村振兴背景下农村社区环境治理中的女性参与[J].河海大学学报(哲学社会科学版),2019,21(3):93-98,108.

⑪ 萧子扬.鼓励留守妇女参与乡村振兴示范创建[N].中国人口报,2022-12-09(3).

究往往将农村妇女参与乡村治理等同于政治参与,有时甚至简化为参加村委会选举和加入村委会任职。然而,随着乡村振兴战略的全面实施,乡村治理的内涵与外延发生重大变化,当前乡村治理更加注重政府的有效管理以及村民的有效参与,从而极大地扩大了农村妇女参与的范围和内容。因此,在乡村振兴战略全面实施的进程中,如何发挥农村妇女的"半边天力量",推动农村妇女积极参与乡村治理是当前一项重要的议题。本文以乡村振兴为背景,在已有研究的基础上,分析在乡村治理范围和内容扩大的基础上,农村妇女面临的参与困境以及困境产生的原因,并针对性地提出发展对策,以期推动农村妇女参与乡村治理的可持续发展。

二、乡村振兴中农村妇女参与乡村治理的价值与优势

(一)助力乡村振兴全面施行

随着乡村振兴的全面实施,围绕乡村振兴总目标,乡村治理的内涵正在日益丰富,治理主体上也鼓励多元主体共同参与。妇女作为乡村社会的重要力量,在乡村治理的过程中具有独特的优势,她们的积极参与能够助力乡村振兴的顺利推进。其一,村中男性劳动力外出打工的情况下,妇女占据村中常住人口的大部分,具有数量优势,是实施乡村振兴的主力军,特别是村中的农业生产活动,主要由妇女承担,推动农业现代化不可忽视的力量。妇女可以利用自己的耐力、细心和敏锐的观察力,发掘和利用当地资源,发展特色产业,成为农村经济建设的主要力量。其二,相比于常年外出务工的男性,妇女是乡村空间的绝对主导者,她们长期生活在村中,村中的环境治理与妇女群体具有直接的利益相关性,对农村生态环境存在的问题也更为了解,加之常年负责打扫卫生等家务活动,具有爱干净讲卫生的特点,妇女可以在农村的环境治理中提供可行性意见和建议,助力打造出村容整洁、生态宜居的农村。其三,男性劳动力不足,农村妇女要承担多重责任,既要养育儿女,又要赡养老人,是家庭中的支柱,要时刻奉献自己,为他人服务,女性在家庭和社会中展现出来的勤劳奉献、淳朴善良等品质,对于培育良好的家风、村风和社会风气具有积极的意义,她们在推动村庄民风文明建设方面扮演着重要引领角色。其四,与男性相比,妇女天生的亲和性,以及擅长沟通协调、细腻温柔的生理优势,使得妇女在化解村民之间的矛盾和冲突方面更具独到之处。妇女可以利用自己的优势解决邻里矛盾,有利于乡村社会的和谐稳定。总之,乡村振兴战略下的部分治理内容与妇女群体具有耦合性,妇女的参与有利于满足产业兴旺、生态宜居、乡风文明、治理有效、生活富裕的乡村振兴总要求。

(二)推动妇女发展与权益维护

农村妇女参与乡村治理是实现其自身发展的重要途径。一方面,妇女通过参与经济、政治、文化、生态和社会等多个领域的治理,能够提升自身的领导能力、沟通能力和决策能力,从而打破传统观念对女性角色的限制,展现出自身的价值和潜力,使自己在乡村事务中拥有话语权,能够表达自己的诉求和意见,为自身权益发声。另一方面,妇女通过参与乡村治理,能够更好地了解和掌握国家相关政策法规,提升自己的法律意识和维权能力,可以使自己在

遭遇性别歧视等不公正情况时,能够依法保护自身的合法权益。与此同时,妇女积极参与村庄治理还可以增加自身的社会资本,扩展其人际网络,帮助为自己争取更多平等发展的机会和资源,实现自身的全面发展。所以妇女参与乡村治理是推动自身发展与权益维护的重要途径,有利于妇女个体的成长和进步。

(三)彰显性别平等之要义

性别平等是现代社会的基石之一,也是实现可持续发展的必要条件。长期以来,"男尊女卑""男主外,女主内"的传统观念和性别偏见在一定程度上限制了妇女在乡村事务中的参与度。在这种背景下,妇女积极投身于乡村治理本身就是对性别不平等观念的有力冲击。妇女参与乡村治理,让人们看到女性在决策、规划和执行等方面展现出的毫不逊色于男性的能力与智慧,这有助于打破社会对性别的刻板印象和偏见,证明性别不应成为限制个人发展和参与社会事务的因素。在乡村振兴的进程中,当政府为妇女提供了一方广阔的舞台时,让妇女在乡村治理中拥有平等的话语权,能够平等地分享资源和机会,乡村社会的性别平等意识将得到极大的提升。这不仅有利于乡村内部的和谐稳定,而且为整个社会的性别平等事业做出了积极贡献。

三、乡村振兴中农村妇女参与治理的困境与原因

在乡村振兴的伟大进程中,农村妇女作为农村社会不可或缺的力量,其参与乡村治理的广度和深度直接影响着乡村的全面发展与和谐稳定。然而,在当前的实践过程中,农村妇女参与乡村治理仍面临诸多困境,如参与动力不足、参与意识薄弱、参与行为涣散、参与能力欠缺等。因此,我们要找出造成妇女参与乡村治理困境的深层次原因,并在此基础上针对性地提出破除农村妇女参与乡村治理困境的对策建议,为妇女更好地参与乡村治理创造有利条件,为乡村振兴的实现注入力量。

(一)相关政策法规的模糊与落实不到位

在乡村振兴的伟大进程中,农村妇女作为一股不可忽视的力量,在乡村治理中扮演着举足轻重的角色。为了引导农村妇女积极参与乡村治理,体现自己的价值,也为了确保农村妇女能够行使自己的合法权利和履行法定义务,政府颁布了相关的法律法规和政策。如《中华人民共和国村民委员会组织法》(2018 年修正版)中第六条就有规定村民委员会由主任、副主任和委员共三至七人组成,在这些成员中,应当有妇女成员。[①] 然而,从字面上不难看出,"应当"一词表达了一种建议性的语气,法律效力不强,缺乏应有的"硬性"导致很难落实。由此可见,法律虽然规定了农村妇女参与乡村公共事务治理的合法权利,但是在实践中宽松的保护政策常常在实施中引发误解,导致村级领导和村民对妇女缺乏足够尊重,认为她们仅仅是"摆设",进而可能打击妇女的参与积极性、侵害其政治权利,甚至导致诉求和表达途径受

---

① 海莉娟.从经济精英到治理精英:农村妇女参与村庄治理的路径[J].西北农林科技大学学报(社会科学版),2019,19(5):48-56.

阻,从而对乡村治理的有效发展构成阻碍。目前支持农村妇女参与村级治理的宏观政策比较少,现有政策法规主要是倡导性的,没有针对性和可操作性,且缺乏相应的惩戒性法律法规以确保其有效执行。这样的政策法规在实际实施过程中存在着较大的可灵活调整的空间,所以许多基层组织是"上有政策,下有对策",缺乏有效的监督和评估机制,使得政策难以真正惠及妇女,即便精英妇女能够进入村委会,也只能处在权力边缘,无法代表妇女群体发声,为妇女群体争取合法权益,或参与村级重大事务的决策,更不必说普通妇女群体为乡村治理建言献策的机会了。除此之外,一些乡村在宣传和推广相关政策时不够到位,导致妇女对自身的权益和参与途径缺乏了解,从而无法有效地参与到乡村治理中来。

(二)经济社会资本匮乏导致妇女丧失话语权

在农村地区,"男主外,女主内"的性别分工模式仍在农村社会占据着主要地位,由于大量男性劳动力外出务工,妇女往往承担着农业生产和照顾老小的重任,收入来源受到极大限制。农业活动通常规模较小、技术含量低,收益有限,难以获得较高的经济收入,尽管部分农村妇女可以在村镇附近从事保洁、保姆、餐厅服务员等非农业活动,仍属于廉价劳动力,家中主要收入来源仍要依靠丈夫。基于经济层面而言,女性仍未达到真正的自主地位,在经济方面存在明显的从属关系,经济地位相对较弱,这种情况通常导致她们在话语权方面缺乏必要的支持。在乡村治理的众多方面,村民往往更关注和重视经济方面,但女性的经济参与显然比男性弱得多,这就造成了普通村民对女性参与乡村治理能力的怀疑[1]。且妇女本身由于经济收入相对较低,主要精力会集中于如何增加自己的经济收入,而无暇关心和参与乡村发展。

经济上的相对贫困使得妇女在社会资源的获取和分配中处于劣势地位,因此除了经济资本,农村妇女在社会资本的积累方面与男性相比也普遍处于弱势地位。加之妇女每日忙于家庭内部日常事务的处理,其社会交往的范围、能力和机会等也远远低于男性,绝大部分农村妇女的个人关系网络的覆盖范围相对狭窄。并且农村中婚居方式打破了妇女原有的社会网络,妇女不得不融入丈夫所在村庄的社会网络[2],妇女的社会交往难度相对更大,甚至不愿出门社交,导致一些村民并不熟悉外村嫁进本村的妇女,常年用某某媳妇代替。这就导致信息不对称,相比男性,妇女在乡村治理方面获取的信息较少,这也在某种程度上阻碍了妇女在乡村治理各个方面的参与。因而相较于男性,妇女的经济社会资本匮乏造成她们在乡村公共事务中的意见和建议往往被忽视,难以得到应有的重视和尊重。在涉及村庄发展的重要决策中,她们的声音难以被听到,需求难以被充分考虑,即使她们提出了一些合理的想法和建议,也可能因为缺乏足够的影响力而无法得到采纳和实施。这种状况不仅不利于农村留守妇女自身的发展,而且会对乡村振兴的全面推进产生消极影响。

(三)农村妇女文化素质短板的束缚

在乡村振兴的全面推进过程中,农村妇女作为一股潜在的积极力量,其参与度直接关乎乡村治理的成效与可持续性。然而农村妇女往往因文化素质相对较低以及自身能力有限,

---

① 李娟.我国农村留守妇女参与村级治理研究[D].武汉:华中师范大学,2015.

② 李娟.我国农村留守妇女参与村级治理研究[D].武汉:华中师范大学,2015.

在参与乡村治理时面临诸多障碍。

教育水平是衡量个人文化素质的重要指标,它不仅决定了人们获取知识、理解信息的能力,还直接影响着人们的思想观念、行为方式以及参与社会事务的意识和能力。尽管我国已积极推行九年义务教育,但农村地区由于经济水平较低以及传统男尊女卑思想的影响,教育资源相对匮乏。这导致农村妇女在获得教育机会和教育资源方面与男性难以实现平等,妇女较早地结婚或辍学照顾家庭的情况普遍存在,所以农村妇女的整体文化素养通常不及男性,这使得她们在知识储备、思维方式和信息处理能力等方面普遍存在一些欠缺。正是由于文化素质上的短板,她们在理解和参与乡村治理的政策法规、规划决策等方面存在困难,难以充分表达自己的意愿和诉求,还导致了她们参与乡村各方面治理的觉悟较低。文化素质的欠缺也进一步限制了她们能力的发展,如农村妇女在领导才能、团队合作及项目管理等方面的经验和能力相对不足。受教育程度不高、文化水平和认知能力有限的妇女往往会较为容易满足于现状,尽管在个人能力方面存在一定的不足,可能也无心去提升自己的能力来参与乡村各方面的治理,而是仅把照顾好自己的家庭作为自己的生活目标。乡村的产业发展、社会和谐、文化传承等各个方面的发展都需要一批高素质的女性,而农村妇女的素质普遍低下,因此提升农村妇女的素质和能力显得尤为迫切。

(四)农村落后传统文化的掣肘

尽管"男尊女卑"的封建传统观念已经得到明显改善,男女平等的基本原则也已经写入宪法,成为我国的基本国策之一,但千百年来所形成的存在性别偏见的传统文化已经渗透于社会与家庭的方方面面而难以消除。这种文化观念认为男性在家庭和社会中应当占据主导地位,拥有更多的权力和资源,而女性则被视为从属角色,是家庭照顾者和家务劳动的承担者,而不是社会活动的参与者或决策者。农村妇女在"男尊女卑""男强女弱""男主外,女主内"等落后观念的束缚下,将"繁衍子嗣""夫唱妇随"等传统价值观视为个人价值的重要衡量标准,主动选择"主内"生活,对村庄事务缺乏关注,自发放弃应有的权利,缺乏参与意识和权利观念。长此以往,制约了妇女的自我提升,妇女在乡村事务的参与中常常是边缘化人物。落后的传统文化根深蒂固,在一定程度上造成村民特别是老年人难以接受或支持农村妇女参与乡村各方面治理。在乡村公共事务的决策过程中,人们往往更倾向于听取男性的意见而忽视女性的表达,即使她们有参与治理的意愿和能力,也可能因为传统观念的束缚而受到质疑和排斥。在这种落后传统文化的不断渗透下,农村妇女在心理上表现出弱势、自我贬低和过度依赖等特征,她们不自觉地认同了这种不平等的地位和女不如男的标签,丧失了主动参与乡村治理的信心和勇气,使自己在乡村治理中的参与度大打折扣。

(五)妇女组织化程度低的瓶颈

在农村的日常生活中,妇女大多以个体形式分散在各个家庭和村落中,缺乏有效的组织和整合。由于没有形成紧密的团体,她们在面对乡村治理的各项事务时,往往难以形成统一的力量和明确的诉求。这也导致妇女之间信息传递不畅,关于乡村治理的政策、措施以及相关的发展机遇等重要信息,难以快速、准确地传达给村里的每一位妇女。这使得她们在参与乡村治理时,不能及时了解情况去做出有效反应。同时妇女群体力量的分散也导致了资源的分散和浪费,无法集中人力、物力和财力去解决共同面临的问题,也难以争取到更多的外部支持和资源。并且妇女的组织化程度低使得她们在乡村治理中的影响力弱,难以团结一致发声表达自己的诉求,在争取自身权益、参与决策过程等方面往往会被忽视。同时,没有组织的引导和规范,妇女参与乡村治理的行为可能较为随意和无序,缺乏系统性和长远的规划,难以对乡村治理产生持续、稳定和积极的推动作用。结合实际来看,农村妇女无法团结起来发挥出群体力量与基层妇联工作不到位密切相关。习近平总书记强调:"要深入基层做好工作,不断促进妇女发展,真正把妇联建设成为可信赖依靠的'妇女之家'。"基层妇联作为妇女群众的"娘家人",其发挥作用的程度直接影响着农村妇女参与乡村治理的效果。但当前农村的基层妇联工作不到位,有的村委会也在弱化妇联组织的地位,认为妇联组织可有可无,导致很多妇女群众不了解妇联组织,遇到困难也不知道向妇联寻求帮助,使得妇联在带动妇女积极参与乡村治理、助力乡村振兴中的作用并未真正发挥出来。因而提高农村妇女的组织化程度,发挥基层妇联的带头作用,是促进妇女有效参与乡村治理、推动乡村振兴的重要环节。

四、乡村振兴中农村妇女参与乡村治理的现实对策

(一)制度赋能:落实相关政策法规的保障力度

虽然我国出台了很多关于农村妇女参与乡村治理的政策法规,但这些法规还不够完善,大部分政策缺乏具体的约束性条款,执行标准也比较模糊,对违规行为的处罚缺乏强制性,导致这些政策法规的执行效果较为不理想,发挥空间有限,所以当前需要完善相关政策法规并加大落实力度。第一,应当建立健全农村妇女参与乡村治理的保障机制,明确其在村务管理中的法律地位与权利,确保她们能够平等、有效地参与选举、决策、监督等各个环节。如对《村民委员会组织法》等相关法律法规进行修改和完善,明确保护妇女在村委会选举等方面的权益,使法律成为她们参与村庄治理的有力支持。第二,政府要完善相关政策支持体系。如制定教育培训、资金扶持、项目倾斜等方面的优惠政策,鼓励妇女积极参与乡村治理,并提升她们的治理能力和综合素质。第三,严格落实监督评估机制。我国农村妇女之所以在乡村治理中的参与度较低,始终处于边缘地位,是因为在一些情况下政策法规的偏弱性和监督方式的薄弱性同时存在,政策法规的执行效果较为不尽如人意。所以需要通过强化监督机制与全面评估的手段,以确保政策得以有效实施,让农村妇女切实享受到政策带来的福利和机遇。要建立定期评估与反馈机制,对妇女参与乡村治理的情况进行动态监测,及时发现并解决实施过程中出现的问题。

(二)经济赋能:提升农村妇女的经济社会地位

经济基础决定上层建筑,只有提高妇女的经济地位,才能真正为妇女参与乡村治理提供良好的社会环境。妇女经济地位的提高不仅能让她们在家庭和社会中拥有更多的话语权,还能增强她们参与乡村事务的积极性和自信心,为乡村治理注入新的活力。当前农村妇女主要专注于家庭照料,经济收入较低,对家庭的依赖性较高,并未将过多心思用于村庄事务。要增强农村妇女参与乡村治理的积极性就要增加她们的经济收入,提高她们在家庭中的经

济地位。一方面,政府和社会应加大对农村地区的产业扶持力度,因地制宜地发展适合妇女参与的特色农业、手工业或乡村旅游等产业,为她们提供更多的就业机会和增收渠道。同时积极促进城乡一体化进程,消除农村劳动力转岗就业的多方面障碍,借助多元化策略支持农村妇女实现就近的非农就业机会。另一方面,政府鼓励并支持妇女自主创业,通过积极宣传国家相关政策,展示创业成功案例,激发妇女的创业潜能。政府应开展针对创业所需基本技能的培训,以提升妇女的创业技能水平,并提供资金支持,以解决妇女创业中的资金瓶颈问题。另外,政府还应积极推动针对当地农村妇女的创业项目开发,例如休闲观光、养老康复等,以帮助她们更加高效地选择适宜增收致富的项目,避免在创业过程中遇到不必要的困难。在提升经济地位的基础上,应进一步增强妇女社会资本的积累。村委会应组织各种形式的社区活动和文化娱乐活动,为妇女提供交流和互动的平台,加强妇女之间以及与其他村民的联系沟通,扩大妇女的社会交往网络。同时利用互联网技术,鼓励妇女们积极参与线上交流,打破信息隔离,多了解政府最新政策,关心村庄的各方面建设。村委会还要鼓励村民之间互相帮助,让妇女从繁杂琐碎的家务劳动得到喘息,能够有时间参与村庄各项活动,有机会展示她们的能力和价值,打破村民对她们的固有认知,让她们能够拥有更多的话语权和决策权,能够更加自信、主动地参与到乡村治理中,为乡村振兴贡献独特的智慧和力量。

(三)个体赋能:加强对农村妇女的教育培训

文化素养是个体获取知识、理解世界、参与社会活动的重要基石。在农村地区,由于多种因素的限制,部分妇女的文化素养相对较低,这在很大程度上制约了她们参与乡村治理的能力和积极性。文化素养的提高有助于农村妇女提升参与乡村治理的能力。乡村治理涉及政策理解、决策参与、项目管理等多个方面,需要具备一定的文化素养和知识储备。通过加强文化教育,农村妇女能够更好地理解国家政策,学习先进技术,从而在参与乡村治理时能够提出更有建设性的意见和建议,为乡村的发展提供支持。为了有效提高农村妇女的文化素养,政府应加大对农村教育资源的投入,提供更多针对农村妇女的培训和学习机会,包括农业技术、管理知识、法律常识等方面的课程。例如,定期对妇女进行技术教育培训,使农村妇女掌握实用的生产技能,学习利用机械化的生产工具进行劳作,提高农村妇女的生产能力,提高生产质量与效率,增加生产收入,积极引导农村妇女学习法律,了解法律,增强法律意识,能够拿起法律武器坚决维护自己合法权益。同时利用现代信息技术,搭建线上学习平台,鼓励妇女利用空闲时间学习知识、开阔视野。

(四)文化赋能:营造先进的性别文化环境

长期以来,农村社会中普遍存在着对女性角色的刻板印象和性别歧视,这严重束缚了农村妇女参与乡村治理的积极性和主动性,这种传统的性别偏见使妇女在家庭和社会中的地位相对较低,不敢表达自己的想法,参与治理的机会也被剥夺。只有摒弃男尊女卑的落后传统文化,营造出一个尊重女性、支持女性发展的先进性别文化环境,才能充分激发农村留守妇女的积极性和创造力,使她们在乡村治理中发挥应有的作用,推动乡村实现全面、协调、可持续的发展。第一,积极宣传男女平等思想。政府可以利用乡村广播、宣传栏、文化活动等多种渠道,积极开展宣传教育活动,让广大村民认识到男女在智力、能力和贡献上是平等的,不存在高低之分。第二,利用互联网技术协助妇女建立正确的价值观。当前互联网已广泛覆盖多数农村地区,各类信息通过电视、电影、网络等大众传媒源源不断地传达至农村妇女。借助大众传媒技术,积极引导女性形成积极向上的态度,提升她们在乡村治理中的参与度。如村委会可通过微信、快手等媒介,向妇女传达最新乡村振兴政策等信息,并积极进行在线交流,及时将妇女群众的意见和需求反馈给地方政府。同时可以利用互联网向妇女传播积极正面的形象,以展示优秀女性在各个领域的才干和成就,通过打造妇女的杰出榜样激励更多农村留守妇女参与乡村治理工作,增强其参与的热情和信心。第三,大力推进社会性别主流化。在乡村治理的制度和政策制定中,政府要充分考虑性别平等的因素,确保农村妇女在参与决策、资源分配等方面享有平等的权利。总而言之,创造先进的性别文化环境有助于启发妇女对自身政治权益的认识,有效地消除自卑与依赖情绪,促使她们积极参与村庄事务,同时有利于男性客观看待妇女,推动促进性别间的和谐与融洽相处,为农村妇女参与治理提供有益的文化氛围。

(五)组织赋能:发挥基层妇联组织的积极作用

提高妇女组织化水平是改善妇女生存状况、提升妇女地位的必要途径。党的二十届三中全会指出要发挥妇联等群团组织联系服务群众的桥梁纽带作用。妇联组织就是党和政府联系妇女群众的桥梁纽带,基层妇联组织要积极行动,将分散在乡村各处长期从事"隐性"劳动的农村妇女组织起来,鼓励妇女积极参与集体活动,提升妇女的集体意识和归属感,将其从边缘带入村庄公共生活之中,鼓励她们积极表达自己的看法。基层妇联作为农村妇女的"娘家人",是联系广大妇女群众的桥梁和纽带,借助基层妇联将农村妇女组织起来,这样农村妇女就可以发挥出更大的作用。所以妇联应当加强内部建设,提升服务水平和能力,积极传达并诠释党和国家的重要政策,充分发挥对广大妇女群众的思想引领作用,为乡村振兴凝聚巾帼之力、汇集巾帼之智。同时妇联可以帮助妇女群体成立互助小组,鼓励她们互相帮助,积极分享各自的经验,汇集各自的智慧和力量,共同应对乡村治理中的各种问题和挑战。为了强化基层妇联的功能和作用,政府也应当加大对妇联的建设和支持力度,为其提供必要的制度保障,使其能够参与到相关法律法规制定中,并有效监督法律的实施执行过程,同时增加对妇联工作的支持,以便更好地实现为妇女提供服务和帮助的目标。

Breakthrough Paths of Rural Women's Participation in Rural Governance in Rural Revitalisation

Pu Xinwei　　Wu Siqi

(Jilin University, Changchun, 130012)

Abstract: As rural areas become increasingly hollowed out, aged and feminised, women are increasingly becoming the driving force in stimulating rural vitality and participating in rural governance. In the process of rural governance, women's active participation is not only conducive to women's own development, the protection of women's rights and interests, and the achievement of the goal of gender equality, but also conducive to the stability of rural society and the promotion of the strategy of rural revitalisation. However, due to the limitations of internal and external factors such as system, culture, organisation and women's own conditions, women's advantageous role in the process of rural governance has not been brought into full play. Therefore, it is necessary to empower women to participate in rural governance by improving and implementing relevant policies and regulations, raising the economic and social status of rural women, strengthening education and training for rural women, abandoning backward gender prejudices and increasing women's organisation, etc., so as to help women realise their own values and contribute to rural revitalisation.

Key Words: rural governance；rural women；development of rural revitalisation

福建省农业农村发展中的"她力量"研究[*]

彭丽芳　吕闻君　张　娜[**]

内容摘要：福建省农业农村领域的妇女群体在福建省自中华人民共和国成立以来70余年的发展和建设历程中承担了重要使命，扮演了重要角色。基于已有文献、资料整理和实地调研，笔者对福建省农村女性"她力量"呈现的实践成果、困难挑战及对策进行梳理。研究发现，福建省农村女性在参政议政、经济产业、文化教育、社会生活等方面既取得了突出成就，也难免面临一些困难和挑战。为此，本文结合农村女性相关学术研究成果和福建省农村女性相关优秀实践经验，针对性地提出包括提升参政议政、扶持创业创新、强化文化教育、夯实基础保障等举措在内的优化对策，以期更好地推动福建省乡村女性投身福建省农业农村的广阔天地，进而更好地助力女性发展，服务乡村振兴。

关键词：福建省；农业农村；她力量；女性

一、引言

福建省妇女群体是顶起福建高质量发展的"半边天"，农村农业发展中的妇女是福建省女性群体的重要组成部分，在推进福建省高质量发展的进程中扮演了重要的角色，贡献了不可替代的"她力量"。

本研究针对福建省农村农业发展中的"她力量"展开了调研，目的在于：总结在福建省经济社会发展进程中，农村农业领域妇女群体参与以及做出的重要贡献；梳理农村农业领域妇女自身发展和进步，评估现行的促进农村农业领域妇女发展的制度、措施和做法；与此同时，发现既有农村农业领域妇女发展过程中遇到的痛点和难点，可能存在的问题和不足；面对新时代背景下新情况新问题，探讨福建省农村农业领域妇女取得更好发展的策略措施。

　　* 依托项目：福建省政府采购项目"福建省女性多群体发展研究"（招标编号：【3500】0624【DY】2021003G1，主持人：蒋月，厦门大学法学院/马克思主义学院教授、博士生导师，厦门大学妇女/性别研究与培训基地常务副主任）。

　　** 彭丽芳，女，厦门大学管理学院教授、博士生导师，主要研究方向为电子商务、信息系统、现代服务；吕闻君，男，厦门大学管理学院博士研究生，主要研究方向为电子商务；张娜，女，厦门大学管理学院博士研究生，主要研究方向为电子商务。

为全面、客观地呈现自中华人民共和国成立后,特别是改革开放以来,在推进福建省高质量发展的进程中,福建省农村农业发展中的妇女群体做出的贡献、面临的挑战及举措,本研究采用的整体调研思路遵循客观、全面、系统的原则,课题组以独立的研究视角和审慎的研究态度,在收集数据、梳理现有文献以及实地调研的基础上,对于福建省农业农村发展中的"她力量"进行调研、总结和呈现。

二、福建省农业农村发展中的"她力量"呈现

为更好地梳理自中华人民共和国成立以来,特别是改革开放以来农业农村领域女性在福建省发展和建设过程中发挥作用与取得的成绩,课题将从农村女性参政议政状况、农村女性经济状况、农村女性文化教育状况、农村女性社会生活状况方面,全面、系统地呈现福建省农业农村发展中的"她力量"。

(一)福建省农村女性参政议政状况

1. 农村女性参政议政现状

福建省委、省政府一直致力于促进妇女参政议政工作,根据《福建省妇女发展纲要(2011—2020年)》实施数据,福建省党的十八大、党的十九大代表中女性比例达34.1%,高于全国平均水平。在农村地区,省政府也积极推广妇女村务监督委员会制度,加强对妇女代表的培训和支持,鼓励她们积极参与村务公开、村民自治、村民议事等活动。这些措施的实施有效地促进了福建省农村妇女参政议政的发展。截至2022年年底,在省委组织部、省民政厅及省妇联的共同推进下,全省范围内村"两委"女性正职占比跃升至11%,村"两委"女性成员占比29.6%,均高于全国平均水平。[①] 福建省各城乡地区也积极在妇女群众生产生活的最小单元灵活建立"妇女之家",为农村妇女提供政策咨询、法律援助、技术培训等服务,同时还设立了"妇女论坛",定期举行妇女代表座谈会等活动,提升农村妇女参政议政的积极性。

福建省农村女性在中华人民共和国成立70余年特别是改革开放以来的基层治理中,经历了不同的阶段和变化。改革开放初期,福建省农村女性在基层治理中的地位和作用相对较弱。在当时的基层组织中,女性很少能够担任领导职务,参与决策和议事也受到限制。但是,随着改革开放的深入,女性的地位逐渐提高,越来越多的女性开始参与到农村基层治理中。1990—2000年,随着乡村经济的发展和基层组织的改革,福建省农村女性在基层治理中的地位得到了进一步提高。许多村委会开始实行选举制度,女性开始有机会担任村委会成员或村委会主任等领导职务。此外,福建省政府和妇女组织也积极推动女性参政议政,鼓励女性参加村民代表大会和人民代表大会的选举。而2000年至今,随着社会的发展和法律制度的完善,福建省农村女性在基层治理中的地位和作用越来越突出。到2010年,13.7%

---

① 林叶萍.全面贯彻落实党的二十大精神团结动员全省广大妇女为奋力谱写中国式现代化福建篇章贡献巾帼力量[R].福州:福建省妇联十三届二次执委会,2023.

的福建妇女担任过生产组长、村/居委会小组长及以上领导职务①,与已发布的全国妇女对各级决策和管理的参与率 11.2% 相比②,高出 2.5 个百分点,改变了 2000 年时福建女性参与决策管理程度低于全国的状况。2022 年,许多村委会已经实现了男女比例平衡,妇女更加广泛地参与决策、企业民主管理和基层民主管理。省级"两代表一委员"中女性所占比例均有提升,市县两级领导班子中女干部比例保持稳定。此外,福建省政府也出台了一系列政策,支持和鼓励女性参与基层治理,例如,在村委会选举中,福建省规定了一定比例的女性当选村委会委员,同时积极推广"双百工程",即培养 100 名村级女干部和 100 名村级女能人,提高农村女性的综合素质和领导能力。各级政府还加大了对农村女性的培训和宣传力度,提高她们的政治意识和法律意识。福建省农村女性在政治决策中的发言权和代表性也有所提高。福建省委、省政府对村务民主建设和农村基层民主制度的完善给予了高度重视,强调要推动"三议两公开"(村民议事、村规民约、村务公开、财务公开),为农村女性提供更多的参政议政机会。同时,福建省也大力推广"妇女之家""妇女委员会"等组织,为农村女性参与政治决策提供了良好平台和渠道。

2. 农村女性参与公共事务管理现状

福建省政府和社会组织对农村女性的公共事务管理工作进行了大力支持和引导。2010 年的调查显示,福建女性参与各类决策管理的比例比 2000 年的 5.4% 提升了 8.3 个百分点③,这一进步高于全国平均水平④。自 2012 年以来,100% 的村(社区)"两委"班子都有女性成员,100% 的村(社区)妇联主席进村(社区)"两委"⑤。村妇代会改建妇联、乡镇妇联组织区域化建设全面完成,现有乡镇(街道)妇联执委 2.4 万人、比改革前增长 5 倍,村(社区)妇联执委 19.4 万人、比改革前增长 10.7 倍,建成实体"妇女之家""妇女微家"3.3 万多个,"一呼百万"好姐妹微信群 4 万个,新兴领域、台资企业妇女组织 3419 个,妇联组织覆盖和工作覆盖不断扩大,形成多领域、广覆盖的微家矩阵和"妇女微家＋特色＋服务"的工作模式⑥。

福建省发布并实施了一系列政策和措施,鼓励和引导农村女性参与公共事务管理。例如,制定村规民约、编制村民议事日程、实施村务公开等。此外,各级政府和社会组织还积极开展农村女性社会组织建设与培训工作,提高农村女性的公共事务管理能力和素质。另外,福建省农村女性的公共事务管理能力和水平也逐步提高。福建省通过各种方式加强对农村女性的培训和教育,提高她们的法律意识、管理能力和领导素质。同时,福建省还建立了多

①　周玉.变迁中的女性政治参与:基于"福建省第三期中国妇女地位调查"数据的研究[J].中共福建省委党校学报,2014(1):91-97.

②　第三期中国妇女社会地位调查课题组.第三期中国妇女社会地位抽样调查主要数据报告[J].妇女研究论丛,2011(6):5-15.

③　周玉.变迁中的女性政治参与:基于"福建省第三期中国妇女地位调查"数据的研究[J].中共福建省委党校学报,2014(1):91-97.

④　第三期中国妇女社会地位调查课题组.第三期中国妇女社会地位抽样调查主要数据报告[J].妇女研究论丛,2011(6):5-15.

⑤　福建省妇联党建研究课题组.加强调研访妇情 服务基层妇女组织建设[J].中国妇运,2014(1):28-30.

⑥　林叶萍.高举伟大旗帜勇立时代潮头为奋力谱写全面建设社会主义现代化国家福建篇章贡献巾帼力量[R].福州:福建省妇女第十三次代表大会,2022.

种渠道,为农村女性提供参与公共事务管理的机会,例如设立村民代表会议、村民理事会等。

改革开放初期,福建省农村女性的参与度比较低。由于社会经济条件落后,女性家庭劳动力仍然占据主导地位,女性社会地位相对较低,很少有机会参与到公共事务管理中。随着城市化和农村经济发展,福建省农村女性才开始逐渐参与。当时一些政府和非政府组织开始推动女性参与村务管理,并且积极培训与支持女性村干部的选拔和提拔。福建省农村女性逐渐参与到村务管理、农业发展规划、土地承包、农村环境保护等方面的工作中。据调查,女性在村务管理中能充分发挥耐心、善于沟通等女性特质,也在乡村生态治理方面独具优势,比如垃圾分类管理、公共卫生治理、庭院美化及绿色种植养殖等。此外,58.7%的农村女性在"文明乡风"方面也做到了很好的传承,比如睦邻友好、关爱留守儿童和孤寡老人、移风易俗、文化娱乐、维护权益,甚至还有部分农村女性在"心理疏导"方面有一定的成效[①]。

现在随着社会进步和女性地位的提高,福建省农村女性在公共事务管理中的参与度得到了显著提高。政府对于女性权益的保护和促进政策的出台,也使得女性更加积极地参与到村务管理、社区建设、环保和精准扶贫等方面的工作中。这既是得益于福建省政府对于女性参与公共事务管理的重视和支持,同时也是福建省农村女性自身能力和意识提高的结果。

3. 基层女干部参政层次占比

福建省一直高度重视基层女干部的参政议政工作,积极引导和鼓励女干部参与基层治理和决策。早在2012年村级组织换届选举中,福建省妇联全面开展村委会女成员"专职专选",首次实现了女性进村委会100%和妇代会主任进村"两委"100%,村党支部中女性成员占14.22%,村委会中女性成员占29.5%[②]。随着近年来妇女地位的提高,福建省农村基层领导层级中女性干部的比例也在逐步提高,到2016年就已达到全省9个省区市领导班子配备女干部47名,84个县(市、区)领导班子配备女干部355名,930个乡镇中有921个领导班子配备女干部1420名[③]。在村委会中,女性村干部参与的程度逐年提升。此外,福建省还在县级以上人大、政协委员中积极推荐女性干部,提高女性干部的参政议政层次。

福建省政府已经采取一系列措施来支持女性干部参政议政,例如省妇联联合省委组织部举办处级女干部政治能力提升班,开展女干部全方位常态化培养工作课题调研,依托妇干校培训基层女干部,组织评选"三百五有"基层妇联组织、优秀妇联主席等[④],加强对基层女性干部的培训和教育,增加女性干部参加决策的机会,推广女性干部先进典型等。

4. 农村女性对参政议政的认知

作为参政议政的重要群体,福建省农村女性的参政意识和认知也逐渐增强。这主要表现在以下两方面:一是女性对国家社会政治的关注度越来越高。福建妇女关注"国内外重大事务"的比例高达95.6%,和全国妇女对国内外重大事务的关注率相比,高出2.7个百分点。

① 陈福英,吴贵明.乡村振兴语境下的女性参与社会治理实践:以福建为例[J].福建广播电视大学学报,2020(6):69-75.

② 福建省妇联党建研究课题组.加强调研访妇情 服务基层妇女组织建设[J].中国妇运,2014(1):28-30.

③ 吴洪芹.保持和增强政治性先进性群众性为再上新台阶建设新福建贡献半边天力量[R].福州:福建省妇女第十二次代表大会,2016.

④ 林叶萍.全面贯彻落实党的二十大精神团结动员全省广大妇女为奋力谱写中国式现代化福建篇章贡献巾帼力量[R].福州:福建省妇联十三届二次执委会,2023.

农村妇女关注的三大议题主要是社会治安、社会保障、环境保护[①]。二是福建妇女的政治参与率和政治关注程度在总体上高于全国水平[②]。福建妇女的女性政治地位提升的外部环境不断优化,女性参政的社会认同更高,女性主体意识就会自主增强。而福建农村妇女参与村委会选举的投票率早几年就已高达89.6％,且投票时"尽力了解候选人情况,自己投票"的比例为74.1％[③]。

随着经济发展与社会发展呈现出多元态势,人们的思想观念呈现多元特点,女性开始逐渐意识到参与到政治和公共事务中的重要性,意识到只有积极参与到决策中来,才能更好地维护自己的利益和权益,更好地发挥自己的作用。参与政治决策可以提高自己的社会地位和影响力,也可以为农村经济发展和社会建设做出贡献。在农村治理和公共事务管理中,女性能够发挥独特的作用,帮助解决一些传统观念和思想的问题,促进社会和谐稳定。

总的来说,福建省广大农村女性群体对于参政议政的态度和认知在改革开放以来有了较大的提高。政府出台的一系列政策和非政府组织的培训活动,促进了农村女性的政治参与意识和能力的提高。同时,社会经济条件和文化水平的提高也为农村女性参政议政提供了更多的机会和条件。但是,仍然需要加强女性参政议政的能力和机会,促进性别平等和女性权益的实现。

(二)福建省农村女性的经济状况

1. 农村女性脱贫攻坚成果

福建省是中国较早实施扶贫开发的省份,2013年9月,为贯彻落实中央扶贫精神,福建省将23个县、2021个村列为省级扶贫重点县(村)[④]。福建省秉承习近平同志在闽工作期间亲自谋划、参与贫困治理时创造的宝贵思想财富和实践经验,一直持之以恒地推进脱贫工作[⑤]。尤其是党的十八大以来,福建坚持把精准扶贫、精准脱贫作为基本方略,扎实推进脱贫攻坚工作。现今脱贫攻坚任务全面完成,乡村振兴乐章持续奏响。至2019年年底,全省23个省级扶贫开发工作重点县全部"摘帽",45.2万建档立卡贫困人口全部脱贫[⑥],福建率先实现全部脱贫,建档立卡贫困户人均收入由2015年的3653元增加到2019年的12525元[⑦]。

①　周玉.变迁中的女性政治参与:基于"福建省第三期中国妇女地位调查"数据的研究[J].中共福建省委党校学报,2014(1):91-97.

②　周玉.变迁中的女性政治参与:基于"福建省第三期中国妇女地位调查"数据的研究[J].中共福建省委党校学报,2014(1):91-97.

③　第三期中国妇女社会地位调查课题组.第三期中国妇女社会地位抽样调查主要数据报告[J].妇女研究论丛,2011(6):5-15.

④　林萍,曾玉荣."后扶贫时代"福建农村防贫减贫的对策思考:以23个扶贫重点县为例[J].农业经济,2021(11):94-95.

⑤　陈宇海.反贫困的地方政府探索奔小康的成功路径实践:评《脱贫奔小康的福建经验》[J].学术评论,2021(4):14-18.

⑥　赵龙.2023年福建省人民政府工作报告[R].福州:福建省第十四届人民代表大会,2023.

⑦　胡忠昭.从福建率先实现全部脱贫看中国共产党领导力[J].中国领导科学,2020(6):32-35.

其中,全省 20.26 万建档立卡贫困女性人口已全部脱贫①,农村女性是脱贫攻坚的重要对象之一。福建省通过建立扶贫车间、发放扶贫贷款、推广农村妇女经济合作组织、发展乡村旅游、提供技能培训等一系列精准扶贫措施,帮助农村妇女提升收入,进而实现脱贫。

福建省重视农村妇女的发展,也为持续巩固拓展脱贫攻坚成果,鼓励农村妇女积极参与产业发展,推动农村经济的发展。持续发挥"巧妇贷"等妇女创业贷款的撬动作用和各级巾帼示范基地的带动作用,支持女能人、返乡女大学生、脱贫妇女等因地制宜创立合作社、家庭农场、开展直播带货、发展乡村旅游,带动妇女群众在乡村振兴中展现才干,做大做强特色产业②。在种植业方面,福建省重点支持女性发展特色农业和林果种植,提高了女性在家庭和社会中的地位。在养殖业方面,福建省鼓励女性发展家禽、水产养殖等项目,帮助她们增加收入。同时,政府还支持农村妇女自主创业,提高她们的创业能力和创新意识,也积极开展农村妇女教育培训、技能培训、职业教育和经验交流等活动,提高她们的素质和技能,帮助她们更好地融入社会和参与经济活动、增加就业机会,实现脱贫致富。截至 2022 年 7 月,已多次开展"巾帼脱贫攻坚行动""乡村振兴巾帼行动",实施"农村妇女素质提升计划",组织各类培训近 2000 期,受益妇女近 10 万人次。同时,福建省也加大了医疗卫生保障力度,重点关注农村妇女的健康问题。政府通过建设卫生设施、加强医疗队伍建设、推广健康知识等方式,提高农村妇女的健康水平,降低了贫困家庭因病致贫的风险。

以上措施的实施,使得福建省农村女性在脱贫攻坚中发挥了重要作用,取得了显著的成果。这为其他地区和国家提供了可借鉴的经验,促进了农村妇女地位的提高和全面发展。

2. 农村女性财富水平

福建省是中国东南沿海发达省份之一,福建省统计局发布的《福建统计年鉴-2022》数据显示,农村居民人均可支配收入由 2012 年的不足 1 万元提高至 2021 年的 23229 元,收入实现翻番,年均增长 9.6%。其中女性贡献了约 40% 的收入③,而农村居民人均生活消费支出也从 12911 元增长到 19290 元。城镇与农村居民人均可支配收入比值由 2012 年的 2.8∶1 缩小至 2021 年的 2.2∶1④。

从人均纯收入来看,1978 年福建农村人均纯收入仅 135 元,但继 1987 年福建省农民收入首次超过全国平均水平之后,收入持续强劲增加,到 2007 年农村人均纯收入比全国平均水平高出 32%,达到 5467 元⑤,2013 年全省农民人均纯收入首次突破万元大关,达到

①　林叶萍.高举伟大旗帜勇立时代潮头为奋力谱写全面建设社会主义现代化国家福建篇章贡献巾帼力量[R].福州:福建省妇女第十三次代表大会,2022.

②　林叶萍.高举伟大旗帜勇立时代潮头为奋力谱写全面建设社会主义现代化国家福建篇章贡献巾帼力量[R].福州:福建省妇女第十三次代表大会,2022.

③　福建省统计局.福建统计年鉴-2022[EB/OL].(2022-11-01)[2024-08-18].https://tjj.fujian.gov.cn/tongjinianjian/dz2022/index.htm.

④　福建省统计局.踔厉奋发 谱写新福建建设新篇章:"喜迎二十大"福建经济社会发展成就系列之一[EB/OL].(2022-09-15)[2024-08-18].http://tjj.fujian.gov.cn/ztzl/xysedfjjjshfzcj/fxwz/202206/t20220624_5993410.htm.

⑤　国家统计局农村社会经济调查司.历史的跨越:农村改革开放 30 年[M].北京:中国统计出版社,2008:112-115.

11184.2 元①。近年来经济快速发展,各种因素带动了农民增收,农村女性的财富水平也得到了不断提升。特别是随着乡村经济的发展,农村女性在种植、养殖、手工制作等领域得到了更多的机会和支持,收入水平不断提高。

从资产来看,福建省农村妇女家庭资产的主要形式为房屋、农田和存款等。随着福建省农村经济的发展,农村女性的资产也逐渐增加。特别是在农村土地流转中,许多家庭把土地租出去,农村女性也成为土地出租等经营性收益的所有者之一。福建省政府出台的一系列扶贫政策,使得许多贫困家庭获得了产业和资产,农村女性的财富水平得到了显著提高。

近年来,随着金融业的发展和政策的支持,福建省农村女性的金融水平也得到了显著提高。越来越多的农村女性开始接触到金融产品,例如储蓄、信贷和保险等。这些金融产品的使用使得福建省农村女性的财富得到了更好的保障和增值。此外,福建省还积极推进金融扶贫,通过建设信用社、小额贷款公司等金融机构,为农村女性提供更加便捷的金融服务和支持。

农村女性的财富水平的提升是一个长期的过程,需要政府、社会各界以及农村女性自身的共同努力。通过不断推进相关政策和措施,加强对农村女性的支持和关注,农村女性的财富水平还将继续提高,进一步促进农村社会的全面发展和进步。

3. 农村女性创业就业

据福建省统计局 2022 统计年鉴数据,截至 2021 年年底,福建省城镇私营单位女性就业人数为 227.89 万,占比 36.7%,城镇非私营单位女性就业人数为 236.23 万,占比 40.8%②。从整体上看,福建省就业人员中女性占比保持在 40% 以上,公有经济高级专业技术女性占比超过 35% 目标,女性就业领域不断扩展,涵盖经济、科技制造业、旅游业等各领域③。

在经济改革开放的大背景下,福建省也出台了一系列促进政策,不断加强对农村女性创业就业的扶持,如专项资金扶持、技术培训、场地租金减免等。2015 年,福建省出台了《关于开展创业创新巾帼行动的实施意见》,提出了进一步加强农村女性创业就业的措施和政策,鼓励和支持农村女性发展新型职业、从事家庭服务业和小微企业经营,为她们创造更多就业机会和创业空间。此外,福建省还出台了《福建省农民专业合作社条例》,提出支持农民专业合作社吸纳农村妇女就业的政策,鼓励农村妇女积极参与到合作社的管理和运营中。

近年来,随着数字经济的崛起,为了给农村女性提供更好的创业环境和资源,福建省开始大力发展电商、微商等数字经济相关行业,赋能农村女性创新创业,不断增强其自主创业的能力。政府不断提升数字化基础设施,加强电商、物流等数字经济领域的发展,为农村女性创业提供了更加广阔的市场和更多的机遇。调查显示,随着产业振兴发展,越来越多的农村女性向第二、三产业转型,比如开办民宿、制作文创和手工艺品、当地特色食品加工或自主创业等。而在社交媒体和网络技术运用的日益普及下,越来越多的农村女性开始利用社交

---

① 国家统计局福建调查总队.福建调查年鉴(2014)[M].北京:中国统计出版社,2014:39-42.

② 福建省统计局.福建统计年鉴-2022[EB/OL].(2022-11-01)[2024-08-18].https://tjj.fujian.gov.cn/tongjinianjian/dz2022/index.htm.

③ 福建省妇女联合会.十年福建·妇女儿童事业绽芳华(六)[EB/OL].(2023-01-10)[2024-08-18].http://www.fjwomen.org.cn/search.html? keywords=十年福建.

媒体工具比如短视频和直播对农产品进行推广,扩大乡村品牌的影响①。

福建省妇联也围绕走好具有福建特色的乡村振兴之路,推进"八闽巾帼乡村振兴行动"。深入实施"乡村巾帼追梦人""高素质女农民"培养计划,持续开展民宿女能人赋能、巾帼电商直播等实用技术培训,培养引聚妇女人才。紧扣宜居宜业和美乡村建设,推动"美户美家·福进万家"提档升级,深化巾帼兴粮节粮、巾帼示范基地创建,推出寻访"妈妈的传家菜"等"乡土巾帼·品味乡土"乡村土字号品牌,让农村妇女在做大做强文旅经济中更多分享产业增值收益。

在促创政策扶持和数字经济赋能的影响下,福建省农村女性创新创业群体逐渐形成了一些特征和趋势。农村女性创新创业群体的特征主要有以下几个:(1)高度重视自我提升和职业发展,愿意通过学习、培训等方式提升自身的技能和素质;(2)较强的适应能力和创新意识,能够及时发现市场机会,创新经营模式,不断拓展业务范围;(3)有较强的社会责任感和公益意识,愿意为社区、村庄等社会组织提供帮助和支持。

2021年,福建省妇女联合会以精准帮扶助力乡村振兴,围绕种养编织、家政服务、电商直播等实用技术,组织高素质女农民、巾帼致富种子工程等各类培训班819期,培训妇女4.46万余名,新增发放"巧妇贷""巾帼创业贷"39.23亿元,扶持创业妇女7.25万人,培育了一批乡村振兴女带头人,帮助农村妇女在家门口创业增收②。2022年,福建省妇女联合会继续深化八闽巾帼乡村振兴行动,助力绿色经济、文旅经济发展。围绕产业振兴,争取省政府专项资金200万元,扶持38个省级巾帼示范基地建设,培育乡村振兴女带头人,联动开展236场"福见乐购·姐妹乡助"等巾帼直播带货,总销售额达1700多万元,举办巾帼电商、民宿女能人赋能提升等培训1000余场,培训妇女人数达4.3万名③。在良好的创新创业帮扶带动下,福建省就业人员中女性比重始终保持在四成以上,互联网领域创业者中女性比例超过五成,新业态新就业群体中女性数量日渐增多。

总体来说,福建省农村女性的创新创业呈现出多元化、信息化、创业意识强和共享经济的趋势,预计在未来的发展中,这些特征将更加明显。同时,政府和社会应该加强对于农村女性创新创业的支持,为她们提供更多的机会和平台,推动农村女性群体融入现代化的经济体系中。

4. 农村女性农业生产

据第三次全国农业普查报告,早在2016年,全国农业生产经营人员31422万人,其中女性就有14927万人,占比47.5%。而2019年全国农民工监测报告统计结果显示,我国农民工群体中的女性占比为35.1%。其中,外出农民工中女性占比只有30.7%,并呈下降趋势④。这反映了大部分女性留守在农村参与农业生产的客观事实,女性劳动力已经成为农

---

① 陈福英,吴贵明.乡村振兴语境下的女性参与社会治理实践:以福建为例[J].福建广播电视大学学报,2020(6):69-75.

② 林叶萍.高举旗帜勇毅前行汇聚奋力谱写全面建设社会主义现代化国家福建篇章巾帼力量[R].福州:福建省妇联十二届六次执委会议,2021.

③ 林叶萍.全面贯彻落实党的二十大精神团结动员全省广大妇女为奋力谱写中国式现代化福建篇章贡献巾帼力量[R].福州:福建省妇联十三届二次执委会,2023.

④ 王颜齐,班立国.女性参与农业家庭经营代际传递的阻断及其化解[J].学术交流,2021(3):149-159.

业生产经营的主体。农业劳动力妇女化是当前农村社会呈现的一个新特点①。

福建省农村妇女主要从事的农业生产活动包括种植业、养殖业和渔业。随着农业生产技术的进步和现代化管理的推广,传统的农业生产方式逐渐被现代化的农业生产方式所替代,农村女性在农业生产中的劳动方式和角色也发生了相应的变化。

在务农收入方面,随着福建省农村经济的快速发展和城乡差距的缩小,近年来福建省农村女性的务农收入逐年增加。一方面,政府加大了对农业生产的扶持力度,提高了农民的收入水平;另一方面,福建省农村女性在农业生产中发挥了重要作用,通过合作社、家庭农场等方式,开展种养殖业、农产品加工等产业,增加了家庭的经济收入。福建省还积极推进农村电商、特色农业等领域的发展,为农村女性提供了更多的就业机会和创业平台,进一步促进了农村女性务农收入的增加。

在务农技术替代方面,福建省农村女性也积极响应政府的号召,通过学习新技术、参加培训等方式,提高自身的技术水平,逐渐实现了从传统的手工劳动到现代化的机械化劳动的转变。同时,随着现代农业生产方式的推广,越来越多的高科技农业技术被应用于农业生产中,农村女性也受益于这些新技术。农业生产工作很多被自动化和机械化取代,例如,无人机、智能化灌溉系统、精准农业等技术的运用,不仅提高了农业生产效率,而且让农村女性的工作更加轻松、高效。福建省人民政府网站公布的数据显示,福建省已经启动了300个特色农业示范区建设,鼓励农民通过技术创新和产业升级来提高农业收入。

据《福建统计年鉴-2022》,截至2021年年底,全省14270个行政村,有乡村从业人员约1388.81万人,女性约占46.1%②。在技术应用方面,福建省已经实施了一系列农业科技示范项目,如推广高产优质品种、农业机械化和农业信息化等。福建省农村女性积极参与了这些项目,通过学习和应用现代技术,提高了农业生产效率,也有许多女性开始从事家庭农场经营、农产品加工和销售等产业。

总体而言,福建省农村女性在农业生产中发挥着重要的作用,她们通过努力学习和应用现代技术,参与到农业生产中,推动了农业现代化和农村经济的发展。

5. 农村女性基本保障与保险

福建省农村女性的基本保障和保险涉及多个方面,包括医疗保障、社会保险、商业保险以及最低社会保障等。

首先,医疗保障方面,福建省实行了基本医保、大病保险、新农合等医疗保障制度,其中新农合是面向农民的医疗保障制度,为农村居民提供医疗服务和基本医疗保险。同时,福建省积极发展远程医疗、家庭医生签约服务等,方便农村居民就医。然而,在一些偏远地区,医疗资源匮乏,农村妇女的医疗保障仍然存在较大的不足。

其次,社会保险方面,福建省实行了城乡统筹的社会保险制度,包括基本养老保险、基本医疗保险、失业保险、工伤保险和生育保险等。农村居民参保比例逐年提高,福建省人力资源和社会保障厅数据显示,截至2019年年底,全省城乡居民养老保险参保率达到98.7%。

---

① 金一虹.嵌入村庄政治的性别:农村社会转型中妇女公共参与个案研究[J].妇女研究论丛,2019(4):10-27.

② 福建省统计局.福建统计年鉴-2022[EB/OL].(2022-11-01)[2024-08-18].https://tjj.fujian.gov.cn/tongjinianjian/dz2022/index.htm.

截至 2023 年 1 月底,城乡居民基本养老保险参保人数 1597.96 万人,同比增长 0.15%,女性占比略低于男性[1]。此外,福建省还推出了特殊困难群体医疗救助等保障措施,对于农村女性的基本医疗保障起到积极的促进作用。

在商业保险方面,福建省农村居民可以购买商业保险产品。例如,农村家庭的住房、财产、人身等方面都可以购买相应的商业保险,提高风险保障能力。此外,福建省还推出了"两癌(乳腺癌和宫颈癌)"保险等商业保险产品,为农村女性提供更加全面的保障。

最后,在最低社会保障方面,根据福建省民政厅发布的《2021 年福建省国民经济和社会发展统计公报》,2021 年年末,纳入农村最低生活保障的居民有 48.40 万人,城乡特困人员 6.7 万人。福建省实行了最低生活保障制度,对于家庭困难、生活无着落的农村女性也提供基本保障。此外,福建省还推行了农村五保供养制度,针对特困人员提供生活救助。

在 1980 年代末至 1990 年代初,福建省农村社会保险仅实行城镇居民医疗保险试点,农村女性很难享受到社会保险和医疗保险的保障。最低社会保障制度也未能全面覆盖农村女性。到 2000 年左右,福建省陆续推出农村居民基本医疗保险、农村居民养老保险等基本保障政策。进入 21 世纪后,福建省加强了商业保险的推广和发展,包括重大疾病保险、意外伤害保险等,为农村女性提供了更全面的保险保障。同时,最低社会保障制度也逐步完善,农村女性的保障水平有所提高。截至 2020 年,福建省全省基本医疗保险户籍人口参保率已超过 96%[2],农村居民养老保险参保率也有了明显提升,保障水平得到了大幅度提升。

需要注意的是,虽然福建省已经取得了一定的保障和保险成效,仍然存在一些问题和挑战。城乡居民养老保险制度尚未完善,特别是在养老金调整和待遇提高方面还有较大的提升空间;医疗保障方面,虽然覆盖面较广,农村女性在医疗资源分配方面仍然存在一些不公平的情况。

(三)福建省农村女性文化教育状况

1. 农村女性与教育

教育支出是福建财政第一大支出,年均增长 8%[3]。近年来,福建省在全国率先启动管理标准化学校建设,女性高等教育毛入学率比 2010 年提高 38 个百分点,提前实现国家纲要目标[4]。福建省政府在促进农村教育的发展上付出了不懈的努力。在这一过程中,农村女性的教育状况也得到了极大的提高。

首先,福建省政府加大了对义务教育的投入,使得农村地区的教育水平得到了快速提高。根据国家统计局发布的数据,2021 年福建省小学入学率和初中入学率分别达到了

---

[1] 福建省统计局.福建统计年鉴-2022[EB/OL].(2022-11-01)[2024-08-18].https://tjj.fujian.gov.cn/tongjinianjian/dz2022/index.htm.

[2] 福建省工业和信息化厅.福建省"十四五"全民医疗保障专项规划[EB/OL].(2022-01-04)[2024-08-18].http://http://gxt.fujian.gov.cn/zwgk/ztjj/sswgh/sswgh/202205/t20220516_5911935.htm.

[3] 福建省人民政府.办好教育立德树人[EB/OL].(2022-10-15)[2024-08-18].http://www.fujian.gov.cn/xwdt/mszx/202210/t20221015_6017029.htm.

[4] 福建省妇女联合会.十年福建·妇女儿童事业绽芳华(四)[EB/OL].(2023-01-10)[2024-08-18].http://www.fjwomen.org.cn/search.html? keywords=十年福建.

99.95％和 99.54％,长期保持全国高位①。

其次,福建省政府也采取了多项措施,鼓励包括农村女性在内的妇女接受学历教育。随着农村地区教育水平的提高,越来越多的女性有机会接受高等教育。福建在全国率先启动高素质农民(新型职业农民素质提升)学历提升工程,女农民接受继续教育的机会更多②。

再次,非学历教育也成为福建省农村女性教育的重要组成部分,是农村女性提升自我能力的重要途径。非学历教育包括各种短期培训、技能培训等,这些培训能够为女性提供更多的技能和就业机会,帮助她们更好地融入社会。在这方面,福建省政府也采取了多项措施,提出要加强农村妇女非学历教育的培训力度。近年来,福建省政府还加大了对技能培训的投入,使得越来越多的农村女性有机会接受职业技能培训,提升了她们的就业竞争力。以2022 年为例,围绕产业振兴,福建省妇联争取省政府专项资金 200 万元,扶持 38 个省级巾帼示范基地建设,培育乡村振兴女带头人,举办巾帼电商、民宿女能人赋能提升等培训 1000余场,培训妇女 4.3 万名③。除了传统的手工艺技能传承和农村实用技能培训外,各级政府也开始大力推行各类职业技能培训,以提高农村女性的职业素养和就业能力。例如,福建省"百千万"人才工程推广农村创业计划,为农村妇女提供了职业技能培训和创业资金支持。在这些政策的支持下,越来越多的农村女性有机会接受非学历教育,提升自己的职业技能。

中华人民共和国成立 70 余年尤其是改革开放以来,福建省农村女性受教育水平得到了显著提高。义务教育和非学历教育的发展为农村女性提供了广泛的知识渠道和职业技能培训,高等教育的普及为农村女性提供了接受更高层次教育的机会。这一系列教育红利的持续释放,让越来越多的农村女性能够获得更好的教育、更广阔的职业发展空间,为农村妇女走向更广阔的世界打下了坚实的基础。

2. 农村女性文化素养

随着教育事业的发展和改革开放的深入,福建省农村女性的文化素养水平也有了显著的提升。知识获取渠道的多样化是文化素养提升的重要因素。在过去,福建省农村女性的知识获取主要依靠传统的家庭教育和社会经验积累。然而,随着现代科技的普及,互联网、电视、广播等多种渠道的出现,女性们也逐渐学会通过这些渠道获取知识,拓宽了自己的视野和思维方式。早在 2014 年福建省农村地区的网民规模就达到 2471 万人,互联网普及率达到了 65.5％,高于全国水平④,而移动上网比例更高。这更为农村女性获取知识提供了便利。通过互联网学习课程、观看纪录片、浏览新闻等方式,福建省农村女性的文化素养得以提升。另外,知识获取能力的提高也是文化素养提升的重要因素。近年来,福建省农村女性的受教育程度不断提高,逐渐拥有了更强的知识获取能力。此外,越来越多的农村女性开始

---

① 福建省统计局.福建统计年鉴-2022[EB/OL].(2022-11-01)[2024-08-18].https://tjj.fujian.gov.cn/tongjinianjian/dz2022/index.htm.

② 福建省妇女联合会.十年福建·妇女儿童事业绽芳华(三)[EB/OL].(2023-01-10)[2024-08-18].http://www.fjwomen.org.cn/search.html? keywords=十年福建.

③ 林叶萍.全面贯彻落实党的二十大精神团结动员全省广大妇女为奋力谱写中国式现代化福建篇章贡献巾帼力量[R].福州:福建省妇联十三届二次执委会,2023.

④ 中华人民共和国国家互联网信息办公室.福建省互联网普及率居全国第 4 位[EB/OL].(2015-07-21)[2024-08-18].http://www.cac.gov.cn/2015/07/21/c_1115992915.htm.

关注时事新闻,通过报纸、电视、网络等媒体了解社会热点,提高自己的综合素质。与此同时,社会上也出现了各种形式的非学历教育和培训,为女性提供了更多的学习机会和途径。例如,农村妇女儿童活动中心、农村社区教育、乡村电商培训等活动不仅可以提高女性的知识水平,而且能够提高她们的生产技能和就业能力,从而提高文化素养水平。

各级妇联组织的工作,为提高农村女性的文化素养提供了重要保障。妇女之间的经验分享和合作学习,也起到了相互促进的作用。同时,各级妇女组织还积极组织女性开展各类文化活动和竞赛,从而提高女性的文化艺术素养。

总之,福建省农村女性的文化素养水平得到了一定程度的提升,这得益于多方面的因素,包括教育的普及、信息技术的发展、政府和社会组织的文化普及活动等。

(四)福建省农村女性的社会生活状况

1. 农村女性家庭与婚姻

中华人民共和国成立70余年特别是改革开放以来,福建省农村女性的家庭与婚姻状况发生了很大的变化,这些变化主要体现在家务劳动、子女教育、老人照料和婚姻状况等方面。

在家庭方面,随着改革开放40余年来农村女性家庭的整体提升和福建省农村经济的发展,福建省农村女性在家庭中的地位也有了显著提高。家庭劳动分工的变化,使得男性和女性在家庭中承担的角色逐渐趋于平衡。根据全国妇联1990年9月(非农忙时节)进行的第一期中国妇女社会地位调查,15~64岁农村女性平均每天用于家务劳动的时间比男性多3个小时。而2018年的调查显示,农村女性的家务劳动时间缩短至2.37个小时[①](见表1)。此外,农村女性对于家庭重大事务、孩子教育、家庭居住环境等方面的关注程度也有了显著提高,她们逐渐成为家庭的管理者和决策者[②]。

表1　全国男女日均家务劳动时间(单位:小时)

年份	男	女
1990	2.23	5.18
2000	1.57	4.43
2010	0.83	2.38
2018	0.85	2.37

资料来源:1990年数据根据《当代中国妇女地位抽样调查资料》整理计算;2000年、2010年数据根据《第三期中国妇女社会地位调查全国主要数据》整理;2018年数据根据《2018年全国时间利用调查公报》整理计算。

在子女教育方面,农村女性对子女教育的重视程度也得到了显著提高。一方面,农村"80后""90后"父母普遍接受了更长年限的教育,文化水平提高,对子女的教育更为重视。另一方面,在工业化和城镇化进程中,农民家庭再生产目标从简单的家庭再生产变成了扩大

---

① 国家统计局.2018年全国时间利用调查公报[EB/OL].(2019-01-25)[2024-08-18].https://www.stats.gov.cn/sj/zxfb/202302/t20230203_1900224.html.

② 唐永霞.改革开放40年中国农村已婚女性家庭地位的变化:基于中国妇女社会地位抽样调查数据的分析[J].甘肃高师学报,2020,25(3):138-142.

化的家庭再生产①,参与教育竞争成了实现更高层次家庭发展目标的重要策略②。与此同时,对于大学教育和高等职业教育的重视程度逐年上升。这表明农村女性对子女教育的认识越来越理性和现代化,他们更加注重子女的教育投资和未来发展③。

在老人照料方面,农村女性在过去的几十年中承担了更多的家庭责任和照顾老人的任务。然而,在经济发展和社会进步的背景下,老年人的生活条件和社会福利也得到了显著提高,他们的医疗、教育和生活保障等问题得到了更好的解决。因此,随着时间的推移,农村女性对老年人照料的压力逐渐减少,老年人的生活状况也得到了很大改善。

在婚姻方面,福建省农村女性在家庭结构、婚姻观念、婚姻稳定性等方面都发生了巨大的变化。近年来,福建农村地区结婚年龄逐渐推迟,离婚率也逐年上升。这主要是由于婚姻观念和家庭价值观的变化,女性越来越注重自己的职业发展和自身独立性,不再愿意只是为了结婚而结婚,也更加注重婚姻的平等和相互尊重。此外,福建省农村地区的经济发展与教育水平的提高也让女性有了更多的选择和机会,不再像过去那样只有在婚姻中才能获得社会认可和地位。近年来,福建省农村地区也出现了一些新的家庭形式,例如单亲家庭、同居家庭等,这些家庭形式在一定程度上反映了婚姻观念和家庭价值观的多样化。农村女性也越来越意识到自己在婚姻与家庭中的地位和权利,逐渐成为家庭的平等参与者和决策者。

福建省农村女性不再仅仅是传统意义上的家庭主妇,而是更加独立和自主的个体。农村女性的家庭结构和婚姻观念的提升反映了社会的进步和发展,也为农村女性的自我发展和个人价值的实现提供了更多的机会和可能性。

2. 农村女性医疗与健康

福建省妇女联合会调查数据显示,福建妇女平均预期寿命从 2010 年的 78.64 岁延长到 81.55 岁,比全国女性寿命平均水平高出 0.67 岁④。农村妇女的平均寿命也相应提高。

首先,医疗条件的改善是农村女性医疗状况得到改善的重要因素之一。近年来,随着政府对农村地区卫生事业的不断加大投入,农村地区的医疗设施和服务水平得到了显著提升。越来越多的医疗机构和医生进驻农村地区,使得农村女性获得了更为方便和优质的医疗服务。

农村地区医疗保险制度的不断完善和普及,也为农村女性提供了更加全面和可靠的医疗保障。截至 2021 年年底,福建省有基层医疗卫生机构比如社区卫生服务中心(站)、卫生院、门诊部、诊所、卫生所、医务室、村卫生室等共计 2.7 万余家,乡村村级医疗点 1.6 万余家,覆盖率达到 97.9%。省内城乡居民参保稳定在 95% 左右,而农村女性居民参保率也在不断提高⑤。

---

① 张一晗.教育变迁与农民"一家三制"家计模式研究[J].中国青年研究,2022(2):61-69.

② 雷望红.阶层流动竞争与教育风险投资:对甘肃宁县"陪读"现象的解读[J].中国青年研究,2018(12):86-92.

③ 华静,马灵琴.农村女性家庭地位对儿童早期人力资本投资的影响[J].人口与社会,2022,38(5):90-100.

④ 福建省妇女联合会.十年福建·妇女儿童事业绽芳华(二)[EB/OL].(2023-01-10)[2024-08-18].http://www.fjwomen.org.cn/search.html? keywords=十年福建.

⑤ 福建省统计局:福建统计年鉴-2022[EB/OL].(2022-11-01)[2024-08-18].https://tjj.fujian.gov.cn/tongjinianjian/dz2022/index.htm.

其次,身心健康水平的提高也是农村女性健康状况得以改善的重要原因之一。随着生活水平和文化水平的提高,农村女性的营养状况和生活习惯也得到了改善,大大降低了患病和生病的风险。同时,随着医学科技和诊断技术的不断进步,越来越多的慢性病和疾病得到及时诊断与治疗,保障了农村女性的身心健康。在省政府的全面推动下,孕产妇死亡率由2010年的19.84/10万下降到2021年的8.77/10万,优于全国平均水平①。

健康意识的普及和提高也为农村女性的健康状况带来了积极的影响。福建省妇女联合会在2019年进行的一项调查显示,福建省农村妇女健康意识逐年提高,超过90%的妇女表示重视自身健康。在政府和社会各界的宣传与教育下,农村女性逐渐形成了良好的健康习惯和生活方式,注重饮食健康、适当运动、心理调节等方面的保健措施。同时,农村女性也开始关注自己的健康状况,积极去医院进行体检和保健,提高了对自己健康的关注和重视。

除此之外,随着城乡发展的不平衡和城市化进程的加速,一些农村女性开始逐渐迁往城市,参与城市劳动力市场,从而也受益于城市医疗资源和健康服务的提升。城市的医疗保障体系相较于农村要更加完善,一些农村女性在城市工作后,可以获得更好的医疗保障。此外,城市化的进程也让人们的生活方式发生了改变,例如更多的机械化劳动、久坐不动等生活方式不良的问题开始出现,导致一些城市女性健康问题逐渐增多,慢性病发病率逐年上升。

总的来说,中华人民共和国成立70余年尤其是改革开放以来,福建省农村女性的医疗与健康状况发生了巨大的变化。随着医疗保障体系的建立和健康意识的提高,农村女性的健康水平和医疗条件逐渐得到了提升。然而,在城乡发展不平衡和城市化进程的背景下,城市和农村女性的健康问题也开始逐渐趋同。针对这些问题,需要进一步加强健康教育,完善农村医疗保障体系,提高农村医疗机构的服务水平,以及加强对慢性病的防控工作等。

3. 农村女性的社会地位

在过去的几十年中,福建省农村女性的社会地位发生了重大变化。

(1)女性的家庭地位和作用发生了转变。② 随着城市化进程加快,很多的农村女性走出家门从事家庭以外的社会生产活动,互联网兴起后,即使滞留在家的女性也通过网络从事一些社会活动,她们逐渐成为家庭经济的供养者,并由原本单一的家庭的角色转变为家庭和社会的双重角色,传统的性别分工模式被打破,农村女性在无酬劳动时间方面与男性的差距越来越小,这些转变促进了农村女性社会地位的提升。

女性在家庭决策权方面的地位得到了显著提高。过去,男性在农村家庭中扮演着主要的家庭决策者的角色,而女性往往只能扮演辅助的角色,很少有机会参与到重要的决策中。但是随着时代的变迁,女性在家庭中的分工和角色的转变,越来越多的女性参与到家庭决策中来。许多家庭的经济收入和家庭重大事项的决策已不再是男性家长的一家之言,而是夫妻双方进行协商后共同做出的决策。在一些家庭中,女性已经成为家庭中的主要决策者。这种趋势不仅提高了女性的社会地位,也让家庭决策更加平等、合理。

(2)女性的社会声望得到了逐步提升。根据中国家庭追踪调查2018年的数据,34.8%

---

① 福建省妇女联合会.十年福建·妇女儿童事业绽芳华(一)[EB/OL].(2023-01-10)[2024-08-18]. http://www.fjwomen.org.cn/search.html? keywords=十年福建.

② 唐永霞.改革开放40年中国农村已婚女性家庭地位的变化:基于中国妇女社会地位抽样调查数据的分析[J].甘肃高师学报,2020,25(3):138-142.

的农村受访女性认为自己在社会上的地位比较高[1]。在过去,农村社会往往将女性视为"弱势群体",很少给予她们应有的社会地位和尊重。但是随着社会的发展和人们观念的转变,女性在社会中的地位逐渐提高,女性的职业选择范围逐渐扩大,许多女性开始涉足不同领域的职业,女性也开始在各个领域中发挥重要的作用,为家庭和社会的发展做出了贡献。例如,女性在教育、医疗、文化、经济等领域中都有了显著的表现,得到了社会的认可和尊重。

(3)在人际关系上,农村女性在家庭和社会中的交际面越来越广。在过去,农村社会往往存在一些传统观念和文化习惯,女性的地位往往不如男性,难以发挥自己的潜力。人际关系也相对封闭,女性的交际圈主要集中在家庭和亲戚之间。但是随着社会的进步和观念的转变,女性的社交能力得到提升,女性的社交圈开始逐渐扩大,她们开始参加各种社交活动,结交更多的朋友。女性也逐渐拥有了更多的话语权和决策权,他们开始能够更自信地表达自己的意见和想法,更好地维护自己的权益。

现在,福建省的农村女性在家庭、社会、人际关系等方面拥有了更多的话语权和决策权,得到了更多的尊重和认可。然而,在一些方面,福建农村女性的地位仍然需要进一步提高,比如在就业、教育等方面,还需要更多的支持和关注,让女性在家庭和社会中发挥出更大的作用。

4. 农村女性法治意识

随着社会变革和法治建设的推进,尤其是党的十八大以来,党明确提出,要进一步加强农村的法治宣传教育,提供优质的法治服务,增强农民的法律意识,从而深入推进农村的依法治理。在此大背景下,福建省农村女性的法治意识也逐渐提高。首先,尊重法律是法治社会的基础。在福建省,农村女性尊重法律的意识逐渐增强。据福建省农业农村厅不完全统计,仅在2022年一年全省各级农业农村部门累计面向农民群众和涉农生产经营主体就普法1000多场次,推动法治精神、法治文化和法律服务深入农村、深入人心[2]。其次,法律是保障公民权利和维护社会秩序的重要工具。随着社会法治建设的深入,福建省农村女性学法意识也逐渐提升。最后,法律是公民维权和社会治理的重要手段。完善的涉农领域的法律法规是推动法治乡村建设的前提,是乡村法治化的依据。随着农村经济的持续稳定发展,村民生活水平越来越高,乡村社会矛盾纠纷呈现的形式也发生了很大变化。根据2021年《中国统计年鉴》的统计结果,调解民间纠纷数据显示,2020年调解邻里纠纷占24.9%,调解婚姻家庭纠纷占15.9%,损害赔偿纠纷占8.0%,道路交通事故纠纷占7.7%,宅基地纠纷占4.4%[3]。而随着社会法治建设的深入,福建省农村女性运用法律的意识也逐渐增强。

依据司法部、智研咨询发布的调查数据,截至2020年年底,全国共有基层法律服务机构1.4万多家,其中,乡镇所0.87万多家,占基层法律服务机构59.5%,基层法律服务工作者

---

[1]　北京大学中国社会科学调查中心(ISSS).中国家庭追踪调查(2018年)[EB/OL].(2018-12-03)[2024-08-18].http://www.isss.pku.edu.cn/cfps/.

[2]　福建省农业农村厅.2022年法治政府建设情况[EB/OL].(2023-01-10)[2024-08-18].http://nynct.fujian.gov.cn/ztzl/nyfzxc/202301/t20230110_6090530.htm.

[3]　国家统计局.中国统计年鉴-2021[EB/OL].(2022-10-20)[2024-08-18].http://www.stats.gov.cn/tjsj/ndsj/2021/indexch.htm.

6.3万人,在15万多个村担任法律顾问①。这些机构通过举办法律知识讲座、法律援助等方式,提高了农村妇女的法律意识和法律素养。福建省的"妇女之家"建设工程,建设了一批服务农村妇女的综合服务站,为农村妇女提供婚姻家庭、法律援助、职业培训等服务,提高了农村妇女的法治意识和维权能力。大部分农村妇女也认为掌握一定的法律知识和技能对自己非常重要,法律意识的增强使得她们更加有信心维护自己的权益和合法权利。

随着法治建设的不断加强,福建省农村妇女的法治意识不断提高,越来越多的妇女开始通过法律途径解决问题,维护自己的合法权益。在家庭纠纷、邻里纠纷等方面,她们也逐渐倾向于通过法律途径解决问题,而不再依赖"说情"或"打招呼"等方式。随着网络的普及,福建省农村女性也开始关注网络安全、个人隐私等问题,并加强了对法律的学习和了解。

三、福建省女性在农业农村发展中面临的困难挑战

自中华人民共和国成立后,特别是改革开放以来,福建省农村女性虽然在参政议政领域、经济领域、文化教育领域、社会生活领域取得了长足进步,在福建省高质量发展中发挥了重要作用,仍面临一些挑战和困难。

(一)参政议政方面

结合改革开放以来福建省农村女性在参政议政现状、参与公共事务管理现状、女性领导干部参政层次占比、对参政议政的认知等方面的相关情况,福建省农村女性在参政议政方面面临以下几项挑战:

(1)参政议政的机会有限。农村女性在政治参与方面,尤其是在高级别的政治决策层面上,面临着机会有限的情况。农村基层选举和村委会选举中,女性参选的数量和比例虽然在增加,仍然无法和男性平等竞争。

(2)参政议政的认知和意识需要提高。农村女性的政治素质和政治意识相对较低,很多女性并不了解自己的参政议政权利和义务。此外,由于家庭和社会压力等因素,很多女性不愿意参与政治,认为这与自己的家庭生活和工作无关。

(3)参政议政的能力需要提高。农村女性普遍受到教育水平和家庭条件的限制,很多女性缺乏政治知识和社会经验,对于政治决策的理解和判断能力较弱,需要进一步提高自身能力。

(4)女性权益代表缺乏。在一些地方,农村女性代表的比例较低,因此在政治决策过程中,农村女性的权益得不到充分保障。

(二)经济方面

结合改革开放以来福建省农村女性在脱贫攻坚情况、财富水平、劳动与闲暇时间、创业就业、农业生产、基本保障与保险等方面的相关情况,福建省农村女性经济方面面临以下困难:

(1)对于已脱贫的农村女性如何保持稳定脱贫。从整体看,福建省建档立卡的贫困女性

---

① 智研咨询.2022年中国基层法律服务行业发展概况及法律服务发展趋势分析[EB/OL].(2021-08-24)[2024-08-18].https://www.chyxx.com/industry/202108/970380.html.

基本实现脱贫,但还有一些孤老残病等弱势人群将是防止返贫的重中之重。大多数县村的地理位置不佳,收入也不及全省平均数的三分之一①,这可能导致这些地方的部分贫困女性返贫。

(2)资金不足。由于受限于传统性别角色和家庭责任,农村女性的资金来源较为有限,难以获得融资支持,限制了她们的创业和发展。

(3)产业单一。福建省农村女性参与的产业主要集中在传统的农业、手工业等领域,产业竞争力不强,发展后劲不足,缺乏多元化的发展机会,难以满足市场需求。

(4)技术水平不足。福建省农村女性普遍缺乏专业技能和知识,难以适应现代市场的需求,限制了她们的发展。

(三)文化教育方面

改革开放后,福建女性的初等、中等、高等教育均迎来了发展的机遇期。政府部门,整个社会以及每个家庭对女性教育的重视程度都有了极大的提高。但是福建省农村女性文化教育方面仍然面临以下难题:

(1)农村女性因为家庭困难等原因受教育程度较低。在一些贫困落后的农村,受传统观念的影响,女性接受教育的程度普遍低于男性,农村女性教育水平低。整体来看,农村女生入学率偏低,辍学率偏高,农村女性的升学就业受到歧视,农村女性再教育机会受到限制。文化教育权利对于提升女性的综合素质具有重要的意义,所以保障农村女性的文化教育权利势在必行。

(2)生活在农村的女性生活环境相对封闭,离开学校后很难再获得继续教育的机会,思想观念较为落后,政治素质仍需提升。农村女性存在自我牺牲、缺乏独立性、自主性和创造性等特征,而对民族复兴的历史使命感和责任感缺乏,对国家大事关系不足。在心理素质方面,几千年来儒家道德为主体的文化氛围使农村女性容易自我牺牲、自卑、自弱、自轻,部分农村女性在面对生活困境特别是家庭暴力或者性骚扰时无法走出阴影。

(四)社会生活方面

中华人民共和国成立后,特别是改革开放以来,农村女性社会生活方面得到了较大的改善,仍然面临以下突出挑战:

(1)社会保障已基本覆盖到农村女性,但随着国家的发展,农村女性的社会保障水平还需进一步提升和细化,针对农村女性专项社会保障项目还较少,缺乏专门针对农村未婚、已婚或离异女性的专项社会保障项目。

(2)男女性别平等的实现程度是衡量社会文明进步的重要标志。现实中法律规定的男女平等权利在一些领域还未得到完全实现,农村女性在社会分工和资源占有方面处于相对弱势。城乡和区域女性发展不平衡的状况仍然存在,农村女性对美好生活的追求日益凸显,还需要进一步提升女性的权益和生活质量。在基本医疗卫生服务方面,存在常见病定期筛查比例偏低,心理健康指导服务覆盖范围较窄,孕产妇安全分娩和避孕节育等服务不足等健

---

① 林萍,曾玉荣."后扶贫时代"福建农村防贫减贫的对策思考:以23个扶贫重点县为例[J].农业经济,2021(11):94-95.

康卫生方面的问题。

（3）农村女性法治思维不足，妇女在取得婚姻家庭关系中的财产权益、落实村民自治中农村女性的合法权益、获得法律意义上平等的法治权益等方面较为薄弱。

四、推动福建省女性在农业农村领域高质量发展的对策建议

结合福建省高质量发展需要，课题组基于对福建省农村女性面临的困难挑战的梳理，从参政议政领域、经济领域、文化教育领域、社会生活领域提出了如下对策与建议。

（一）参政议政方面

针对农村女性参政议政的机会有限、参政议政的认知和意识需要提高、参政议政的能力需要提高以及女性权益代表缺乏等问题，可以通过多种渠道宣传女性参政议政的意义和重要性，进而提高农村女性的政治素质和意识。

通过政府部门与妇女组织共同举办形式多样的培训和讲座，向农村女性传递政治知识和技能；通过推出各种扶持措施，鼓励和支持农村女性参与政治；适当降低女性参选的门槛，增加女性在政治决策层面上的代表人数；加强农村基础设施建设，提高农村女性的生活水平和工作条件，增加女性参与政治的积极性和能力；加强性别平等教育，消除性别歧视和偏见，让农村女性在政治和社会领域中获得平等的机会与待遇。

农村女性参政议政是推进农村发展和建设的重要力量，应该得到政府和社会的支持与关注，为其提供更多的机会和资源，推动农村女性的政治参与和发展。

（二）经济方面

在经济领域，为推进已脱贫的农村女性保持稳定脱贫，以及化解农村女性创业发展资金不足、从业产业单一、技术水平不足等问题，可以在如下方面持续发力：

可以针对脱贫不稳定的、边缘易致贫的农村女性，健全防止返贫动态监测和精准帮扶机制。充分发挥"一键"主动申报机制，结合每月组织乡村干部走访排查、行业主管部门专项筛查，加强部门联动预警，健全完善快速发现响应机制，及时将符合条件的易致贫返贫农村女性人口纳入监测范围，及时落实针对性帮扶措施。对完全丧失劳动能力或部分丧失劳动能力且无法通过产业就业获得稳定收入的农村女性群体，依规纳入低保、特困人员救助供养范围或给予临时救助[①]。

鼓励金融机构加大对福建省农村女性创业项目的贷款支持力度，为她们提供必要的资金支持；鼓励福建省农村女性参与更多的产业，特别是新兴产业，扩大她们的市场机会。提供专业的技能培训，提高福建省农村女性的技术水平，增强她们的市场竞争力。出台更加优惠的政策，支持福建省农村女性的创业和发展，特别是针对女性的优惠政策，如税收优惠、社

---

① 福建省人民政府.福建省人民政府关于印发福建省"十四五"推进农业农村现代化实施方案的通知[EB/OL].（2022-07-04）[2024-08-18].http://fgw.fujian.gov.cn/zwgk/fgzd/szcfg/202207/t20220705_5946161.htm.

会保障等方面。

（三）文化教育方面

针对农村女性因为家庭困难等受教育程度较低、离开学校后很难再获得继续教育机会的现状，应抓住矛盾的主要方面，从以下三个方面破题：

（1）我国已基本形成保护妇女文化教育权利的法律制度，仍需进一步完善地方农村女性文化教育权利的保障。政府可以将农村女性文化教育权利的相关规定更加具体化，更具可操作性。对农村女性文化教育权利立法工作应加强调查研究，以适应现实的多样性和发展趋势。

（2）发挥妇联及各种妇女组织作用。妇联组织是我国最大的妇女组织、在维护女性教育权利方面历来都起着非常重要的作用。在新形势下，福建省妇联组织可以通过监督各级政府落实保障农村女性文化教育，开展一系列活动，组织"巾帼心向党·奋进新时代"群众性爱国主义宣传教育活动，引领妇女坚定不移听党话、跟党走，进一步开展乡村振兴"闽姐姐扬帆行动"。聚焦巩固拓展脱贫攻坚成果同乡村振兴有效衔接，联合省扶贫办、民政厅等部门关爱帮扶农村低收入妇女，支持各地妇联利用巾帼扶贫车间、妇字号基地，帮助有劳动能力的低收入妇女就业增收。继续大力推广"巧妇贷"妇女创业贷款，落实省妇联与省建行战略合作协议，鼓励各地妇联加强与金融机构合作，为妇女创业就业提供多样化的金融服务。

（3）发挥传媒宣传作用，改造社会文化环境。为农村女性的文化教育事业发展创造良好的社会环境。媒体应充分发挥其宣传作用，可以在报纸、期刊媒体、新媒体上开辟妇女教育研究专栏。进一步开展"百千万巾帼大宣讲"，运用"新福建新女性"高清互动云电视专区和"三网两微五号一平台"妇联新媒体矩阵，推动全会精神进企业、进农村、进机关、进网络。开展"巾帼有爱八闽同心""她有好货"等巾帼公益直播，促进农产品产销对接等。

（四）社会生活方面

对于农村女性专项社会保障偏少、性别及区域发展不平衡、权益意识薄弱等问题，可以考虑在以下几个方面进行完善：

1. 为农村妇女提供更多更高水平的保障

继续贯彻落实《中华人民共和国社会保险法》，制定社会保险法实施条例，为妇女普遍享有生育保险、医疗保险、养老保险、失业保险和工伤保险提供法律保障。完善新型农村合作医疗保险、推进新型农村养老保险，倡导社会力量参与救助，完善城乡社会救助制度，为更多农村妇女提供保障。继续开展"母亲健康1＋1"等公益慈善项目，开展"两癌（乳腺癌和宫颈癌）"贫困妇女救助和疫苗接种工作调研，推动有关部门加强"两癌"预防，扩大"两癌"贫困妇女救助覆盖面。

2. 尊重和保障农村妇女人身权益

继续贯彻执行《福建省妇女发展纲要（2021—2030年）》和《福建省儿童发展纲要（2021—2030年）》，深化"建设法治福建巾帼行动"，启动妇联系统"八五"普法工作，广泛宣传民法典、反家庭暴力法、妇女权益保障法，开展农村妇女"法律明白人"培养工作，推动全社会进一步形成尊重妇女、保护儿童的良好氛围。

3. 敦促男女共同承担家庭责任

注重开展家庭美德为主题的教育宣传活动,提倡敬老孝亲、夫妻和睦、邻里相助等美德的教育宣传,倡导男女平等,男女共同承担家庭责任。积极探索多种形式的托育服务,推动普惠托育服务体系建设,更多关心关注贫困家庭、困难退役军人家庭、留守困境儿童家庭、失独家庭、中小学生家庭等,提供关爱帮扶。

五、福建省在农业农村发展中女性的贡献与未来展望

(一)贡献总结

总体上来看,自中华人民共和国成立后,特别是自 1978 年改革开放以来,福建省农村妇女事业和妇女发展水平全方位提升,农村女性群体的获得感、幸福感、安全感不断增强。截至 2022 年,福建省妇女健康水平进一步提高,妇女平均预期寿命延长到 81.55 岁,孕产妇死亡率持续降低至 10.35/10 万。妇女受教育水平持续提升,义务教育阶段基本消除性别差距,女性高等教育毛入学率达 65.3%,比 2015 年提高 24%,普通高等学校在校生中女生占比超过半数。全省建档立卡贫困女性人口全部脱贫,就业人员中女性比重始终保持在四成以上,互联网领域创业者中女性比例超过五成,新业态新就业创业群体中女性数量日渐增多。妇女实现基本养老、基本医疗、失业、工伤、生育保险的平等参保,平等享受待遇,广大妇女美好生活更有保障。与此同时,福建省妇女更加广泛地参与决策、企业民主管理和基层民主管理,村级"两委"女性正职占比跃升至 11%,村"两委"中女性成员占比 29.6%、比全国平均水平高 1.5%。妇女平等依法行使民主权利、平等参与经济社会发展、平等享有改革成果达到历史新高度[①]。

然而,虽然农村女性群体在福建省农村农业发展中做出了巨大贡献,在参政议政、经济、社会生活、文化教育、创新创业等方面取得了令人欣喜的成绩,仍然面临参政意识与能力有待增强、就业机会与就业技能有待充实、城乡保障差距与法规意识待填补、文化教育与思想观念有待提升、创业引导与信贷支持需完善等挑战,仍有一段很长的路要走。

(二)未来展望

回首过去几十年波澜壮阔的历史画卷,在党带领人民实现中华民族伟大复兴的历史进程中,妇女从未缺席、始终出彩,写就了与祖国共命运、与人民齐奋斗的精彩华章。虽然过去数十年福建省农村女性在农业农村发展过程中的努力和成绩令人鼓舞,但同时,也应该清醒地认识到,男女平等基本国策的贯彻落实仍然任重道远,保障农村妇女权益的法规政策和促进妇女平等参与发展、平等享有发展成果的制度机制仍需进一步完善,福建省城乡之间、区域之间、不同群体之间妇女发展水平不平衡仍然存在。面对党中央和省委、全国妇联的新要求,面对福建省广大农村妇女群众的新期待,服务妇女的能力还需要进一步提升。可以说,

---

① 林叶萍.高举伟大旗帜勇立时代潮头为奋力谱写全面建设社会主义现代化国家福建篇章贡献巾帼力量[R].福州:福建省妇女第十三次代表大会,2022.

以往的成绩是卓越出色的,但做好新时代妇女工作责任重大,必须以更大的勇气和决心、更强的责任和担当,在新的起点上把福建省妇女工作不断推向前进。

当前,正处于开启全面建设社会主义现代化国家新征程、向第二个百年奋斗目标进军的新阶段,也是福建省全方位推进高质量发展超越、加快新发展阶段新福建建设的关键时期。在这样一个新时期,福建省全省广大农村妇女也必将肩负起时代赋予的光荣使命,与新时代同行、为新目标奋斗、在新征程建功、做新时代女性,在奋力谱写全面建设社会主义现代化国家福建篇章中充分发挥"半边天"作用。

Research on "She-Power" in Agricultural and Rural Development of Fujian Province

Peng Lifang　Lyu Wenjun　Zhang Na

（Xiamen University, Xiamen, 361005）

Abstract： The women in the agricultural and rural sectors of Fujian Province have undertaken significant missions and played crucial roles in the development and construction of Fujian Province over the more than seventy years since the founding of the People's Republic of China. Based on a review of the literature, data compilation, and field research, this paper examines the practical achievements, challenges, and countermeasures related to the "She-Power" exhibited by rural women in Fujian Province. The study finds that rural women in Fujian have made remarkable accomplishments in political participation, economic industries, cultural education, and social life, but they inevitably face some difficulties and challenges. Therefore, this paper, drawing on relevant academic research and outstanding practical experiences related to rural women in Fujian Province, proposes targeted optimization strategies, including enhancing political participation, supporting entrepreneurship and innovation, strengthening cultural education, and consolidating basic guarantees. These measures aim to better encourage rural women in Fujian Province to engage in the vast agricultural and rural sectors, thereby further promoting women's development and contributing to rural revitalization.

Key Words： Fujian province; agriculture and rural areas; She-Power; women

人类命运共同体视角下的国际性别规范强度与全球治理成效

李　丹　方子涵[*]

内容摘要：性别平等与妇女发展是中国推动全球妇女事业的重要规范，与中国共商共建共享的全球治理理念相符合，是构建人类命运共同体的重要体现和应有之义。本文关注的问题包括：在全球性别治理中，国际性别规范能否将其规范强度转化为治理成效？哪种性别规范更有助于促进全球治理成效？通过对 1947—2024 年联合国妇女地位委员会(CSW)历年会议报告文本进行分析，统计"性别主流化""性别平衡决策""妇女赋权"的规范强度历史趋势，并将其与联合国性别不平等指数进行滞后线性分析。结果显示，"性别主流化"与"妇女赋权"的强度增加与全球性别不平等指数的降低和妇女参政比例的升高显著相关，而"性别平衡决策"则不显著。可以推断，特定性别规范尤其是包容性更强的规范强度可以转化为全球治理成效。因此，在构建人类命运共同体视角下坚持"共商共建共享"，充分发挥各国各行为体的能动性，制定和实施符合男女平等、人人平等的政策，有利于构筑妇女友好的外部环境和全球治理平台。

关键词：国际规范；全球治理；性别平等

一、问题提出

日益复杂化、碎片化的全球治理格局下，人类命运共同体是应对全球治理赤字的"中国方案"。目前中国已经同几十个国家和地区在多个领域构建了不同形式的命运共同体。人类命运共同体理念多次写入联合国、上合组织、金砖国家等重要多边机制的文件、决议或宣言，日益成为国际共识。近年来，习近平同志多次向国际社会阐释促进妇女发展、实现性别平等的"中国主张"。2015 年，他在全球妇女峰会中倡议"共建共享一个对所有妇女、对所有人更加美好的世界"；2020 年，在联合国大会纪念北京世界妇女大会 25 周年高级别会议的发言中指出："建设一个妇女免于被歧视的世界，打造一个包容发展的社会，还有很长的路要走，还需要付出更大努力。让我们继续携手努力，加快实现性别平等、促进全球妇女事业发

---

　　* 李丹，女，厦门大学公共事务学院教授、博士生导师，主要研究方向为国际政治、性别政治；方子涵，厦门大学公共事务学院博士研究生，主要研究方向为全球治理、性别政治。

展。"①性别平等与妇女发展是中国推动全球妇女事业的重要规范,与"共商共建共享共赢"的中国全球治理理念相符合,是构建人类命运共同体的重要原则和组成部分。

规范研究把性别议题纳入国际关系研究的范围之中,性别规范在全球范围的传播为此提供了重要的经验证据。玛格丽特·E.凯克(Margaret E. Keck)和凯瑟琳·辛金克(Kathryn Sikkink)指出涉及人身安全和禁止对弱势人群或"无辜"人群进行人身伤害的规范容易传播②。然而国际规范传播研究往往把国家行为作为规范影响力的重点,忽视了对其进行全球治理层面的成效评估。以性别规范为例,尽管大多数国家都是《消除对妇女一切形式歧视公约》的缔约国,大多数组织也接受该规范,数据显示,性别不平等的现象依旧普遍存在。因此,本文提出以下问题:什么样的国际规范才能促进有效治理?增加国际规范的强度是否意味着全球治理成效的提升?规范本身的含义是否影响其强度转化为治理成效?具体在性别治理中,规范强度的提升是否与全球治理成效正相关?什么样的性别规范更能提高全球治理的成效?

本文首先在米卡尔·赫希(Michal B. Hirsch)和詹妮弗·迪克森(Jennifer M. Dixon)规范强度(norm strength)框架的基础上对国际上最为重要的三个性别规范——"性别主流化"(gender mainstream)、"性别平衡决策"(gender balanced decision-making)和"妇女赋权"(women's empowerment)进行规范一致性分析③。其次,将规范一致性与全球性别不平等指数分别进行滞后变量的回归分析。国际性别规范强度的提升在一定程度上可以解释性别不平等状况的改善,助力妇女发展与赋权,但是其解释力随着规范的不同发生改变。

二、国际规范的测量与全球治理成效

全球治理是国际规范发挥作用的重要场景,其成效是衡量国际规范影响力的重要标准。全球治理的实践中,国际规范能够影响治理主体的认知和行为,促成治理合作。已有规范研究中即便对机制和本质的理解不同,也普遍承认国际规范对国家的影响力。现实主义者从行动的后果性逻辑来看,国家可能出于工具性的动机,通过强制、报偿、竞争等机制选择遵从规范;建构主义者从行动的适当性逻辑来看,通过说服、模仿和社会压力的机制使国家进行社会化,从而遵从规范。

自20世纪八九十年代建构主义的早期,研究规范的作用就是其理论的核心。其目标在于说明规范对国家的行为有重要影响力,因而对国际关系有根本性作用。建构主义方法通过主张国家行为符合适当性逻辑以及其行为的物质后果逻辑,扩展了理论解释的范围。例如,卡赞斯坦主编的《国家安全的文化》就说明,国际规范能够影响到传统被视为高政治的领

①　中共中央党史和文献研究院.习近平关于妇女儿童和妇联工作论述摘编[M].北京:中央文献出版社,2023:95,98.

②　玛格丽特·E.凯克,凯瑟琳·辛金克.超越国界的活动家:国际政治中的倡议网络[M].韩召颖,孙英丽,译.北京:北京大学出版社,2005:30.

③　HIRSCH M B, DIXON J M. Conceptualizing and assessing norm strength in international relations [J].European journal of international relations,2021,27(2):521-547.

域,如国家的安全行为①。在不断积累的实证研究的推动下,国际规范研究开始关注规范的扩散与内化。玛莎·费丽莫(Martha Finnemore)和凯瑟琳·辛金克提出了国际规范要经历规范兴起、普及、内化的"生命周期"②。规范扩散与内化被视为国际规范发生作用的现象,坦贾·博泽尔(Tanja Börzel)和托马斯·里斯(Thomas Risse)将规范作用机制总结为强制、效用计算、社会化、说服等直接影响和竞争、吸取教训、模仿等间接方式③。但是这些研究中大多把国家行为视为影响的重点,忽视了国际规范是否能真正带来有效的治理。

近年来,这种方法受到越来越多的挑战,后续研究承认了规范被采纳并转化为实践时所涉及的复杂过程,指出规范本身也是动态的④。规范本土化指出,外来规范的本土化过程是国家根据自己的情况进行有目的选择性的融合⑤。传播到国际体系的规范往往是模糊的,使得它们的内容可以以许多方式填充,并因此可以被用于各种不同的目的。考虑到规范含义的多样性、模糊性和作为一种"过程"的演进性,最近的研究议程中涌现了强度⑥、韧性⑦、合法性⑧、生命力⑨等概念,以把握这种变化、衡量规范的影响力与作用。

这种复杂化的国际规范图景同当前全球治理的复杂与碎片化不谋而合。治理效果不彰伴随着更多的规范争论、竞争与违背,也暴露出全球性规范的欠缺。有学者认为,弥合规范的复杂性与碎片化是避免治理失效的重要前提⑩。有的学者则认为,规范的多元复杂性源自语言本身的模糊性和规范接纳的语境的复杂性,因此是不可避免的⑪。

① KATZENSTEIN P J. The culture of national security:Norms and identity in world politics[M]. New York:Columbia university press,1996:1-32.

② FINNEMORE M, SIKKINK K. International norm dynamics and political change[J].International organization,1998,52(4):895.

③ BÖRZEL T A, RISSE T. From Europeanisation to diffusion:Introduction[J].West European politics,2012,35(1):6.

④ KROOK M L, TRUE J. Rethinking the life cycles of international norms:The United Nations and the global promotion of gender equality[J].European journal of international relations, 2012,18(1):103-127.

⑤ ACHARYA A. How ideas spread:Whose norms matter? Norm localization and institutional change in Asian regionalism[J].International organization,2004,58(2):239-275.

⑥ HIRSCH M B, DIXON J M. Conceptualizing and assessing norm strength in international relations [J].European journal of international relations,2021,27(2):521-547.

⑦ DEITELHOFF N, ZIMMERMANN L. Norms under challenge:Unpacking the dynamics of norm robustness[J].Journal of global security studies,2019,4(1):2-17.

⑧ CLOWARD K. When norms collide:Local responses to activism against female genital mutilation and early marriage[M]. New York:Oxford university press,2016:16.

⑨ 刘天一.国际规范生命力与全球治理的成效:非物质文化遗产保护与国际禁止捕鲸规范比较研究 [J]. 外交评论(外交学院学报),2024,41(1):122-154,7-8.

⑩ 刘天一.国际规范生命力与全球治理的成效:非物质文化遗产保护与国际禁止捕鲸规范比较研究 [J].外交评论(外交学院学报),2024,41(1):122-154,7-8.

⑪ LINSENMAIER T, SCHMIDT D R, SPANDLER K. On the meaning(s) of norms:Ambiguity and global governance in a post-hegemonic world[J].Review of international studies,2021,47(4):508-527.

三、国际性别规范

性别平等作为一种国际规范,其内涵和实践都呈现出了上述的复杂特点。性别平等可以表现在不同方面,包括性别主流化、性别平衡决策、妇女赋权、防止针对妇女的暴力、妇女劳工权利以及性和生殖健康与权利等。这些规范可能再次由构成规范层次结构的子规范组成。有人认为性别平等"可以被看作是一个空白符号,它可以承载与这个问题相关的各种愿景和讨论的意义";另一些人则将性别和发展的历史视为一个充满矛盾、争论和挑战的过程①。联合国《消除对妇女一切形式歧视公约》成为最广泛批准的人权条约,但也是保留最多的条约之一。因此,本研究不笼统地将"性别平等"视作一种规范,而是对该规范做进一步的细分,以比较分析不同的性别平等规范的强度对治理成效的影响。

基于对这种复杂性的承认,学界总结了较为核心的性别规范。莫娜·克鲁克(Mona Krook)和杰奎·特鲁(Jacqui True)指出,性别主流化与性别平衡决策作为贯穿各目标的"元策略"(mega-strategies),集中体现于1995年《北京宣言》与《行动纲领》②。两者虽然互相关联,但是源头不同,侧重点也不同。性别平衡决策的规范旨在促进妇女本身成为决策者,由早期对妇女政治权利与参政的关切演化而来;而性别主流化规范则源自早期关注妇女经济发展角色的议题,旨在将性别视角纳入政策制定过程中。在该文件中与性别平衡决策有相似地位的还有妇女赋权。罗莎琳德·艾本(Rosalind Eyben)和丽贝卡·内皮尔-摩尔(Rebecca Napier-Moore)指出,《行动纲领》开篇点明的"妇女赋权"是妇女实现性别平等与社会公正的重要合法性来源,是国际妇女发展的核心要素③。"妇女赋权"的概念更加基于微观的个人,旨在增强妇女个人有策略地做出选择的能力,打破过往对妇女获得该能力的限制,主要的策略是增加其政治参与的机会、参与工作的机会和教育培训的机会④。

联合国成立以来,尤其是20世纪70年代之后四届世界妇女大会的召开,妇女地位委员会、联合国妇女署等系列机构成立,一套具备一定权威性的全球性别治理组织结构逐步被搭建起来⑤。从规范制度化的角度来看,国际社会推动实现性别平等的准则集中体现在一系列法律文本中,包括《消除对妇女一切形式歧视公约》(1979),《消除针对妇女的暴力宣言》(1993),《北京宣言》与《行动纲领》(1995),联合国安理会关于妇女、和平与安全的第1325号

---

① CORNWALL A, HARRISON E, WHITEHEAD A. Feminisms in development: Contradictions, contestations and challenges[M].London: Zed books,2016:1.

② KROOK M L, TRUE J. Rethinking the life cycles of international norms: The United Nations and the global promotion of gender equality[J].European journal of international relations, 2012,18(1):105, 112.

③ EYBEN R, NAPIER-MOORE R. Choosing words with care? shifting meanings of women's empowerment in international development[J].Third world quarterly,2009,30(2):286.

④ KABEER N, MCFADDEN P, ARNFRED S,et al. Discussing women's empowerment: Theory and practice[R].Sida studies,2001:19.

⑤ 徐秀丽,孙清波.南南合作给妇女/性别研究带来的机遇与挑战[J].妇女研究论丛,2021(1):13-17, 31.

决议(2000),《2030年可持续发展议程》(2015)①。毫无疑问,全球性别治理已经取得了相当丰富的成果,并且形成了相应的制度和规范。

性别平等是构建人类命运共同体的重要原则,妇女是构建性别平等的人类命运共同体的主要参与者②。李英桃通过对中国领导人话语与政府文件的分析,认为这"体现出中国政府将性别平等与全球治理、中国外交发展紧密相连,统筹国内国际两个大局,切实落实男女平等基本国策与全球可持续发展目标的战略思路"。③ 学者指出,中国妇女的减贫经验在共建"一带一路"国家合作中、南南发展合作中具备重要借鉴价值④。

联合国长期以来在妇女权利议程制定方面发挥着重要作用。在其成立的第一年,联合国经济及社会理事会(ECOSOC)建立了妇女地位委员会(the Commission on Status of Women,CSW),该委员会的年度会议负责阐述联合国的妇女和性别政策。因此,本文以该会议文本中最为重要的三个国际规范——性别主流化、性别平衡决策、妇女赋权为例,统计三者在全球层面的规范一致性,并探究其与全球治理成效的关系。

四、研究方法

本文采用"对于一个原则性观念的集体期望程度"作为规范强度的定义⑤。根据迈赫希和迪克森的理论,规范强度从两个维度来衡量:规范一致性(concordance)和规范制度化程度(institutionalization)。其中,前者体现了国际行为体在多大程度上提及和接受该观念是恰当的,后者表示该规范在多大程度上被成文地纳入国际法中⑥。

根据衡量国际规范的一致性的方法是分析这个原则被最相关的国际组织提及的频率、支持的程度,以及国际组织与国家对违反这个原则的行为的反应内容和反应的频率。分析国际规范的制度化程度则需要研究该原则是否写入国际条约、公约、司法判例等,如果写入公约的原则,是否被大多数国家批准,并且看国际组织是否有专门的机构来促成这个条约的采纳和实施。由于本文比较的是三种性别平等规范的强度,而它们大多由相似的机构和制度支持,本文主要以规范一致性来衡量性别规范的强度。

本文使用联合国妇女地位委员会(CSW)历年会议报告文本中收集数据,时间跨度从

① ENGBERG-PEDERSEN L,FEJERSKOV A,COLD-RAVNKILDE S M. Rethinking gender equality in global governance:The delusion of norm diffusion[M].Cham:Springer international publishing,2019:31.

② 李英桃.构建性别平等的人类命运共同体:关于原则与路径的思考[J].妇女研究论丛,2018(2):11-14.

③ 李英桃,张瀚之.共建共享美好世界:关于全球性别治理"中国主张"的分析与阐释[J].中华女子学院学报,2023,35(6):13.

④ 李丹,敖杏林.中国与"一带一路"沿线国家妇女减贫合作的基础、路径与展望[J].理论月刊,2022(8):13-25.

⑤ KATZENSTEIN P J. The culture of national security:Norms and identity in world politics[M].New York:Columbia university press,1996:5.

⑥ HIRSCH M B,DIXON J M. Conceptualizing and assessing norm strength in international relations[J].European journal of international relations,2021,27(2):4,6.

1947 年至 2024 年,共计 68 份报告文本进行统计分析。本研究选择英文版本以保证文件的完整性。为了统计这些文本中的性别规范变化,我们使用 Python 软件进行词频统计,具体统计了分别用"mainstream""decision-making""empowerment"的词频来代表"性别主流化""性别平衡决策""妇女赋权"的规范一致性。此外,本文还统计了政治、经济、健康和教育等词语的频率,以了解妇女地位委员会所涉及的性别内容在这四大领域中的分布情况以及检验结果。

为了验证上述假设,本文收集了 1990—2022 年联合国公布的性别数据来进行分析。在变量操作化上,本文将年度报告文本中统计的规范一致性作为自变量。我们从联合国开发计划署(UNDP)获取了 1990—2022 年的性别不平等指数(Gender Inequality Index)作为本研究的因变量。

为了探究自变量和因变量之间的关系,本文采用了滞后变量的回归分析。这种分析中考虑的自变量是前期(滞后期)的数值,用来评估自变量规范一致性对另一个因变量性别不平等指数或者性别发展指数的影响是否存在时间延迟效应。并分别对两组自变量和因变量进行线性回归,对性别规范变化与性别治理成效之间的因果关系进行定量分析。本文假定国际规范产生的治理效果应该经过比较长的时间显现,经过多次尝试,本文发现将滞后年份设定为 17 年,不仅保证了数据样本的数量,还达到了线性回归模型的最优显著性和拟合度。

由于各国的发展状况很大程度上也会影响到性别的治理效果,本文把人类发展指数纳入控制变量。将世界各国按照人类发展指数的程度分为非常高、高、中、低的四个组别,并对四个组别进行分别检验。

最后,我们使用 Matplotlib 等可视化工具,将关键词频率的时间趋势和回归分析结果进行图表展示,以直观呈现全球性别规范和性别治理成效的变化。

五、全球性别治理的两大规范趋势

本研究通过对 1947—2024 年间联合国妇女地位委员会(CSW)年度报告中相关词频的统计,展现出"性别主流化""性别平衡决策""妇女赋权"规范一致性的变化趋势(见图 1)。

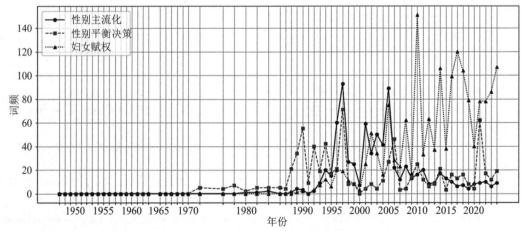

图 1　1947—2024 年妇女地位委员会报告中国际规范词频统计

图 1 的纵轴代表词频,每个点代表关键词在妇女地位委员会 1947—2024 年年度报告中出现的次数。横轴代表年份,为了更清晰地展示,图 1 以 5 年为一个间隔显示,从 1950 年开始,直到 2020 年。由于 1970—1990 年并非每年都召开妇女地位委员会,图 1 中该时间段词频较为稀疏。通过图 1 可以观察到三个规范在 1947—1970 年都未被明确地提出。20 世纪 70 年代初期开始,性别平衡决策开始有了零星的讨论,1985—2000 年是性别平衡决策高潮阶段。进入 21 世纪后,频率有所回落,但是分别在 2006 年和 2021 年出现短暂的高峰。

性别主流化的出现则较晚,从 20 世纪 80 年代开始进入妇女地位委员会的报告。进入 90 年代,该规范则开始大幅增长,并于 1997 年达到顶峰。大体上 1995—2005 年是性别主流化最为流行的十年,性别主流化的词频虽呈现波动状态,但多次出现高峰,表明该议题在国际政策讨论中的重要性。自 2005 年以来,性别主流化的频率开始低于 20,并持续走低,但并未完全退出报告文本。

妇女赋权的规范出现最晚,接近 20 世纪 90 年代才开始出现在妇女地位委员会的报告中,2000 年以后开始井喷式增长,并于 2010 年到达最高点,此后的频率在波动中保持高位,远高于另外两个规范。

这些变化趋势反映了全球性别平等议题的动态变化,揭示了不同时期国际社会对性别平等政策和实践的关注度的历史变迁。整体来看,这些规范的波动可能与围绕联合国开展的重要国际妇女会议和发展会议相关联。1975 年开始的四次世界妇女大会极大地提高了这两个规范的影响力。其中又以 1995 年召开的北京世界妇女大会为最,两个规范都在会议召开之后达到了频率的最高峰。随着时间的推移,性别主流化和性别平衡决策在联合国妇女地位委员会年度报告中的讨论频率有所波动,但是也保持了一定的热度,表明两个规范在全球性别平等治理中维持了一定地位。相比而言,性别主流化在 1995—2005 年十年中经历了重要的增长之后,其一致性就日趋下降,而性别平衡决策则在波动中保持了更高的一致性和更长久的生命力。妇女赋权规范相比其他两个规范出现得更晚,受到 2000 年联合国千年发展目标和 2015 年制定的可持续发展目标的设立的影响,成为 21 世纪以来最为活跃的国际性别规范。可见,联合国开展的国际会议很大程度上塑造了各阶段的妇女地位委员会的话语。

本研究还统计了 77 年间妇女地位委员会(CSW)年度报告主题词在经济、政治、安全、健康、教育五大领域中的频率分布,发现其随时间的发展经历了显著变化(详见图 2)。

经济领域的讨论频率从 1947 年起逐渐上升,特别是在 1970 年代末至 1980 年代中期,其词频迅速增加,反映了经济议题的重要性增加。20 世纪 90 年代末至 21 世纪初,经济领域的关注度再次达到高峰,可能与全球经济结构调整、全球化的发展及其对性别影响的关注有关。进入 21 世纪后,尽管有所波动,经济议题的讨论仍然保持较高的活跃度。

政治领域的词频在早期增长较快,并且在 20 世纪 60 年代间达到最高潮,这可能与全球推动性别平等政策尤其是增加女性在政治领域参与度和领导力的努力密切相关。此后,政治领域的词频逐步下降,成为相关领域中频率最低的主题之一,但是保留一定的热度。

安全领域的词频在 70 年代以前几乎没有涉及,此后不断增长,并在 21 世纪初期显著上升,达到最大值,这可能与针对妇女的暴力和妇女、和平与安全的议题进入联合国的讨论相关。

健康领域的词频在整个时间线上呈现显著增长趋势,在 20 世纪 60 年代到 90 年代在波

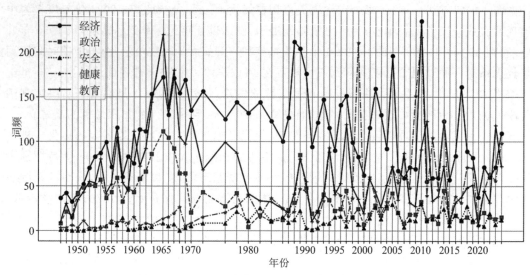

图 2　1947—2024 年妇女地位委员会各主题词词频

动中不断增长。1994—1999 年,其关注度急剧上升,此后波动非常大,在特定的年份例如
1999 年、2010 年出现高峰。这表明健康领域在性别议题中的重要性日益增强,并且在特定
年份中成为最为突出的议题,呼吁在全球公共卫生政策中加强对妇女健康问题的关注。

教育领域的词频整体较低,在早期稳步增长,并于 20 世纪 60 年代达到了顶峰,显示出
教育在性别平等讨论中的基础性作用。此后提及教育的频率略有下降,但是依然在 1997
年、2011 年和 2023 年达到了比较高的频次。

在五个领域之间的比较中,经济议题在大多数时期内词频最高。20 世纪 80 年代以前,
政治、经济、教育占据主流,80 年代后,安全和健康领域的增长显示出对应议题日益受到重
视。21 世纪后,经济问题依然是最重要的领域,而健康、教育次之,并且其流行存在偶然性,
在特定年份激增,而政治与安全领域区域则较为低落。

六、性别规范与全球治理成效

为了进一步验证性别相关的国际规范在全球范围内产生的治理成效,本研究采用线性
回归模型探讨国际规范如何影响联合国统计的性别不平等指数,见表 1、表 2 和表 3。结果
显示,性别主流化规范和妇女赋权规范对不平等指数影响显著,而平衡决策规范则不然。

对于“性别主流化”规范,所有人类发展类别(非常高、高、中、低)的回归系数均为负值,
表明国际主流化规范的提高与性别不平等指数的降低相关联。具体来说,在非常高人类发
展地区,每增加一单位的“性别主流化”规范,17 年以后的性别不平等指数平均降低 0.00135
单位,这一结果在统计上非常显著($p < 0.001$),调整后的 R-$squared$ 为 0.455,说明模型解释
了约 45.5% 的因变量变异。而在低人类发展地区,尽管变化幅度较小(−0.00055),但其影
响仍然统计显著($p < 0.001$),表明即使在资源较少的地区,增强国际组织中的性别主流化规
范仍然能有效预测其性别不平等水平的降低。比较几个不同的人类发展类别,可以看到,线

性回归模型的解释力差别不大,但是在非常高和中等的组别中影响力较大,而在人类发展类水平为低的地区中影响幅度最小。

表 1　性别主流化规范对性别不平等指数的影响

自变量	性别主流化规范			
人类发展指数水平分类	非常高	高	中	低
回归系数	-0.0014	-0.0007	-0.0015	-0.0006
R^2	0.4779	0.48	0.4614	0.4749
校准 R^2	0.4552	0.454	0.4369	0.4457
标准差	0.0003	0.0002	0.0003	0.0001
T 值	-4.588	-4.2967	-4.3415	-4.0344
P 值	0.0001	0.0004	0.0003	0.0008
$F\_statistic$	21.05	18.462	18.849	16.276
F_p_value	0.0001	0.0004	0.0003	0.0008

表 2　性别平衡决策规范对性别不平等指数的影响

自变量	性别平衡决策			
人类发展指数水平分类	非常高	高	中	低
回归系数	-0.0004	0.0001	-0.0004	0.0002
R^2	0.0188	0.0083	0.0155	0.0171
校准 R^2	-0.0239	-0.0413	-0.0293	-0.0375
标准差	0.0006	0.0004	0.0007	0.0003
T 值	-0.6635	0.4098	-0.588	0.5593
P 值	0.5136	0.6863	0.5625	0.5828
$F\_statistic$	0.4402	0.1679	0.3457	0.3128
F_p_value	0.5136	0.6863	0.5625	0.5828

表 3　妇女赋权规范对性别不平等指数的影响

自变量	妇女赋权			
人类发展指数水平分类	非常高	高	中	低
回归系数	-0.0020	-0.0011	-0.0023	-0.0009
R^2	0.4521	0.4972	0.4462	0.4905
校准 R^2	0.4283	0.4720	0.4211	0.4622
标准差	0.0005	0.0003	0.0005	0.0002
T 值	-4.3566	-4.4468	-4.2106	-4.1628
P 值	0.0002	0.0002	0.0004	0.0006
$F\_statistic$	18.9801	19.7743	17.7289	17.3292
F_p_value	0.0002	0.0002	0.0004	0.0006

"妇女赋权"规范与"性别主流化"的规范对不平等指数有相似的影响。在非常高的人类发展地区,每增加以单位的"妇女赋权"规范,17 年以后的性别不平等指数降低 0.0020 个单位,这一结果在统计师非常显著($p<0.001$),调整后的 $R\text{-}squared$ 为 0.4283,说明线性回归模型解释了约 42.8% 的因变量变异。在组别间的差异也与性别主流化类似。

这些发现表明,"性别主流化"与"妇女赋权"的规范强度增加都能显著提高在联合国性别不平等指数体系下的治理成效。不论在哪种人类发展水平的地区中,性别主流化的增加都对应着性别不平等指数的降低,性别主流化的线性回归模型解释了性别不平等指数变异的 43%～47%,解释力较高。

与性别主流化规范的结果相比,性别平衡决策规范的影响则不甚明显:对于非常高和中等人类发展地区,这一变量的系数虽为负,但其 p 值均远高于 0.05,表明在统计上不显著,调整后的 R^2 值甚至为负,暗示可能存在模型设定问题或其他变量干扰。在高人类发展地区和低人类发展地区,该系数为正,但同样不显著($p>0.5$),表明决策制定规范对性别不平等指数的影响不具统计显著性。这可能表明决策参与的国际规范强度提高对联合国性别不平等指数的直接影响较小,或者需要通过其他间接机制(如经济增长、教育水平提高等)来实现其效果。

本研究进一步将国际规范与联合性别不平等指数下的妇女参政指数进行滞后线性回归分析。滞后年份为 17 年。得到的结果见表 4、表 5 和表 6。

表 4 性别主流化规范对妇女参政比例的影响

自变量	性别主流化规范			
人类发展指数水平分类	非常高	高	中	低
回归系数	0.1267	0.0990	0.1289	0.0874
R^2	0.5182	0.5397	0.4719	0.4368
校准 R^2	0.4972	0.5167	0.4490	0.4072
标准差	0.0255	0.0204	0.0284	0.0228
T 值	4.9737	4.8427	4.5338	3.8387
P 值	0.0000	0.0001	0.0001	0.0011
$F\_statistic$	24.7374	23.4516	20.5552	14.7359
F_p_value	0.0000	0.0001	0.0001	0.0011

该结果也显示"性别平衡决策"的国际规范不能解释妇女参政的水平变化,相反,"性别主流化"与"妇女赋权"的规范更能解释其变化,线性回归模型分别在约 41%～52% 的水平和约 40%～52% 的水平上解释。这个结果也与前文中政治与安全领域的主题词频远低于经济、健康与教育主题的结果相呼应。可见现有的性别平衡决策规范未能在现有全球性别治理体系中起到显著的治理效果,要推动妇女参与决策,尤其是安全与政治领域的决策依赖于其他因素。

整体而言,研究结果显示,"性别主流化"和"妇女赋权"的规范在现有治理体系下的治理有效性更明显,更能解释联合国性别不平等指数的降低和妇女参政比例的提升。可见,这两个规范的强度更容易转化为实际的治理成效。这与克鲁克和特鲁的研究不谋而合,二人提出,由于"性别主流化"作为规定性规范(regulative norm)只是针对行为的原则,不触及更深层的身份认同,留出了更多本土化解释的空间,更有利于传播[①]。本研究的结论则进一步证明,这类规范不仅更利于传播,甚至可以取得更好的治理效果。这也解释了 20 世纪 90 年代后赋权话语的强度迅速超越"性别主流化"和"性别平衡决策"的趋势。

表 5　性别平衡决策规范对妇女参政比例的影响

自变量	性别平衡决策			
人类发展指数水平分类	非常高	高	中	低
回归系数	0.0316	−0.0268	0.0511	−0.0053
R^2	0.0134	0.0166	0.0307	0.0007
校准 R^2	−0.0295	−0.0326	−0.0114	−0.0519
标准差	0.0567	0.0462	0.0599	0.0468
T 值	0.5585	−0.5802	0.8541	−0.1137
P 值	0.5819	0.5682	0.4019	0.9107
$F\_statistic$	0.3119	0.3367	0.7294	0.0129
F_p_value	0.5819	0.5682	0.4019	0.9107

表 6　妇女赋权规范对妇女参政比例的影响

自变量	妇女赋权			
人类发展指数水平分类	非常高	高	中	低
回归系数	0.1960	0.1525	0.1904	0.1335
R^2	0.5151	0.5451	0.4274	0.4368
校准 R^2	0.4940	0.5223	0.4025	0.4072
标准差	0.0397	0.0312	0.0460	0.0348
T 值	4.9425	4.8950	4.1436	3.8388
P 值	0.0001	0.0001	0.0004	0.0011
$F\_statistic$	24.4279	23.9614	17.1698	14.7362
F_p_value	0.0001	0.0001	0.0004	0.0011

此外,性别规范在不同发展水平的地区的影响力不同。国际"性别主流化"规范和"妇女赋权"在最高和中等社会经济基础的地区影响更大,对于人类发展水平高和低的分组中的影响幅度更小。该结果提示人类发展水平本身会影响性别规范发挥作用,其作用机制仍有待进一步探索。

---

①　KROOK M L, TRUE J. Rethinking the life cycles of international norms: The United Nations and the global promotion of gender equality[J].European journal of international relations,2012,18(1):123.

七、结语

本研究对 1947—2024 年联合国妇女地位委员会的全球性别治理的大量重要历史文献进行了文本分析,用客观的数据展示了三种性别平等规范的历史趋势以及性别议题在各个领域的分布。进一步的回归分析表明,性别规范一致性在全球范围内推动性别平等方面的重要性和潜力。尽管不同地区和不同规范的影响力存在差异,但整体上,性别规范的加强与性别平等的进步密切相关,进一步验证了建构主义理论框架下衡量规范强度尤其是规范一致性的意义。本文通过回归分析论证了全球性别规范一致性对于全球治理成效的意义,有助于超越现实主义思路,更加全面地理解规范在全球治理过程中发挥的作用。

首先,重视国际规范强度对全球治理成效的推动作用。相关规范话语在联合国妇女地位委员会报告中反复呈现体现了其规范一致性的增加,这种增加有助于在长期促进性别治理成效。人类命运共同体的话语也应当争取在更多国际组织和多边平台反复呈现,以增加人类命运共同体相关规范的一致性,促进相关领域的治理成效。

其次,构建性别平等的人类命运共同体尤其要重视现行国际规范的影响力,应与国际性别主流规范和现有的治理体系接轨。在开展务实合作的基础上,应当加强在规范话语上的合作与对话,尤其应与"性别主流化""妇女赋权"等有重要话语影响力的规范对接,推动联合国 2030 年可持续发展目标的实现,收集符合相关标准的性别数据,准确客观地呈现妇女的参与、贡献与收益。

此外,议程设置中应重视包容性较高的规范。"性别平衡决策"的强度增强和"性别主流化""妇女赋权"二者相比对全球性别平等治理的贡献不显著。这证明了包容性更高的规范不仅有利于传播,更有利于规范的话语强度转化为实际的治理成效。

International Gender Norm Strength and the Effectiveness of Global Governance from a Community Human Destiny Perspective

Li Dan   Fang Zihan

(Xiamen University, Xiamen, 361005)

Abstract: Gender equality and women's development are important norms China promotes advancing the global women's cause. These align with China's global governance concept of consultation, co-construction, and sharing, and represent an essential embodiment and requisite of building a community with a shared future for mankind. This article asks can international gender norms translate their normative strength into governance outcomes, and which norm is more conducive to global governance effectiveness? By analyzing the historical trends in norm strength for "gender mainstreaming", "gender-balanced decision-making", and "women's empowerment" through the annual reports of the United Nations Commission on the Status of

Women (CSW) from 1947 to 2024, and conducting a lagged linear analysis with the United Nations Gender Inequality Index, the results indicate that increased strength in "gender mainstreaming" and "women's empowerment" is significantly correlated with a reduction in the global gender inequality index and an increase in women's political participation. In contrast, "gender-balanced decision-making" shows no significant correlation. It can be inferred that international norms with relatively ambiguous meanings are more flexible in the localization process, making it easier to formulate policies suited to the specific conditions of each country, thereby translating into governance effectiveness. In building a community with a shared future for mankind, it is crucial to adhere to the principles of "co-construction, consultation, sharing, and win-win cooperation", fully leverage the agency of various countries and actors, formulate and implement policies that cater to the women and people of all countries, and create a more women-friendly external environment and global governance platform.

Key Words: international norm; global governance; gender equality

本刊征文启事

　　《妇女/性别研究》（Women/Gender Studies）系厦门大学妇女/性别研究与培训基地创办的综合性学术刊物。本刊本着学术至上原则，刊发在马克思主义理论、哲学、历史学、文学、社会学、法学、教育学、政治学、经济学、公共管理、公共卫生等领域里的妇女/性别研究优秀论文、课研报告和译作，诚挚邀请海内外学者和专业人士惠赐大作。现将相关事项知会如下：

　　1. 本刊暂定为一年刊，于每年 10 月出版。当年卷收录的作品，投稿截止日为 5 月 31 日。例如，2025 年卷将收入的作品，投稿截止日为 2025 年 5 月 31 日。投稿后一个月内，作者/译者会收到编辑部发送的初审通知。已通过初审但因需要修改完善而赶不上当年刊发的作品，只要修改质量达到刊用要求的，将有机会在次年卷中优先考虑刊用。

　　2. 来稿限用中、英文发表，中文 25000 字以内，英文 15000 字以内。

　　3. 切勿一稿多投，本刊所发论文，以未发表者为宜。来稿务必原创，凡涉抄袭、侵害他人等权利之事，概由作者承担包括法律在内的一切责任。

　　4. 每篇论文正文前须有 300 字左右的中文论文摘要，3～5 个中文关键词。同时提交英文篇名、作者名、摘要与关键词。

　　5. 来稿请附作者信息，包括姓名、单位、职称、邮编、通信地址、电话、电子信箱，以便联系。

　　6. 为实行环保，请作者通过电子邮件提供稿件的电子版。

　　7. 本刊刊登稿件均为作者研究成果，不代表本刊立场。来稿一经采用，即付稿酬，并寄样刊 3 册。如果有 2 位以上作者的，样刊数量适当增加。

　　8. 联系方式：

　　地址：中国福建省厦门市思明南路 422 号厦门大学，厦门大学妇女/性别研究与培训基地《妇女/性别研究》编辑部。

　　邮政编码：361005

　　电子邮箱：xdfnjd@xmu.edu.cn

　　附：本刊注释技术规范

　　1. 采用页下注（脚注）

　　2. 注释格式为：主要责任者.题名：其他题名信息［文献类型标识］.版本项.出版地：出版者，出版年：引文页码.分类示例如下：

　　（1）引用古籍：

　　康熙字典：巳集上：水部［M］.同文书局影印本.北京：中华书局，1962：50.

汪昂.增订本草备要:四卷[M].刻本.京都:老二酉堂,1881(清光绪七年).

(2)引用近人著作:

徐复观.中国文学精神[M].上海:上海书店出版社,2005:50-51.

北京大学哲学系美学教研室.西方美学家论美和美感[M].北京:商务印书馆,1980:54.

陈登原.国史旧闻:第1卷[M].北京:中华书局,2000:29.

冯友兰.冯友兰自选集[M].2版.北京:首都师范大学出版社,2008:第1版自序.

钱学森.创建系统学[M].太原:山西科学技术出版社,2001:序2-3.

(3)引用析出文献:

宋史卷三:本纪第三[M]//宋史:第1册.北京:中华书局,1977:49.

李约瑟.题词[M]//苏克福,管成学,邓明鲁.苏颂与《本草图经》研究.长春:长春出版社,1991:扉页.

姚中秋.作为一种制度变迁模式的"转型"[M]//罗卫东,姚中秋.中国转型的理论分析:奥地利学派的视角.杭州:浙江大学出版社,2009:44.

(4)引用近人论文:

王宁,黄易青.词源意义与词汇意义论析[J].北京师范大学学报(人文社会科学版),2002(4):90-98.

李炳穆.韩国图书馆法[J].图书情报工作,2008,52(6):6-21.

(5)引用译作:

米盖尔·杜夫海纳.美学与哲学[M].孙非,译.北京:中国社会科学出版社,1985:52.

(6)引用网络电子文献:

李强.化解医患矛盾需釜底抽薪[EB/OL].(2012-05-03)[2013-03-25].http://wenku.baidu.com/view/47e4f206b52acfc789ebc92f.html.

吴云芳.面向中文信息处理的现代汉语并列结构研究[D/OL].北京:北京大学,2003[2013-10-14].http://thesis.lib.pku.edu.cn/dlib/List.asp? lang＝gb&type＝Reader&DocGroupID＝4&DocID＝6328.

3. 标识代码:

(1)文献类型和标识代码:

普通图书M,会议录C,汇编G,报纸N,期刊J,学位论文D,报告R,标准S,专利P,数据库DB,计算机程序CP,电子公告EB,档案A,舆图CM,数据集DS,其他Z。

(2)电子资源载体和标识代码:

磁带MT,磁盘DK,光盘CD,联机网络OL。

厦门大学《妇女/性别研究》编辑部

2024年8月